경기검무 京畿劍舞

경기검무보존회 연구위원 김가온, 보광普光 저

초판 1쇄 발행 / 2021년 12월 20일

발 행 인 / 양원석
발 행 처 / DH미디어
등록번호 / 288-58-00294
전　　화 / 02-2267-9731
팩　　스 / 02-2271-1469
디 자 인 / 최연정

ISBN 979-11-90021-15-9　　93680
정가 30,000원

※ DH미디어는 대한미디어의 취미, 실용, 스포츠 전문 브랜드입니다.
※ 잘못 만들어진 책은 구입처 및 DH미디어 본사에서 교환해 드립니다.

경기검무

雲頂 金槿姬의 京畿劍舞 舞文經

京畿劍舞保存會

경기검무 무문경 발간을 축하하며

책을 쓴다는 것은 쉬운 일이 아니다. 더구나 연습실과 공연장에서 뛰고 뒹굴고 소리치며 고된 하루를 보내야 하는 예술가들이 책을 쓴다는 것은 더욱 어려운 일이다.

최근 20여 년간 경기검무 연구와 공연, 전수교육에 집중해왔던 김근희 선생이 경기검무에 대한 책을 준비한다는 소식을 우연히 접하고 무용에 대한 열정에 또다시 놀라지 않을 수 없었다.

김근희 선생은 공연, 교육 등 바쁜 일정 중에도 이미 『한국무용개론』, 『곡선의 미학과 우리의 춤』 등 여러 권의 저서를 펴냈고, 다수의 논문을 꾸준히 발표하는 등 늘 부지런함을 보여왔다.

열 살 때부터 가무악을 배워 이미 10대 중·후반에는 공보부(현 문화체육관광부) 장관상, 서울특별시장상을 받는 등 어려서부터 무용에 두각을 나타냈고 성장하면서도 오직 무용 외길에만 몰두해왔다. 김근희 선생은 타고난 재능과 열정, 훌륭한 스승을 만나 그 가르침을 충실히 배우고 익혀 자기 세계를 확실히 만들어감으로써 성공적인 예술인으로 성장할 수 있었다.

무용에 김백봉, 강선영, 소리에 김여란, 설장고에 이정범 등 전통 예술계의 걸출한 선생으로부터 춤과 소리, 장단을 배웠다.

이러한 오랜 과정 끝에 김근희 선생은 뛰어난 춤꾼으로, 주목받는 안무자, 대학 무용과 교수로, 경기도립무용단 단장 겸 예술감독, 한국무용협회 임원으로서 우리 무용 발전에 크게 기여해왔다. 또한 세계적인 축제 참가와 해외공연, 중앙아시아 한인 무용인에 대한 지도와 지원 등 오랫동안 헌신적인 노력을 기울여왔다.

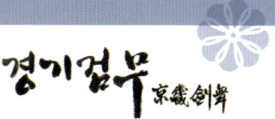

　「혼성」, 「0의 세계」, 「제암리의 아침」 등 한국무용을 빛내는 수작들이 이러한 오랜 공력의 소산이다.

　인생의 후반에 들어선 지금도 무용에 대한 열정은 젊은이 못지않게 액티브하다. 이는 오직 무용만을 생각하고, 평생 무용만을 사랑하고, 무용밖에 모르는 삶을 살고 있기 때문이리라. 그래서 마음도 외모도 여전히 소녀처럼 곱다.

　이번에 상재한 경기검무 무문경은 후학들이 혼자서도 쉽게 배울 수 있을 만큼 춤사위와 그에 따른 해설, 장단 등이 상세하게 설명되어 있다. 특히 24개 춤사위의 명칭을 오랜 연구 끝에 어려운 한자용어를 아름답고 쉬운 우리말로 다듬어 순화함으로써 차세대 무용인들에게 큰 도움이 되고 우리 무용계에도 하나의 디딤돌을 놓았음은 높이 평가해야 할 것이다. 오랜 고민과 연구 끝에 다듬어놓은 것으로 이해하기 쉽고 어문학적으로도 손색이 없을 것 같다.

　경기검무에 대한 학술 서적이나 실기 지침서가 전무한 시점에서 이번에 출간된 「경기검무 무문경」은 무용 발전에 큰 자산이 되리라 믿으며, 존경과 감사의 뜻을 전한다.

최진용(전 국립극장장, 전 인천문화재단 대표이사)

머리말

경기도 무형문화재 제53호 경기검무 보유자 김근희(金槿姬)

경기검무京畿劍舞는 한국무용계韓國舞踊界의 중시조中始祖로 불리는 한성준韓成俊 선생님의 창안創案으로 우리 전통문화傳統文化에 창살을 드리우고 민족民族의 그림자를 새겼다. 특히 우리 춤꾼들에게는 예술적 체험藝術的體驗을 갖게 하였고 전 세계인世界人에게는 참신斬新한 감성感性을 북돋는 감상 기회感想機會를 제공提供한 한국전통무용작품韓國傳統舞踊作品이며, 국가國家로부터 무형문화재無形文化財로서의 가치價値를 인정認定받아 오늘에 이르렀다.

역사歷史는 기록記錄해야 그 생존과정生存過程의 궤적軌跡을 파악把握하기 쉽다. 무형문화재無形文化財는 더욱 그렇다. 유형문화有形文化는 그 흔적痕迹이 남아 있거나 개선改善된 실재實在가 전수傳授되지만, 생명체生命體의 정신문화精神文化는 원인原因도 결과結果도 없어져서 증명證明할 수도 없고 유추類推하기도 어려워 고도高度의 지성인知性人만이 상상적想像的 인지認知에 그치게 된다.

고로 무형문화無形文化인 무용舞踊도 가능可能한 한 기록記錄으로 전수傳授해야 한다. 무용舞踊에 대한 기록記錄들에서 무보舞譜 쓰기도 어려운데 무도舞圖까지 곁들이기는 전문가專門家들의 장인적匠人的 기술技術의 도움이 필요必要한 어려운 작업作業이다.

그러므로 뜻글자로 표현表現하는 방법方法이 으뜸이다. 장구長久한 세월歲月에도 먹물과 종이는 쉽게 변하지 않으며, 그 뜻도 명확明確하게 살아남게 마련이다. 하여 문자文字를 갖춘 민족民族은 전통傳統을 이어서 효율성效率性과 우수성優秀性을 개발開發할 가능성可能性의 원천源泉을 제공提供받을 수 있다.

나는 평생平生 무용舞踊과 함께 하루하루를 지내왔고, 예술인藝術人으로 살고자 희망希望했다. 무대공연舞臺公演을 일천 회一千回 넘게 이어왔고, 대작大作과 소품小品의 안무按舞도 수행遂行해오면서 인류人類의 정신문화완성精神文化完成에 관심關心을 쏟았다. 시화詩畫와 시문학詩文學 그리고 노장老莊의 불립문자不立文字와 불가佛家의 중도론中道論을 바탕으로 안무노트를 쓰면서「0의 세계」,「수트라」,「성애꽃」,「어제·오늘·내일」,「일어서는 빛」,「아방리 하늘을 여는 소리」,「천상천하」,「찬란한 빛」,「무상」 등을 무대舞臺에 올렸다. 성인聖人들의 말씀을 이해理解하려고 노력努力하였고 기회機會가 될 때마다 한 자락씩 무대舞臺를 매개媒介로 춤으로 빚어냈다. 그리고 좋은 평론評論도 받았으나 꿈을 실현實現하지는 못한 것으로 자평自評한다.

오늘, 동감同感을 목적目的으로 이야기, 시詩, 소리音 등 한 차원次元 높은 기氣를 필요必要로 하는 움직임을 주 특기主特技로 하는 무용예술가적舞踊藝術家的인 나의 숙제宿題는 무엇인가?

1. 인류人類가 생존生存을 위하여 지구地球를 정복征服하고 먹이사슬의 최상위권最上位圈 생명체生命體가 되었으며, 환경오염環境汚染 등의 몇 가지 부정적 문제否定的問題를 동반同伴하고 있지만 문명文明을 발전發展시켜서 이제 우주宇宙를 탐색探索하기에 이르렀으나, 아직도 인류人類의 정신문화적精神文化的 사색思索과 실천實踐은 2,500년 전前 동양東洋의 지성智性을 뛰어넘지 못하고 있는 것은 아닌지?

2. 인류人類는 위정자爲政者들이 설정設定한 천제天帝의 천명天命을 극복克復하기 위한 공맹孔孟의 극기복례克己復禮 사상思想을 읽는 소리만 들릴 뿐이며, 노장老莊의 관계론적關係論的 도덕생활道德生活은 답습踏襲하지도 못하고 있고, 불가佛家에서 제시提示한 인류人類의 인식체계認識體系를 혁명적革命的으로 개혁改革하여 새로운 세상世上으로 건너가자는 호소呼訴는 메아리만 남은 것은 아닌지?

3. 인간人間이 가진 지적 능력知的能力을 컴퓨터를 통해 구현具現하는 기술技術로 범용인공지능汎用人工知能(AGI)이 탄생誕生하였고 4차次 산업혁명産業革命이 시작始作되었는데, 한국전통무용韓國傳統舞踊은 자리매김을 하며 생존生存할 수 있는지?

　우리 춤꾼들은 인류人類로 분류分類된 사람들이다. 배운 것을 습관習慣이 될 때까지 끈기로 반복反復하면서 인내忍耐하여 춤사위 하나하나를 세련洗練시켜 예술藝術로 승화昇華시킨 국가國家에서 인정認定한 정상頂上에 선 사람들이다.
　삶의 산山을 우리와 다른 길路과 능선稜線으로 오르는 사람들을 정상頂上에 서서 외면外面하지 말자.

　끝으로 이 책이 한·중·일의 검무 연구에 초석이 되었으면 한다. 그리고 금번今番 경기도京畿道 무형문화재無形文化財 제53호 경기검무京畿劍舞 보존회保存會 연구위원研究委員이신 김가온金佳溫 님과 보광普光 님의 노력努力을 고맙게 생각하고 제호題號를 써주신 창현創玄 박종회朴鐘會 님, 축하글을 써주신 최진용崔振用 님, 어려운 출판出版을 맞아주신 양원석 님의 노고勞苦에도 감사感謝드립니다.

2021년 8월

監修者　雲頂 金 槿 姬

차례

I. 전통무용傳統舞踊 경기검무京畿劍舞의 역사歷史

1. 검劍의 개요概要 14

2. 상고시대上古時代부터 고려시대高麗時代까지의 검무劍舞의 역사歷史 15

3. 조선시대朝鮮時代 검무劍舞의 역사歷史 16
   1) 검무劍舞의 무보舞譜와 무도舞圖 17
   2) 첨수무尖袖舞의 무보舞譜와 무도舞圖 19
   3) 공막무公莫舞의 무보舞譜와 무도舞圖 21
   4) 궁중교방宮中敎坊 검무劍舞의 역사歷史 22

4. 경기검무京畿劍舞의 학술적學術的 연구역사研究歷史 23
   1) 경기검무京畿劍舞 주제主題 국내학술지國內學術誌의 연구논문研究論文 목록目錄 (~2020년까지) 23
   2) 경기검무京畿劍舞 주제主題 학위논문學位論文 목록目錄 (~2020년까지) 24
   3) 경기검무京畿劍舞 주제主題 연구내용研究內容 24
   4) 경기검무京畿劍舞 주제主題에 대한 김근희金槿姬의 대담對談 및 증언證言 31

II. 경기검무京畿劍舞의 전승계보傳承系譜

1. 한성준韓成俊 36
   1) 생애生涯와 업적業績 36
   2) 한성준韓成俊 주제主題의 학술연구현황學術研究現況 43

2. 강선영姜善泳 47
   1) 생애生涯와 업적業績 47
   2) 강선영姜善泳 주제主題의 학술연구현황學術研究現況 49

3. 김근희金槿姬 54
   1) 무용舞踊 입문경위入門經緯 54
   2) 김근희金槿姬 주제主題의 학술연구현황學術研究現況 55
   3) 김근희金槿姬 의 주요이력主要履歷 55
   4) 김근희金槿姬의 국내國內 경기검무京畿劍舞 전승활동傳承活動 실적내용實績內容 목록目錄 69
   5) 김근희金槿姬의 국외國外 경기검무京畿劍舞 전승활동傳承活動 실적내용實績內容 목록目錄 73

III. 경기검무京畿劍舞의 전승내용傳承內容

1. 경기검무京畿劍舞의 예술혼藝術魂 76
  1) 경기검무京畿劍舞의 무무武舞 특성特性 76
  2) 경기검무京畿劍舞의 제무祭舞 특성特性 79
  3) 경기검무京畿劍舞의 공연무公演舞 특성特性 80
  4) 경기검무京畿劍舞의 전통무傳統舞 특성特性 81
  5) 경기검무京畿劍舞의 시간변화時間變化 특성特性 83
  6) 경기검무京畿劍舞의 공간활용空間活用 특성特性 85
  7) 경기검무京畿劍舞의 독무獨舞 특성特性 86

2. 경기검무京畿劍舞의 춤사위 의미意味와 시공간적視空間的 개념概念 87
  1) 맨손 춤사위 88
  2) 칼 춤사위 91
  3) 경기검무京畿劍舞 춤사위별 공간적空間的 별칭別稱과 순서적順序的 별칭別稱 95

3. 경기검무京畿劍舞의 무구舞具와 복장服裝 97
  1) 무복舞服을 입은 전신全身 모습 97
  2) 치마·저고리 98
  3) 쾌자快子 98
  4) 전대纏帶 99
  5) 전립戰笠 99
  6) 무구舞具 99
  7) 악기편성樂器編成 100

4. 경기검무京畿劍舞 독무獨舞/군무群舞 실연과정實演過程에서 118장단長短 춤사위별 목록目錄 100

5. 경기도京畿道 무형문화재無形文化財 제53호 경기검무京畿劍舞 전승현황傳承現況 103
  1) 경기도무형문화재京畿道無形文化財 지정시기指定時期 103
  2) 전승체계傳承體系 104
  3) 교육과정敎育課程 104
  4) 경기검무京畿劍舞 실기연마實技練磨 교육과정敎育課程 110
  5) 전승방법傳承方法 110
  6) 경기검무京畿劍舞 무보舞譜 113

  저자 후기 393
  참고문헌參考文獻 394

一. 전통무용傳統舞踊 경기검무京畿劍舞의 역사歷史

1. 검劍의 개요概要
2. 상고시대上古時代부터 고려시대高麗時代까지의 검무劍舞의 역사歷史
3. 조선시대朝鮮時代 검무劍舞의 역사歷史
4. 경기검무京畿劍舞의 학술적學術的 연구역사硏究歷史

一. 전통무용傳統舞踊 경기검무京畿劍舞의 역사歷史

1. 검劍의 개요概要

검무는 무구로서 검을 들고 춤을 춘다. 장검을 들기도 하고, 단검을 들기도 하며, 쌍검을 이용하기도 한다. 오늘날에는 칼목이 꺾이지 않게 만들어 사용하기도 하며, 칼목을 회전하게 하여 예술적 춤사위를 만들어 춤을 추기도 한다.

김가온[1]은 "검무에서 춤을 출 때 사용하는 무구인 검의 의미를 목적성과 기능성을 고려하여 첫째, 검劍은 인간생활에 필요하여 고안·제작되었고, 전쟁무기로도 사용되었다. 둘째, 제천의식에서 검을 들고 춤을 추어 검은 지계地界와 천계天界의 신령함을 잇는 산물로서 매개체 역할을 하였다. 셋째, 종교에서는 검을 광명光明과 벽사辟邪의 상징으로 수호하고, 검을 정의正義의 상징으로 내세웠다. 넷째, 한쪽으로 날이 있는 것을 도刀라 하고 양쪽으로 날이 있는 것을 검劍이라 칭한다. 다섯째, 도검은 외부의 침입으로부터 내부의 것을 보호한다는 상징적 의미뿐만 아니라 권위의 상징으로도 사용되었다. 여섯째, 우리나라에서 고려 시대까지도 도검문화뿐만 아니라 무예에 관한 문화가 흥성했으나 숭문천무崇文賤武 사상을 받드는 유교의 유입과 팽배로 도검문화는 사양길에 들었다. 일곱째, 도검은 남성적 기개를 상징하고 있다. 여덟째, 도검을 왕의 상징으로 신성시하는 풍조가 있어 맹세할 때 손을 칼 위에 얹어놓는 풍습은 이런 관념이다"라고 주장하였다.

---

[1] 김가온, 『경기도무형문화재 제53호 경기검무 실체 분석과 미의식에 관한 연구』, 세종대학교대학원 박사학위논문, 2016, 17쪽.

2. 상고시대上古時代부터 고려시대高麗時代까지의 검무劍舞의 역사歷史

우리의 오랜 역사에서 검무의 생성과 발전이 어떻게 전승되었는지를 규명하고자 시대 구분을 상고시대부터 삼국시대를 포함한 고려시대까지와 조선시대로 구분하였다. 특히, 검무는 문헌적 근거가 확실한 우리나라 전통무용의 핵심이라고 사료되고, 근거 중심의 학문적 연구에서는 더욱 중요해지기 때문이다. 또한 경기검무의 창안자이신 한성준 선생은 일제강점기를 살아오시면서 우리 문화가 점차 말살되어가는 것을 체험하시면서 각고의 노력으로 검무를 비롯한 100여 개의 우리 무용을 복원작업으로서 창안하신 것이 기록되어 있다.[2]

먼저, 우리나라의 고조선 시대의 춤에 관한 기록이 『중국무도사』에 "악원어樂元語에서 말하기를 동이東夷의 음악인 지모무持矛舞는 계절 중 사물들의 소생함을 돕는 내용이다"라고 보고되었다.[3]

삼국시대에 검무를 추었던 기록은 고구려의 고분벽화에서 찾아볼 수 있다. "신채호申采浩도 『조선상고사朝鮮上古史』에서 고구려 전성시대에 무사들이 무예를 연마하였는데, 혹 칼로 춤추며 혹 활도 쏘며 혹 깨끔질도 하며 혹 택견도 하며 혹 강물의 얼음을 깨고 물속에 들어가 물싸움도 하며 가무歌舞를 연마하여 그 미덕美德을 보였으니 검무가 있었을 가능성을 시사하고 있다"라고 기록하였다.[4]

검무가 문헌상 구체적으로 나타난 것은 신라시대의 것으로 『동경잡기』「풍속조」와 「인물조」, 『삼국사기』, 『증보문헌비고』를 통해 신라시대 검무의 모습을 찾아볼 수 있다".[5] "기록을 통해 신라시대의 검무는 황창랑의 설화를 바탕으로 한 황창검무로 전투무용이나 묘기를 보이는 검무가 아닌 가면을 착용하고, 희극성을 띤 가면동자무假面童子舞의 형태로 정착되었음을 알 수 있다."[6]

---

2) 상게서, 18쪽.
3) 何志浩, 『中國舞蹈史』, 中華民國: 中華民國編印會. 1970, 17쪽.
4) 임순자, 『호남검무』, 광주: 태학사. 1989, 11쪽, 재인용.
5) 임수정, 「한국 여기검무女妓劍舞의 예술적 형식과 지역적 특성 연구」, 용인대학교대학원 박사학위논문, 2006, 19쪽, 재인용.
6) 상게서, 20쪽, 재인용.

고려시대 검무에 대한 자료로서, 동경잡기東京雜記(卷2. 人物條)에 "李詹辨曰乙丑冬 客于鷄林府尹裵公設鄕樂以勞之 有假面童子舞劒於庭問之云羅代有黃昌者年可 十五六歲善舞"와 같이 기록되어 있음을 볼 때 "고려말까지 신라시대의 검무가 확실히 전승되었음을 알 수 있다."[7]

3. 조선시대朝鮮時代 검무劍舞의 역사歷史

조선시대 검무는 궁중정재무용이 확립된 세종世宗(1418~1450)대부터라고 할 수 있다. 세종 13년 8월에 여악을 없애고 남악을 쓰기로 하여 12월에 50~60명의 정재무동呈才舞童이 선발되어 회례會禮, 사신접대使臣接待, 양로연養老宴 등 모든 연회에서 춤을 추었으며, 정전正殿에서는 가면을 쓴 무동舞童이 춤을 추었다. 성종成宗(1469~1494) 24년(1493)에 『악학궤범』이 편찬되었으나 검무劍舞에 관한 기록은 없다. 숙종肅宗(1661~1720) 38년(1712)에 연행사행燕行使行의 수행원이던 김창업金昌業의 왕래문견록往來聞見錄인 『노가제연행록鷺稼齊燕行錄』에 의하면 "가면을 쓰지 않은 여기女妓 2인이 검무를 추었으며"라는 기록이 있는데, 이것을 경기검무의 시작으로 본다. 영조英祖(1724~1776) 때는 검무劍舞를 추기 전에 추는 첨수무尖袖舞[8]와 검무를 추고 난 후에 추는 공막무公莫舞가 나타났다. 또한 신윤복과 김홍도의 그림에서 지방행정 구역의 잔치에도 검무를 춘 기록을 엿볼 수 있다. 정조正祖(1777~1800) 때는 '조선의 문예부흥기'라고 할 수 있으며, 규장각奎章閣이 문화정책의 중심기관이 되었다. 정조正祖 19년(1795) 왕실 행사를 기록한 『원행을묘정리의궤園幸乙卯整理儀軌』에 검무劍舞가 추어졌다고 기록되어 있다. 순조純祖(1800~1834) 29년 재위 기념 행사 내용을 담은 『진찬의궤進饌儀軌』를 보면, 검무劍舞는 향악鄕樂을 사용하였다. 고종高宗

---

7) 상게서, 19쪽, 재인용.
8) 첨수무尖袖舞는 후에 남자들만 모이는 외연外宴에서 무동舞童들에 의하여 추어지고, 공막무公莫舞는 여자들만 모이는 내연內宴에서 기녀妓女들에 의하여 추어졌다.

(1864~1907) 때의 검무劍舞는 순조純祖 때 연희된 그대로 전해졌다.[9]

이와 같이 검무劍舞는 조선 중기 이후부터 말기까지 각종 궁중연희에서 추어졌고, 1900년대부터는 칼이 짧아지고 무구화舞具化된 돌리는 칼을 사용하게 되었다.[10]

1) 검무劍舞의 무보舞譜와 무도舞圖

검무劍舞의 역사적 기록은 순조 이후『진연의궤』,『진찬의궤』,『진작의궤』등에 무도舞圖가,『정재무도홀기』에는 무보舞譜가 전해져왔다.

김천흥[11]은 "검무의 발생은 정확히 밝힐 수 없으나, 신라시대 서기 660년 이후로 추정할 수 있다. 고려 말까지는 가면을 쓰고 춘 사실이 기록에 있고,『동국문헌비고東國文獻備考』「황창랑무조黃倡郞舞條」에 처용무와 같이 출연한 때도 있었다. 조선시대에는 숙종(1637~1672) 때 여아女兒가 추는 검무를 보고 지은 시詩가 전해지며, 혜원 신윤복의 민화(1758)에 검무의 그림이 있어서 연맥을 알 수 있게 한다. 그 후 순조(1829) 때부터 궁중잔치에서 본격적으로 추어지며 첨수무尖袖舞, 공막무公莫舞로 분리되어 공연되기도 하면서 조선 말까지 전해졌고, 창사唱詞[12]는 없다"라고 기록하고 있다.

『정재무도홀기』계사년 편[13]에 보면, 검무劍舞에 대한 무보舞譜와 무도舞圖가 아래와 같이 기록되어 있다.

樂奏武寧之曲 鄕唐交奏 樂師置劍器於殿中 左右而出 음악은 「무령지곡」[14]을 연주한다. 「향당교주」이다. 악사가 전 안에 검기를 두고 좌우로 나간다.

---

9) 『고종진연의궤』(1903), 『무동각정재무도홀기』, 『여령각정재무도홀기』, 『외진연시무동각정재무도홀기』 등에 기록되어 있다.

10) 이경진, 「조선시대 정치 사회상에 나타난 궁중검무의 변화에 관한 연구」, 수원대학교 석사학위논문, 2002.

11) 김천흥, 『정재무도홀기 창사보 II』, 도서출판 민속원, 2003.

12) [음악] 정재呈才 때 부르던 가사歌詞.

13) 성무경·이의강, 『완역집성 정재무도홀기: 세계민속무용연구소 학술총서 1』, 도서출판 보고사, 2005.

14) "무력으로 안녕을 이룩한다"라는 뜻의 악곡명. 「검기무」의 반주음악인 향당교주에 임시로 붙인 아명雅名.

○ 拍 박을 친다. 舞作相對 舞進舞退 換立 或背或面而舞 相對跪舞 弄劍執劍 翻飄而弄袖 劍舞並起立 舞作各用才 驚歸巢筵風擡 舞進舞退 樂止

무작하여 서로 마주 보고 춤추며 나아갔다 물러났다 한다. 자리를 바꾸어 서서 등지기도 하고 마주 보기도 하며 춤춘다. 서로 마주 보고 꿇어앉아 춤춘다. 칼을 어르다 칼을 잡고 번뜩여 회오리바람처럼 돌리면서 소매로 어른다. 검무를 추며 모두 일어나 서고 무작하여 각기 재주를 사용한다. '연귀소'[15]하고 '연풍대'[16] 한다. 춤추며 나아갔다 춤추며 물러난다. 음악이 그친다.

또한 『회작시녀령각정직무도홀긔』 신축 편[17]에 보면, 검무劍舞에 대한 무보舞譜와 무도舞圖가 아래와 같이 한글로 기록되어 있다.

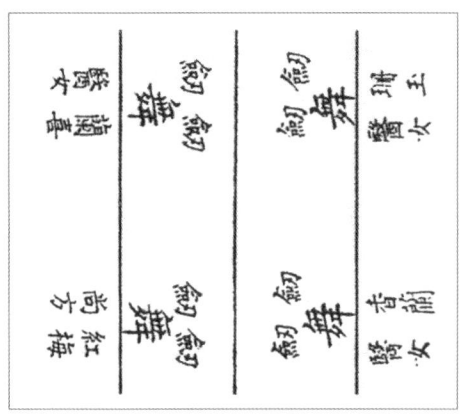

〈경기무〉 무도

---

15) "제비가 둥지로 돌아간다"라는 말로, 춤이 시작된 처음의 자리로 돌아가며 추는 춤으로 양팔을 벌리고 뒤로 물러나는 춤사위. 〈검기무〉에서는 칼을 휘두르며 뒤로 돌아간다.
16) 검무劍舞·첨수무尖袖舞·풍물 등에 나오는 춤사위 용어. 연풍대의 특징은 오금을 구부렸다 일어나면서 도는 것이 아니라 허리를 뒤로 젖히며 유연하게 도는 사위임. 풍물에서는 허리를 뒤로 젖히며 공중에 떠서 빙빙 도는 점이 조금 다름.
17) 성무경·이의강, 전게서, 2005.

〈검긔무〉

악쥬무녕지곡 향당교쥬 악슈 치검긔어던즁좌우이츌
○ 박 무작샹딕 무진무퇴 환립혹비혹면이무 샹딕궤무롱검 집검번표이롱슈검무 병긔립 무작각 용직 연귀쇼연풍딕 무진무퇴 악지

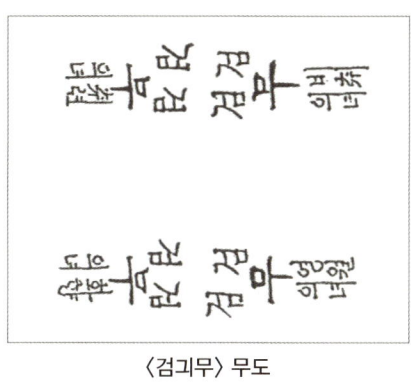

〈검긔무〉 무도

2) 첨수무尖袖舞의 무보舞譜와 무도舞圖

김천흥[18]은 첨수무尖袖舞에 대하여 "이 춤은 조선조 순조純祖(1828) 때 창작된 춤으로 자경전慈慶殿에서 무동舞童이 추었는데, 원무元舞 2인에 협무挾舞 18인이 춘 것으로『진작의궤進爵儀軌』에 기록되어 있다. 그리고 첨수무가 순조純祖 무자년戊子年(1828)과 다음 해인 순조純祖 기축년己丑年(1829) 2년 동안 많은 궁중 의례 잔치에서 출연했는데, 무동舞童과 여령女伶이 추었고, 무원舞員의 수는 2명·4명 또는 원무元舞·협무挾舞로 구별해 20명이 출연하기도 했다. 그리고 이 춤은 칼을 들지 않고 5색 한삼汗衫을 손목에 매고 추기도 했다. 그런데『무동정재홀기舞童呈才笏記』에서 두 사람이 칼을 들고 추는 것이 공막무公莫舞와 일치하고 지금의 검기무劍器舞와도 유사하다. 창사는 없다"라고 기록하고 있다.

---

18) 김천흥, 전게서, 2003.

『여령각정재무도홀기女伶各呈才舞圖笏記』[19])에 보면, 첨수무尖袖舞에 대한 무보舞譜와 무도舞圖가 아래와 같이 기록되어 있다.

樂奏慶春和之曲 鄕唐交奏 음악은 〈경춘화지곡〉을 연주한다. 〈향당교주〉이다.
○ 拍 박을 친다. 舞四人 分二隊舞進 무기 4인이 2대로 나뉘어 춤추며 나아간다.
○ 拍 박을 친다. 相對而舞 葉舞 或背或面 以手翻覆 進退旋轉而舞 서로 마주 보고 춤춘다. 엽무이다. 혹은 등지고 혹은 대면하기도 하면서 손을 뒤집고 다시 나아갔다 물러났다 하다가 '선전'하면서 춤춘다.
○ 拍 박을 친다. 換隊而背舞 대오를 바꾸어 등지고 춤춘다.
○ 拍 박을 친다. 南北相向而舞 남북으로 서로 향하여 춤춘다.
○ 拍 박을 친다. 換隊而背舞 대오를 바꾸어 등지고 춤춘다.
○ 拍 박을 친다. 東西相向而舞 동서로 서로 향하여 춤춘다.
○ 拍 박을 친다. 換隊而背舞 대오를 바꾸어 등지고 춤춘다.
○ 拍 박을 친다. 南北相向而舞 남북으로 서로 향하여 춤춘다.
○ 拍 박을 친다. 換隊而背舞 대오를 바꾸어 등지고 춤춘다.
○ 拍 박을 친다. 東西相向而舞 동서로 서로 향하여 춤춘다.
○ 拍 박을 친다. 左右一轉而舞 좌우로 한 번 돌면서 춤춘다.
○ 拍 박을 친다. 回旋而舞 '회선'하면서 춤춘다.
○ 拍 박을 친다. 舞進 춤추며 나아간다.
○ 拍 박을 친다. 舞退樂止 춤추며 물러난다. 음악이 그친다.

〈첨수무〉 무도

---
19) 성무경·이의강, 전게서, 2005.

3) 공막무公莫舞의 무보舞譜와 무도舞圖

김천흥[20]은 공막무公莫舞에 대하여 "이 춤은 순조純祖(1828) 때 효명세자孝明世子가 지은 춤으로 당시『진작의궤進爵儀軌』에 연경당演慶堂 잔치에서 무동舞童 2인이 춘 것으로 기록되어 있다. 춤의 진행과 의상衣裳, 무구舞具인 칼이 지금의 검기무劍器舞와 일치한다. 다만 검기무는 악사樂師가 칼을 먼저 들어다가 무대에 놓고 춤을 시작하고, 공막무는 춤추는 중간에 악사樂師가 칼을 들어다가 놓아주는 것이 다를 뿐이다. 춤 홀기笏記의 내용은 첨수무尖袖舞와 일치한다.

한국정신문화연구원의 장서각藏書閣에 소장所藏된 바 있던『정재무도홀기』가 1994년 영인影印·간행되어 공막무의 홀기笏記가 수록되어 있음을 볼 수 있다.

고종 31년甲午年(1894)『외진연시 무동각정재무도홀기外進宴時 舞童各呈才舞圖笏記』를 보면 무동 2인으로 김천만金千萬, 이만수李萬壽가 담당했으며, 연대 미상年代未詳과 용도 불명의『무동각정재무도홀기』에는 김억만金億萬, 오수산吳壽山이 담당했음을 볼 수 있다. 홀기笏記 내용에서처럼 창사唱詞는 없다"라고 기록하고 있다.

『외진연시 무동각정재무도홀기』[21]를 보면, 공막무에 대한 무보와 무도가 아래와 같이 기록되어 있다.

樂奏武寧之曲 鄕唐交奏 〈무령지곡〉[22]을 연주한다. 〈향당교주〉이다.
○ 拍 박을 친다. 舞二人 相對舞作 舞進舞退 或背或面 回旋而舞 樂師持劍器 入 置於殿中 左右而出
舞二人 相對 跪而舞 弄劍執劍 翻飄而舞 並起立而舞 驚歸巢筵風擡 舞進舞退 樂止

무동 2인이 서로 마주 보고 무작하여 춤추며 나아갔다 춤추며 물러난다. 혹은 등지고 혹은 대면하여 빙빙 돌면서 춤춘다. 악사가 검기를 가지고 전 가운데 들어와 놓고 좌우로 나간다. 무동 2인이 서로 마주 보고 꿇어앉아 춤춘다. 칼을 어르다가 칼을 잡고 번뜩여 회

---

20) 김천흥, 전게서, 2003.
21) 성무경·이의강, 전게서, 2005.
22) "무력으로 안녕을 이룩한다"라는 뜻의 악곡명. 〈검기무〉의 반주음악인 향당교주에 임시로 붙인 아명雅名.

오리바람처럼 돌리며 춤춘다. 모두 일어서서 춤춘다. 연귀소하고 연풍대 한다. 춤추며 나아갔다 춤추며 물러난다. 음악이 그친다.

〈공막무〉 무도

4) 궁중교방(宮中敎坊) 검무(劍舞)의 역사(歷史)

조선시대 궁중교방 검무의 목적성은 고래(古來) 검무가 가졌던 무술수련(武術修練)의 성격을 벗어나 연회 때 공연하기 위한 공연무용으로서의 성격으로 전환된다. 그래서 검무 전승 의미도 살생을 위한 무술로서가 아닌 기예(技藝)로서의 의미로 변환된다. 무술로서의 검무 전승은 주로 검무를 배우기를 원하는 자가 직접 검객을 만나서 전수 받는 식으로 이루어졌을 뿐[23] 일종의 체계성을 갖춘 교육기관을 통해 전래되지는 않았다.[24]

하지만 조선시대 기예로서의 검무전승은 각 고장에 있었던 교방(敎坊)을 통해 기녀 간(妓女間)에 직접적이고 체계적으로 이루어졌고, 그 교육내용의 자세한 실체는 일종의 교방문

---

23) 〈검녀(劍女)〉 속에서 검녀는 검객을 만나서 5년간 사사하고 뛰어난 검술 실력을 갖추게 된다. 유한준의 『자저(自著)』 권27에 보이는 〈검객(劍客)〉에서도 "爲人好擊劍 乃遂從善劍人學劍 學劍三年而劍術通"이라는 구절이 보여주는 것처럼 역시 검술을 개인적으로 수년간 사사하고 뛰어난 검술 실력을 갖추게 되는 사실을 엿볼 수 있다. 물론 검술이 반드시 검무와 일맥상통하는 것은 아니지만, 황창랑의 검무가 가지는 무술적 성격을 고려해볼 때 무술로서의 검무도 비슷한 과정을 통해 전수되었으리라는 점을 짐작해볼 수 있다.

24) 兵營에서 무술수련이 계속적으로 전수되기는 했지만, 劍舞가 兵營武術의 한 종류로 정식으로 자리 잡지는 못했다. 비록 『朝鮮王朝實錄』 중 인조 1년(1623) 3월 18일조에서 인조가 김류·이귀 등을 인견하여 군병 위로연의 결과를 들을 때 김류와 이귀가 위로연의 유흥을 돋우기 위해 將士들로 하여금 劍舞를 추게 하였다는 기록이 비록 있기는 하지만, 조선시대 군사훈련교본이던 『武藝諸譜』나 『武藝新譜』, 『武藝圖譜通志』 중 어느 책에도 劍舞가 정식 과목으로서 수련되었다는 증거는 없다. 다만 本國劍·提督劍·銳刀·倭刀 등 도검을 사용하는 다양한 검술이 수련되었을 뿐이다.

화 보고서라고 할 수 있는 『교방가요教坊歌謠』와 조선 말기 궁중무宮中舞를 기록한 무보의 일종인 『정재무도홀기』 등에 서술되어 있다.[25]

그러므로 조선시대 검무의 목적성과 전승 의미를 되새겨볼 때, 삼국시대와 고려시대까지 황창무로 대표되는 무술적 성격의 검무가 조선시대에는 공연무용으로서의 기예적 성격을 띤 기녀의 검무로 양상을 바꾸게 되면서 그 목적성과 전승 형태도 아울러 변화되었음을 엿볼 수 있다.[26]

4. 경기검무京畿劍舞의 학술적學術的 연구역사研究歷史

검무를 주제로 하는 무용학적 연구는 끊임없이 진행되고 있다. 정부 지원 보고서 4편, 학술지 논문 80편, 대학원 석사학위논문 50편, 대학원 박사학위논문 15편 등이다.

경기검무를 주제로 한 학술지 및 학위논문을 연대순으로 구분한 결과는 아래와 같다.

1) 경기검무京畿劍舞 주제主題 국내학술지國內學術誌의 연구논문研究論文 목록目錄 (~2020년까지)

강미선, 「경기검무를 활용한 글로컬문화콘텐츠 개발 연구」, 대한무용학회, 2017, 『대한무용학회논문집』 Vol. 75 No.5.

강연진, 「경기도 무형문화재 제53호 경기검무의 고유성: 검무의 구성과 역사적 전개를 중심으로」, 한국엔터테인먼트산업학회, 2019, 『한국엔터테인먼트산업학회논문지』 Vol.13 No.8.

---

25) 『教坊歌謠』에 나타나 있는 기녀에 대한 교육내용은 歌曲, 樂器, 呈才, 판소리·雜戲·雜謠·短歌 등인데, 이 중에 歌舞와 관련된 부분이 특히 강조되어 수록되어 있고, 『呈才舞圖笏記』에는 각종 舞譜가 자세하게 수록되어 있다. 우리는 이를 통해 조선시대 기녀들이 어떠한 형태로 검무를 전승받고 공연했는지를 유추해볼 수 있다.

26) 조혁상, 「조선조 검무시의 일 연구」, 성균관대학교 대학원 석사학위논문, 2004.

2) 경기검무京畿劍舞 주제主題 학위논문學位論文 목록目錄(~2020년까지)

백봉선, 「궁중검무와 진주검무 비교분석」, 진주교육대학교 교육대학원 석사학위논문, 2019.
강미선, 『검무의 정체성 연구: 경기검무의 정체성 분석을 중심으로』, 경희대학교 대학원 박사학위논문, 2018.
박미정, 「지역별 검무의 칼 형태에 따른 춤 양식 연구」, 국민대학교 일반대학원 공연영상학과 무용학전공 석사학위논문, 2018.
이효선, 「무복(舞服)에 나타난 지역별 검무연구」, 한양대학교 대학원 석사학위논문, 2018.
김가온, 『경기도무형문화재 제53호 경기검무 실체 분석과 미의식에 관한 연구』, 세종대학교 대학원 박사학위논문, 2016.
신혜정, 「경기검무 기본 춤사위 무보 및 용어정리」, 대진대학교 대학원 석사학위논문, 2009.
이주희, 「경기검무 춤사위구조 연구」, 중앙대학교 대학원 석사학위논문, 2007.
임수정, 『한국 여기검무(女妓劍舞)의 예술적 형식과 지역적 특성 연구』, 용인대학교 대학원 박사학위논문, 2007.

3) 경기검무京畿劍舞 주제主題 연구내용研究內容

경기검무를 주제로 한 연구 중에서 아래의 6편은 매우 중요한 고찰을 제시하였다. 그러므로 경기검무의 발달과정을 소상히 밝히고자 그 결론을 인용한다.

(1) 경기검무京畿劍舞의 탄생誕生[27) 28)]

경기검무의 탄생[29)]은 한성준 선생이 1934년 '조선무용연구소'를 창설하고 1935년 〈한성준무용발표회〉를 열고 검무를 비롯한 10편[30)]을 공연한 기록을 근거로 1934~1935년으로 한다.

(2) 경기검무 기본 춤사위 무보 및 용어[31)]

본 연구의 목적은 경기검무 기본 춤사위 용어에 따른 춤사위를 분석하여 무보를 작성하여 제시하는 것으로, 3가지 세부적인 목표를 두었다. 첫째, 검무의 유래와 종류를 알아

---

27) 송수남, 『한국근대춤 인물사(I)』, 현대미학사, 1999.
28) 김정녀, 「권번춤에 대한 연구」, 『한국무용연구』 제7집, 서울: 한국무용연구회, 1989, 11쪽.
29) 자세한 내용은 경기검무 전승계보의 한성준 항을 참고할 수 있다.
30) 승무, 태평무, 한량무, 왕의춤, 신선무, 살풀이춤, 훈령무, 오방신장무, 사공무, 학무 등.
31) 신혜정, 「경기검무 기본 춤사위 무보 및 용어정리」, 대진대학교 대학원 석사학위논문, 2009.

보고, 둘째, 경기검무의 전승 배경과 특성을 고찰하며, 셋째, 김근희에 의해 정의된 경기검무의 기본 춤사위 용어를 정리하여 무보화하는 것으로 다음과 같은 결론을 얻었다.

① 검무劍舞는 인류의 자연발생적 춤이라 할 수 있다.

② 검무가 예술적인 성향을 띠기 시작한 것은 삼국시대부터이며 고려시대, 조선시대를 거쳐 오늘날까지 이르게 된 가장 오랜 역사를 가진 춤 중 하나이다.

③ 검무는 춤사위의 형태, 구조, 무복과 무구 등 지역별·전수자별 특색에 따라 여러 방면으로 발전하여 현재는 중요무형문화재 제12호 진주검무, 중요무형문화재 제21호 통영검무, 평안남도 지정문화재 제1호 평양검무와 호남검무, 해주검무, 경기검무 등 지역별로 전승되고 있다.

④ 경기검무는 한성준에 의해 정리되어 중요무형문화재 제92호 태평무 보유자인 강선영으로 이어져 중요무형문화재 제92호 태평무 이수자인 김근희로 승계되었다.

⑤ 경기검무는 김근희에 의하여 정의된 순수 우리말로 된 춤사위 용어를 사용한다.

⑥ 경기검무의 기본 춤사위 용어는 총 19가지이다. 9가지 맨손춤사위는 다스림 사위, 건드렁 사위, 겹머리 사위, 맴채 사위, 너나들이 사위, 앙가조촘 사위, 반선 사위, 너울채 사위, 고빗 사위가 있다. 10가지 칼춤사위로는 외늘름 사위, 양늘름 사위, 겹늘름 사위, 가새지르기 사위, 고샅 사위, 두루업굽 사위, 겨드랑 추임새 사위, 겹도르래 사위, 외도리깨 사위, 겹도리깨 사위 등이다.

⑦ 고샅 사위는 검을 밀고 당기는 손목 사위를 뜻하는데, 팔을 대칭으로 하며 칼을 치는 동작으로 다른 종류의 검무에서는 찾아볼 수 없는 경기검무만의 독특한 춤사위이다.

⑧ 외늘름 사위, 양늘름 사위, 겹늘름 사위는 경기검무에서 각 동작을 마무리하는 가장 빈번하게 사용되는 춤사위로서 한손 또는 양손을 재빠르게 내밀었다 들이는 모양으로 칼을 1회 혹은 2회 돌리고 재빨리 팔굽을 구부려 가슴 앞으로 칼을 모으는 특징을 가지고 있다.

⑨ 반주음악은 총 6분 18초로, 음악 구성은 허튼타령(30장단), 자진허튼타령(70장단), 당악(16장단), 긴염불(1장단)로 구성되어 있으며, 악기편성은 장고, 대금, 피리, 해금으로 구성되어 있다.

⑩ 경기검무는 맨손 춤사위와 칼 춤사위로 나눠지며 맨손 춤사위는 정갈하고 부드럽고 칼 춤사위는 맨손 춤사위에 비해 화려하다. 4인, 6인, 8인 등 짝수의 무원이

2열종대로 서서 각 2명의 무용수가 마주 보며 어깨를 맞대고 춤을 추거나 전진, 후퇴, 상하대칭으로 이동하는 대면對面과 춤을 추는 무용수 모두가 원을 이루거나 1열을 이루는 화합을 반복하는 구도로 전투적이라기보다는 평화를 상징하는 의미를 담고 있다.

(3) 경기검무 춤사위 구조[32]

검무는 한국 춤과 역사를 나란히 한다고 해도 과언이 아닐 만큼 긴 역사를 가지고 있다. 인류의 발생과 더불어 생존을 위한 수렵과 적으로부터의 보호를 위한 전투적인 형태를 지닌 검무를 비롯하여 무구한 세월을 거쳐 오늘날에 이르렀다. 이렇듯 검무가 시대를 거쳐오면서 춤 형식이나 연행 방법 등의 변화를 맞으면서도 검무의 전승이 단절되지 않고 오늘날까지 잘 계승되어오는 까닭은 개성이 뚜렷하며 예술적으로도 가치가 높은 무용이기 때문이라고 할 수 있다.

현재 추어지고 있는 검무는 형태에 따라 다양하게 분류하는데, 궁중검무와 민속검무가 있으며, 민속검무는 지역별 특색에 따라 지역의 이름을 딴 검무가 이어져 내려오고 있다. 검무는 지역별로 구성방식이나 무구, 춤사위 형태가 다르기도 한데 현재 분포하고 있는 검무 가운데 중요무형문화재로 지정되어 있는 것은 제12호 진주검무와 제21호 통영검무가 있다. 이 외에도 전라도 광주 지역의 호남검무, 평양검무, 해주검무, 경기검무가 전승되고 있다. 이 중 본 논문의 연구 주제인 경기검무는 한성준으로부터 시작한 춤으로 한성준이 조선권번이나 한성권번 등 서울, 경기지역의 권번에서 여기女妓들에게 지도한 바 있고 1937년 설립한 조선음악연구소에서 그의 문하생들에게 전수하였으나 모두 작고하고 중요무형문화재 제92호 태평무 보유자인 강선영[33]과 그의 제자들에 의해 경기검무가 전승되고 있다.

반주음악은 피리, 해금, 대금, 장고의 선율적 성부의 특징을 살려 비슷한 선율을 연주하는 대풍류로서, 음량이 큰 피리 선율을 중심으로 각 악기의 특성에 맞는 가락을 연주하고 있다. 허튼타령으로 시작하여 자진허튼타령으로 이어지고 다음에 당악장단으로 빠른 장단에 맞추어 춤을 추다가 염불장단으로 마무리하는 독특한 구성으로 이루어져 있다.

---

32) 이주희, 「경기검무 춤사위구조 연구」, 중앙대학교 대학원 석사학위논문, 2007.
33) 강선영(1988.12~2016.1.21) 태평무 보유자로 활동 후 별세.

염불과 도드리장단이 생략되고 타령장단부터 시작하여 당악으로 이어지는 구성으로서, 이명자[34] 선생의 말에 의하면 느린 장단이 생략되어 지루함이 덜하고 다른 지역의 검무와 차별화를 둔 것으로 보여진다고 한다. 또한 다른 지방 검무의 작품시간은 보통 18분에서 21분 정도이나, 경기검무는 6분 18초로 비교적 짧게 추어진다. 또한 궁중검무도 4분 58초로 짧게 추어진다.

춤사위는 맨손 춤사위와 칼 춤사위로 구성되어 있다. 맨손 춤사위로는 반돌기, 한손 사위, 일자 사위, 겨드랑 사위, 사방돌기, 엎을 사위, 허리잴 사위, 엎드려 한손 어르기가 있으며 칼 춤사위로는 양위 사위, 한칼 사위, 쌍칼 사위, 쌍칼앞 사위, 상하 가락, 위로 칼 치기, 칼치며 돌기, 칼 안기, 칼 부딪치기, 칼 돌려 머리 쓸기, 가위 치기, 한칼 연풍대, 쌍칼 연풍대로 이루어져 있다. 칼 춤사위는 칼을 돌린 후 팔꿈치를 굽혀 가슴 앞으로 가져오는 특징이 있으며, 팔꿈치를 반쯤 구부려 팔을 양손대칭으로 움직여 칼을 위아래로 던지는 상하가락은 경기검무에서만 추어지는 대표 춤사위라 할 수 있다.

춤사위 구조의 특징으로는 시작동작과 마무리동작이 독특한 것을 꼽을 수 있다. 장단의 첫 박에 서로 교차하여 자리를 바꾸어 맨손 춤을 시작하고, 마지막 인사 동작을 당악에서 염불장단으로 바꾸어 열列을 나누어서 하는 것은 여러 지역의 검무 중 경기검무만이 지닌 독특함이라 할 수 있다.

대형의 변화는 대부분 직선 또는 원형을 이루고 있다. 대형이 단순하지만 춤의 구성이 대립과 화합을 반복하는 양상을 띠고 있어 직선과 원형이 오묘하게 조화를 이룬다. 특히 안으로 모였다가 퍼지는 연풍대 동작의 대형과 연풍대가 끝난 후 좌우대칭으로 바뀌는 대형은 경기검무의 특징적인 대형이라 할 수 있다. 또한 종대 대형과 횡대 대형이 반복하여 나타나는데, 마지막 인사 동작을 제외하고는 횡대 대형이 중간에 구성되는 경우는 다른 검무에서는 볼 수 없는 구성이기도 하다.

춤사위는 반복하여 춤으로써 주요 동작을 강조했는데, 반복 패턴을 기본구성과 단일구성, 복합구성으로 분류했을 때 같은 동작을 반복하는 단일구성에 비해 다른 동작을 일정한 패턴으로 반복하는 복합구성이 많은 부분을 차지하고 있다. 허튼타령에서 맨손 춤사위는 단일구성이 많아 같은 동작의 반복이 많이 나타난다. 자진허튼타령은 연속 동작의

---

34) 이명자, 현재 중요무형문화재 제92호 태평무 보유자.

반복보다는 춤사위를 다양하게 표현하였으며, 한칼 사위와 쌍칼 사위가 춤사위를 연결해 주는 역할로 많이 나타난다.

당악 춤사위 구성은 모두 단일구성으로 이루어져 있어 동작의 반복이 가장 잘 드러나는 장단이라 할 수 있다.

본 연구자는 경기검무에서 쓰이는 춤사위의 구조 분석을 통해 대체로 단순하고 반복적인 춤사위 구조와 대형, 그리고 적절한 춤사위 구조를 통한 춤의 변화를 알 수 있었다. 경기검무는 구조적으로 지나치게 화려하거나 활달하지 않고 동작과 대형이 단순하지만 다양한 구성을 이루고 있는 양면을 모두 지닌 검무라 할 수 있다.

(4) 경기도무형문화재 제53호 경기검무 실체 분석과 미의식[35]

본 연구는 경기도무형문화재 제53호 경기검무를 대상으로 보존회에서 전승교육을 위한 학문적 이론체계를 구축하고자 경기검무의 전승역사와 예술적 인식특성 및 실체 그리고 구조적 분석을 다각적으로 알아보고자 기획되었으며 다음과 같은 결론을 얻었다.

첫째, 경기검무의 전승 실태는 한성준이 창안하였고, 2011년 문화재 지정 이후부터 5년간 전수자 12명, 이수자 5명, 보존회 검무공연 활동 결과는 26회였다.

둘째, 경기검무의 구조적 분석 결과는 아래와 같다.

① 보유자의 증언에 의하면, 경기검무의 작품 의도는 홀춤을 무형문화재로 지정받아 형식미의 특성인 즉흥성을 보여줄 수 있고, 풍류사상의 미 유형과 멋의 미 유형을 나타내고 있으며, 한국전통무용의 원과 태극의 미의식과 관계가 가장 깊다고 하였다.

② 기본 춤사위 구조로 맨손 춤사위는 다스림 사위, 해 사위, 건드렁 사위, 겹머리 사위, 맴채 사위, 너울채 사위, 엎드려 너울채 사위, 앙가조촘 너울채 사위, 너나들이 사위, 앙가조촘 사위, 반선 사위 등 11가지였고, 칼 춤사위는 외늘름 사위, 양늘름 사위, 겹늘름 사위, 어우름 사위, 고샅 사위, 두루업굽힘채 사위, 겨드랑이 추임새 사위, 겹도르래 사위, 가새지르기 사위, 해달 사위, 외도리깨 사위, 겹도리깨 사위, 인사 사위 등 13가지였다.

---

35) 김가온, 전게서, 2016.

③ 안무구성의 주동작 사위별 사용 빈도는 건드렁 사위 2회, 겹머리 사위 4회, 맴채 사위 2회, 너울채 사위 1회, 앙가조촘 너울채 사위 1회, 너나들이 사위 1회, 앙가조촘 사위 1회, 반선 사위 2회, 외늘름 사위 18회, 양늘름 사위 61회, 겹늘름 사위 10회, 고샅 사위 8회, 두루업굽채 사위 2회, 겨드랑 추임새 사위 2회, 겹도르래 사위 2회, 가새지르기 사위 2회, 외도리깨 사위 4회, 겹도리깨 사위 4회를 주동작으로 양늘름 사위가 가장 많은 것으로 나타났다. 칼을 무구로 사용하는 작품으로서 양칼을 돌리는 춤사위의 화려함과 신명 및 흥이 내재되어 있음을 알 수 있었다.

④ 안무구성은 상·하수로 나뉘어 병렬 대형과 원 대형이 주로 이루어져 있으며, 무원과 서로 얼굴을 마주 보고 춤을 추는 것으로 나타났다.

⑤ 경기검무의 악기는 장고, 대금, 피리, 해금(아쟁)이며, 반주음악은 총 6분 18초(허튼타령 2분 35초; 30장단, 자진허튼타령 3분 24초; 70장단, 당악 12초; 16장단, 염불 3초; 1장단)로서 다른 지역의 검무(보통 18~20분)에 비해 짧았다.

⑥ 반주음악은 검무에서는 흔히 쓰이지 않는 대풍류로 진행되었다. 이는 무대 공연과정에서 승무, 살풀이와 차별화를 위한 조치였다. 또한 홀춤부터 대단위 그룹으로 가능하게 안무되었고, 무음악으로 등장 사위를 삽입하였다.

(5) 검무의 정체성 연구: 경기검무의 정체성 분석을 중심으로[36]

본 연구에서는 무형문화재 검무 간의 비교를 통하여 경기검무의 정체성을 분석하였다. 그 결과를 검무의 정의, 기원설, 검무의 가치, 검무의 춤사위, 반주음악, 검무의 복장, 검무의 대형, 검무의 진행절차로 구분하여 경기검무의 정체성을 분석한 결과는 다음과 같다.

첫째, 경기검무의 춤사위 특징이다. 경기검무는 지역적 특징에서도 경기도 지역이면서, 정확하게 원작자를 확인할 수 있으며, 공연 양상의 특징을 갖는다는 점에서 타 검무와 차별된다.

둘째, 경기검무 기원설의 특징이다. 경기검무는 타 검무와 달리 교방청의 기녀들이 춘 춤이 아니라는 점에서 명확하게 그 기원에서 차이가 있다.

---

36) 강미선, 『검무의 정체성 연구: 경기검무의 정체성 분석을 중심으로』, 경희대학교 대학원 박사학위논문, 2018.

셋째, 경기검무의 가치적 측면에서의 정체성이다. 검무 중에서도 유일하게 무대화된 춤이라는 점에 가치적 측면의 정체성이 있다. 특히 경기검무가 타 검무와 차별될 수 있는 본질적인 특성으로서의 예술성은 이 춤이 다른 지역의 검무와 달리 지역 교방에서 기녀들이 춘 의식무로서만의 춤이 아닌, 역사적 근거가 명확한 한성준의 안무 작품이라는 점, 예술적 특징과 상징성이 공격과 대립이 아닌 화합과 상생이라는 점, 미적 가치와 미의식이 춤에 집중하는 과정의 영혼성에 있다는 점이 가치적 측면에서의 정체성이라 할 수 있다. 즉, 경기검무는 과거에서부터 전해내려온 한국의 검무가 한성준이라는 인물에 의해 공연 양식으로 재창작된 춤이라는 점에서 그 본연의 가치를 찾을 수 있다.

넷째, 경기검무의 춤사위 정체성이다. 경기검무 춤사위의 특징은 타 검무와 크게 차별되지 않지만, 구성에 있어서 맨손 춤사위와 칼 춤사위로만 구성된 점이 특징이다.

다섯째, 경기검무의 반주음악 정체성이다. 경기검무는 대풍류로 구성되어 있다. 허튼타령, 자진허튼타령, 당악, 염불로 구성되어 있어 다른 지역의 검무 음악보다 짧은 것이 반주음악의 정체성인 것으로 분석되었다.

여섯째, 경기검무의 복장에 대한 정체성이다. 검무의 복장은 지역마다 차이가 있으며, 경기검무 복장의 정체성은 형식적 특징이 아닌 복장의 색상에 타 검무와 차이가 있는 것으로 나타났다.

일곱째, 경기검무의 대형 정체성이다. 경기검무의 대형은 2인무를 중심으로 구성되어 있으며, 앞뒤로 인사가 있는 것이 주요한 특징이다. 타 검무보다 무대무용으로서 대형의 변화가 다양하게 이루어진다는 것이 특징이다.

여덟째, 경기검무의 진행절차 정체성이다. 경기검무의 진행절차적 특징은 타 검무와 차별된 절차로 구성된 것이 아닌 한삼춤이 없으며, 맨손춤과 검무로만 구성되었다는 것이 특징이 있다.

이러한 내용을 종합한 결론으로, 경기검무는 의미와 가치적 측면에서 정체성이 뚜렷한 것으로 판단된다. 즉 춤사위의 구성, 반주 음악, 대형, 음악 등의 춤을 구성하고 있는 외재적 요소보다는 춤의 기원, 정신적 측면에서 타 검무와 차이가 있으며, 물론 과거로부터 전해내려오는 검무의 양식적 특징은 타 검무와 동일하게 유지하고 있으나 경기검무로 존재하는 그 본질적 특징은 한성준에 의해 재창작된 춤으로서 무대 무용의 특징과 창작자의 미의식과 정신세계에서 찾을 수 있다.

4) 경기검무京畿劍舞 주제主題에 대한 김근희金槿姬의 대담對談 및 증언證言

경기검무에 대한 다양한 주제별 연구에 대한 문서기록은 빈약하다. 고로 경기검무에 대한 살아있는 정보를 기록하기 위하여 주제별로 무형문화재인 김근희의 대담 및 증언내용[37]을 요약하면 다음과 같다.

(1) 경기도무형문화재 제53호로 지정된 경기검무의 안무특성은 무엇인가요?

김근희: '창안자는 한성준' 선생님이었고, 안무시기는 "1930년 조선음악무용연구소 설립부터 1934년 한성준조선무용연구소를 거쳐 1935년 부민관에서 한성준의 첫 개인 작품발표회 기간까지로 보고 있다"라고 증언하였다.

또한 "한성준 선생님은 서울에 조선음악무용연구소를 하시기 전에 전국을 순회하면서 우리 전통문화인 음악과 춤을 섭렵하셨고, 전국순회 후반기에는 고종에게서 벼슬도 받고, 궁중공연에 고수로 참가하셨다"라고 증언하였다.

그리고 "권번에서 교사하시면서 궁중기녀 출신들과 교류하고, 궁중무용을 익히셨고", "일제 강점기에 문화말살 정책에 대항하여 사라져가는 우리 춤을 복원하는 의미로 40여 가지 춤을 안무"하셨고, 그중의 하나가 "서울과 경기도 지역에서 강선영 선생님께서 무대에 많이 올리셔서 추어지고, 감상되었던 검무가 2011년에 보유자가 신청하여 경기도무형문화재로 지정"(보유자: 김근희, 보유단체: 경기검무보존회-안산시 위치)되었다고 증언하였다.

(2) 무형문화재로 지정받은 경기검무의 홀춤, 군무의 예술적 특징과 상징성은 무엇인가요?

김근희: "검이란 것은 옛날부터 먹기 위해 생활 도구로 쓰이다가 살기 위해 종족보존을 또 해야 하니까 전쟁이 일어나고, 무시무시한 검을 무기로 쓰며 살생의 의미를 많이 내포하고 있잖아요. 하지만 경기검무의 춤에서 갖고 있는 특징과 상징은 공격성이 아닌 서로 대화하듯 솔로는 관객을 상대로, 대무는 대무인을 상대로 서로

---

37) 김가온, 전게서, 2016, 33~37쪽.

상생의 길을 같이 모색하듯이 어떻게 하면 좋게 할 수 있을까라는 듯이 춤으로 대화를 하는 거죠. 경기검무는 내면의 세계를 보면서 서로 품격 있게 추는 것이 특징이에요"라고 증언하였다.

(3) 경기검무가 타 지역 검무와 다른 차이점이 무엇인가요?

김근희: "우리나라의 검무는 두 가지 종류가 있는데 한 가지는 의식 위주의 검무로서 지정을 받게 된 것이고, 두 번째 검무의 지정은 어떤 예술가에 의해서 창안되어서 그것이 의식무지만 한국 춤의 어떤 정서를 바탕으로 무대 활동을 위주로 예술작품으로 승화시킨 것이 앞으로 무형문화재 지정을 쉽게 할 수 있을 것입니다. 앞으로 한국 춤은 절제정신이나 사상을 내재하고 있으면서도 한국 춤의 신명과 흥과 그런 미적 가치까지도 포용할 수 있는 작품으로 환원되어야 할 것입니다"라고 증언하였다.

(4) 경기검무의 문화적 가치에 대하여 폭넓게 말씀해주세요.

김근희: "경기검무는 앞에서 말한 미학적 가치뿐만 아니라 문학적 가치, 미술적 가치, 음악적 가치, 공연적 가치, 종교적 가치 등으로 다양해요. 조선시대에 여기검무를 보고 많은 양반네들이 시를 지어 남겼잖아요. 미술 분야에서도 풍속화나 기록화에 여기검무가 많이 보이고 있고, 율동적 춤이 음악을 만드는 계기를 마련하는 것은 예나 지금이나 마찬가지잖아요. 또한 경기검무를 안무한 한성준 선생님의 무용사학적 가치가 무대공연과 우리 춤의 레퍼토리화잖아요. 공연형식의 변화에 무용작품을 적용시키는 실험적 안무를 처음으로 하신 분이죠. 그리고 종교적 가치는 상식적인 개념이 되었지요. 기존의 궁중무용으로서 검무나 상고시대부터 검을 들고 움직이는 것은 신성한 의식이었기 때문에 움직임이 지금의 검무처럼 진중함이 있었겠죠. 검무는 우리 한국전통무용의 태조로 볼 수 있어요. 기본 춤 사위뿐만 아니라 춤자이(춤추는 사람)의 마음가짐, 춤을 대하는 태도 등의 뿌리 역할을 해야 한다고 봐요"라고 증언하였다.

(5) 한국무용의 미적 유형을 소박한 자연미, 멋의 미, 원과 곡선의 미, 해학과 풍자의 미, 맺고 풂의 역동미, 여백의 미, 무한대 유동의 미 등으로 분류하면, 경기검무가 추구하는 미적 가치는 무엇인가요?[38]

김근희: "경기검무는 처음 배울 때처럼 따라 하기, 모방하기 정도로는 공연할 수 없어요. 검무는 고도의 추상화된 경지의 아름다움을 보여줘야 하기 때문에 숙달된 예술적 동작이 되도록 반복연습이 필요하죠. 또한 무구로 검을 사용하기 때문에 기하학적인 조형요소를 고려해야 돼요. 그리고 의식무로 요구되기 때문에 정중동 동중정의 묘미가 연출되어야 춤동작과 춤가락이 맺어지고 풀어짐이 조화롭게 나타나요. 마지막으로 경기검무는 홀춤과 대무對舞 모두 무형문화재로 지정되었어요. 무구를 잡고 대무하는 것이라서 마음에 담긴 무한한 가능성을 내포하고 움직임은 절제해야 하죠. 그래야 정신적 몰입현상을 경험하고 영혼성을 표현할 수 있잖아요"라고 증언하였다.

(6) 한국무용의 미의식을 풍류사상, 멋, 눈물과 웃음, 백의민족성, 원과 태극 등으로 분류할 때 경기검무의 미의식 특징은 무엇인가요?[39]

김근희: "검무는 한국전통무용이기 때문에 5가지 미의식이 융합되어 있다고 생각해요. 역사적으로도 문헌적 연구로 제한해서 논하면, 검무가 신라시대부터 있었다는 것이니 가장 대표적인 우리 무용의 기본이 아니겠어요. 제가 수도국악원에 다닐 적에는 승무, 검무, 살풀이를 요즘의 기본처럼 먼저하고 작품에 들어갔지요. 지금도 저는 아침에 일어나면 검무, 태평무, 승무, 살풀이 그리고 제 창작품 무상無常을 춥니다. 특별히 하나를 특징으로 꼽으라면, 원과 태극의 미의식과 관계가 가장 깊다고 생각합니다. 왜냐하면, 검무는 무구로 검을 사용하잖아요. 인간의 획기적인 혁명은 불을 사용한 것이고, 다음은 망치를 사용하였다면, 검은 하늘과 땅을 연결하거나 하늘과 인간, 땅과 인간을 연결하려는 상징물로 사용했다고 봐요. 그래서 의식무儀式舞의 레퍼토리가 되었죠. 하늘의 신이나 땅의 신들에게 구원받기 위해서는 우선 의사소통을 위한 관계를 구축해야 했을 거예요. 그리고 민

---

38) 정병호, 『한국의 전통춤』, 서울: 집문당. 2004, 77쪽.
39) 상게서, 77쪽.

속적·종교적 차원에서는 강한 의식의 세계를 검으로 표현하잖아요. 서양에서는 검을 신성시해서 왕을 상징하기도 하고, 검 위에 손을 얹고 맹세하는 풍습들이 모두 같은 의미로 생각돼요"라고 증언하였다.

(7) 경기검무의 특징을 몇 가지만 말씀해주세요.[40]

김근희: "첫째, 검이라는 것은 본래 전시 시대에 많이 쓰는 것인데, 그것을 무대화시켜 예술적으로 승화시킨 게 우리나라만의 독특한 검무입니다. 둘째, 곡선과 직선을 잘 어우러지게 하는 것, 평화를 상징하는 춤사위가 많다는 것입니다. 셋째, 무리춤만이 아니라 홀춤을 쓸 수 있다는 것입니다. 넷째, 양팔을 펴서 칼을 돌리는 옆돌림 사위가 많고 상대방과 만나 힘을 겨루는 듯한 동작이 궁중검무에 비해 다양합니다."

---

40) ArtKorea.com 인터뷰에서.

二. 경기검무京畿劍舞의 전승계보 傳承系譜

1. 한성준 韓成俊
2. 강선영 姜善泳
3. 김근희 金槿姬

二. 경기검무京畿劍舞의 전승계보傳承系譜

1. 한성준 韓成俊

1) 생애生涯와 업적業績

한성준은 1874년 6월 충남 홍성군[41]에서 빈곤한 농가의 6남매 중 맏아들로 태어났다. 한성준에게 어려서부터 예능에 재능을 발견한 외조부 백운채는 그에게 춤과 북장단을 가르쳤다. 이렇게 시작된 그의 춤 솜씨는 주위 동네 어른들에게 귀여움을 받았으며, '어린 광대'라는 호칭도 생겨났다. 그리고 동리 양반댁에 자주 출입하면서 그 댁 자손들과 함께 자라다시피 하며 예법의 모든 범절을 익혔다. 10세 안팎이었을 때는 홍패사령紅牌使令, 백패사령白牌使令이라 해서 고사당, 차례 등에 불려가기도 하였다.[42]

14세 되던 해에는 홍성골 서학조에게 줄 타는 것과 재주를 3년간 배웠으며, 17세에 결혼하였으나 돌림병으로 처가 죽자, 이어 덕산골 수덕산의 박순조 문하에서 20세가 넘도록 춤과 장단 소리를 배웠다. 이때부터 한성준은 춤이 모든 장단의 시작이라는 것을 알게 되었고, 차츰 장단이 소리와 함께 얼마나 중요한지를 깨닫고서 더욱더 열심히 하였다. 그의 후일담에 의하면 "춤도 처음은 오금이 피로하나 하고 나면 차츰 다시 피로함 속에서 일어납니다. 장단 역시 팔 아픈 것을 무엇이라고 다 말하겠습니까만, 하도 치면 나중에는 손이 치는 것이 아니라 장단이 장단을 치는 것이 됩니다"라고 하였다. 그 후 과거 때가 되면 백패사령, 홍패사령을 따라 서울로 자주 왕래하였고, 21세에 홍성, 진영, 영장 사또가

---

41) 송수남, 전게서, 1999.
42) 손선숙, 「한성준 작품세계가 한국 신무용에 미친 영향에 관한 연구」, 조선대학교 석사학위논문, 1985, 17쪽.

불러서 가고 선달, 진사 과거에 서산, 태안지방으로 흘러 다녔다.[43] [44]

　한성준이 유랑생활을 끝내고 서울에 정착하게 된 것은 1905년 한국 최초의 서구식 극장인 원각사 무대에 출현하면서부터다. 본격적인 전문 직업예술인으로서의 활동이었다. 이후 한성준은 주로 판소리 명창들과 팀을 이루어 활동하였는데, 바로 송만갑 협률사의 고수 담당으로 서울 무대에서 차츰 자신의 주가를 높여나갔다. 그러나 1910년 경술국치로 국권을 상실하자 지방 순회공연 중이던 국악인들은 망국의 한을 뒤로한 채 각자의 고향으로 흩어지게 되었다. 하지만 춤에 대한 미련을 떨쳐버릴 수 없어 다시 서울로 올라오

한성준(1874~1942)

---

43) 박수현, 전게서, 2005, 재인용.
44) 김미영, 「한국 근대무용의 전개에 있어서 한성준옹이 미친 영향에 관한 연구」, 청주대학교 석사학위논문, 1996, 24쪽.

게 된다. 이 시기에는 비록 공식적인 무대에서 각광은 받지 못하였으나 북과 춤으로써 민중의 마음을 사로잡아 명무, 명고수로 명성을 떨치었다. "… 당시 한양의 명창들은 그가 아니면 장단이 삐었고, 세도 재상들의 사교계는 그의 춤이 아니면 소조적막 하얏섰다. 하여간 당시 그 북, 그 춤이 그때 사람들을 도취시킨 것은 더 말할 것도 없는 그 당시의 호화판이었다"라고 한 것으로 보아서도 이 시기부터 한성준은 북과 춤으로 명성을 떨쳤음을 알 수 있다.[45]

한성준은 1926년 일본 무용가 석정막의 신무용을 본 후 한국 춤의 현 위치를 자각해 이의 예술화 작업에 온 정성을 기울이게 되고,[46] 남도적인 흥과 멋이 어우러진 민속무용에 능했던 한성준은 각 지방의 한국무용을 집대성해 하나의 작품으로 형성화하여 무대화하는 작업을 시도하며 직업적인 무용가로서 정식으로 무용계에 입문하게 된다.[47]

한성준이 원각사와 연흥사에서 활약했던 시절은 무용가로서보다는 명고수로서 이름이 더 알려져 있었는데, 이러한 그가 무용 생활을 시작하게 된 것은 1930년 조선의 춤과 음악을 보급한다는 취지로 '조선음악무용연구회'를 조직한 후부터다.[48] 조선음악무용연구회는 한성준과 명창 김석구, 현철, 김덕진, 이강선, 장홍심 등의 발기로 30여 명의 회원으로 창립하였으며, 위치는 경성부 경운정 47-1번지, 지금의 교동초등학교 맞은편에 자리 잡았다. 처음에 그는 음악을 담당할 예정이었으나 무용을 담당하기로 한 이강선이 남편의 반대로 춤을 가르칠 수 없게 되어 춤과 음악을 가르치게 된 것이 그의 본격적인 무용 생활의 시작이었고, 그동안의 유랑생활에서 배운 춤과 장단을 가르치고 정리하는 계기가 되었다. 그는 이곳에서 본격적으로 음악과 고대무용, 궁중무용, 향토무용 등을 집대성하여 제자들에게 가르쳤으며 그 교육방법이 엄격하였다. 승무를 배우는 데 1년이 걸렸고 처음에는 승무 이외의 다른 춤은 가르치지 않았으며, 그 당시 승무는 오늘날의 한국무용의 기본과 같은 것으로 승무를 완전하게 습득하면 그 춤사위로 다른 춤을 자유자재로 출 수 있다

---

45) 성기숙, 『한국전통춤연구』, 서울: 현대미학사, 1999, 420~421쪽.
46) 유정희, 「한영숙류 태평무와 강선영류 태평무에 관한 비교 연구」, 원광대학교 석사학위논문, 2003.
47) 임진하, 「태평무 춤사위 분석에 관한 연구」, 숙명여자대학교 석사학위논문, 1993, 13쪽.
48) 외국춤은 이미 소개되었고, 최승희·조택원에 의해 창작춤을 재해석하여 신무용 양식의 작품을 발표하여 국내외에서 호응을 얻고 있었다. 그리고 교육무용으로서 율동은 전 학교 과정에 포함되었고, 레뷰춤과 스스로 즐길 수 있는 무도도 있었다. 1920년대 학생들에 의해 붐을 일으켰던 무도는 이미 일반화되어 사회적으로 문제를 일으키기도 하였다. 이렇게 다양한 춤 활동이 전개되던 상황에서 전통춤의 보존에 위험을 느낀 한성준이 본격적으로 전문무용단체를 만들어 전통춤의 교육과 공연활동을 하고자 한 것이다.

二. 경기검무京畿劍舞의 전승계보傳承系譜

고 생각했기 때문이다.[49] 조선음악무용연구회는 조선의 전통춤을 스스로 춤 예술로서 근대성을 갖추도록 활동했다는 점에 주목해야 할 것이다.[50]

그 후 1934년 무용만을 교육 대상으로 하는 '조선무용연구소'를 최초로 창설함으로써 무용가로서 선각적인 지도자로서 사라져가는 조선가무朝鮮歌舞를 보존하고자 노력하였다. 이는 민족무용 전수에 주력하는 전통춤의 선구적인 공로자였음을 입증하는 것이다.

1935년 부민관[51]에서 제자들과 함께 '한성준무용발표회'를 열었다. 한성준의 첫 공연을 계기로 한국무용사에 있어서 민속가무의 무대예술화로 첫발을 내딛게 된 것이다. 그때 발표한 작품으로는 「승무」,[52] 「태평무」,[53] 「한량무」, 「왕의 춤」, 「신선무」,[54] 「살풀이춤」, 「검무」, 「훈령무」, 「오방신장무」, 「사공무」, 「학무」[55] 등으로[56] 몇 작품을 제외하고는 대부분 무대무용으로는 가치가 없는 것이어서 별 호평을 받지 못하였지만, 일제의 조선 문화 말살 정책 속에서 우리의 전통무용을 지키고 이를 지고한 예술의 경지로 끌어 올린 공로는 높이 평가받을 만한 것이었다.[57]

발표회가 끝난 뒤에는 주로 봄, 가을에 지방 순회공연을 다녔는데 한번 공연 길에 나서면 4~5개월이 걸리기도 하였다. 그는 회고담에서 실패를 다음과 같이 시인하였다. "재작년 제자들과 같이 부민관에서 공연하였는데, 서툴게 하여서 실패만 보고 있습니다." 그의 첫 공연의 실패 원인은 당굿이나 원형무대에서만 하던 그의 무용이 비록 서구식 무대에 맞도록 재구성하였다 하더라도 일면 무대에 대한 지식이 부족한 그에게는 그것을 제대로 소화할만한 능력이 없었고, 일제의 울분을 달래보려는 관중의 욕구를 충족시키기에는 그의 무용이 아직도 지극히 봉건적 입장에서 탈피하지 못했기 때문이라 본다.[58]

1940년경에 그는 새로운 춤들을 다시 재구성하여 지금의 시민회관 별관에서 「승무」

---

49) 오화진, 『전통무용』, 서울: 전통문화사, 1988, 44쪽.
50) 김영희, 「신무용 시기의 한성준과 그의 조선음악무용연구회 활동」, 춤지성, 서울: 명경, 2000, 70쪽.
51) 세종문화회관 별관.
52) 불도승이 연화도장蓮花道場에서 불전에 헌다공양獻茶供養 할 때 어린 상좌가 추는 춤이라고 만듦.
53) 무속무巫俗舞인 「왕의 춤」에서 소재를 얻어 연구 완성했다.
54) 옛날 '사호'라는 네 노인이 상산에 모여 노닐다가 등산할 때 추는 춤이라 하여 만듦.
55) 왕산악의 고사를 무용화한 대표작.
56) 이 밖에 「정승춤」, 「선녀무」, 「춘경무」, 「서울무당춤」, 「하님춤」, 「농부춤」 등 100여 작품을 창작했다.
57) 송수남, 전게서, 1999.
58) 박수현, 전게서, 2005, 재인용.

공연을 가졌다.[59] 이는 불교의식에만 행해졌던 절간 바라춤을 무대 위에 올려놓음으로써 바라춤이 민중에게 각광을 받게 되었다.[60]

이어 1940년 4월에 손녀 한영숙을 포함한 제자 20여 명을 직접 인솔하여 일본 동경의 히비야 공회당에서 공연을 함으로써 우리 무용예술이 최초로 외국에서 큰 성과를 거두었다. 그리고 동경을 위시한 주요 도시를 순회공연 하였고, 1941년에 한국인으로서는 최초로 마해송馬海松이 일본에서 발행한 일간지「모던일본」[61]에서 조선예술인상을 받기도 했다.[62]

"그때 데이꼬라는 일본인이 할아버지께 장고를 배우고자 청하니 이를 거절하지 않으시고 열심히 가르쳐주셨어." 장고를 가르치며 그 장고 소리에 춤을 추신 그로서는 최후의 온 기력을 다 쏟았던 것 같다고 한영숙은 그 당시를 술회하였다. 거동이 불편하게 되자 그는 한영숙에게 자신의 모든 것을 물려주고 자신은 요양도 할 겸 고향으로 내려가 67세가 되던 해 숙환이던 신경통으로 세상을 떠났다. 병고에 시달리면서도 제자들을 가르치는 데 소홀히 하지 않았던 그는 작고할 때 생전에 가장 사랑하였던 태평무 의상으로 자신의 수의를 삼았을 만큼 춤을 사랑하였다.[63]

이렇듯 한성준은 한말에 태어나 당굿마당에서 춤추며 자라 원각사, 부민관, 일본 히비야 공회당 등 서구식 극장무대에서 춤춘 사람으로, 양 세대에 걸쳐 무용생활을 한 이색적인 인물이며 자신의 춤을 후대에 남기고 싶어 할 만큼 춤에 대한 애착이 대단한 사람이었다.[64]

한성준은 시대적 상황에 의해 과학적인 계보를 남기지는 못하였지만, 전통무용이 방향을 잃고 사라져 가려는 혼란 시대에 태어나 다른 춤의 영향이나 모방도 아니요, 더군다나 서구 양식도 아닌 순수한 우리 전통을 바탕으로 한 새로운 무용을 창작하여 무대 무용

---

59) 그때 진행을 맡은 신모가 승무에 대해 평을 완전히 파계시키는 것으로 잘못 해석하여 승려들과 신도들의 심한 반발을 사게 되어 불교단체가 총궐기하여 공연이 중단되기에 이르렀다. 한편 한성준이 바라춤을 알게 된 것은 그가 명고수로 활약할 때 명인들과 함께 사찰로 들어가 유숙하면서 사찰에서 제를 올릴 때 추는 바라춤을 터득하였기 때문이다. 승무로 인해 공연이 중단되자 제목을 '바라춤'으로 고치고 춤은 승무 그대로 추고, 북치는 장면에 바라를 치게 하여 지방공연을 무사히 마치게 되었다.

60) 손선숙, 전게서, 1985.

61) 마해송馬海松 선생先生이 일본의 수석가에서 발행한 잡지 이름.

62) 매일신보, 1941.5.6.

63) 박수현, 전게서, 2005, 재인용.

64) 조원경,「무용예술」, 서울: 해문사, 1967.

으로 개발함으로써 우리 근대무용사에 지대한 공헌을 하였으며, 한국무용사의 한 페이지를 장식하기에 조금도 손색이 없는 한국무용의 길잡이요, 신무용의 선구자로 남았다.[65]

또한 이애주는 「한성준 춤의 형성과 예술적 가치」에서 "한성준은 춤을 춤에 있어 자연성과 즉흥성의 어우러짐을 중시했는데, 삶과 예술에서 가장 중요한 본성인 자연스러움자연성을 그대로 살리면서 그것을 즉흥적으로 풀어냄으로써 무용가로서 최상의 창조적 경지에 이르렀다"라고 기술했다.[66]

『근대무용사』에서 이병옥은 "어떤 면에서 한성준은 한국춤의 체계를 확실히 알고 있었다고도 할 수 있다. 안으로 삼키며 힘의 핵을 지니고 있는 전통춤을 알고 있었고 좁은 장소에서 섬세하게 익힌 춤은 넓은 무대에서도 소화시킬 수 있다는 것을 깨닫고 있었던 것이다. 비록 그가 배움은 없었을지라도 근대 한국 춤의 선각자요 전수 교육자임에는 틀림없다"[67]라고 한성준의 역할에 대해 평가했다.

그리고 이영희는 "한성준은 개화기의 크고 작은 역사의 흐름 속에 수년간에 걸쳐 이룩한 고수鼓手로서의 뛰어난 음악적 재능을 무용에 접목시켜 체질화하였을 뿐만 아니라 사라져가는 조선 가무를 보존시키고자 노력하였다. 비록 민속무가 궁중무의 줄기라는 종속적인 관점으로 인해 민중적 무용을 역사화하는 데 실패했지만 전통무용을 자신의 생애를 바쳐 무대공연예술로 개발시키고자 한 인물이다"[68]라고 한성준의 역할에 대해 평가했다.

강이문은 "한성준은 그의 예술적 생애를 통해 많은 세월을 봉건의식에 젖은 계급적 천대 속에서 살면서도 우리의 민속가무를 아껴 사랑하고 가꾸어 대중 앞에 예술적 경지에까지 이끌어 올려 소생시킨 업적은 거대한 것이라 할 수 있으며 그를 불세출의 무용가요, 신무용의 선지자라 할 수도 있을 것 같다"[69]라고 했으며, 또한 "최승희, 조택원의 신무용이 무대를 독점하고 있을 때 한성준은 당시 민속악의 유일한 온상인 권번의 사범으로 있으면서 기생들에게 한국의 민속음악, 무용을 전수하는 한편 한국 민속무용을 집대성하여 전통 기교 위에 한성준식 한국무용 방향을 설정함에 정진했다. 그리고 그것은 이미 향토

---

65) 김희숙, 「한영숙류 태평무와 강선영류 태평무의 비교분석」, 조선대학교 석사학위논문, 2001.
66) 상게서, 10쪽, 재인용.
67) 이병옥, 「한성준의 가락과 춤 인생」, 계명대학교 예술문화연구소 학술 심포지엄, 1995.
68) 이영희, 「한국 신무용 예술사상에 관한 연구」, 경상대학교 석사학위논문, 1997, 355쪽.
69) 김영희, 「신무용 시기의 한성준과 그의 조선음악무용연구회 활동」, 춤지성, 서울: 명경, 2000, 40쪽.

색을 넘고 조야의 담을 무너뜨려 굳이 고전형식에 전혀 구속됨이 없는 한국 특질무용 영역의 승화이며 최승희, 조택원 등의 신무용 수법 도입에 의한 한국무용의 새로운 해석과는 근원적으로 판이한 작업이고 판이한 각도의 개척적 작업이었다. 그것은 마치 최승희, 조택원이 서반아 무용을 현대화한「Argentina」에 비할 때, 한성준의 그것은 발레의 고전 기교 위에서 근대화를 표방한 포킨의 자세와 같은 한국 근대무용 근대화의 개혁인 것이다. 이런 점이 한국 신무용의 개념에서는 응당 한성준을 한국 신무용사 개척사의 첫머리에 얹어야 할 것으로 생각된다"라고 평가했다.[70]

한성준의 주요 작품을 영역별로 분류하면 아래와 같다.[71]

교방계춤	승무중요무형문화재 27호, 살풀이춤97호, 한량무, 학무40호, 신선무, 검무, 바라춤
무속계춤	오방신장무, 사공춤, 서울무당춤, 시골무당춤, 생원춤, 태평무太平舞
탈춤계춤	서울딱딱대기, 취발이춤, 영남덧뵈기춤
궁중계춤	정승춤, 왕의춤, 춘앵무, 항장무
신분계춤	선녀춤, 노처녀춤, 농부춤, 도련춤, 사무, 사공무, 군노사령춤, 하인무, 금부나장춤, 생원춤, 대전별감춤, 홍패사령춤, 진사춤, 하님춤, 화장아춤, 부춤, 급제춤
불교계춤	염불춤, 바라춤, 팔폭장삼춤, 상가승무로인기무
민속계춤	쾌지나칭칭춤, 산회상춤, 타령춤, 굿거리북춤, 상쇠춤, 곱새춤, 행장춤, 북춤, 사고무

문화관광부는 명고수이자 한국무용의 대가인 한성준韓成俊 선생을 1998년 9월의 문화인물로 선정하였다. 선생이 창안했거나 재구성한 춤들은 우리 춤 중에서 가장 탁월하고 정통성 있는 춤으로 평가받고 있고, 그중 승무중요무형문화재 제27호와 태평무중요무형문화재 제92호는 제자들에 의해 전승되고 있으며 국가지정문화재로 지정·보존되고 있다. 1941년에는 소설가 이태준, 화가 고희동과 함께 제2회 조선예술상을 수상하기도 하였다. 그리고 한영숙, 강선영, 김천흥 등 기라성 같은 전통무용가를 배출하는 등 후진 양성에 주력하였다.[72]

---

70) 상게서, 182쪽.
71) 박수현, 전게서, 2005.
72) 문화관광부 1998.9. 문화인물; http://person.mct.go.kr

2) 한성준韓成俊 주제主題의 학술연구 현황學術硏究現況

한성준에 대한 무용학적 연구는 끝없이 진행되고 있다. 한성준 선생에 대한 주제로 국내학술지에 1987~2020까지 36편이 발표되었고, 학위논문에서도 석사학위 27편, 박사학위 12편이 발표되었으며, 단행본도 9권 출판되었다.

(1) 한성준 주제 국내학술지에 게재된 연구논문 목록(~2020년까지)

백현순, 장홍심 바라승무의 춤사위 분석. 한국무용연구학회, 2020, 한국무용연구 Vol.38 No.4.

송미숙, 장홍심류 전통춤 전승현황에 관한 연구. 사단법인 아시아문화학술원, 2020, 인문사회 21 Vol.11 No.5.

진윤경, 20세기 서울지역 거상악의 음악적 특성 및 전승 연구. 한국무속학회, 2020, 한국무속학 Vol.0 No.41.

김영희, 20세기 초 승무의 전개와 구성: 1920~1945년을 중심으로. 국립국악원, 2020, 국악원논문집 Vol.42.

최혜진, 홍성 지역의 명인 명창과 중고제 판소리의 변모. 동아시아고대학회, 2020, 동아시아고대 Vol.0 No.57.

성기숙, 미국 현지조사를 통해 본심상건-심태진·태임의 삶과 예술. 한국음악사학회, 2020, **韓國音樂史學報** Vol.64.

김경숙, 김천흥 승무의 특징 연구: 춤사위를 중심으로. 무용역사기록학회, 2019, 무용역사기록학 Vol.53.

강연진, 경기도 무형문화재 제53호 경기검무의 고유성: 검무의 구성과 역사적 전개를 중심으로. 한국엔터테인먼트산업학회, 2019, 한국엔터테인먼트산업학회논문지 Vol.13 No.8.

권효진·전은자, 한성준의 춤 수련 과정과 수련관에 대한 고찰. 무용역사기록학회, 2019, 무용역사기록학 Vol.54.

박혜리나·김민지, 지영희 무용음악 연구-창작음악을 중심으로-. 한양대학교 우리춤연구소, 2019, 우리춤과 과학기술 Vol.15 No.2.

한소정·윤수미, 한영숙 학무와 학연화대합설무의 비교분석 연구. 한국무용연구학회, 2019, 한국무용연구 Vol.37 No.3.

남선희, 춘당 김수악 춤의 전승 양상. 영남춤학회, 2019, 영남춤학회誌 Vol.7 No.2.

김호연, 한량무의 전승 양상과 그 서사구조 연구-한성준 계열 강선영류를 중심으로. 무용역사기록학, Vol.49, 2018.

동경원, 임소향의 전통예술 활동 연구-1930~40년대를 중심으로. 국립국악원, 2018, 국악원논문집 Vol.38.

김연정, 한성준 춤의 전통성 모색. 영남춤학회, 2018, 영남춤학회誌 Vol.6 No.1.

황규선, 한량무의 춤사위와 서사구조 연구-한성준 계열 강선영류를 중심으로 -. 무용역사기록학회, 2018, 무용역사기록학 Vol.50.

이정노, 한성준의 조선춤 작품에 나타난 탈지역성과 탈맥락화 양상 연구. 순천향대학교 인문학연구소, 2018, 순천향 인문과학논총 Vol.37 No.1.

김호연, 한량무의 전승 양상과 그 서사구조 연구―한성준 계열 강선영류를 중심으로. 무용역사기록학회, 2018, 무용역사기록학 Vol.49.

김유, 우리 근대 학춤의 이론정립과 춤전문어의 개념정리. 현대미학사, 2018, 공연과 리뷰 Vol.24 No.2.

최혜진, 충청지역 판소리 문화 유적 현황 연구. 한국구비문학회, 2018, 口碑文學研究 No.48.

김연정, 한성준춤 다시보기: 시대인식과 춤인식을 바탕으로. 무용역사기록학, Vol.44, 2017.

최순희·강외숙, 종합토론: 한성준의 예능적藝能的 성장배경 고찰. 한국무용연구회 국제학술발표논문집, Vol.2014, 2014.

성기숙, 조선음악무용연구회의 설립배경과 공연활동 연구. 한국무용연구, Vol.32 No.3, 2014.

장윤창·정지현, 민속무용을 예술적으로 승화시킨 한성준의 재조명. 한국엔터테인먼트산업학회논문지, Vol.6 No.3, 2012.

정성숙, 한성준을 통해 본 재인 계통춤의 무용사적 가치 연구. 공연문화연구, Vol.19, 2009.

정경화, 한성준류 태평무 터벌림 과장의 호흡유형과 특성 연구. 한국무용연구, Vol.25 No.2, 2007.

백현순·이예순·강미선·김현남·이현진, 한성준의 한국 전통춤 사장: 승무를 중심으로. 한국무용연구, Vol.25 No.1, 2007.

이송, 한성준 춤의 창작정신과 역사적 의의. 한국무용연구, Vol.24 No.1, 2006.

오승지, 태평무의 변형적 수용과 미적 가치. 움직임의 철학: 한국체육철학회지, Vol.10 No.1, 2002.

성기숙, 한성준류 태평무의 생성배경과 전승맥락 연구. 무용예술학연구, Vol.8, 2001.

김영희, 신무용 시기의 한성준과 그의 조선음악무용연구회 활동. 춤과 지성, Vol.1, 2000.

임학선, 한국춤 동작의 기본구조와 원리: 한성준류 춤에 근거한 태극구조의 기본춤 고안. 한국무용연구, Vol.16, 1998.

송문숙, 한성준류 전통 춤에 관한 연구: 승무, 살풀이, 태평무. 대한무용학회논문집, Vol.18, 1995.

정혜란, 한성준에 관한 연구. 한국무용연구, Vol.5, 1987.

(2) 한성준 주제 학위논문 목록(~2020년까지)

이은진, 한국 전통춤의 수건사위에 관한 연구: 한영숙 살풀이춤과 백년욱 수건춤을 중심으로. 숙명여자대학교 대학원 석사학위논문, 2021.

권효진, 이애주 춤의 '생명몸짓'에 관한 연구: 승무 염불과장을 중심으로. 성균관대학교 일반대학원 박사학위논문, 2020.

김근혜, 신무용의 문화원형 연구: 김백봉의 부채춤을 중심으로. 고려대학교 대학원 박사학위논문, 2020.

녕효신, 한·중 신무용의 예술미적 구조와 전승체계에 관한 비교연구: 화관무와 연꽃춤을 중심으로. 단국대학교 대학원 박사학위논문, 2020.

한동엽, 이은주 살풀이춤 연구: 살煞에 대한 사유를 중심으로. 상명대학교 일반대학원 박사학위논문, 2020.

강은숙, 동양의 자연관과 관물론을 기반으로 한 모방과 창조로서의 학춤의 예술적 함의. 忠南大學校 大學院 박사학위논문, 2020.

심영석, 역사재현형 축제 관점에서 본 홍성역사인물축제의 개선방안에 관한 연구. 배재대학교 관광축제호텔대학원 석사학위논문, 2020.

박민지, 김해선의 음악 활동과 가야금음악 연구. 한국예술종합학교 석사학위논문, 2019.

이신애, 백낙준 거문고시나위 [『합주신방곡신와위下』《느진살푸리》] 선율 연구. 이화여자대학교 대학원 석사학위논문, 2019.

백설, 한성준 장고춤의 전승 고찰. 한국예술종합학교 석사학위논문, 2019.

위송이, 한성준 승무 연구: 김천흥본과 이주환본을 중심으로. 단국대학교 대학원 박사학위논문, 2019.

배라영, 한량무의 지역별 비교 연구: 부산·서울 경기지역 무형문화재를 중심으로. 부산대학교 대학원 석사학위논문, 2018.

윤세희, 태평무의 무도 공간 분석을 통한 동양적 미의식 연구. 상명대학교 일반대학원 박사학위논문, 2018.

박순영, 한성준 학춤의 창작과 전승 양상 연구. 한국예술종합학교 석사학위논문, 2018.

유병욱, 한영숙류·강선영류 태평무 장단 비교 분석 연구: 장구 장단을 중심으로. 중앙대학교 대학원 석사학위논문, 2017.

류수민, 한성준제 태평무의 계승·발전에 관한 연구: 한영숙류를 중심으로. 청주대학교 대학원 석사학위논문, 2017.

김유석, 한성준의 음악활동 연구. 서울대학교 대학원 박사학위논문, 2016.

김연정, 한성준 춤의 전통성에 관한 연구. 성균관대학교 대학원 박사학위논문, 2016.

홍정아, 한성준 예술세계의 무용사적 가치 연구. 숙명여자대학교 전통문화예술대학원 석사학위논문, 2013.

정성숙, 재인계통 춤의 특징과 무용사적 가치연구: 한성준·이동안·김숙자 중심으로. 성균관대학교 대학원 박사학위논문, 2008.

김경인, 한성준류 태평무의 태극사상 연구. 성균관대학교 대학원 석사학위논문, 2006.

임현선, 호흡구조 분석을 통한 태평무 호흡표기법 연구: 한성준 류 강선영의 태평무를 중심으로. 한양대학교 대학원 박사학위논문, 2006.

최태선, 한성준 살풀이춤의 형성과 전승: 한영숙·강선영의 춤을 중심으로. 한국예술종합학교 전통예술원 석사학위논문, 2006.

임건백, 한국무용 발전에 영향을 미친 남성무용가 연구: 한성준, 조택원, 송범, 조흥동을 중심으로. 수원대학교 대학원 석사학위논문, 2006.

박수현, 한성준 춤의 무대화 과정을 통한 현대적 계승에 관한 연구. 용인대학교 대학원 석사학위논문, 2005.

宋永歡, 한성준 승무 춤사위에 대한 고찰: 강선영·한영숙·이주환 승무 춤사위 비교를 중심으로. 한국예술종합학교 전통예술원 석사학위논문, 2004.

박정선, 씻김굿과 살풀이춤의 연관성 고찰: 한성준류 살풀이춤을 중심으로. 숙명여자대학교 전통문화예술대학원 석사학위논문, 2003.

유준, 근·현대 한국무용 발전에 영향을 끼친 남성무용가에 관한 연구: 한성준, 김천흥, 이매방을 중심으로. 경성대학교 교육대학원 석사학위논문, 2003.

임은희, 학춤 동작에 나타나는 미학적 특성에 관한 연구: 궁중학춤, 한성준학춤, 동래학춤중심으로. 한국예술종합학교 무용원 석사학위논문, 2002.

전은경, 한성준춤이 한국무용사에 끼친 영향. 숙명여자대학교 석사학위논문, 2001.

권오경, 태평무 계승발전에 관한 연구: 한성준류를 중심으로. 숙명여자대학교 전통문화예술대학원 석사학위논문, 2000.

황정숙, 한성준의 예술정신에 나타난 민족적 성향에 관한 연구. 이화여자대학교 대학원 석사학위논문, 1999.

임학선, 名舞 韓成俊의 춤 構造硏究. 漢陽大學校 大學院 博士學位論文, 1998.

한윤창, 학춤에 관한 연구—학연화대합설무와 한성준 학춤을 중심으로. 숙명여자대학교 일반대학원 석사학위논문, 1998.

김미영, 韓國 近代舞踊의 展開에 있어서 韓成俊翁이 미친 影響에 關한 硏究. 淸州大學校 대학원 석사학위논문, 1996.

이명미, 傳承학춤의 比較舞踊學的 接近: 궁중학춤·韓成俊 학춤·東萊학춤을 中心으로. 이화여자대학교 교육대학원 석사학위논문, 1989.

한광수, 한성준의 예술세계. 세종대학교 대학원 석사학위논문, 1987.

정혜란, 韓成俊에 관한 연구. 梨花女子大學校 大學院 석사학위논문, 1986.

손선숙, 韓成俊作品世界가 韓國新舞踊에 미친 影響에 관한 硏究. 朝鮮大學校 大學院 碩士學位論文, 1985.

(3) 한성준 주제 단행본 목록(~2020년까지)

정노식, 조선창극사. 태학사, 2020.

김헌선, 경기도 산이제 인천 동막도당굿 연구. 보고사, 2019.

김명숙, 한국춤의 역사. 이화여자대학교출판문화원, 2019.

이정노, 근대 조선춤의 지속과 변용. 소명출판, 2019.

한국전통춤협회, 전통춤 4대 명무: 한영숙·강선영·김숙자·이매방, 민속원, 2019.

정은혜, 한국 학춤의 역사적 생성과 미. 보고사, 2018.

정승희, 한성준-한영숙류 전통 춤 태평무. 민속원, 2010.

정승희, 한성준-한영숙류 전통 춤: 살풀이 춤. 민속원, 2007.

정범태, 한국춤 백년: 한국춤의 전통을 이어온 20세기의 예인들. 1-2. 눈빛, 2006.

2. 강선영 姜善泳

1) 생애生涯와 업적業績

태평무의 중요무형문화재 제92호 예능 보유자 강선영은 1925년 12월 25일 경기도 안성군 양성면 명목리에서 태어났다. 그는 13세인 1937년 완고한 조부의 반대에도 불구하고 뚜렷한 인생의 목표를 갖고 살아야 한다는 모친의 신조에 힘입어 한성준에게 〈승무〉를 배우게 된다.[73]

강선영 (1925~2016)

---

73) 국립문화재연구소, 『한국의 중요무형문화재 제5집: 태평무』, 1997, 14쪽.

이때부터 7년 동안 한성준이 보유했던 40여 가지의 춤을 배웠으며, 당시의 훈련과정은 훗날 춤꾼으로 입신하기까지 온갖 고통과 역경을 극복해내는 인내심의 원천이 된다. 그가 한성준에게서 배운 춤으로는 〈승무〉, 〈태평무〉, 〈학춤〉, 〈신선무〉, 〈한량무〉, 〈검무〉, 〈장군무〉 등을 들 수 있는데, 이들은 그의 창작의 근본 바탕이 되었다. 이 중에서 〈태평무〉는 그가 가장 많이 추어온 춤으로 다른 춤들이 창작 속에 활용되어 그 모습이 드러나지 않은 반면, 태평무만은 그대로 이어져 강선영이라는 이름과 함께 지켜왔다.[74) 75)]

1943년 3월에 부민관에서 열린 「한성준 무용발표회」에서 〈승무〉, 〈살풀이춤〉, 〈태평무〉, 〈학무〉 등을 추었으며, 한성준의 지시에 따라 18세 때 동양극장에서 공연된 창극 〈삼국지〉를 시작으로 〈흥부전〉, 〈춘향전〉 등 다수의 작품을 안무했다. 1944년 한성준의 제자들과 함께 일본과 만주를 돌며 순회공연을 한 후 1951년 강선영무용연구소를 개설하였다. 1960년대 이후 〈초혼〉, 〈모란의 정〉, 〈십이무녀도〉, 〈원효대사〉, 〈황진이〉, 〈수로부인〉 등의 대형작품을 무대에 올렸고 세계 각국에 우리 춤의 우수성을 알리는 홍보사절로서의 역할을 담당하는 등 그의 공로는 헤아릴 수 없이 많다.[76)]

김동원(2001.4.19)은 "비록 한성준의 별세로 각자의 무용세계를 구축하면서 그 형태가 다소 변하였지만, 대무로 공연할 당시부터 왕비 역을 담당해온 그의 춤은 빠르면서도 경쾌한 발 디딤새와 우아한 팔 사위로 국모다운 풍모와 엄숙함을 그대로 담고 있다. 또한 많은 창작활동 중에서도 태평무만큼은 원형을 깨뜨리지 않고 전승·보전하려는 그의 의도를 통해서 태평무에 대한 사랑과 자부심을 느낄 수 있다. 무형문화재 지정 이후 그는 경기 무속장단이 달인들의 별세로 인해 맥이 끊기는 것을 걱정하고 있고, 스승의 소원대로 태평무 복식도 좀 더 근세조선의 궁중의상에 다가서야 한다는 원칙으로 연구에 임하고 있다"라고 하였다.[77)]

---

74) 이성숙, 「강선영류 태평무의 형태분석」, 용인대학교 석사학위논문, 1998.
75) 권오경, 「태평무 계승 발전에 관한 연구: 한성준류를 중심으로」, 숙명여자대학교 전통문화예술대학원 석사학위논문, 2000, 재인용.
76) 이성숙, 전게서, 1998.
77) 김회숙, 「한영숙류 태평무와 강선영류 태평무의 비교분석」, 조선대학교 석사학위논문, 2001.

2) 강선영姜善泳 주제主題의 연구 현황研究現況

강선영에 대한 무용학적 연구는 끊임없이 진행되고 있다. 강선영 선생에 대한 주제로 국내학술지에 1985~2020까지 14편이 발표되었고, 학위논문에서도 석사학위 15편, 박사학위 2편이 발표되었으며, 단행본도 10권 출판되었다.

(1) 강선영 주제 국내 학술지 논문 목록(~2020년까지)

정경화, 강선영류 태평무 도살풀이 과장의 호흡유형에 따른 춤구조 분석. 한국무용연구학회, 한국무용연구 Vol.38 No.4. 2020.

강연진, 경기도 무형문화재 제53호 경기검무의 고유성: 검무의 구성과 역사적 전개를 중심으로. 한국엔터테인먼트산업학회, 한국엔터테인먼트산업학회논문지 Vol.13 No.8. 2019.

황규선, 한량무의 춤사위와 서사구조 연구—한성준 계열 강선영류를 중심으로 —. 무용역사기록학회, 무용역사기록학 Vol.50. 2018.

김호연, 한량무의 전승 양상과 그 서사구조 연구—한성준 계열 강선영류를 중심으로. 무용역사기록학회, 무용역사기록학 Vol.49. 2018.

김형신·윤수미, 강선영류 태평무의 발 놀음 특징 연구. 한국무용연구, Vol.35 No.4, 2017.

강기화, 공자孔子의 미학사상을 통해서 본 한국춤의 심미성審美性 연구—〈문묘일무〉·〈강선영류태평무〉·〈동래학춤〉을 중심으로. 무용역사기록학, Vol.45, 2017.

박진희, 무형문화재 태평무 최초 보유자 강선영 생애담을 통한 유, 아동기 삶의 이해. 대한무용학회논문집, Vol.75 No.1, 2017.

오덕자·심경은, 무형문화재 태평무 명예 보유자 강선영 생애담을 통한 성인기 삶의 의미. 한국여성체육학회지, Vol.31 No.1, 2017.

강성범·김현주, LMA 분석을 통한 강선영류 태평무의 움직임 특성 연구. 무용역사기록학, Vol.12, 2007.

임현선, 호흡구조 분석을 통한 태평무 호흡표기법 연구: 한성준류 강선영의 태평무를 중심으로. 한국무용연구, Vol.24 No.1, 2006.

성기숙, 강선영론: 한국 전통춤계의 '살아있는 신화'. 공연과 리뷰, Vol.49, 2005.

송문숙, 강선영류 태평무 춤사위 구조 분석을 통한 세부 기법 연구. 한국여성체육학회지, Vol.17 No.2, 2003.

오승지, 태평무의 변형적 수용과 미적 가치. 움직임의 철학: 한국체육철학회지, Vol.10 No.1, 2002.

송정은, 강선영 예술이 한국무용계에 미친 영향. 경남체육연구, Vol.4 No.1, 1999.

(2) 강선영 주제 학위논문 목록(~2020년까지)

백설, 한성준 장고춤의 전승 고찰. 한국예술종합학교 석사학위논문, 2019.

위송이, 한성준 승무 연구: 김천흥본과 이주환본을 중심으로. 단국대학교 대학원 박사학위논문, 2019.

배라영, 한량무의 지역별 비교 연구: 부산·서울 경기지역 무형문화재를 중심으로. 부산대학교 대학원 석사학위논문, 2018.

채지희, 해방 이후 무용 비평을 통해 살펴본 무용 음악: 조동화, 박용구, 김상화, 김경옥의 1945~1989년의 비평활동을 중심으로. 한국예술종합학교 석사학위논문, 2018.

유병욱, 한영숙류·강선영류 태평무 장단 비교 분석 연구: 장구 장단을 중심으로. 중앙대학교 대학원 석사학위논문, 2017.

이효수, 이매방 강선영 류파별 춤을 통해 본 한국 전통춤의 발전적 보존 방안. 상명대학교 예술디자인대학원 석사학위논문, 2014.

신미향, 강선영류 태평무의 무형문화재적 가치 연구. 한국예술종합학교 전통예술원 석사학위논문, 2010.

진영란, 강선영류 태평무 장단의 분석: 터벌림 장단과 도살풀이 장단을 중심으로. 중앙대학교 대학원 석사학위논문, 2009.

임현선, 호흡구조 분석을 통한 태평무 호흡표기법 연구: 한성준 류 강선영의 태평무를 중심으로. 한양대학교 대학원 박사학위논문, 2006.

최태선, 한성준 살풀이춤의 형성과 전승: 한영숙·강선영의 춤을 중심으로. 한국예술종합학교 전통예술원 석사학위논문, 2006.

宋永歡, 한성준 승무 춤사위에 대한 고찰: 강선영·한영숙·이주환 승무 춤사위 비교를 중심으로. 한국예술종합학교 전통예술원 석사학위논문, 2004.

유정희, 한영숙류 태평무와 강선영류 태평무에 관한 비교연구. 원광대학교 대학원 석사학위논문, 2003.

김정임, 한량무 형성 및 춤사위에 관한 연구: 강선영류를 중심으로. 용인대학교 대학원 석사학위논문, 2002.

채부연, 태평무에 나타난 발디딤사위의 비교 연구―한영숙, 강선영, 정재만류를 중심으로. 숙명여자대학교 전통문화예술대학원 석사학위논문, 2001.

김회숙, 한영숙류 태평무와 강선영류 태평무의 비교분석. 조선대학교 교육대학원 석사학위논문, 2001.

권오경, 태평무 계승 발전에 관한 연구: 한성준류를 중심으로. 숙명여자대학교 전통문화예술대학원 석사학위논문, 2000.

박건희, 重要 無形 文化財 第九十二號 姜善永 춤藝術의 主要作品 分析과 影響에 關한 硏究. 世宗大學校 大學院 석사학위논문, 1999.

(3) 강선영 주제 단행본 목록(~2020년까지)

한국전통춤협회, 전통춤 4대 명무: 한영숙·강선영·김숙자·이매방. 민속원, 2019.

김명숙, 한국춤의 역사. 이화여자대학교출판문화원, 2019.

김선욱, 여성국회의원 70년 한국의 여성정치를 보다: 1948-2017. 여성의정, 2018.

이영란, 인물로 본 한국무용사. 혜민북스, 2018.

강선영, 중요무형문화재 제92호 태평무 교육방법론: 한국 전통무용 교육방법론. 한국예술종합학교 한국예술연구소, 2012.

성기숙, 강선영: 태평무 인간문화재. 연낙재, 2008.

이세기, 명무 강선영 평전 여유와 금도의 춤. 푸른사상, 2003.

국립문화재연구소, 太平舞. 국립문화재연구소, 1997.

정범태, 姜善泳-太平舞. 열화당, 1992.

具熙書, 韓國의 名舞. 한국일보社, 1985.

추도사 追悼辭

춤의 참맛을 일깨우시던 강선영 선생 영전에

슬피 우는 제자들을 진정시키며 '이제 죽음을 체험하겠다던' 소크라테스처럼
직접 체험하고 익히는 것을 중요시하시던 춤에 밝으신 그분은 가셨습니다.

탐내어 그칠 줄 모르는 욕심貪欲과 노여움瞋恚과 어리석음愚癡이
우리의 움직임을 춤에 다다르지 못하게 한다는 것을 일깨워주시고,
한 호흡에서도 구백 번 생멸하는 생각의 직전直前을 관찰觀察할 수 있어야(一念未生前)
춤에 머무르지, 그렇지 못하면 춤에 들었다 나왔다 들었다 나왔다 하는
혼돈에 빠져버림을 각성覺性토록 유도하시며,
자신을 관찰하고, 더욱이 관찰자를 관찰하는 깨어 있음이 춤꾼에게는
필요조건임을 일갈一喝하시면서 "자기중심적 고정관념을 버리고,
순간의 공간을 체득하려고 집중하고 집중해야 전체적 움직임에
합치되는 동작을 체득한다던" 말씀은
이제 우주적 회오리(Voltex)가 되어 우리 곁을 떠나셨습니다.

우리에게 시고, 쓰고, 달고, 맵고, 짠 오미자차 같은 우리 춤의 맛을 느끼게 해주시고,
춤에 대한 중생심衆生心들에게도 양극단兩極端을 인정하되 치우치지 않는
중도中道의 춤사위에 머무를 것(舞踊道)을 배우게 하시고,
정중동靜中動과 동중정動中靜의 문자적 차이점과 동작적 동일점을 시범 보이시던
명무名舞께서는 이름 석 자 내려놓으시고 밝을 명明 자 명무明舞가 되셨습니다.

추함마저 아름답게 표현할 줄 아는 이가 예술가라시며, "자유는 삶을 이끌고 나아가는
힘으로써 경계境界를 포용해야 유연한 예술 활동을 할 수 있음"을 깨우쳐주시고,
예술가로서 정상頂上에 오르면 거기에서 모든 분야의 도인道人을 만난다 하시며
구성九星 변화이치에 여법如法하라고 밤하늘에 달을 검지로 가리키시더니,

태평무 활옷, 빨간 속치마, 파란 겉치마, 연두색 당의, 큰머리, 한삼과 버선 벗어
놓으시고, 다른 옷으로 맵시 있게 고쳐 입고 직성直星 따라 동무童舞 찾아
춤 가르치려 가셨습니다.

"생명의 체體는 영원하고 용用은 변화무쌍하다" 하시더니 제자들의 먹먹한 가슴에
춤빛만 남기시고, 우리 모두의 임은 가셨습니다.
부디 중생과의 인연을 잊으시고,
피안彼岸의 언덕으로 건너가셔요.

아집我執에 사로잡혀 사는 우리도 '사실을 사실대로 보고 행하도록(金口聖言)' 공부하고,
득력得力되면 문제를 의심疑心으로 풀고, 생명은 생명으로 풀며, 우리의 춤이
원만무결圓滿無缺해지도록 노력하고 천착穿鑿하겠습니다.
그리고 우리 모두 피안의 언덕으로 찾아뵐게요.

아제아제 바라아제 바라승아제 모지사바하
揭帝揭帝 波羅揭帝 波羅僧揭帝 菩提娑婆訶

운정雲頂 김근희金槿姬 합장合掌
「댄스포럼」 2016년 2월호 7쪽

3. 김근희 金槿姬

1) 무용舞踊 입문 경위入門經緯

1956년부터 1965년까지 서울 종로4가 수도국악원에서 10세부터 한성준의 손녀딸인 한영숙의 1기 제자인 이소애에게 한성준류의 경기검무를 비롯하여 전통무용인 승무, 살풀이, 입춤 등을 10년간 사사했다.

현재의 우리 전통춤은 학문계와 예술계의 권위 있는 분들의 노력으로 체계적인 논리를 형성하여 문화계의 예술무용으로 확고하게 자리를 잡았다. 그러나 1950~1960년대 우리 전통춤을 교습할 때는 현재의 전통춤의 기본과 같은 맥락으로 필수적으로 경기검무, 승무, 살풀이, 입춤 등을 추었다. 즉, 무용교습을 시작하기 전 예술적 감흥이나 정신집중 그리고 몸의 준비를 위하여 감각기관을 일깨우고자 기본적으로 수업 전에 매번 연마해야 하는 종목이었다.

지금은 예술계가 서양문물의 영향과 학문적 연구를 통하여 가무악歌舞樂이 나누어져서 음악과 악기 그리고 무용이 구분되어 있지만 당시 수도국악원에서는 가·무·악을 모두 배웠다.

50여 년간의 춤 세계에 음악적 초석은 수도국악원에서 배운 것이고, 국악의 깊고 그윽한 세계를 일깨워주신 판소리의 김여란 선생(중요무형문화재 제5호)과 독특한 우리 장단의 오묘한 이치를 눈뜨게 해주신 이정범을 통해 쌓은 우리 가락에 대한 소양이 무용 세계에 음악적 특성을 만들어주었다.

더욱이 전통무용의 기본바탕을 튼튼히 뿌리내리게 터전을 마련해주신 분은 이소애이며, 무용의 학문적 예술사상과 무용철학의 형성에 크나큰 영향을 주신 분은 김백봉이다. 특히 경기검무를 더욱 체계적으로 연구하고 연마하기 위하여 1980~2009년까지 한성준의 1대 제자인 강선영에게 경기검무, 태평무, 승무, 즉흥무를 정식으로 전수받았다. 그리고 경기검무를 비롯한 태평무, 승무, 바라무, 즉흥무 등의 작품을 목록화하여 국내외적으로 수많은 무대에 공연을 통하여 우리 전통춤을 보급하고 강의와 연수를 통하여 계승 발전시키려 노력하였다.

경기검무를 필생의 연구 사업으로 여생餘生의 전승 사업으로 삼고 있는 것은 위와 같은 훌륭한 스승을 만날 수 있었던 천복 때문이라고 생각한다.

2) 김근희金槿姬 주제主題의 학술연구 현황學術硏究現況

(1) 김근희 주제 국내 학술지 논문 목록(~2020년까지)

김가온·최현주, 운정 김근희의 생애를 통해본 예술세계. 한국체육과학회, 2019, 한국체육과학회지 Vol.28 No.1.

3) 김근희金槿姬의 주요 이력主要履歷

(1) 주요 경력

경기도무형문화재 제53호 경기검무 보유자
대진대학교 무용예술학부 교수
경기도 도립무용단 예술감독
운정예술원 이사장
한국무용사학회 부회장
수원 화성문화재 자문위원
한국예술협의회 이사 겸 편집위원
한국무용협회 학술분과위원
한국무용협회 이사
국가지정 중요무형문화재 제92호 태평무 보존회 회장
국가지정 중요무형문화재 제92호 태평무 이수자
이정범류 설장고 보존회 회장
USSA 대학원 교육학 박사
경희대 대학원 무용과 석사

(2) 주요 안무작품 및 공연 활동

1971	일본 NHK 초청공연 안무
1978	건국 30주년 기념 무용대제전 안무
1985	광복 40주년 기념 무용대공연 「혼성」 안무
1992	카자흐공화국 국립조선극장 초청공연 「외길」 안무

1987~1995	유럽 순회공연 50여 회
1999	밀레니엄 축하공연「새천년 통일 기원제」총안무
2000	광주비엔날레 초청공연「농촌의 한나절」등 안무
1971~2010	국내외 순회공연 약 1천 회

(3) 창작 무용극(공연시간 1시간 30분 이상 작품)

1985	「혼성」
1987	「0의 세계」
1995	「제암리의 아침」
1995	「바람 멎는 날 풍경소리」
1996	「수트라」
1996	「성애꽃」
1997	「어제. 오늘. 내일」
1998	「일어서는 빛」
1999	「아방리 하늘을 여는 소리」
2001	「천상천하」
2003	「찬란한 빛」

(4) 전통 무용극(공연 시간 1시간 40분 이상 작품)

1997	「효녀 심청」
1998	「콩쥐 팥쥐」
1999	「흥부와 놀부」

(5) 소품

「철새」, 「교방입춤」, 「잊으려고」, 「외길」, 「무상」, 「사천왕」, 「무궁화」, 「즉흥시나위」, 「빨래터」, 「섭정」, 「비파와 여인들」, 「금강역사」, 「촛불춤」, 「천년의 소리」, 「엿가락」, 「운정한량무」, 「풍물놀이」 등과 옛 제천의식무를 연상하는 산상춤인 「영맥」, 「태맥」, 「연맥」을 설악산 권금성, 비선대, 백두산 정상에서 공연함.

(6) 수상 경력

1961. 10. 1.	무용콩쿠르 公報部長官賞 수상
1963. 3. 6.	무용콩쿠르 서울특별시장상 수상
1967. 5. 4.	교육무용협회 作品指導賞 수상
1974. 8. 3.	교육무용협회 문화상 수상
1987. 11. 5.	제9회 대한민국무용제「0의 세계」대상 및 연기상 수상

1990. 12. 14.   한국예술평론가협의회 최우수공로상 수상
1991. 12. 31.   소련 알마아타시 국립조선극장 감사장 수상
1991. 12. 28.   소련 카자흐공화국 문화부장관상 공로상 수상
1991. 8. 3.   이탈리아 세계민속무용경연대회 최고상
1997. 12. 17.   한국예술평론가협의회 '97 최우수 예술인 선정무용 부문
2000. 2. 1.   경기도지사 표창장 수상
2008. 12. 27.   2008년 대한민국 한국무용계 예술가 대상인 선정
2009. 2. 10.   한국문화예술교육진흥원 제2기 무용교육위원 공로상
2018. 2. 1.   사한국무용협회 제57차 무용예술대상 시상식 대상 수상

(7) 사회 경력

1956~1965   서울시 종로5가 수도국악원 김여란, 이소애에게 전통무용 사사
1965~1970   김백봉 선생에게 사사
1969~1982   김근희 무용학원 운영
1970~2005   강선영 선생에게 사사
1982~2002   미진고전무용학원 운영
1985~1988   한국무용협회 감사
1985   김근희무용단 창단
1988~1997   한국무용협회 이사
1990. 12. 31. 무형문화재 제92호 「太平舞」 이수자 지정, 문화재관리국
1990~1993   카자흐공화국 국립조선극장 자문위원 겸 객원 안무자
1990~1993   카자흐공화국 국립오페라 발레트 극장 자문위원
1990~1995   예술평론가 협의회 이사 겸 편집위원
1993. 10.   사단법인 한국무용협회 주최 서울무용제 심사위원
1993~1996   사단법인 생활체육 전국 GATEBALL 연합회 이사
1994~1997   사단법인 한국무용협회 학술분과 위원
1994. 11. 12. 한국문화예술진흥원 '94 무용 지원심의 위원
1994. 10. 21. 문화체육부주최 제35회 전국민속경연대회 심사위원
1994. 10.   사단법인 한국무용협회 주최 제16회 서울무용제 심사위원
1995. 1. 28.   경기도립무용단 상임안무자 피선
1995~2000   경기도립무용단 예술감독 재직
1996. 11.   광주국악대경연대회 전통무용부 심사위원
1997~현재   이정범류 설장고 보존회 회장
1997. 10. 30. 광주국악대경연대회 전통무용부 심사위원
1998. 10.   사단법인 한국 무용협회 안산지부주최 제4회 전국학생무용경연 대회 심사위원
1999. 1.   경기도 문화재단 예산 심의위원
1999. 3.   수원시 화홍문화제 자문위원

1999. 6.	태평무 전수관 주최 전국 전통무용경연대회 운영위원
1999. 7.	무형문화재 전국 전통무용경연대회 심사위원
1999. 9. 18.	USSA 한국 대표 위원
1999. 10. 9.	제5회 사단법인 무용협회 안산지부 주최 전국학생무용경연대회 심사위원
2000. 2. 14.	수원 화성문화제 자문위원
2000. 6. 23.	제12회 대전광역시 교육감기 학생무용경연대회 심사위원
2000. 8. 31.	2002 FIFA 월드컵 수원경기 문화행사 자문위원
2000. 9. 20.	제7회 경기국악제 전국경연대회 심사위원
2001. 3. 1.	대한무용학회 이사
2001. 6. 29.	전국전통무용경연대회-무형문화재 지정작품 태평무 심사위원
2001. 8. 17.	강원도립예술단 무용분야 실기 평가 위원
2001. 9. 1.	제51회 개천예술제 개천한국무용제 심사위원
2001. 9. 16.	경기도 국악경연대회 심사위원
2001. 10. 31.	제9회 광주국악대제전 전국경연대회 심사위원
2001. 12. 20.	2002 FIFA 월드컵 수원 문화행사 공모 심사위원
2001. 12. 20.	포천국악협회 고문
2002	제52회 개천예술제 무용콩쿠르 심사위원
2002. 6. 29.	제4회 전국전통무용경연대회 심사위원
2002. 10. 28.	제10회 광주국악대전 전국경연대회 심사위원
2002. 11. 4.	제22회 전국국악경연대회 심사위원
2002. 12. 20.	한국무용사학회 부회장
2003. 5. 11.	제4회 화성 전국무용경연대회 심사위원
2003. 10. 5.	제17회 별망성예술제, 제9회 무용경연대회 한국무용 부문 심사위원
2003. 11. 16.	제10회 전국학생국악경연대회 심사
2005. 2. 24.	국립무용단 신규단원 채용시험 심사위원
2005. 2. 25.	강원도립예술단 상임단원 무용분야 실기평정위원
2005. 5. 23.	제70회 중앙무용문화연구원 전국무용예술제 심사위원
2005. 6. 16.	제11회 대전무용제 심사위원
2005. 6. 25.	제5회 인천국악대제전 전국국악경연대회 심사위원
2005. 7. 15.	천안시립무용단 심사위원
2005. 1. 1 ~2007. 12. 31.	사단법인 대한무용학회 이사
2005. 1. 21 ~2009. 1. 20.	사한국무용협회 제19대 임원
2006. 6. 2.	제18회 대전광역시 교육감기 학생무용경연대회 한국무용 심사위원
2006. 6. 5.	제36회 동아무용콩쿠르 한국무용 전통부문 본선 심사위원
2006. 9. 24.	제20회 별망성예술제 학생무용경연대회 전통무용 부문 심사위원
2006. 3. 10	

二. 경기검무京畿劍舞의 전승계보傳承系譜

~2010. 2. 28. 사한국국악협회 포천지부 고문
2006. 5. 13
~2009. 2. 28. 한국무용사학회 부회장
2006. 4. 28. 제8회 장흥전통 가무악 전국제전 무용 부문 심사위원
2006. 6. 2. 제18회 대전광역시 교육감기 학생 무용경연대회 심사위원
2006. 12. 11. 청주시립예술단원 실기 평정위원
2007. 2. 13. 여수 시립국악단원모집 전형위원 겸 상임단원 실기평정위원
2007. 5. 12
~2008. 12. 31. 한국문화예술 교육진흥원 무용교육위원회 경기, 인천지역위원
2007. 6. 1. 제19회 대전광역시 교육감기 학생무용경연대회 심사위원
2007. 6. 3. 제1회 전국 우리 춤 맥 잇기 경연대회 심사위원
2007. 6. 14. 제28회 서울무용제 경연안무상 부문 참가단체 선정 실연 심사위원
2007. 10. 5. 제44회 전국신인무용경연대회 전통무용 부문 본선 심사위원
2007. 10. 7. 사한국무용협회 제9회 회룡한국무용제 전국대회 심사위원
2008. 2. 19. 사우리춤협회 주최 우리춤 대축제 추진위원
2008. 2. 24. 사단법인 우리춤협회 전통분과위원회 위원장
2008. 3. 28. 문화체육관광부, 서울특별시, 서울문화재단 후원 제29회 서울무용제 경연대상 부문 자유참가 부문 단체선정위원
2008. 5. 23. 제20회 대전광역시교육감기 학생무용경연대회 심사위원
2008. 5. 25. 제39회 전국 초·중·고등학생 무용콩쿠르 고등부 한국무용 부문 심사위원
2008. 6. 7. 2008년도 제10회 수원대학교 전국 남녀 초·중·고등학교 무용경연대회 한국무용 부문 심사위원
2008. 9. 16. 사우리춤협회 주최 우리춤 대축제 심사위원
2008. 9. 17. 사우리춤협회 주최 우리춤 대축제 작품심사위원
2008. 9. 22. 사임방울국악진흥회, KBS 주관 제16회 임방울국악제 전국대회 심사위원
2008. 9. 26. 제45회 전국신인무용경연대회 심사위원
2008. 10. 17. 제29회 서울무용제 자유참가 부문 심사위원
2008. 12. 5. 사한국국악협회 주최 제7회 전국국악대전 심사위원
2008. 12. 19. 2008년 강원도립예술단상임단원 무용분야실기평정 전형위원
2008. 12. 27. 2008년 대한민국 한국무용제 예술가 대상인 선정
2009. 2. 10. 제40회 전국 초·중·고 무용콩쿠르 심사위원
2009. 5. 27. 제8회 전국 춤사랑 경연대회 심사위원
2009. 6. 2. 제11회 수원대학교 전국 남녀 초·중·고 무용경연대회 심사위원
2009. 9. 5. 제17회 임방울국악제 전국대회 심사위원
2009. 9. 19. 사한국무용협회주최 제13회 전국남녀무용경연대회 심사위원
2009. 11. 29. 제31회 전국무용경연대회 심사위원한국무용지도자협회
2012. 5. 13. 상명대학교 제43회 전국 초·중·고 무용 콩쿠르 심사위원
2012 7. 7. 제16회 강원무용제 및 제21회 전국무용제 예선대회 심사위원
2012. 9. 8. 제16회 전국무용경연대회 심사위원

2012. 9. 20.	제49회 전국신인무용 경연대회(본선) 심사위원
2012. 9. 22.	강원도교육청 강원도 중·고등학생 종합실기대회 심사위원
2012. 9. 25.	제30회 KBS 부산무용콩쿠르 예선 심사위원
2012. 12. 3.	2012 강원도립예술단 실기전형위원
2014. 4. 6.	제22회 전국금오무용경연대회 심사위원
2014. 6. 8.	제11회 서울국제무용콩쿠르 해외예선 민족무용부분 심사위원장
2014. 9. 20.	제28회 별망성예술제 전국무용경연대회 심사위원
2014. 10. 4.	제64회 개천예술제 개천학생무용경연대회·개천한국무용제·개천신인창작안무가전 심사위원
2015. 5. 3.	제9회 우리춤축제 국제 무용경연대회 심사위원
2015. 5. 9.	제46회 전국 초·중·고등학생 무용콩쿠르 심사위원
2016. 4. 24.	제10회 우리춤축제 국제 무용경연대회 심사위원
2017. 7. 21.	제12회 우봉이매방 전국무용경연대회 심사위원
2018. 5. 31.	제47회 세종무용콩쿠르 심사위원
2018. 7. 1.	2018 전국무용제 강원도 경연대회 심사위원
2019. 5. 18.	제28회 전국무용제 강원도 지역예선 심사위원
2019. 6. 10.	제45회 전주대사습놀이 전국대회 무용부 본선 심사위원
2019. 9. 28.	제33회 별망성예술제 제25회 전국무용경연대회 심사위원
2020. 11. 22.	제28회 임방울국악제 전국대회 심사위원

(8) 연구 경력

❶ 저서

1989. 4. 5.	舞踊槪論, 현대교육 출판부
1992. 6. 25.	曲線의 美學과 우리의 춤, 원방각
1998. 2. 15.	체육학 종합대사전 무용용어 편찬위원, 한국사전 연구사 발행
2004. 2.	금강역사 춤에 관한 연구(KNC)

❷ 논문

1980. 3. 7.	1945-1950期 韓國新舞踊史 硏究, 대학무용학회 제2 논문집
1983. 3. 1.	ALMA-ATA에서 우리 민족무용의 전수, 춤의 해 기념 한국무용자료집 "세계로 향한 우리 춤 뿌리 찾기" 揭載
1988. 12. 30.	소외의 극복과 무용의 생활화, 예술평론 통권 13호 揭載
1993. 3. 1.	서역춤이 동방에 미친 영향, 춤의 해 기념 한국무용자료집 "세계로 향한 우리 춤 뿌리 찾기" 揭載
1994. 4. 25.	우리 춤의 미학과 문화적 배경의 고찰, 예술평론 제23호, 한국예술평론가협의회 揭載
1994. 6. 1.	무용예술에 있어서 평론이 끼치는 영향 고찰, 사단법인 한국체육학회지 揭載
1999. 12.	무용수의 공연성패에 대한 귀인연구, 사단법인 대한무용학회

2001. 9. 20.	자기주도적 교수방법이 한국무용 학습효과에 미치는 영향, 한국무용교육학회	
2006. 3.	한국무용 무대의 방위에 대한 팔괘상(八卦象)의 연구	

❸ 기고문

1988. 5. 1.	미끼, 예술계 5월호 揭載
1990. 3. 16.	地方舞臺 전문가의 양성, 예총신보 제90호 揭載
1990. 4. 2.	실기와 이론의 균형, 예총신보 제91호 揭載
1990. 11. 30.	이제 북한으로 가렵니다, 평화통일 11월호 揭載
1991. 4. 1.	蘇聯 KAZAKHSTAN 공화국 ALMA-ATA의 예술과 예술혼, 예총신보 제115호 揭載
1991. 5. 1.	중국 연합 동포들에게 전통예술의 맥을 이어줘야 한다, 평화통일 5월호 揭載

❹ 무용 대본

1987. 10. 26.	대한민국무용제 대상작 「0의 세계」 무용극 대본, 藝術評論 제12호 最新優秀作 集中分析 評價作 揭載
1988. 3. 5.	靈脈, 김근희무용단 설악산 권금성 공연, 예술평론 제14호 「영맥」 대본 最新優秀作 集中分析 評價作 揭載
1988. 7. 31.	胎脈, 예술평론 제14호 「태맥」 대본 最新優秀作 集中分析 評價作 揭載
1990. 7. 25.	綠脈, 김근희 무용단 중국 백두산 공연
1991. 3. 3.	点이 모여 線이 되는가?
1997. 11.	어제·오늘·내일

❺ 평론

1990. 7. 30.	무용 자유화와 개혁의지, 예술평론 제15호 揭載
1990. 12. 30.	조선극장 무용공연수감, 예술평론 제16호 揭載
1991. 4.	소련무용과 조선족 무용의 동향, 한국문예진흥원 홍보출판부 「문화예술」 4월호 揭載

❻ 각종 학술모임의 주최 및 참가경력

1983. 11. 23~12. 23.	CALGARY 문예학교 강의, CANADA ALBERTA
1988. 5. 15.	소외의 극복과 무용의 생활화, 藝術評論家協議會 주최 심포지엄 주제발표
1988. 7. 30~8. 1.	청소년 하계 전통 무용실기 및 이론강좌 개설 「경기검무」 「꼭두각시」 「화관무」 등 특강, 문예진흥원 후원
1990. 7. 20.	韓中 民俗舞踊의 비교연구를 위한 워크샵 참가발표, 中國 吉林省 歌舞團 主催
1990. 7. 23.	「태평무」 「경기검무」 특강, 中國 延邊舞踊團 초청 한국전통무용의 실기 및 이론강의
1990. 8. 11~24.	韓蘇 藝術의 理解와 交流 간담회, 한국전통무용의 역사적 흐름 주제발표, 蘇聯 모스크바, 레닌그라드, 타시켄트, 소련작가 주최
1991. 8. 15.	한국무용의 미학 주제발표, USSA.
1992. 11. 15.	서역춤이 동방에 끼친 영향 주제발표, '92 춤의 해 세계학술 심포지엄
1992. 11. 17.	Alma-ata에서 우리민족무용의 전수 주제발표, '92 춤의 해 세계학술심포지엄

1998. 8. 10~14.	전통무용 「소고춤」, 「경기검무」 지도, 경기도 문화예술 회관 주최 98 하계지도자 무용강습, 도립무용단 연습실
2000. 7~8.	「운정 교방무」, 「경기검무」 지도, 사단법인 한국무용협회 안산지부 지도자강습회
2003. 7. 23~27.	제1회 「경기검무」 연수회
2004. 7. 12~23.	중요무형문화재 제92호 태평무 보유자 강선영 초청 제2회 「경기검무」 특강
2005. 8. 22~26.	제3회 「경기검무」, 「태평무」 강습회
2007. 8. 9~12.	제4회 「경기검무」 강습회, 대진대학교 대강당
2008. 7. 3~7.	「경기검무」 지도, 2008년 하계 무용지도자 강습회
2014. 11. 15.	경기검무와 지역사회발전을 위한 전망 발표, 예술평론가협의회 세미나

❼ 공연 연역경기검무 이외의 공연

1971. 6. 12.	일본 NHK 초청공연 안무 및 출연, NHK 방송국
1978. 11. 4.	건국 30주년 기념 무용대제전 출연 및 안무, 사한국무용협회
1981. 8. 20.	서울 유치를 위한 특별 공연 안무 및 연출, 세계 J.C 총회
1982. 10. 3.	전국 무용인 합동공연 작품 「철새」 출연, 사한국무용협회
1982. 11. 9.	서울오페라단의 「아이다」 공연 찬조 출연, 서울오페라단
1983. 8. 3.	CALGARY시 소재 한국문예학교 강의 및 개교 1주년 기념행사 안무 및 출연, CANADA ALBERTA주 한인회
1983. 8. 5.	CANADA ALBERTA 주 한인회 초청 전통무용 「부채춤」 외 공연, GALGARY시 LEACARCK THEATER 한인회
1983. 10. 5.	명인 명무전 작품 「무상」 출연, 사한국무용협회
1983. 12. 17.	전통 무용발표회 「사랑가, 부채춤 외」 안무 및 출연, 캐나다 캘거리시 소재 MOUNT ROYAL COLLEGE와 한인회
1984. 7. 8.	국제연합 한국협회 초청 SAN LOSE 「철새」 공연, 국제연합 한국협회
1984. 7. 9~18.	Farefield, Washington, New York, Honolulu 순회공연, 워싱턴 시티
1984. 9. 11.	김여란 추모공연 「무상」 공연, 국립극장 소극장
1985. 1. 2.	「無常」 안무 및 출연 공연, 전국무용인 합동공연, 사한국무용협회
1985. 10. 7.	국립극장 광복 40주년 기념 무용대공연 초청 「잊으려고」 출연 공연, 국립극장
1985. 11. 28.	「魂聲」 안무 및 출연 공연, 김근희 전통 및 창작무용발표회, 김근희무용단, 문예회관대극장
1986. 1. 2~5.	신년맞이 무용대공연 「철새」 안무 및 출연 공연, 사한국무용협회
1986. 4. 13.	미국 Ball State University 초청 공연, Ball State 대학
1986. 5. 14.	전통무용 「승무」, 「경기검무」 공연, 한국 UN협회의 세계평화의해 선포기념공연, 세종문화회관
1987. 2. 5.	日本 京都大學 招請 「살풀이」 출연 공연, 日本 京都大學
1987. 7. 2.	Italy Sardaignce Festival 초청공연, 이탈리아 정부
1987. 7. 21.	Axi en Provance 초청공연, 출연, 강선영무용단/한미친선협회
1987. 7. 24.	St. ten de bayonnce 초청공연 출연, 강선영무용단/한미친선협회

二. 경기검무京畿劍舞의 전승계보傳承系譜

1987. 7. 26.	Spain jaca Festival 초청공연, 출연, 스페인 정부
1987. 8. 3.	France Thiviers 초청공연, 출연, 프랑스 정부
1987. 10. 27.	제9회 대한민국 무용제 창작무용극「0의 세계」안무 및 출연, 문예진흥원
1987. 11. 8~17.	대전, 충주, 포항 등 5개 도시 초청 순회공연「0의 세계」출연 및 안무, 문예진흥원
1988. 3. 5.	설악산 권금성「영맥」개인공연 안무 및 출연, 김근희 무용단
1988. 7. 31.	설악산 비선대 작품「태맥」으로 제2회 개인무용발표회 출연 및 안무, 김근희 무용단
1988. 8. 7~9. 3.	제9회 대한민국무용제 연기상 수상 해외연수 및 시찰Australia, Japan, China, 문예진흥원
1988. 9. 11.	인천시 초청 88 서울올림픽 문화축전 행사「영맥」공연, 인천시
1989. 4. 7.	「영맥」「태맥」재공연, 김근희 무용단, 문예회관 대극장
1989. 12. 8.	한국무용협회 구미시지부 창립기념 원로 및 중견무용가 초청「외길」공연, 구미종합예회관
1990. 7. 25~26.	제3회 개인무용발표회「연맥」출연 공연, 김근희무용단, 중국 백두산 정상과 천지변에서
1990. 8. 24.	소련 알마아타시 초청「태평무」「살풀이」공연, 국립조선극장
1990. 9. 23.	김소월의 달 기념사업회 초청「인간 그리고 오늘」「잊었노라」출연공연, 예술의 전당 리사이틀홀
1991. 7. 2~15.	이탈리아 세계민속페스티벌 초청 김근희 무용단 참가공연, 이탈리아 정부
1991. 8. 20~9. 3.	이탈리아 전국 순회공연「태평무」등, 국제문화협회, 문예진흥원, 문화부
1991. 10. 18.	제13회 서울무용제 초청「0의 세계」출연 공연. 문화부, 한국문예진흥원, 서울특별시/한국무용협회
1992. 8. 26.	카자흐공화국 국립조선극장 초청「외길」등 안무 및 출연공연, 카자흐공화국 국립조선극장
1992. 10. 22.	정읍시 예술회관 정읍시 문화제 초청「외길」안무및출연 공연, 정읍시
1993. 7. 20.	미국 스포츠 아카데미 초청「태평무」공연, 미국 스포츠 아카데미 강당
1993. 12. 3.	원로 및 중견 무용인 초청「외길」출연공연, 사한국무용협회 정주시지부/한국문화예술, 정주예술회관
1993. 12. 3.	전국 무용협회 지부장 초청「외길」공연, 사한국무용협회, 문예회관 대극장
1993. 12. 5.	전국 무용인 초청「외길」공연, 사한국무용협회 문예회관 대극장
1994. 4. 2.	비전 2001 한국의 춤 초청「태평무」공연, 대구문화회관
1994. 9. 25.	'94 명인 명창전 초청「태평무」공연, 문화체육부, 국립국악원 소극장
1995. 6.	경기도립무용단 제4회 정기공연 무용극「제암리의 아침」공연, 경기도립무용단
1995. 8. 15.	광복 50주년 기념 중앙경축행사 초청「운정 살풀이」공연, 문화관광부
1995. 8. 18.	전통무용 공연, 경기도 문예회관, 금요상설무대 야외공연장
1995. 9. 6.	외국인 초청 친선페스티벌 초청 야외공연「태평성대」외 공연, 경기도청
1995. 9. 30.	흙과 혼 그리고 불의 조화 이천 도자기 축제 초청「풍물놀이, 북소리 사위」공연, 이천시 온천광장
1995. 10. 7.	지역 순회공연「제암리의 아침」안무 출연공연, 부천문예회관
1995. 10. 11.	앵콜 초청공연「제암리의 아침」공연, 평택문예회관

1995. 11.	일본 가나가와현 초청 안무 및 출연공연, 가마쿠라 예술관
1995. 11.	경기도립무용단 제5회 정기공연 「바람 멎는 날 풍경 소리」 안무, 경기도립무용단
1995. 11. 30.	앵콜 초청 공연 「제암리의 아침」 안무, 안양문예회관
1995. 12. 7.	앵콜 초청 공연 「제암리의 아침」 안무, 용인 문예회관
1995. 12. 20.	지역순회 공연 「낙엽춤」 외 안무, 안성군민회관
1995. 12. 29.	송년 초청 공연 「우리소리 대합주」, 경기도립무용단, 문예회관 대공연장
1996. 3.	제76회 3.1절 기념 특별공연 「제암리의 아침」 안무, 경기도립무용단
1996. 4. 20.	장애인 돕기 자선공연 전통무용 공연, 경기도립무용단, 경기도 문예소공연장
1996. 4.	수원성 축성 200주년 기념공연 「풍물놀이」 안무, 수원시
1996. 5. 15.	여주 도자기축제 초청 「장고춤」 안무, 여주시, 신륵사야외무대
1996. 5.	경기도립무용단 제6회 정기공연 「수트라」 안무, 경기도립무용단
1996. 5. 31.	금요상설무대 「바라춤」 외 안무, 경기도 문예회관 야외공연장
1996. 12.	경기도립무용단 제7회 정기공연 「성애꽃」 안무, 경기도립무용단
1997. 4. 29.	오리 문화제 축하공연 「낙엽춤」 외 공연, 광명시민회관
1997. 5.	경기도립무용단 제8회 정기공연 「효녀심청」 안무, 경기도립무용단
1997. 6.	울산광역시 승격기념 축하공연 「제암리의 아침」 안무, 울산시
1997. 7.	경기도의 날 행사 7개 도시 순회공연 안무, 경기도 도청
1997. 9. 5.	금요상설 전통무용 「승무」 외 공연, 문예회관 야외무대
1997. 9. 8.	전국태권도대회 축하공연 「신을 부르는 소리」 안무, 경기도 문예회관, 성남상무체육관
1997. 9. 11.	광주비엔날레 축하공연 「엿가락춤」 외 공연, 광주 비엔날레
1997. 10. 1.	구름산 예술제 축하공연 「섭정」 공연, 광명시, 광명시민회관
1997. 10. 4.	제2회 남한산성문화재 축하공연 「태평성대」 공연, 성남시, 남한산성 야외공연장
1997. 10. 5.	포천군민의 날 축하공연 「알쏭달쏭」 외 공연, 포천군민회관
1997. 10. 11.	지역순회공연 전통무용 「운정 살풀이」 공연, 파주시민회관
1997. 11.	경기도립무용단 제9회 정기공연 「어제·오늘·내일」 안무, 경기도립무용단
1997. 12. 29.	'97 송년무대 「인어춤」 외 안무, 문예회관대공연장
1998. 1. 15.	소외지역방문공연 「알쏭달쏭」 외 공연, 안양장애인 종합복지관
1998. 2. 5.	소외지역방문공연 「학과 신선」 공연, 동두천시 성경원
1998. 2. 10.	소외지역방문공연 「태평무」 외 공연, 가평시 꽃동네
1998. 2. 13.	소외지역방문공연 「풍물놀이」 외 공연, 평택시 문화예술회관
1998. 3. 20.	소외지역방문공연 「풍물놀이」 외 공연, 수원교도소
1998. 4. 20.	제18회 장애인의 날 기념식 축하공연 「알쏭달쏭」 「농촌의 한나절」 공연, 경기도 문예회관 소공연장
1998. 5.	경기도립무용단 제10회 정기공연 「콩쥐팥쥐」 안무, 경기도립무용단
1998. 6. 10.	제7회 오리문화제 개막식 축하공연 「학과 신선」 「장고춤」 외 공연, 광명시민회관
1998. 7. 11.	의왕시 초청공연 「섭정」 외 안무, 의왕시민회관
1998. 7. 22.	한여름 밤의 야외무대 「수트라」 「아낙춤」 외 공연, 문예회관야외무대
1998. 7. 24.	군부대 초청순회 공연 「섭정」 「무당춤」 공연, 안양수도 군단 사령부

二. 경기검무京畿劍舞의 전승계보傳承系譜

1998. 9. 8.	제7회 국방부장관기 전국태권도대회 축하공연 「부채춤」「풍물놀이」 공연, 국군체육부대상무체육관
1998. 9. 22.	민방위창설기념축하공연 「섭정」「엿가락춤」 외 공연, 경기도 문예회관 소공연장
1998. 9. 23.	남양주시 다산 문화재 축하공연 「화관무」「사랑가」 외 공연, 남양주 다산 문화공원
1999. 10. 21.	동두천시 제13회 소요문화제 축하공연 「어제·오늘·내일」 공연, 동두천시민회관
1998. 10. 30.	경기도립무용단 창단 5주년 기념 특별공연 「창작무용극 모음전」 공연, 문예회관 대공연장
1998. 12. 10.	제11회 정기공연 합작 무용극 「일어서는 빛」 공연, 경기도립무용단, 부천시민회관 대공연장
1998. 12.	경기도립무용단 제11회 정기공연 「일어서는 빛」 공연, 경기도립무용단
1999. 1. 14.	설맞이 공연 「부채춤, 바라춤」 외 공연, 안산올림픽기념관
1999. 2. 23.	평택시 불우이웃돕기 초청공연 「풍물놀이」「바라춤」 외 공연, 평택시 문예회관
1999. 3. 3.	오산 성심동원 공연 「부채춤」「사랑가」 외 안무, 오산시
1999. 3. 4.	안양 종합복지관 「다람쥐춤」「봉황춤」 외 공연, 안양시
1999. 3. 5.	수원 평화의 모후원 「한량무」「알쏭달쏭」 공연, 수원시
1999. 3. 24.	젊은 춤, 젊은 무대 총연출, 경기도립무용단, 본회관 소공연장
1999. 3. 31.	환경운동본부 창립축하 「사물놀이」「사랑가」 외 안무, 본회관 대공연장
1999. 4. 7.	경기도청 벚꽃축제 초청 「섭정」「풍물놀이」 외 안무, 경기도청 야외무대
1999. 4. 12.	소외지역 가평꽃동네 「섭정」「촛불춤」 외 안무, 경기도 문예회관
1999. 4. 22.	군포시민회관 초청공연 「섭정」「한량무」 외 안무, 군포시
1999. 5. 1.	여주 도자기 축제 「화관무」「사랑가」 외 공연, 여주 신륵사
1999. 5.	미국 마이애미주 초청 제9회 아시아예술제 전통무용 「승무와 삼북」 외 안무, 미국 마이애미주
1999. 5. 5.	어린이날 기념 축하공연 「부채춤」「숨바꼭질」 공연, 경기도 문예회관 대공연장
1999. 5. 10.	평택시민의 날 축하공연 「빨래터춤」「한량무」 공연, 송탄 문예회관
1999. 5. 28.	싱가포르 정부 초청 그랜드 오프닝 공연 「태평성대」 외 공연, 싱가포르 정부
1999. 5. 29.	싱가포르 정부 초청 피날레공연 「한량무」 공연, 싱가포르 정부
1999. 6. 6.	호주 퀸즐랜드주 초청공연 「사물놀이」「선반북춤」 외 공연, 호주 퀸즐랜드 박물관
1999. 6. 30.	경기도립무용단 제12회 정기공연 「흥부와 놀부」 안무, 경기도립무용단
1999. 7. 7.	장호원 육군 정보학교 초청공연 전통무용 「한량무」 외 공연, 장호원 육군정보학교
1999. 8. 6.	상설공연 「촛불춤」 외 안무, 경기도 문예회관 야외공연장
1999. 8. 7.	상설공연 「혼을 부르는 소리」 외 공연, 경기도 문예회관 야외공연장
1999. 8. 12.	순회공연 이천시 국제조각 심포지엄 개막식 축하공연 「우리소리 대합주」 안무, 이천시
1999. 9. 8.	순회공연 이천도자기축제 축하공연 「빨래터 춤」 외 안무, 이천 도자기축제행사장
1999. 9. 9.	수원실내체육관 전국기능경기대회개막 축하공연 「농촌의 한나절」 외 안무, 경기도
1999. 9. 17.	기획공연 「운정 살풀이」, 국립국악원 예악당 중앙무대공연
1999. 10. 6.	행사공연 「촛불춤」 외 안무, 동두천 시민회관
1999. 10. 7.	군포시민의 날 초청공연 「다람쥐춤」외 공연, 군포시민회관

1999. 10. 8.	화성 문화제 초청공연 「풍물놀이」 외 안무, 수원시 팔달문
1999. 10. 8.	안산시 초청 별망성 예술제 「봉황춤」 공연, 안산시청 야외무대
1999. 10. 15.	안산무용협회 초청 「태평무」 공연, 안산올림픽기념관
1999. 10. 22.	순회공연 「혼을 부르는 소리」 외 안무, 구리시
1999. 11. 3.	82개국 해외방송송출 투데이 2000 코리아 「궁중무」 외 총연출, MBC TV
1999. 11. 26.	경기도립무용단 제13회 정기공연 전통무용극 「아방리의 하늘을 여는 소리」 안무, 경기도립무용단
1999. 12.	MBC TV 경기도 주최 밀레니엄 축하공연 「새천년 통일 기원제」 총안무, MBC TV, 경기도, 임진각
2000. 3. 24.	젊은 춤 젊은 무대 총연출, 경기도 문예회관
2000. 3. 29.	광주비엔날레초청 「농촌의 한나절」 안무, 문화관광부, 한국문예진흥원, 광주광역시 주최, 중외공원 야외공연장
2000. 5. 22.	전통무용 대축제 「바라춤」 공연, 문화관광부, 경기도 중요무형문화재, 안성시민회관
2000. 10. 9.	제1회 경기무용인 합동공연 「태평무와 아라리」 안무, 한국무용협회 경기도지회, 연강홀
2000. 10. 13.	한국무용협회 안산지부 초청 「새천년 모둠과 아우름」 공연, 안산올림픽기념관
2000. 10. 18.	제11회 김해예술제 중견무용인 초청공연 「무상」, 김해시
2000. 10. 30.	제22회 서울무용제 중견무용인 특별초청 공연 「교방입춤」 공연, 한국무용협회, 문화관광부, 한국문화예술진흥원, 문예회관
2001. 4. 23.	제1회 대진대학교 한국무용학과 교수 작품발표회 「태평무」 출연, 대진대학교
2001	KBS 국악한마당 「꽃과 나비」 안무, KBS
2001. 9. 14.	김근희 창작무용 「천상천하」 예술총감독, 출연, 안무, 김근희무용단
2001. 10. 13.	안산무용협회 주최 2001 청소년 무용축제 「티움」 초청 공연, 안산무용협회
2001. 10. 26.	서울공연예술제전야제 축하공연 역대 대한민국무용제수상작 「0의 세계」 재안무 공연, 사한국무용협회, 문예회관 대극장
2002. 4. 25.	대진인과 어우르는 김근희 무용단의 거드름 공연 「교방입춤」 외 안무 및 출연, 김근희무용단, 대진대학교
2002. 5. 24.	우수레퍼토리 선정 「천상천하」 안무 및 출연, 사한국무용협회, 국립극장 달오름
2002. 5. 31.	한–일 월드컵 성공기원 「김근희 무용단의 나래짓」 예술총감독 및 안무, 김근희무용단
2002. 9. 7.	우리 민속 한마당 토요상설공연 안무, 문화관광부, 경복궁 국립민속박물관
2002. 10. 11.	제2회 대진대 교수작품발표회 「교방입춤」 공연, 국립국악원 우면당
2002. 11. 12.	안산시 티움 초청공연 안산무용협회, 안산올림픽기념관
2002. 11. 16.	국악협회창단기념공연 국악한마당 「태평무」 외 공연, 포천예총
2003. 5. 7.	국내 초청공연 명인 명무전, 「교방입춤」 공연, 한국무용협회 의정부지부, 의정부예술의전당 대공연장
2003. 6. 24.	화요상설 역사를 몸짓으로 푸는 이 김근희의 춤 교방입춤 외 공연, 국립국악원
2003. 8. 17~23.	제20회 그리스 데로살로니기 축제 참가 순회공연, 그리스 정부
2003. 9. 26.	우리 춤의 맥과 혼을 이어온 춤꾼 「교방입춤」 안무 및 출연, 이명자 전통춤회
2003. 8. 31.	김영실 교수와 함께하는 해설이 있는 우리 춤 김근희무용단 초청 공연 안무, 경기도 민속박물관

二. 경기검무京畿劍舞의 전승계보傳承系譜

2003. 10. 13.	김근희 전통춤 40년 「선상에 서서」 출연, 안무, 한국문예진흥원
2003. 10. 29.	김근희 무용단의 「찬란한 빛」 안무, 문예진흥원
2003. 11. 2.	전통무용 대축제 초청 2003 우리 춤 우리 향기 「교방입춤」 공연
2004. 9. 21.	안산시 문화예술의전당 개관축하공연 티움 안무, 경기도 안산시
2004. 10. 10.	제8회 산정호수 명성산 억새꽃 축제 총연출 및 안무, 경기도포천시 축제추진위원회, 명성산 산정호수 상동주차장
2004. 10. 14.	포천시초청공연, 2004포천시민을위한김근희의춤 「어제·오늘·내일」 안무, 포천아트홀 대극장
2004. 12. 8.	제4회 전국무용교수작품 발표회 안무 및 출연, 대진대학교
2005. 5. 6.	제1회 남양주예술제 中 「교방입춤」 출연, 한국예총남양주시지부; 문인, 미술, 음악, 영화인, 사진, 무용, 국악협회
2005. 7. 28.	KATUSA & US Soldiers Friendship Week 행사 중 축하 공연, 미2사단 Cp. Casey 내 Schoonover Bowl, 대진대학교
2005. 9. 9~13.	강원도 예총 초청 한-중 가무제 공연, 중국 요령성 단동시 군중예술, 강원도 예총/대진대학교
2006. 9. 27.	안산무용축제 티움 출연, 안산 문화예술의전당
2006. 10. 28.	제14회 국악로 문화축제 공연 총연출, 국악협회, 묘동사거리 국악로 특설무대
2006. 11. 25.	제5회 정금란 무용제 공연 「태평무」 출연, 성남무용협회, 성남시민회관 대극장
2007. 6. 28~7. 6.	네덜란드 와 폼 페스티벌 세계민속축제 초청공연, 네덜란드 정부
2007. 9. 12.	제16회 전국무용제 김근희무용단 작품선정 공연, 사한국무용협회
2007. 9. 21.	금요상설 김근희무용단 초청공연, 국립남도국악원
2007. 10. 3.	안산무용축제 티움 김근희무용단 초청공연, 경기도 안산시
2007. 10. 9.	광화문 댄스페스티벌 축하 공연, 사한국무용협회
2007. 10. 19.	제6회 전국무용교수작품발표회, 대진대학교
2008. 6. 10.	제17회 전국무용제 경기도대회 개막 축하공연, 경기도무용지회
2008. 9. 5~12.	해외입양인 한국 전통문화체험사업, 워싱턴 초청 공연 출연, 국악협회
2008. 9. 18.	서울시민을 위한 무용 순회공연, 사한국무용협회
2008. 9. 23.	제7회 전국무용교수작품발표회 「천년의 소리」 안무, 대진대학교
2008. 10. 4.	제22회 단원예술제 초청 2008 안산무용축제 티움 공연, 경기도 안산시
2008. 10. 27.	춘천댄스페스티발 초청 「무궁화」 공연, 춘천무용협회
2009. 11. 25.	제8회 정금란 무용제 초청 「교방입춤」 공연, 성남시, 한국무용협회
2010. 4. 30~5. 5.	제2회 한국민속문화제 'Feelkorea' 한국전통무용단 초청공연 안무 및 총감독, 중국 봉래시 정부, 주칭다오대한민국총영사관, 한국관광공사
2010. 5. 14.	양길순의 춤 '얼쑤' 초청공연 「교방입춤」 공연, 사한국국악협회, 문화재청, 문화재보호재단
2010. 10. 2.	제24회 안산 별망성 예술제 개막식 초청공연, 경기도, 안산시, 한국무용협회 안산지부, 안산예총
2010. 10. 9.	제24회 단원예술제 2010 안산무용축제 티움 초청공연, 경기도 안산시, 한국무용협회 안산지부, 안산예총

2011. 11. 4.	국립남도국악원 초청 '국악수채화'「교방입춤」공연, 국립남도국악원
2012. 6. 23.	원주…서울… 그리고 세계의 춤제전 '예인의 길' 초청「교방입춤」공연, 강원도 원주시, 한국공연예술협회, 선경춤 보존회, 원주시 치악예술관 대극장
2012. 6. 26.	원주… 서울… 그리고 세계의 춤제전 '예인의 길' 초청「교방입춤」공연, 서울 중구, 한국공연예술협회, 선경춤보존회, 국립극장 달오름극장
2013. 5. 10.	제46회 황토현 동학 농민혁명기념 名人 名舞의 춤판 초청공연, 정읍시, 정읍예총, 신관철 살풀이수건춤 보존회, 정읍사 예술회관 대극장
2013. 9. 7.	제27회 별망성 예술제 개막식 '다국적 무용축제' 초청「태평무」공연, 경기도 안산시, 안산무용협회, 안산시의회, 안산문화예술의 전당 야외무대
2013. 10. 5.	전통의 향기 '진주대첩 승전축하 열린 한마당' 초청「교방입춤」공연, 경상남도 진주시 주최, 임진대첩 계사순의단 앞 특설무대
2013. 12. 26.	한-중 미술인의 만남 축하공연, 중국
2016. 11. 1.	성남아트센터 초청「태평무」공연, 성남아트센터, 앙상블 시어터
2018. 5. 10.	제1회 KGU 연합학술대회 초청「무상」공연, 한국천문학회, 한국지구과학회, 대명 비발디파크
2018. 6. 2.	24번째 이 시대 맥을 잇는 명무전 초청「무상」공연, 선경춤보존회, 홍익문화예술아카데미, 사청소년행복세상, 국립극장 KBS 청소년 하늘극장
2018. 7. 8.	'댄스페스티벌 인 탱크' 문화지축기지 초청「무상」공연, ING즉흥그룹, 서울시 문화비축기지
2019. 1. 12~13.	운정한량무 연수회, 사경기검무보존회
2019. 3. 16~17.	경기검무보존회 장고춤 연수회, 사경기검무보존회
2019. 9. 21~22.	경기검무보존회 무궁화 연수회, 사경기검무보존회
2019. 11. 8.	국립남도국악원 진악당 금요국악공감 명인명무전,「교방입춤」공연, 진도 국립남도국악원
2019. 12. 18.	28번째 명무전,「교방입춤」공연, 국립국악원 우면당, 선경춤보존회
2020. 9. 26.	2020 서울 전통춤 문화제 사색춤전「일체」남산골한옥마을 실시간 비대면 공연 촬영, 서울특별시 정아트 & 컴퍼니
2020. 11. 14.	제19회 정금란 무용제 실시간 비대면 공연 촬영「교방입춤」성남아트센터 앙상블씨어터, 성남시, 정금란기념사업회, 한국무용협회성남무용지부

4) 김근희金槿姬의 국내國內 경기검무京畿劍舞 전승활동傳承活動 실적내용實績內容 목록目錄

1988. 7. 30~8. 1.	청소년 하계 전통무용실기 및 이론강좌 「경기검무, 꼭두각시, 화관무 등」 지도, 청소년협회
1990. 7. 23 ~1998. 8. 10.	한국 전통무용 「태평무, 경기검무 실기 및 이론」 강의, 중국 연변무용단
1995. 10. 8.	「경기검무, 태평무」 지역순회 공연, 과천시민회관
1995~2000	「경기검무」 순회공연 및 지도, 경기도립무용단
1996. 6. 20.	'96 풍년기원제 「경기검무, 사물놀이」 기념공연, 오산시민회관
1996. 9. 20.	제1회 경기도장애인체육대회 개막식 「경기검무, 부채춤, 즉흥무」 공연, 경기도
1996. 10.	울산시 문화예술회관 개관 1주년 경축공연 「경기검무, 농악 등」 안무, 울산시
1996. 11. 12.	우리 농수산식품 대축제 초청 「경기검무, 살풀이 등」 공연, 경기도청, 서울 여의도광장 특설무대
1996. 12. 20.	'96 경기도립예술단 송년무대 「경기검무, 금강역사춤 등」 공연, 경기도립무용단, 문예회관 대공연장
1997. 5.	고양시 세계 꽃 박람회 전야제 초청 「경기검무, 무궁화 등」 공연, 고양시
1997. 5. 9.	여주 풍년기원제 및 도자기 축제 개막식 「경기검무, 무당춤 등」 공연, 여주시, 여주 신륵사 광장
1997. 10. 7.	지역순회 공연, 「경기검무, 장고춤 등」, 시흥시민회관
1998. 2. 23.	소외지역 방문 「경기검무 등」 공연, 평택시문화예술회관
1998. 3. 23.	경기도 지역순회 「경기검무, 승무 등」 공연, 경기도청, 내무부지방연수원 체육회관
1998. 5. 1.	여주 도자기축제 초청 「경기검무, 섭정 등」 공연, 여주 도자기축제 행사장
1998. 5. 7.	제9회 근로자 자녀수기 공모전 시상식 초청 「경기검무, 사물놀이 등」 공연, 수원시민회관
1998. 7. 1.	제2기 민선자치 시대개막 축하 「경기검무, 화관무 등」 공연, 하남시민회관
1998. 7. 17.	한 여름밤의 야외무대 초청 「경기검무, 한량무」 공연, 경기도 문예회관 야외무대
1998. 8. 10~14.	'98 하계 중·고 교사 무용 강습회 「소고춤, 경기검무」 지도, 중·고등학교 교사협회
1998. 9. 5.	송산 포도축제 축하 「경기검무, 부채춤 등」 공연, 송산포도연합회
1998. 9. 18.	이천 도자기축제 개막 축하 「경기검무, 무당춤, 한량무 등」 공연, 이천 도자기축제행사장
1998. 10. 1.	건국 50주년 경축 국군의 날 연합공연 초청 「경기검무, 소고춤」 공연, 문화관광부, 국방부, 서울공항
1998. 10. 22.	안성시 초청 「경기검무, 부채춤, 섭정 등」 공연, 안성시민회관
1998. 10. 24.	광주시 남한산성 문화재 초청 「경기검무, 한량무, 바라춤」 공연, 광주시 남한산성 행사장
2000. 7~8.	무용지도자 강습교육 「교방입춤, 경기검무」 지도, 무용지도자 협회
2004. 7. 12~23.	중요무형문화재 제92호 태평무 보유자 강선영 특강 「경기검무」 공연, 대진대학교
2005. 4. 22.	明嘉 강선영 불멸의 춤, 춤과 함께한 70년 출연 「경기검무, 즉흥무, 승무」 공연, 태평무보존회, 서울특별시, 한국문화예술진흥원, 문화재청, KBS
2006. 10. 27.	김근희의 춤 '천년의 몸짓' 「경기검무, 교방입춤 등」 공연, 김근희무용단, 국립극장 달오름극장

2008. 10.	안산시 단원예술제 '티움' 초청 「경기검무 등」 공연, 안산시
2009. 2. 27.	'김근희의 천년의 몸짓을 찾아서' 「경기검무, 태평무 등」 공연, 국악신문사, 한국창극원
2009. 6. 13.	제606회 토요상설공연 '우리민속한마당 김근희의 춤' 출연 「경기검무, 한량무 등」 공연, 국립민속박물관
2009. 10. 9.	제23회 단원예술제 '전통의 맥을 찾아서' 초청 「경기검무, 즉흥시나위, 풍물놀이 등」 공연, 안산시
2011. 10. 19.	제2회 명인 명무전 「경기검무」 공연, 용산구, 예총용산지부
2012. 3. 1.	제4회 한국춤제전 초청 「경기검무」 공연, 서울시중구, 국악신문사, ㈜국악엔터테인먼트, 충무아트홀 중극장 블랙홀
2012. 4. 7~8.	제2회 한국명작무대제전 초청 「경기검무」 공연, 서울서초구, 한국전통문화연구원, 문화체육관광부, 국립국악원 예악당
2012. 6. 2~3.	경기무형문화재 대축제 〈형형색색 오감만족〉 초청 「경기검무」 공연, 경기도수원시, 경기무형문화재총연합회, 경기문화재단, 수원월드컵경기장 야외무대
2012. 9. 23.	제26회 별망성 예술제 '티움' 초청 「경기검무」 공연, 안산시, 안산무용협회, 안산시 의회, 안산 문화예술의 전당 달맞이극장
2012. 10. 24.	한국춤의 얼 명인·명무전 '전통과 신무용의 어울림' 초청 「경기검무」 공연, 서울용산구, 한국용산예술인총연합회, 용산구의회, 용산문화원, 용산아트홀 대극장 미르홀
2013. 4. 3.	춤과 함께한 80년 명가 강선영 '불멸의 춤' 초청 「경기검무」 공연, 서울중구, 강선영춤보존회, 국립극장 해오름극장
2013. 5. 14.	양길순의 '터' 초청 「경기검무」 공연, 중요무형문화재 제29호 도살풀이보존회, 국립국악원 우면당
2013. 6. 27.	두리춤터의 테마가 있는 한국춤 시리즈 제6테마; 무형문화재 춤으로 보는 한국춤의 흐름 「경기검무」 공연, 두리춤터 BLACK BOX
2013. 10. 3.	안산무용축제 '티움' 초청 「경기검무」 공연, 안산시, 안산무용협회, 안산시의회, 안산 예술의전당 달맞이극장
2013. 10. 30.	제6회 명무전 2013 김해랑 기념사업회 초청 「경기검무」 공연, 록파무용단, 경상남도창원시, 마산예술문화단체총연합회, 한국무용협회 마산지부, 우리춤협회 경남지회, 록파정양자춤보존회, 3.15 아트센터 대극장
2013. 11. 24.	제7회 우리춤 대축제 초청 「경기검무」 공연, 서울 강동구, 우리춤협회, 강동아트센터 대극장 한강
2014. 2. 9.	제8회 우리춤축제 초청 「경기검무」 공연, 우리춤협회, 국립극장 해오름극장
2014. 4. 15.	열아홉번째 이시대의 명무 '예인의 길' 초청 「경기검무」 공연, 사한국공연예술협회, 홍익문화예술학교, 국립국악원 예악당
2014. 2. 5~9.	명작·명무전 국립극장 해오름 우리춤 축제 초청 「경기검무」 공연, 서울시, 우리춤협회
2014. 9.	남한산성 〈무형문화재 춤 축제〉 초청 「경기검무 군무」 공연, 남한산성
2014. 9. 21.	안산 문화예술의 전당 '티움' 초청 「경기검무 군무」 공연, 경기도 안산시, 안산무용협회, 안산시의회, 안산 예술의전당 달맞이극장
2014. 9. 26.	역사를 몸짓으로 이어가는 이들의 향연 초청, 김근희의 '천년의 몸짓' 「태평무, 경기검무, 장고춤, 다예무 외」 안무 및 공연, 경기도청, 구리시, 한국무용협회, 우리춤협회, 한국국악협회구리지회, 한국무용협회구리지회, 구리아트홀 코스모스 대극장

二. 경기검무京畿劍舞의 전승계보傳承系譜

2014. 10. 19.	국립국악원 연희마당 〈국악하루〉 초청 「경기검무 군무」 공연, 서울 국립국악원
2014. 11. 8.	明嘉 강선영 예술혼 맥; 「경기검무 군무」 공연, 서울 태평무전수관, 한국무용예술단, 국립국악원 예악당
2014. 11. 28.	무형문화재 제53호 「경기검무」 1기 이수시험 구리 청소년 수련관 공연장
2014. 12. 18.	'20번째 예인의 길' 초청 「경기검무」 공연, 서울시 서초구, 국립국악원 풍류사랑방
2015. 4. 22.	제7회 한국춤제전 「경기검무」 공연, 서울 국악신문사, 한국춤제전위원회, 한국국악교육협회, 국립국악원 예악당
2015. 4. 30.	제3회 차세대 명무전 「경기검무」 공연, 서울 국악신문사, 한국춤제전위원회, 한국국악교육협회, 국립국악원 우면당
2015. 9. 13.	안산시 '티움' 초청 「경기검무 군무」 공연, 안산시, 안산무용협회, 안산시의회, 안산 예술의전당 달맞이극장
2015. 9. 19.	'경기도무형문화재 대축제' 「경기검무 군무」 공연, 경기도청, 수원시, 경기무형문화재총연합회, 화성행궁광장
2015. 10. 10.	신안마을 운심검무 축제 초청 「경기검무」 공연, 경남 밀양시, 운심검무축제위원회
2015. 10. 19.	제9회 '우리 춤 축제' 초청 「경기검무 군무」 공연, 우리춤협회, 동아트센터 대극장
2015. 10. 22.	'이 시대의 명무 21번째 예인의 길' 초청 「경기검무」 공연, 한국공연예술협회, 국립국악원 예악당
2016. 4. 6.	劍舞墨舞 '춤꾼, 붓을 들어 꿈을 그리다' 전시회 출품, 사단법인 경기검무보존회, 「경기검무」, 「다예무」 공연 한국무용협회, 서울 경인미술관 제2전시실
2016. 5. 22.	봄내 무용제/국악제 초청 「경기검무, 교방입춤」 공연, 춘천국악협회, 춘천무용협회, 춘천문인협회, 공지천 야외공연장
2016. 6. 3.	'우리춤 축제' 초청 「경기검무 군무」 공연, 우리춤협회, 국립극장 청소년하늘극장
2016. 8. 26.	경기도무형문화재 대축제 「경기검무」 공연, 경기무형문화재 총연합회, 일산킨텍스 1전시장 1홀
2016. 9. 4.	안산 '티움' 초청 「경기검무 군무」 공연, 경기도 안산시, 안산무용협회, 안산시의회
2017. 1. 31.	연풍예술제 초청 「경기검무」 공연, 천호동 연풍예술단
2017. 4. 29.	운정의 풍류와 사색; 샛다리 꽃길 춤을 그리다. 「경기검무, 장고춤, 다예무」 공연, 구리시 경기검무보존회
2017. 5. 13.	영주 무용 페스티벌 초청 「경기검무」 공연, 영주시무용협회
2017. 7. 22~23.	세종대 제1회 「경기검무」 강습회, 경기검무보존회, 세종대 글로벌지식평생교육원
2017. 9. 24.	안산 '티움' 초청 「경기검무」 공연, 경기도 안산시, 안산무용협회, 안산시의회
2017. 10. 1.	검무전 Ⅳ. 초청 「경기검무」 공연, 문화체육관광부, 서울문화재단, 김영희춤연구소, 남산국악당
2017. 10. 1.	파주영어마을 초청 「경기검무」 공연, 파주영어마을
2017. 12. 5.	23번째 이 시대, 맥을 잇는 명무전 초청 「경기검무」 공연, 선경춤보존회, 한양대학교 공연예술부, 홍익문화예술아카데미, 국립국악원 우면당
2017. 12. 19.	무형문화재 제53호 「경기검무」 2기 이수시험 구리행정 복지센터 1층 공연장
2018. 5. 12~13.	세종대 제2회 「경기검무」 강습회, 경기검무보존회, 세종대글로벌지식평생교육원
2018. 9. 13.	2018 찾아가는 전통문화 학교 '1000년 경기도 무형문화재' 용신 평생교육원

		「경기검무 강의/공연」, 경기도, 사경기무형문화재 총연합회, 경기문화재단
2018. 9. 16.		안산 별망선예술제 무용협회 초청 「경기검무」 공연, 안산시 예술의전당 야외무대
2018. 9. 18.		2018 찾아가는 전통문화 학교 '1000년 경기도 무형문화재' 고향마을 행복복지관 「경기검무 강의/공연」, 경기도, 사경기무형문화재 총연합회, 경기문화재단
2018. 10. 14.		2018 시끌북적 다문화 춤축제 원곡동 야외무대 만남의 광장 「경기검무, 태평무」, 경기도 안산 사안산무용협회, 별무리예술원, 안산시, 안산문화문화예술포럼, 다문화축제추진위원회
2018. 11. 11.		2018 경기도 무형문화재 대축제 1000년 경기도무형문화재 새로운 천년을 위하여 「경기검무」 공연, 안산문화예술의전당, 경기도, 사경기무형문화재총연합회, 경기도의회, 안산시, 안산시의회
2019. 3. 3.		2019 대한민국 전통춤 문화제 「경기검무」 공연, 국립국악원 예악당, 사한국전통춤협회
2019. 7. 20~21.		경기검무보존회 「경기검무 전수자 연수회」, 사경기검무보존회
2019. 9. 29.		'티움' 안산예술의 전당 달맞이극장 「경기검무, 한량무 공연」, 경기도 안산시 안산무용협회, 안산시, 안산시의회
2019. 10. 21.		춤, 전통무형문화재 공연 축제극장 몸짓 「경기검무, 한량무 공연」, 주최, 주관 춤, 전통예술원
2019. 11. 22.		제40회 서울무용제 초청 「경기검무 공연」 아르코예술극장 소극장 '인생춤판', 서울무용제
2019. 11. 26.		무형문화재 제53호 「경기검무」 3기 이수시험, 구리행정복지센터 1층 공연장
2019. 12. 7		'경기도 인간문화재 대축제', 부천시 오정아트홀 B1, 사경기무형문화재총연합회, 경기도의회
2020. 1. 18~19.		2020년 상반기 청소년 대상 「경기검무 연수회」, 사경기검무보존회
2020. 2. 12.		화무맥향 한국문화의 집 코우스 「경기검무 공연」, 양길순무용단
2020. 7. 11.		2020 제3회 서울국제페스티벌인탱크 문화비축기지 실시간 온라인 공연축제 시민참여 실시간 수업 촬영 「경기검무 공연」, ING즉흥그룹, 아이엔지콜라보그룹, 문화비축기지
2020. 9. 19.		제14회 과천 전국 경기소리 경창대회 경기소리 전수관 실시간 비대면 공연 「경기검무」 촬영, 사한국경기소리보존회, 경기소리전수관
2020. 10. 18.		2020 찾아가는 문화활동 천년의 몸짓 비대면 공연 「경기검무, 운정한량무, 즉흥시나위」 촬영 샛다리 어린이 공원, 경기도구리시, 경기검무보존회, 운정춤아카데미
2020. 10. 18.		2020 찾아가는 문화활동 천년의 몸짓 비대면 공연 「경기검무, 운정한량무, 즉흥시나위」 촬영 우리동 솔밭근린 공원, 서울특별시, 사한국무용협회, 운정춤아카데미, 사경기검무보존회
2020. 10. 25.		2020 '티움' 제34회 별망성예술제 안산무용축제 비대면 공연 촬영 「경기검무, 한량무」 공연, 안산올림픽기념관 공연장, 경기도, 안산시, 안산시무용협회, 안사시의회
2020. 10. 28.		우리민속한마당 비대면 공연 「즉흥시나위, 운정한량무, 경기검무」 촬영 국립민속박물관 야외, 국립민속박물관
2020. 11. 7.		김윤덕류가야금산조 공개행사 비대면 공연 「경기검무」 촬영 국가무형문화재 전수교육관 민속극장 '풍류', 사가야금산조보존연구회, 문화재청, 한국문화재단
2021. 1. 20.		2020년 경기도무형문화재 대축제 비대면 공연 「경기검무」 촬영, 경기소리전수관, 경기도, 경기도무형문화재총연합회, 경기도의회

5) 김근희金槿姬의 국외國外 경기검무京畿劍舞 전승활동傳承活動 실적내용實績內容 목록目錄

1984. 7. 4.	미국 샌프란시스코 아시아 민속박물관 초청 「무당춤, 경기검무」 공연, 미국 샌프란시스코 아시아 민속박물관
1984. 7. 6.	미국 샌프란시스코 가부키 극장 초청 「경기검무, 장고춤」 공연, 미국 샌프란시스코, 동아일보
1986. 4. 11.	'서울 올림픽의 진단' 초청 「살풀이, 경기검무」 안무 및 공연, 미국 신시내티 컨벤션센터
1986. 5. 14.	'한국 UN협회 세계평화의 해' 선포기념 초청 「승무, 경기검무」 공연, 한국UN협회, 세종문화회관
1987. 7. 10.	France Nice Festival 초청 「즉흥무, 경기검무」 공연, 프랑스
1987. 8. 6.	Confolens Festival 초청 「부채춤, 경기검무, 태평무 등」 공연, 프랑스, Confolens 무용협회
1989. 7. 6~9. 6.	이탈리아, 벨기에, 프랑스, 스페인, 포르투갈 세계 민속 페스티벌 초청 「태평무, 경기검무」 순회공연, 세계민속협회
1992. 9. 1.	카자흐공화국 국립조선극장 60주년 기념행사 초청 「승무, 태평무, 경기검무 등」 공연, 카자흐공화국 국립조선극장
1997. 9.	호주 퀸즈랜드주 '한국인의 밤' 초청 「경기검무 등」 안무 및 공연, 호주 퀸즈랜드 주
1997. 12. 13.	미 제7공군 사령관 초청 「경기검무, 승무 등」 공연, 미 제7공군사령부 극장
2006. 8. 18.	한일 친선 초청 「경기검무, 무당춤 등」 공연, 일본 나가노현
2012. 5. 24.	미국 LA '한국무용·국악의 어제와 오늘 Ⅳ' 초청 「태평무, 교방입춤, 경기검무」 공연, 미국 LA 우리춤보전회, 미주 한국국악협회, LA 한국문화원 아리홀
2013. 5. 22~23.	한국무용·국악의 어제와 오늘 Ⅶ. 초청 「경기검무」 공연, 미국 LA, 한국문화원, LA 한국문화원 아리홀
2014. 6. 18.	일본 한국문화원 초청 「경기검무, 교방입춤」 공연, 일본 도쿄 한국문화원
2015. 3. 30~4. 2.	LA 한국문화원 개원 35주년 기념 특별공연 초청 「즉흥시나위, 경기검무」 공연, 미주한국우리춤존회, 미국 LA 한국문화원
2017. 6. 18.	미주경기검무보존회지부 초청 「경기검무」 공연, 미국 LA한국무용협회, 미주경기검무보존회지부, LA Nate Holden Performing Arts Center
2018. 11. 10.	평화. 새로운 미래 함께 코리아 페스티벌미국 달라스한인회 캐롤튼 아시안 타운센터 「경기검무」 공연, 미국 달라스, 달라스한인회, 주댈러스출장소, 민주평화통일자문회의 달라스협의회
2018. 12. 16.	2-18 성탄축제 '라 나비데냐' 명인 명우전 '스페인 풍류' 태평무 마타데로 복합문화센터 주스페인한국문화원, 문화체육관광부, 전통공연예술진흥재단

三. 경기검무京畿劍舞의 전승내용傳承內容

1. 경기검무京畿劍舞의 예술혼藝術魂
2. 경기검무京畿劍舞의 춤사위 의미意味와 시공간적視空間的 개념槪念
3. 경기검무京畿劍舞의 무구舞具와 복장服裝
4. 경기검무京畿劍舞 독무獨舞/군무群舞 실연과정實演過程에서 118장단長短 춤사위별 목록目錄
5. 경기도京畿道 무형문화재無形文化財 제53호 경기검무京畿劍舞 전승현황傳承現況

三. 경기검무京畿劍舞의 전승내용傳承內容

1. 경기검무京畿劍舞의 예술혼藝術魂

1) 경기검무京畿劍舞의 무무武舞 특성特性

　　우리나라에는 국가國家에서 지정指定한 검무劍舞가 다수多數 있다. 경기검무京畿劍舞가 다른 검무劍舞와 다른 점은 안무자按舞者가 분명分明하다는 것이다. 각 지역地域의 검무劍舞가 그 지역地域의 문화적文化的 산물産物이라고 추정推定할 때 경기검무京畿劍舞는 우리 전통무용傳統舞踊의 중시조中始祖라 불리는 분의 작품作品이라는 점에서 특별特別하다. 궁중宮中의 교방청敎坊廳 출신出身 춤꾼들의 춤을 참고參考하셨겠지만 안무자按舞者의 생각이 덧붙여진 것은 사실事實이다. 그 생각이 예술미藝術美가 된다면 가치價値롭고 시대적時代的 문화주장文化主張이 있다면 문화발전文化發展의 중요重要한 주제主題를 제공提供하지 않겠는가? 특징特徵을 강조强調하고 다양多樣한 주장主張을 인정認定하는 문화예술계文化藝術界에서는 더욱 중요重要한 공부거리인 셈이다.

　　한성준이 경기검무京畿劍舞를 안무按舞하실 때는 조선朝鮮 후기後期 일제日帝 강점기强占期였다. 당시에 쓰신 안무노트나 당신의 자서전적自敍傳的 기록물記錄物은 남기지 않으셨다. 어떤 생각으로 경기검무京畿劍舞를 안무按舞하셨는지? 춤사위 하나하나에 무엇을 새기셨는지? 시대적時代的인 가치價値는 무엇을 들어 보이시려고 하셨는지? 춤사위 순서順序와 공간변화空間變化의 배치配置는 무용수舞踊手의 숨소리와 감성感性, 관객觀客의 흥, 멋, 맛, 그리고 시선각도視線角度에서 무엇을 어떻게 고려考慮하셨는지? 무엇을 주장主張하시고, 어떤 것을 배우라 하시는지? 무엇을 언제 어떻게 초월超越하라시는지? 후학後學들은 그저 유추類推할 뿐이고, 시대상황時代狀況과 간접적間接的인 관련關聯 기록記錄들을 고려考慮할 뿐이고 그 추정推定은 신뢰성信賴性과 객관성客觀性 그리고 타당성妥當性을 고려考慮한다면 백태

三. 경기검무京畿劍舞의 전승내용傳承內容

만상百態萬狀이다.

　이제 경기검무京畿劍舞는 국가國家에서 지정指定한 무형문화재無形文化財로 인정認定되었고, 무보舞譜를 기록記錄하는 의도意圖와 가치價値 또한 그 점에서 찾을 수 있겠다.

　인류人類에게 석기石器의 개발은 동굴 속의 삶에서 동굴 밖의 생활生活의 발판이 되었다. 이후 불의 이용利用은 사고思考의 급진적急進的 발전을 이루어 집단화集團化되면서 생태적生態的 지위地位는 높아져 최상위最上位 포식자捕食者가 되었다. 이후에 인류人類는 가족중심家族中心의 집단에서 동리로 집단을 고도화高度化시키며 더욱 가속화加速化시켜서 국가를 건설하였다. 군자君子와 소인小人으로 계급사회階級社會가 만들어졌으며 혈연중심血緣中心의 권력이동權力移動과 국가운영國家運營을 위하여 천명天命을 추상화抽象化하여 받들게 되었다. 그러나 자연의 선물로 철기문명鐵器文明을 개발하면서 동양東洋의 세계관世界觀은 일취월장日就月將하였다. 철기도구를 이용한 노동력勞動力의 효율화效率化로 인류人類는 여유餘裕가 생기고 산업의 발달로 사회는 변하여 군자君子와 소인小人의 구조가 부서지고 개인個人이 주체主體가 되는 세상을 열었다.

　동양東洋에서 철기시대의 산물인 검劍의 전성기全盛期[78]는 기원전紀元前 220~206년 때까지이다. 도검刀劍은 권력을 유지하는 전쟁戰爭의 도구道具이며 군자君子의 상징象徵이었다.[79] 검劍은 자르고, 베고, 찌르고, 꿰뚫는 기능機能을 하는데, 기본적基本的으로 찌르는 것을 주요主要 기능機能으로 하는 인류人類의 가장 오래된 병기兵器이다. 단병기單兵器인 검劍은 원칙적原則的으로 한 손으로만 사용한다. 양손에 한 자루씩 두 자루의 검劍을 사용하는 경우도 있는데, 이것을 무술세계武術世界에서는 쌍검이라 하며, 상대방을 벨 때 사용하는 장검長劍은 양손으로 사용하기도 하였다.

　경기검무京畿劍舞는 무무적武舞的 특성이 있다. 검무劍舞라는 명칭名稱에서부터 복장도 무복武服이다. 전립戰笠은 품등品等이 높은 무관武官이 구군복에 갖추어 착용着用하기도 하고, 군인軍人의 입자笠子임을 지칭指稱하는 것으로 널리 사용된 명칭이다.[80] 전대戰帶도 조선시대朝鮮時代 구군복 차림에서 전복戰服 위에 혹은 광대 위에 매던 띠로서 가슴에서 한

---

78) 최소한 기원전 5세기~기원전 3세기에 이르러서는 야금술이 발전함에 따라 철제 검이 제조되기 시작하였다.
79) 초나라가 있었던 지방에서는 역사에 그 이름을 남긴 오나라 왕 부차夫差나 월나라 왕 구천勾踐이라는 춘추 시대(기원전 8세기~기원전 5세기)까지 왕들의 이름을 새긴 정교한 검이 실제 출토되고 있다.
80) 한국민족문화대백과 http://encykorea.aks.ac.kr/

번 둘러매고 그 나머지는 앞으로 길게 늘어뜨렸다. 장교將校는 남색藍色 등의 무명띠, 군졸軍卒은 무명띠를 띠었다. 동가도動駕圖를 보면 홍색·녹색·남색의 것이 있는데, 유물로는 남색 사紗로 만든 것과 동달이 안감과 같은 천으로 만든 것이 있다.[81] 쾌자快子도 군복軍服의 하나로 왕 이하 서민, 하급군속·조례皁隷가 겉옷 위에 덧입는 옷이다. 쾌자의 형태는 대금에 둥근 옷깃이며 무가 있고 옆트임과 뒤트임이 있는 전복戰服과 비슷한 옷이나, 다른 점은 전복에 비해 어깨넓이가 좁은 점이다.[82]

문학적文學的 기록記錄에서도 당시當時에 검무시劍舞詩는 황창랑 검무시劍舞詩, 기녀 검무시劍舞詩 등이 있었다. 최근의 검무시劍舞詩 연구[83]에서 "무술에서 완전히 무용으로 그 속성이 변화한 이후에도 끊임없이 그 무술적 형상이 이어져 내려왔다. 그리하여 황창랑黃昌娘 검무시劍舞詩에서 신라시대부터 내려온 쌍검무雙劍舞의 무술적 원형을 간직한 무용임을 알 수 있다." 또한 "사대부에 의해 창작된 도검문학에서 도검은 인명살상용人命殺傷用 냉병기冷兵器로서의 국방용기물國防用器物인 호국검護國劍으로서 난신적자亂臣賊子를 베어 죽이는 의물義物인 의검義劍의 의상意想으로 본원적 성격을 지니고 있어 그 존재감存在感을 지니게 된다"라는 주장主張이 제기提起되었다.

경기검무京畿劍舞에서 무구舞具로 사용하는 검劍은 검목劍目이 90도 각도角度로 꺾였다. 검劍이 주는 차갑고 섬뜩한 느낌을 줄이려는 의도意圖이며, 예술미藝術美를 살리기 위한 시도이다. 이것은 바람을 가르는 칼날이 보이는 다채多彩로운 변화變化를 주려는 의도意圖와 검화劍花스러움을 보이고자 한 것이다. 그리고 꺾인 검목이 회전回轉하면서 드러내는 모양새는 화려함을 극대화極大化시키고, 그 소리는 감흥感興을 고조高潮시킨다. 또한 쌍검을 운용運用하도록 한 것은 위의 사항事項들을 배가倍加시키기 위한 의도성意圖性이 있다고 하겠다.

즉, 검목을 꺾어서 무구武具로 사용하는 것은 검劍이 가지는 전통적傳統的 무력성武力性을 역설적逆說的으로 평화공존성平和共存性을 부각浮刻시키고자 시도試圖한 것이다. 경기검무京畿劍舞는 무용을 방편方便으로 자연계自然界의 관계關係에서 평화공존사상平和共存思想을 추구追究하고 지향指向한다.

---

81) 한국민족문화대백과 http://encykorea.aks.ac.kr/
82) 한국민족문화대백과 http://encykorea.aks.ac.kr/
83) 조혁상, 전게서, 2011.

三. 경기검무京畿劍舞의 전승내용傳承內容

2) 경기검무京畿劍舞의 제무祭舞 특성特性

　　동양에서 전쟁의 유형이 검에서 활, 던지는 창, 골타骨朶나 도끼 같은 타격병기打擊兵器를 선호하면서 도검은 병기에서 상징물로 변모하였다.[84] 이후 관료들은 의장용으로 검을 몸에 지니고 다니는 풍습이 남게 되고, 고관이 군대를 이끌고 원정에 나설 때는 황제로부터 직접 황제의 대리인이라는 표시로 화려한 장식이 달린 상방검尙方劍[85]을 하사받는 일이 있었다.[86]

　　최근의 조선시대의 검무시劍舞詩 연구[87]에서 "사대부에 의해 창작된 도검문학에서 도검은 심신수양心身修養의 기물器物인 수양검修養劍, 오수惡獸와 요괴妖鬼를 물리치는 벽사辟邪의 신물神物인 신검神劍 등의 의상意想으로 드러나면서 특징적인 상징성을 지니게 된다"라는 주장이 제기되었다.

　　경기검무京畿劍舞는 검을 무구舞具로 사용하고, 검이 가지는 전통적인 무속신앙의 제무적 특성을 가지는 것을 거부하지 않지만 무구舞具를 황금색으로 도금하여 오행적 의미를 부과하였다. 동양철학의 음양론에서 황금색은 토土로서 계절이 바뀌는 시절을 특징지어서 일상에서 달력으로 사용하였다. 즉 12개월 중에 축丑월은 겨울에서 봄으로 계절이 바뀌는 달이며, 진辰월은 봄에서 여름으로 계절이 바뀌는 달이고, 미未월은 여름에서 가을로 계절이 바뀌는 달이며, 술戌월은 가을에서 겨울로 바뀌는 계절의 달을 12지지적地支的[88]으로 표현한 것이다. 즉 시곗바늘의 첨부를 날카롭게 형상화한 것도 시간의 변화를 날카롭게 표현하려는 의도처럼 검의 제무적 의미를 재해석하고 있다.

---

84) 『열자列子』에는 일찍이 은나라의 제왕이 천하를 다스리기 위하여 사용했다는 '함광含光', '승영承影', '소련宵練'이라는 세 자루의 명검에 관련된 이야기가 수록되어 있다.

85) 임금이 간악한 신하를 제거할 때 쓰는 날카로운 칼을 말함. 상방尙方은 원래 중국 한漢나라 때 천자天子가 쓰는 기물器物을 담당하였던 벼슬이나 기구를 가리키는 말임. 그 칼의 날카로움이 말을 벨 수 있을 정도라고 해서 참마검斬馬劍으로 불리기도 하며, 상방참마검尙方斬馬劍으로도 표기함. 吏曹參判申溉 上箚子曰… 今持平金彦辛之言 非私也 不過狂直而已 亦殿下 從諫弗咈之美德 有以致之也 昔張禹太傅也 恩寵絶代 而朱雲以一布衣 請賜尙方劍 斬佞臣頭 而至於折檻 伏願殿下 優容狂直 益廣言路 [성종실록 권제84, 13장 앞쪽, 성종 8년 9월 6일일경오, 한국고전용어사전, 2001.

86) 시노다 고이치, 신동기 역, 『무기와 방어구 중국편』, 2009.

87) 조혁상, 전게서, 2011.

88) 12개월을 나타내는 12지지地支는 子丑寅卯辰巳午未申酉戌亥이다.

3) 경기검무京畿劍舞의 공연무公演舞 특성特性

공연무公演舞의 현대적 해석解析의 말머리에 아름다움을 쓰지 않을 수 없다. 곧 공연公演은 목적目的이 아름다움이다. 아름다움을 전공專攻하는 안무자按舞者와 무용수舞踊手들이 아름다움을 주제主題로 관객觀客과 만남의 자리를 가지는 행사이다.

일반적으로 아름다움이라는 갈래에 "신의 경지를 추구하는 미의식"인 숭고미崇高美,[89] "모든 게 연결되어 있다는 인식 속에 합리적 사고를 구현하는 미의식"인 지성미知性美, "삶의 모순에 반기를 들고 그 모순을 타파하려는 미의식"인 비장미悲壯美, "관념의 억압을 거부하고 삶의 발랄함을 추구하는 미의식"인 골계미滑稽美,[90] "일상성을 긍정하며 조화롭고 균형을 잘 갖춘 대상을 선호하는 미의식"인 우아미優雅美 등이 있다.[91]

공연무公演舞는 예술미藝術美를 갖춤이 우선이다. 예술미藝術美란 "인간의 창조적創造的 활동에 의해 의도적意圖的으로 실현하려는 미美로서 인간이 예술 의욕에 의해 미적美的으로 가치 있는 것을 창조創造하려고 의도적意圖的으로 자연에서 주어진 재료材料를 가공加工 형성形成함으로써 성립成立되는 미美"이다.[92]

조선 후기의 검무시劍舞詩[93]에서 "검무는 양반들이 개최한 연회에서 깊은 감명과 감흥을 주었고 그 감흥은 검무시劍舞詩를 작성하게 되는 동기가 되었다. 검무시劍舞詩에서 공통적인 검의 움직임을 아름답다, 화려하다, 다채롭다, 자유롭게 공간을 가르는 검무의 아름다움을 형용하고 있다. 검무시劍舞詩는 검무의 실상에서 나온 산물이라고 할 수 있다." 또한 "적을 격파擊破할 수 있는 강력한 힘을 가진 도검은 좌절한 주인이 부질없이 무검撫劍하는 모습에서도 비통한 정조情調가 들어난다. 이 비장함은 도검문학의 비장미悲壯美를 간접적으로 노출시킨다." 또한 "황창랑黃昌娘 검무시劍舞詩에서 아버지의 원수를 갚기 위해 검무로 백제왕을 암살하는 기개와 도륙당한 아들을 잃은 모친의 통한痛恨도 아울러 그려져 있다. 즉, 도검문학 속의 비장미悲壯美가 미학적 면모를 조명하고 있다."

---

89) 인간이 도저히 말로 표현할 수 없는 어떤 대상에 대한 감정. 박정자, 「인터스텔라와 숭고의 미학」, 동아일보, 2015년 2월 5일.
90) 익살, 풍자를 통해 일어나는 아름다움.
91) 고미숙, 『고미숙의 몸과 인문학』, 북드라망, 2013, 84쪽.
92) 진중권, 「탈근대의 관점으로 다시 읽는 미학사」, 채널예스. 2013년 8월 22일.
93) 조혁상, 전게서, 2011.

또한 임수정[94]의 연구에 의하면, "조선 숙종 이후에 여기검무 형태가 나타나고, 정조 때에 궁중정재로 정착되면서 궁중검무가 참가하게 되었고, 예술성이 뛰어났기 때문에 문인들에 의하여 쓰인 검무시劍舞詩와 풍속도가 가능하였다. 여기검무는 칼의 모습과 반주음악, 무복, 춤사위 등이 각 지역의 특성을 반영하였고, 경기검무京畿劍舞의 칼사위 특징은 음양머리 윗사위에서 독특하였다". 또한 "전반부에서는 음성, 내향성, 정적인 요소 등을 표현하고, 후반부에서는 양성, 외향성, 동적인 요소를 표출하는 이중적인 요소가 표현되는 춤일 뿐 아니라 공간사용에 있어 대지 지향성과 위로 도약하는 역동성을 동시에 지니며 대형의 다양한 변화를 통해 공간을 적극적으로 활용하며 추어진다".

이와 같은 선행연구들의 예술미藝術美는 경기검무京畿劍舞의 공연무로서의 예술적 가치를 수용한다. 무용수舞踊手의 춤사위를 공간적으로 분석하여 도출한 무대 공간의 예술적 활용도 결과를 인용하여 경기검무京畿劍舞의 전승 가능한 예술미藝術美로 규정한다.

4) 경기검무京畿劍舞의 전통무傳統舞 특성特性

경기검무京畿劍舞의 무복武服은 오방색이다. 오방색五方色은 조선시대의 유가적儒家的 전통 색상이다. 오방정색이라고도 하며, 황黃, 청靑, 백白, 적赤, 흑黑의 5가지 색을 말한다. 음과 양의 기운이 생겨나 하늘과 땅이 되고 다시 음양의 두 기운이 목木·화火·토土·금金·수水의 오행을 생성하였다는 음양오행사상을 기초로 한다. 오행에는 오색이 따르고 방위가 따르는데, 중앙과 사방을 기본으로 삼아 황黃은 중앙, 청靑은 동, 백白은 서, 적赤은 남, 흑黑은 북을 뜻한다. 황黃은 오행 가운데 토土에 해당하며 우주의 중심이라 하여 가장 고귀한 색으로 취급되어 임금의 옷을 만들었다. 청靑은 오행 가운데 목木에 해당하며 만물이 생성하는 봄의 색, 귀신을 물리치고 복을 비는 색으로 쓰였다. 백白은 오행 가운데 금金에 해당하며 결백과 진실, 삶, 순결 등을 뜻하기 때문에 우리 민족은 예부터 흰옷을 즐겨 입었다. 적赤은 오행 가운데 화火에 해당하며 생성과 창조, 정열과 애정, 적극성을 뜻하여 가장 강한 벽사의 빛깔로 쓰였다. 흑黑은 오행 가운데 수水에 해당하며 인간의 지혜를 관장

---

94) 임수정, 전게서, 2007.

한다고 생각했다.[95]

음양오행학설陰陽五行學說은 동양고대東洋古代의 자연관自然觀이며, 소박한 유물론과 자연적으로 발생한 변증법사상을 지니고 있다. 음양은 사물을 인식하고 분석하는 데 사용한 사상방법이다. 음양이란 천지의 도이고 만물의 강기이며, 변화의 부모이고, 생살의 근본적인 시작이다. 곧 음양은 자연계 속의 사물이 변화하는 근본이며, 자연계의 모든 변화는 모두 음양으로 분석할 수 있다는 것을 말하는 것이다. 그리고 음양 자체는 고정된 어떤 구체적인 사물을 지적하는 것이 아니라 사물을 인식하고 분석하는 방법과 이론을 위한 수단이 되는 것이다. 간단히 설명하면 음양은 일종의 철학 개념이며, 자연계에서 서로 관련된 어떤 사물과 현상이 서로 대립하는 것에 대한 개괄이다. 그것은 서로 대립하는 두 개의 사물을 대표하기도 하고(음양의 대립), 같은 사물 내부에 존재하는 상호대립하는 두 방면을 대표하기도 한다(음양의 의존). 사물의 음양 속성은 절대적이지 않고 상대적이다(음양의 소장). 한편으로는 일정한 조건 아래에서 음양이 상호전화되는 것, 즉 음이 양으로 전화될 수 있고, 양이 음으로 전화될 수 있는 것을 나타내며(음양의 전화), 한편으로는 사물의 무궁한 가분성을 의미한다(음양의 연화). 따라서 음양은 대립적이고도 통일적이며, 서로 상반상성하면서 광범위하게 자연계의 다양한 사물과 현상에서 존재하는 것을 알 수 있다.[96]

오행이란 자연계에서 목, 화, 토, 금, 수의 5가지 물질을 가리킨다. '행'이란 유별과 운행이라는 뜻이다. 오행학설은 우주 사이의 모든 사물이 목, 화, 토, 금, 수의 5가지 물질로 귀속하고, 이로 인하여 복잡한 운동과 변화가 형성된다고 인식하는 오행학설로 된 것이다. 이것은 음양 학설과 함께 사물을 인식하고 사물을 분석하는 사상의 방법과 이론의 수단으로 되어 고대의 각종 학술논저에 일관되고 있다. 즉 사물의 속성에 대하여 오행에 귀속시켰다. '목'은 자라나고 뻗어나가는 것이 특징이고, '화'는 염열과 상향적 특징을 지니고 있으며, '토'는 만물을 화생시키는 특징을 지니고 있고, '금'은 쓸어 없애고 깨끗하게 되는 특징을 지니고 있으며, '수'는 한랭과 하향적인 특징을 지니고 있다. 또한 오행의 운동규율은 주로 생극승모와 모자상급으로 표현하고 있다. 오행의 상생은 서로 간의 자생과 조장의 뜻이 포함되어 있다. 상생의 순서는 목생화, 화생토, 토생금, 금생수, 수생목이다. 상생의 관계는 모두 '생아'와 '아생'의 두 면의 관계가 있다. 생아자는 모이고, 아생자

---

95) 두산백과 http://www.doopedia.co.kr
96) 程莘農, 陰陽脈診出版社 編輯部 翻譯, 『中國針灸學』, 陰陽脈診出版社, 2004.

는 자이다. 그래서 '모자관계'라고도 부른다. 오행상극이란 상호제약과 극제의 뜻이 포함되어 있다. 상극의 순서는 목극토, 토극수, 수극화, 화극금, 금극목이다. 상극관계에는 모두 '극아'와 '아극'의 두 면의 관계가 있다. 아극은 내가 이기는 것이고, 극아는 내가 이기지 못하는 것이다. 그래서 또한 '소승'과 '소불승'의 관계라고 한다. 상생과 상극은 사물의 분리될 수 없는 두 면인데, 즉 생이 없으면 사물이 발생하거나 발전할 수 없고, 극이 없으면 사물이 발전하고 변화하는 가운데 평형과 협조를 유지할 수 없다. 그러므로 생이 없어도 안 되고 제약이 없어도 안 된다. 생 중에는 반드시 제약이 있고, 제약 중에는 반드시 생이 깃들어 있어 상반상성하게 된다. 아울러서 생극의 상대적인 평형을 유지해야 비로소 사물의 정상적인 발생과 발전을 보증할 수 있다. 만약 오행에 태과 혹은 불급이 발생하면 오행의 상생상극에 이상현상이 나타날 수 있는데 이것을 상승, 상모와 모자상급이라 부른다.[97]

즉, 경기검무京畿劍舞는 유가적儒家的 동양의 전통사상을 전승傳承시키는 것에 동의同意한다. 하여 춤사위의 순서順序와 음양론陰陽論의 시간적時間的 순서성順序性을 결부結付시켜서 별명別名의 춤사위 명칭名稱을 주注[98]로 달고자 한다.

5) 경기검무京畿劍舞의 시간변화時間變化 특성特性

무용에서 시간時間이란? 앞에서 수행遂行한 자세姿勢와 다음에 수행遂行한 자세姿勢의 변화變化를 인식認識하는 과정過程에서 속도速度를 나타내는 약속約束된 개념槪念이다. 즉, 공간변화空間變化를 이해理解시키려는 추상적抽象的 개념槪念이다. 이는 음악音樂의 장단을 활용活用하는 이유理由이기도 하다. 그렇기 때문에 음율音律에 맞추어 춤을 춘다는 것은 잘못된 표현表現이다. 춤의 역동성逆動性을 위하여 소리의 강약强弱과 고저高低를 이용하는 보조물補助物이기 때문에 안무자按舞者의 안무按舞가 끝나면 작곡가作曲家를 초청招請하여 무용수舞踊手의 공간이동空間移動을 보여주고, 음악적音樂的 공감共感을 유도誘導해서 작곡作曲을 부탁付託하는 것이다.

---

97) 상게서.
98) 글이나 말의 어떤 부분에 대하여 그 뜻을 자세히 풀어주거나 보충 설명을 더하여주는 글이나 말.

경기검무京畿劍舞를 공연公演할 때 보조補助 장단으로 느린 허튼타령, 자진 허튼타령, 당악장단, 염불장단을 활용한다. 허튼타령打令은 민속음악이다. 고정 선율이 아니고 글자 그대로 허튼가락, 즉 비고정 선율이다. 주로 승무·검무·북춤舞鼓·한량무閑良舞 같은 민간무용, 「양주별산대놀이」·「봉산탈춤」과 경기도 무무巫舞에서 반주음악으로 쓰인다. 장단은 3분박 보통 빠른 4박자(8분의 12박자)로 허튼타령 장단이라 한다. 허튼타령은 빠르기에 따라 느린 허튼타령과 자진 허튼타령으로 구분되기도 한다. 느린 허튼타령 장단은 3분박 좀 느린 4박자(8분의 12박자)이며, 자진 허튼타령 장단은 3분박 좀 빠른 4박자이다. 허튼타령은 허튼가락으로 되어 있기 때문에 장절의 구분이 없고, 장章이나 마루도 가르지 않는다. 허튼가락이기 때문에 시나위의 경우와 같이 대목대목 다성적多聲的인 구조가 생기는 경우가 있다. 매우 흥겹고 씩씩한 느낌을 준다.[99]

당악唐樂은 경기 삼현육각 가운데 하나인 기악곡, 또는 이 곡을 반주하는 장단의 명칭이다. 삼현육각은 피리 2, 대금, 해금, 장구, 북 등으로 이루어진 악기 편성을 말하면서 동시에 삼현육각 편성으로 연주되는 악곡 전반을 지칭한다. 삼현육각은 전통 사회에서 관아의 연향이나 사가의 잔치에서 연주되었고, 지역에 따라 경기·해서·영남·호남 삼현육각 등으로 나뉘어 전승되었다. 당악은 서울과 경기를 중심으로 연주되었던 경기 삼현육각 가운데 가장 빠른 속도로 연주되는 곡이다.[100]

염불장단은 전통음악의 대풍류에서 연주하는 3소박 6박 장단이다. 대풍류는 대나무로 만든 관악기 위주로 편성하여 연주하는 음악을 말한다. 대풍류의 편성은 주로 두대의 피리(목피리)와 곁피리, 젓대(대금), 해금, 장구, 북으로 편성되며, 흔히 삼현육각三絃六角이라고 한다. 대풍류 음악은 민간에서 승무 같은 춤의 반주음악으로도 쓰이고, 굿판에서 무당춤의 반주음악이나 신에게 음식을 바칠 때 연주하는 거상악擧床樂으로도 쓰인다. 염불장단은 굿 음악에서 특히 중요하게 쓰인다. 염불장단은 명칭에서 알 수 있듯이 불교에서 유래한 것으로 보인다. 19세기 중반에 편찬된 악보인 『유예지』에 「육자염불」과 「염불타령」이 수록되어 있다. 이 중 '육자'는 '옴마니반메훔' 등의 여섯 자로 된 불교의 진언眞言을 의미하고, '타령'은 민간에서 전승되는 민요 등의 음악을 지칭한다. 결국 「육자염불」과 「염불타령」은 불교음악이 민간에 퍼지면서 만들어진 악곡이라 할 수 있다. 이를 통해 불교

---

99) 이보형, 「삼현육각소고三絃六角小考」 『문화재』 15, 월간문화재사, 1972.
100) 이보형, 무형문화재음악조사보고서 4-삼현육각, 문화공보부 문화재관리국, 1984.

三. 경기검무京畿劍舞의 전승내용傳承內容

음악과 민간 대풍류와의 상호연관성을 밝힐 수 있다.[101]

경기검무京畿劍舞에서 보조로 사용하는 장단은 허튼타령, 당악장단, 염불장단을 순차적順次的으로 섞어서 진행進行한다. 장단은 무용공연에서 시간성時間性의 특징特徵을 가지는데, 춤사위 수행遂行의 속도速度를 다양多樣하게 진행進行한다는 특징特徵이 있다. 또한 민속적民俗의 시간성時間性과 유가적儒家的 시간성時間性 그리고 불교적佛敎的 시간성時間性을 가지고 있음을 간과看過할 수 없기 때문에 규칙적規則的이고 불변不變의 시간성時間性보다는 변화무쌍變化無雙한 시간성時間性을 나타내는 특성特性이 있다. 이는 안무자按舞者 한성준이 명고수名鼓手로 명성名聲이 있으신 분이기에 춤사위 수행遂行 속도速度와 공간적空間的 이동시간移動時間의 다변성多辯性을 그 특징特徵으로 한다는 것을 고찰考察할 수 있다.

6) 경기검무京畿劍舞의 공간활용空間活用 특성特性

무용에서 춤사위는 신체身體의 공간적空間的 배치配置를 생각한 결과結果로서 자세姿勢이다. 그리고 변화變化를 나타내는 것으로 운동성運動性을 생각하고 그 결과물結果物은 기술技術이라고 한다. 무용수舞踊手는 공간이동空間移動을 실천實踐하고, 관객觀客은 공간空間의 변화變化를 감성感性으로 체험體驗한다.

경기검무京畿劍舞에서는 24가지 춤사위를 기본으로 한다. 맨손 춤사위 10가지와 칼 춤사위 14가지이다. 맞이 사위에서 기본섭수검자세基本攝受劍姿勢로 등단단계登壇段階를 진행進行한다. 이는 무용수舞踊手가 매개물媒介物이 되어 하늘의 생각인 검劍을 지상地上으로 가져와서 천지간天地間의 의사소통意思疏通을 시도試圖하는 의미意味를 부여附與하고 있다. 즉, 무대舞臺를 천지인天地人의 공간적空間的 연결고리로 활용活用하고 있다.

24가지 사위를 수행遂行하는 공간적空間的 이동과정移動過程은 제자리, 전진前進과 후퇴後退, 좌-우향 보법과 좌-우측 회전, 그리고 연풍대식燕風臺式의 이동移動 등은 지상地上에 호소呼訴하는 표현表現이고, 팔사위와 칼사위는 하늘에 호소呼訴하는 표현表現이다.

경기검무京畿劍舞에서 공간변화空間變化의 가장 큰 특성은 연풍대燕風臺이다. 연풍대燕風臺는 무용수舞踊手의 전신全身이 회전回轉하고 도약跳躍하면서 원圓을 그리는 공간이동空間

---

101) 서한범, 「긴염불과 반염불의 비교 연구」, 『한국전통음악학』 1, 한국전통음악학회, 2000.

移動(이동) 방법(방법)이다. 한국전통무용(韓國傳統舞踊)의 표현기법(表現技法) 중(中)에서 가장 역동적(力動的)이면서 변화무쌍(變化無雙)한 공간변화(空間變化)이다. 이는 인간이 발붙이고 서 있는 지구(地球)가 자전(自轉)하면서 태양(太陽)을 공전(公轉)하고 있는 인류(人類)의 우주적(宇宙的) 공간이동을 보이는 황경(黃經)의 좌표(座標)와도 같다. 하여 경기검무(京畿劍舞)에서는 맞이 사위에서 회전(回轉)하는 동작(動作)을 황경단계(黃經段階)라고 명명(命名)하였고, 황경(黃經)의 24단계(段階)를 24개 춤사위의 별칭(別稱)으로 연결(連結)시켰다. 이는 하늘의 공간적(空間的) 변화(變化)와 땅의 시간적(時間的) 변화(變化)의 소통(疏通)을 표상(表象)한다. 즉, 경기검무(京畿劍舞) 무용수(舞踊手)의 칼 춤사위에서 검(劍)의 방향(方向)과 보법(步法)의 방향(方向)은 천지조화(天地調和)를 완성(完成)시키기 위한 인간(人間)의 예술적(藝術的) 노력(努力)으로 숭고미(崇高美)를 추구(追求)한다.

7) 경기검무(京畿劍舞)의 독무(獨舞) 특성(特性)

다른 지역(地域)의 무형문화재(無形文化財)가 지정(指定)된 검무(劍舞)와 다르게 경기검무(京畿劍舞)는 독무(獨舞)와 군무(群舞)를 함께 지정(指定)받았다. 이는 개인(個人)의 검무적(劍舞的) 독립성(獨立性)을 인정(認定)받은 것이며, 개인(個人)의 자율성(自律性)과 자유성(自由性) 그리고 확장성(擴張性)을 보장(保障)받은 셈이다.

마음은 환상(幻想)을 만들어내는 능력을 가지고 있다. 마음의 짜임새를 깨닫지 않고서 영감을 추구하는 것은 바로 자기기만을 자초하는 짓이다. 영감이란 우리가 그것을 구하면 찾아들지 않고, 아무런 구함 없이 마음을 활짝 열어놓고 있으면 저절로 생겨나는 법이다. 어떠한 형태의 자극을 통하여 영감을 얻고자 하는 시도는 도리어 온갖 종류의 망상을 불러일으킬 뿐이다.[102]

군무에서 보여지는 집단성은 공동체제(共同體制)에 대한 협동성(協同性)에 대한 고찰(考察) 기회(機會)를 개인(個人)에게 주기도 하고, 집단적 군무에서 개인희생(個人犧牲)의 커다란 가치(價値)를 관객(觀客)과 함께 공감(共感)하는 체험(體驗) 기회(機會)를 제공(提供)하기도 한다. 이는 다른 지역(地域)의 군무적(群舞的) 검무(劍舞)도 그 가치(價値)는 공유(共有)한다.

그러나 무형문화재(無形文化財)는 예술가(藝術家)다. 우리의 체험(體驗)은 개성(個性)을 통(通)해

---

102) J. 크리슈나무르티, 캐서린 한 역, 『크리슈나무르티, 교육을 말하다』, 한국NVC센터, 2016, 185~204쪽.

三. 경기검무京畿劍舞의 전승내용傳承內容

서 간접적間接的으로 겪는다. 생각의 완전한 정지停止가 있을 때 사실事實은 드러난다. 자기가 없어질 때 마음이 지어내는 것을 그치고, 마음이 스스로의 추구追求에 더 이상 얽매이지 않을 때 비로소 생각은 정지停止한다. 그러므로 집단적인 예술활동藝術活動은 창조적創造的 활동活動에 어려움을 가져온다. 이에 독무獨舞를 무형문화재無形文化財로 신청申請하였고, 재가裁可받은 것이다.

도가道家에서는 분리된 것으로서 분명하게 인식하는 것을 '지知'라고 한다. 반면 해와 달을 상호 연관 속에서 인식하는 것을 '명明'이라고 하는데, 달과 해가 존재적으로 따로따로 분리된 두 개로 존재하는 것이 아니라 관계를 이루는 한 벌의 사건으로 보는 것이다. 해와 달을 동시에 포착하는 능력, 이것이 바로 '명明'이다. 이것이 바로 노자老子의 통찰洞察이다.[103] 이와 같은 근거에서 경기검무보존회京畿劍舞保存會에서는 이수자履修者, 전수자傳受者, 조교助敎를 두고, 무형문화재無形文化財와 동등同等한 명무제도明舞制度를 조직組織했다.

이와 같이 경기검무京畿劍舞는 개인個人의 자유성自由性을 존중尊重하고 배려配慮한다. 결론적結論的으로 경기검무京畿劍舞 미철학美哲學[104) 105)]의 시대적時代的 변화특성變化特性을 고려考慮하여 구태의연舊態依然하지 않고, 우리의 전통무용傳統舞踊 예술혼藝術魂을 바람직하게 진화進化시키려고 연구硏究하며 이를 전승보존傳承保存시키려고 노력努力한다.

2. 경기검무京畿劍舞의 춤사위 의미意味와 시공간적視空間的 개념概念

경기검무京畿劍舞의 기본基本 춤사위는 맨손 춤사위와 칼 춤사위로 구분區分된다. 맨손 춤사위는 10가지이고, 칼 춤사위는 14가지이다. 춤사위는 순수純粹한 한글로 2007년에 표기表記하였으며,[106] 춤사위별 개념槪念은 아래와 같다. 또한 2011년에 경기도京畿道 무형

---

103) 최진석, 『생각하는 힘, 노자 인문학』, 위즈덤하우스, 2015, 194쪽.
104) 미학美學은 철학의 하위 분야로서 '아름다움'을 대상으로 삼아 아름다움의 본질을 연구하는 학문이다. 완성도가 높은 아름다움이 무엇인가를 분별하는 일이 주된 관심사가 된다('본다는 것'에서 시작되는 미학, 교수신문, 2015년 6월 17일).
105) 예술철학과 비슷한 의미로 받아들여지고, 일상생활에서는 '아름다움'이나 '예술론' 등과 혼용되기도 한다(최진홍, 「스마트워치, 콜로세움 혈투가 벌어진다」, 이코노믹리뷰, 2015년 2월 20일).
106) 신혜정, 전게서, 2009.

문화재無形文化財 지정신청서指定申請書를 작성作成할 때 제1차 무보舞譜를 작성作成하였고, 금번今番 경기검무보존회京畿劍舞保存會에서 제2차 무보舞譜를 작성作成하면서 춤사위 진행순서進行順序는 우리 민족民族의 24절기시節氣時로 보강補強하며, 무대활용舞臺活用의 공간적空間的 활용活用과 의미意味는 24천문방天文方으로 보강補強하는 작업作業을 경기도京畿道 무형문화재無形文化財 김근희金槿姬의 감수監修로 진행進行하였다. 그리고 춤사위별 동작설명動作說明은 무보 편舞譜編에서 자세히 묘사描寫하였다.

1) 맨손 춤사위

(1) 맞이 사위

맞이 사위는 5단계段階 과정過程으로 구성構成되었다. 첫째 무대舞臺 밖에서 무용수舞踊手의 정신적精神的 준비단계準備段階, 둘째 무대舞臺에 인사人事하는 등단단계登壇段階, 셋째 관객觀客을 환영歡迎하는 봉영단계奉迎段階, 넷째 무대舞臺를 열어준 공간空間에 감사感謝하는 황경단계黃經段階, 다섯째 왕림枉臨하신 관객觀客에게 동감同感하시자고 여쭙는 인사단계人事段階 등이다.

맞이 사위는 탄생誕生의 의미意味를 가진다. 공간방향적空間方向的 개념概念은 동향東向의 간방艮方이며, 절기순서적節氣順序的 특성特性으로는 동풍해동東風解凍,[107] 칩충시진蟄虫始振,[108] 어섭부빙魚涉負氷[109]의 의미意味를 가진다.

(2) 다스림 사위

호흡呼吸을 가다듬어 준비準備하는 사위이다. 유가儒家의 극기복례克己復禮의 의미意味를 가진 춤사위이다. 여자女子는 오른손, 남자男子는 왼손으로 다른 손을 감싸안고 읍揖하는 자세姿勢이며, 우주宇宙 삼라만상森羅萬象의 기氣와 인간人間의 조화造化로움을 위하여 감성感性을 순화純化하고 우주宇宙의 포용력包容力에 진정眞正한 감사感謝의 마음을 표현表現하는

---

107) 동풍이 언 것을 푼다.
108) 동면하던 벌레가 움직이기 시작한다.
109) 물고기가 떠서 얼음을 등에 진다.

三. 경기검무京畿劍舞의 전승내용傳承內容

사위이다. 공간방향적空間方向的 개념概念은 동향東向의 인방寅方이며, 절기순서적節氣順序的 특성特性으로는 달제어獺祭魚,[110] 후안북候雁北,[111] 초목맹동草木萌動[112]의 의미意味를 가진다.

(3) 건드렁 사위

한쪽 팔을 수평水平으로 들어 겨드랑이를 움직이며 앞으로 또는 뒤로 디딤새 하면서 왼·오사위를 한다. 상대방相對方에게 나의 모든 것을 숨김없이 보여준다는 의미意味를 가진 춤사위이다. 공간방향적空間方向的 개념概念은 동향東向의 갑방甲方이며, 절기순서적節氣順序的 특성特性으로는 도시화挑始華,[113] 창경명鶬鶊鳴,[114] 응화구鷹化鳩[115]의 의미意味를 가진다.

(4) 홰 사위

양팔을 수평水平으로 들고, 오른쪽 또는 왼쪽으로 디딤새 하는 사위이다. 홰는 옷을 걸어놓는 긴 대나무 걸이다. 인류人類는 옷을 개인個人의 지위地位, 권위權威, 직책職責 등을 표현表現하는데, 홰에 옷을 걸어둠은 자기 색깔을 잠시 맡겨놓으므로 무용수舞踊手와 관객觀客 사이의 관념觀念과 편견偏見 등의 모든 욕구慾求를 내려놓고 편안便安함으로 감성적感性的 동감同感을 유도誘導하는 의미意味의 춤사위이다. 공간방향적空間方向的 개념概念은 동향東向의 묘방卯方이며, 절기순서적節氣順序的 특성特性으로는 현오지玄鳥至,[116] 뇌내발성雷乃發聲,[117] 시전始電[118]의 의미意味를 가진다.

(5) 겹머리 사위

두 팔을 양옆으로 들어 올려 머리 위에서 손바닥을 살짝 벌려서 마주 보게 하였다가 한 손은 귀 옆으로, 다른 손은 가슴과 겨드랑이를 감싸면서 내리는 사위이다. 꽃봉우리의 의미意味를 가진 춤사위이다. 공간방향적空間方向的 개념概念은 동향東向의 을방乙方이며, 절기순서적節氣順序的 특성特性으로는 동시화桐始華,[119] 전서화위여田鼠化爲鴽,[120] 홍시견虹始見[121]

---

110) 수달이 물고기로 제사를 지낸다.
111) 기러기가 북쪽에서 온다.
112) 초목에 싹이 튼다.
113) 복숭아꽃이 처음 핀다.
114) 꾀꼬리가 소리를 낸다.
115) 매는 보이지 않고 비둘기가 날아다닌다.
116) 남쪽에서 제비가 날아온다.
117) 천둥이 마침내 소리를 낸다.
118) 비로소 번개가 친다.
119) 오동梧桐꽃이 피기 시작한다.
120) 들쥐는 자취를 감추고 메추리가 다스린다.
121) 하늘에 비로소 무지개가 나타난다.

의 의미意味를 가진다.

(6) 맴채 사위

양팔을 수평水平으로 들고 제자리에서 잔걸음으로 오른쪽 또는 왼쪽으로 원호圓弧를 그리며 도는 사위이다. 동서남북東西南北을 두루두루 아우르는 의미意味를 가진 춤사위이다. 공간방향적空間方向的 개념槪念은 동향東向의 진방辰方이며, 절기순서적節氣順序的 특성特性으로는 평시생萍始生,[122] 명구불기우鳴鳩拂其羽,[123] 대승린우유戴勝降于桑[124]의 의미意味를 가진다.

(7) 너나들이 사위

상대방相對方 어깨를 얼싸안듯이 양팔을 앞으로 수평자세水平姿勢로 들고 양팔을 안팎으로 비틀어 돌려주는 동작動作을 반복反復하는 사위이다. 상생相生의 의미意味를 가진 춤사위이다. 공간방향적空間方向的 개념槪念은 남향南向의 손방巽方이며, 절기순서적節氣順序的 특성特性으로는 누괵명螻蟈鳴,[125] 구인출蚯蚓出,[126] 왕과생王瓜生[127]의 의미意味를 가진다.

(8) 반선 사위

뒤꿈치를 들고 무릎을 굽혀 반절半折 선 상태狀態로 두 팔을 겨드랑이가 열리게 머리 위로 들었다가 몸통을 살짝 틀면서 한 팔은 앞으로 내리고 다른 팔은 뒤로 내리면서 앉거나, 무릎으로 앉은 자세姿勢에서 반절半折 일어서는 사위이다. 여백餘白의 의미意味를 가진 춤사위이다. 공간방향적空間方向的 개념槪念은 남향南向의 사방巳方이며, 절기순서적節氣順序的 특성特性으로는 고채수苦菜秀,[128] 미초사靡草死,[129] 맥추지麥秋至[130]의 의미意味를 가진다.

(9) 앙가조촘 너울채 사위

앙가조촘 앉아서 팔을 앞으로 뻗어 겨드랑이를 너울너울 움직이는 사위이다. 기약期約의 의미意味를 가진 춤사위이다. 공간방향적空間方向的 개념槪念은 남향南向의 병방丙方이며,

---

122) 마름浮萍이 생기기 시작한다.
123) 소리내는 산비둘기가 그 날개를 떨친다.
124) 뻐꾸기가 뽕나무에 내려앉는다.
125) 청개구리가 소리를 낸다.
126) 지렁이가 땅에서 나온다.
127) 왕과(王瓜; 쥐참외)가 나온다.
128) 씀바귀가 이삭이 나온다.
129) 냉이靡草가 누렇게 죽는다.
130) 보리가 익는다.

三. 경기검무京畿劍舞의 전승내용傳承內容

절기순서적節氣順序的 특성特性으로는 당랑생螳螂生,[131] 격시명鵙始鳴,[132] 반설무성反舌無聲[133]의 의미意味를 가진다.

(10) 엎드려 너울채 사위

무릎을 바닥에 대고 배꼽과 허벅지가 닿게 엎드려 팔을 뻗어 겨드랑이를 너울너울 움직이는 사위이다. 자연自然의 순환循環, 물결의 의미意味를 가진 춤사위이다. 공간방향적空間方向的 개념概念은 남향南向의 오방午方이며, 절기순서적節氣順序的 특성特性으로는 녹각해鹿角解,[134] 조시명蜩始鳴,[135] 반하생半夏生[136]의 의미意味를 가진다.

2) 칼 춤사위

(11) 외늘름 사위

한팔만 옆으로 펴면서 손목으로 검劍을 한 바퀴 돌리는 사위이다. 의견意見의 의미意味를 가진 춤사위이다. 공간방향적空間方向的 개념概念은 남향南向의 정방丁方이며, 절기순서적節氣順序的 특성特性으로는 온풍지溫風至,[137] 실솔거벽蟋蟀居壁,[138] 응시지鷹始摯[139]의 의미意味를 가진다.

(12) 양늘름 사위

양팔을 옆으로 펴면서 양손의 검劍을 손목으로 1박에 1회전 돌리는 사위이다. 허심탄회虛心坦懷한 심도深度 있는 대화對話의 의미意味를 가진 춤사위이다. 공간방향적空間方向的 개념概念은 남향南向의 미방未方이며, 절기순서적節氣順序的 특성特性으로는 부초위충腐草爲蟲,[140] 토윤욕서土潤溽暑,[141] 대우시행大雨時行[142]의 의미意味를 가진다.

---

131) 버마재비(螳螂)가 생긴다.
132) 때까치(百舌鳥; 지빠귀)가 소리를 낸다.
133) 개똥지빠귀(反舌)가 소리를 내지 않는다.
134) 사슴의 뿔이 빠진다.
135) 매미가 소리내기 시작한다.
136) 끼무릇(半夏)이 난다.
137) 다스운 바람이 불어온다.
138) 귀뚜라미가 벽에 기어 다닌다.
139) 매가 비로소 사나워진다.
140) 섞은 풀에서 반딧불이 생긴다.
141) 흙이 습하고 더워진다.
142) 때로는 큰비가 내린다.

(13) 겹늘름 사위

양팔을 옆으로 펴면서 양손의 검劍을 손목으로 1박에 빠르게 2바퀴 돌리는 사위이다. 폭넓은 대화對話로 증폭增幅시키자는 의미意味를 가진 춤사위이다. 공간방향적空間方向的 개념概念은 서향西向의 곤방坤方이며, 절기순서적節氣順序的 특성特性으로는 량풍지凉風至,[143] 백로강白露降,[144] 한선명寒蟬鳴[145]의 의미意味를 가진다.

(14) 앙가조촘 사위

뒤꿈치가 들린 상태狀態로 앙가조촘 앉아서 몸을 움직이는 사위이다. 불가佛家의 하심下心 또는 유가儒家의 겸양지덕謙讓之德의 의미意味를 가진 춤사위이다. 공간방향적空間方向的 개념概念은 서향西向의 신방申方이며, 절기순서적節氣順序的 특성特性으로는 응내제오鷹乃祭鳥,[146] 천지시숙天地始肅,[147] 화내등禾乃登[148]의 의미意味를 가진다.

(15) 어우름 사위

상대相對와 어깨를 대는 듯하게 하며 한팔은 팔꿈치를 수평水平으로 들고, 다른 팔은 겨드랑이를 윗사선으로 들었다가 손목으로 검劍을 한 바퀴 돌리면서 내리고, 맴채사위로 한쪽으로 도는 사위이다. 평화平和의 의미意味를 가진 춤사위이다. 공간방향적空間方向的 개념概念은 서향西向의 경방庚方이며, 절기순서적節氣順序的 특성特性으로는 홍안래鴻雁來,[149] 현오귀玄鳥歸,[150] 군오양수群烏養羞[151]의 의미意味를 가진다.

(16) 고샅 사위

두 발을 같은 방향方向으로 딛고 서서 뒤꿈치를 들면서 한팔은 윗사선 높이로 들고 다른 팔은 어깨선 높이에서 두 검劍을 손목치기하는데 왼·오사위가 있다. 대화對話를 통한 소통疏通의 의미意味를 가진 춤사위이다. 공간방향적空間方向的 개념概念은 서향西向의 유방

---

143) 서늘한 바람이 불어온다.
144) 이슬이 진하게 내린다.
145) 쓰르라미가 소리낸다.
146) 매가 새로 제사지낸다.
147) 천지가 비로소 숙연해진다.
148) 논벼가 익는다.
149) 기러기떼가 온다.
150) 제비가 돌아간다.
151) 새들이 먹이를 저장한다.

三. 경기검무京畿劍舞의 전승내용傳承內容

酉方이며, 절기순서적節氣順序的 특성特性으로는 뇌시수성雷始收聲,[152] 칩충배호蟄蟲坏戶,[153] 수시학水始涸[154]의 의미意味를 가진다.

(17) 두루업굽힘채 사위

왼발로 마루를 짚고 오른발로 왼다리를 휘감아 돌면서 왼팔은 어깨선에 위치하고, 오른팔은 머리 위 왼쪽으로 크게 휘감으며 두루두루 보듯 왼발을 축軸으로 도는 사위이다. 불가佛家의 무상무념無想無念의 마음으로 주위를 있는 그대로 바라본다는 의미意味를 가진 춤사위이다. 공간방향적空間方向的 개념槪念은 서향西向의 신방辛方이며, 절기순서적節氣順序的 특성特性으로는 홍안래빈鴻雁來賓,[155] 작입대수위합雀入大水爲蛤,[156] 국유함화菊有咸華[157]의 의미意味를 가진다.

(18) 겨드랑이 추임새 사위

양팔의 겨드랑이에 검劍을 낀 후 두 팔꿈치를 움직여 왼·오사위를 한다. 흥취興趣의 의미意味를 가진 춤사위이다. 공간방향적空間方向的 개념槪念은 서향西向의 술방戌方이며, 절기순서적節氣順序的 특성特性으로는 표내제수豺乃祭獸,[158] 초목황락草木黃落,[159] 칩충함부蟄蟲咸府[160]의 의미意味를 가진다.

(19) 겹도르래 사위

왼쪽 사선斜線으로 오른발 무릎을 가볍고 경쾌輕快하게 들어 종종걸음으로 원호圓弧를 그리면서 나가는데, 오른손의 검劍은 수직垂直으로 높이 들고, 왼손의 검劍은 수평水平으로 들고 양늘름 사위를 한다. 멋美·소통疏通의 의미意味를 가진 춤사위이다. 공간방향적空間方向的 개념槪念은 북향北向의 건방乾方이며, 절기순서적節氣順序的 특성特性으로는 수시빙水始氷,[161] 지시동地始凍,[162] 치입대수위신雉入大水爲蜃[163]의 의미意味를 가진다.

---

152) 천둥이 비로소 소리를 거둔다.
153) 동면하려는 벌레들이 굴문을 좁힌다.
154) 물이 비로소 마른다.
155) 기러기는 초대받은 듯 모여든다.
156) 참새가 줄어들고 조개가 나돈다.
157) 국화가 노랗게 핀다.
158) 승냥이가 산짐승을 잡아서 제사지낸다.
159) 초목의 잎이 누렇게 되어 떨어진다.
160) 동면하는 벌레가 모두 땅으로 숨는다.
161) 물이 비로소 얼기 시작한다.
162) 땅이 처음으로 얼어붙기 시작한다.
163) 꿩이 드물어지고 큰물에서 조개가 잡힌다.

(20) 가새지르기 사위

양팔을 수평水平으로 벌렸다가 머리 위로 모으면서 두 검劍을 교차交叉시켜서 가위 형태形態를 만들어서 원호圓弧를 그리며 도는 동작動作이다. 동맹同盟의 의미意味를 가진 춤사위이다. 공간방향적空間方向的 개념槪念은 북향北向의 해방亥方이며, 절기순서적節氣順序的 특성特性으로는 홍장부견紅藏不見,[164] 천기상승지기하강天氣上昇地氣下降,[165] 폐한이성동閉寒而成冬[166]의 의미意味를 가진다.

(21) 해달 사위

오른발 무릎을 들면서 오른팔을 머리 위로 휘감고 검劍을 외늘름 사위를 하면서 한 걸음 딛고, 왼발 무릎을 들면서 왼팔을 수평水平으로 검劍은 외늘름 사위를 하면서 한 걸음 걷고, 두 무릎에 오금을 주면서 양늘름 사위를 하면서 전신全身을 회전回轉시키면서 걷는 사위이다. 천지합일天地合一의 의미意味를 가진 춤사위이다. 공간방향적空間方向的 개념槪念은 북향北向의 임방壬方이며, 절기순서적節氣順序的 특성特性으로는 갈단불명鶡鴠不鳴,[167] 호시교虎始交,[168] 여정출荔挺出[169]의 의미意味를 가진다.

(22) 외도리깨 사위

한쪽 검劍은 팔꿈치를 수평水平으로 들고, 다른 검劍은 전신全身을 회전回轉시키면서 팔을 펴 검劍을 머리 위로 펼쳐 외늘름하였다가 앉으면서 허리에 끼는데 걸음걸이는 원호圓弧를 그린다. 무용수舞踊手를 통通하여 하늘이 땅과 화합和合하고, 무용수舞踊手를 통通하여 땅이 하늘과 균형均衡 맞춤하는 것을 소통매개체疏通媒介體인 무용수舞踊手가 양변兩邊 모두에게 감사感謝한다는 의미意味를 가진 춤사위이다. 공간방향적空間方向的 개념槪念은 북향北向의 자방子方이며, 절기순서적節氣順序的 특성特性으로는 구인결蚯蚓結,[170] 미각해麋角解,[171] 수천동水泉凍[172]의 의미意味를 가진다.

---

164) 무지개가 숨어서 보이지 않는다.
165) 천기가 올라가고 지기는 내려간다.
166) 폐색되어 겨울이 된다.
167) 산박쥐가 소리내지 않는다.
168) 범이 비로소 교미한다.
169) 여정(天麻)이 돋아난다.
170) 지렁이가 땅속에 칩거한다.
171) 큰사슴(고라니)의 뿔이 빠진다.
172) 샘물이 언다.

(23) 겹도리깨 사위

양팔의 두 검劍을 동시同時에 머리 위로 들어 올렸다가 내려서 허리에 끼거나 머리 위에서 겹늘름하는 사위이다. 훨훨 도리道理를 배우고 습관화習慣化하여 완성完成함을 기원祈願하는 의미意味를 가진 춤사위이다. 공간방향적空間方向的 개념槪念은 북향北向의 계방癸方이며, 절기순서적節氣順序的 특성特性으로는 안북향雁北鄕,[173] 작시소鵲始巢,[174] 치구稚雛[175]의 의미意味를 가진다.

(24) 인사 사위

모든 춤사위를 마치고 숨을 고르며 두 검劍을 마루에 수직垂直으로 꽂듯이 대고 마무리하는 사위이다. 신성神聖한 매개체媒介體인 검劍에 대한 감사感謝의 의미意味를 가진 춤사위이다. 공간방향적空間方向的 개념槪念은 북향北向의 축방丑方이며, 절기순서적節氣順序的 특성特性으로는 계유鷄乳,[176] 정오려질征鳥厲疾,[177] 수택복견水澤腹堅[178]의 의미意味를 가진다.

3) 경기검무京畿劍舞 춤사위별 공간적空間的 별칭別稱과 순서적順序的 별칭別稱

경기검무京畿劍舞 춤사위별 개념槪念을 명칭名稱의 의미意味, 공간방향적空間方向的 개념槪念, 절기순서적節氣順序的 특성特性 등으로 고찰考察한 결과結果를 통通하여 별칭別稱을 규정規定하였다. 춤사위 명칭名稱과 천문방天文方 별칭別稱 및 절기시節氣時 별칭別稱 관계도關係圖는 아래와 같다.

---

173) 기러기가 북으로 간다.
174) 까치가 비로소 집을 짓는다.
175) 꿩이 운다.
176) 닭이 알을 낳는다.
177) 날아가는 새는 높고 빠르다.
178) 늪(웃)물이 단단하게 언다.

순서		춤사위명	천문방 天文方	방향 方向	절기시 節氣時	절기개념 節氣概念
맨손 춤사위	①	맞이 사위	간방艮方	동東	입춘立春	봄의 시작
	②	다스림 사위	인방寅方		우수雨水	봄비가 내리고 싹이 틈
	③	건드렁 사위	갑방甲方		경칩驚蟄	개구리가 겨울잠에서 깸
	④	홰 사위	묘방卯方		춘분春分	낮이 길어지기 시작
	⑤	겹머리 사위	을방乙方		청명淸明	봄 농사 준비
	⑥	맴채 사위	진방辰方		곡우穀雨	농삿비가 내림
	⑦	너나들이 사위	손방巽方	남南	입하立夏	여름의 시작
	⑧	반선 사위	사방巳方		소만小滿	본격적인 농사의 시작
	⑨	앙가조촘 너울채 사위	병방丙方		망종芒種	씨 뿌리기
	⑩	엎드려 너울채 사위	오방午方		하지夏至	낮이 연중 가장 긴 시기
칼 춤사위	⑪	외늘름 사위	정방丁方		소서小暑	여름 더위의 시작
	⑫	양늘름 사위	미방未方		대서大暑	더위가 가장 심한 시기
	⑬	겹늘름 사위	곤방坤方	서西	입추立秋	가을의 시작
	⑭	앙가조촘 사위	신방申方		처서處暑	더위 가고, 일교차가 커짐
	⑮	어우름 사위	경방庚方		백로白露	이슬이 내리는 시작
	⑯	고샅 사위	유방酉方		추분秋分	밤이 길어지는 시기
	⑰	두루업굽힘채 사위	신방辛方		한로寒露	찬이슬이 내리기 시작
	⑱	겨드랑이 추임새 사위	술방戌方		상강霜降	서리가 내리기 시작
	⑲	겹도르래 사위	건방乾方	북北	입동立冬	겨울의 시작
	⑳	가새지르기 사위	해방亥方		소설小雪	얼음이 얼기 시작
	㉑	해달 사위	임방壬方		대설大雪	겨울 큰눈이 옴
	㉒	외도리깨 사위	자방子方		동지冬至	밤이 연중 가장 긴 시기
	㉓	겹도리깨 사위	계방癸方		소한小寒	겨울 중 가장 추운 때
	㉔	인사 사위	축방丑方		대한大寒	겨울 큰 추위

3. 경기검무京畿劍舞의 무구舞具와 복장服裝

1) 무복舞服을 입은 전신全身 모습(보유자 의상)

경기검무의 무복은 지역검무에 비교하여 복장의 형식적 특징은 다른 점이 없으나 색상은 음양 오행론에 근거한 오방색五方色[179] [180] [181]으로 시공간을 나타내고, 천지인天地人 운행의 생극生剋의 보편성을 강조하였다. 붉은색 치마와 깃과 고름은 자주색, 끝동은 남색으로 된 노랑저고리를 입는다. 그런 다음 금색의 문양이 들어간 검정 쾌자를 입고 그 위에 금색 문양을 장식으로 한 붉은색 전대를 가슴에 둘러 뒤에서 리본으로 맨다. 머리는 쪽을 지고 금색 용비녀를 꽂고, 흑색 전립을 쓴다.

전신 사진

---

[179] 오방색은 한국 전통 색인 검정黑, 하양白, 빨강紅, 노랑黃, 파랑靑과 동의어이다. 오방은 동쪽, 서쪽, 남쪽, 북쪽, 중앙 5가지 방향을 의미하고, 각 방향의 의미와 상징을 색채 개념과 일치시켰다. 아기의 옷에 빨강과 파랑을 사용해야 복을 많이 받는다고 생각했다. 옷의 색채는 오행 사상과 동방의 위치로 파랑을 숭상했으며, 관리들의 복색이 주로 푸른색이었다. 한국의 전통 색명은 자연적 환경과 사상적 요인에 많이 기인한다. 한국 전통 색은 순한 색을 선호하고, 저채도와 고명도의 색을 가지고 있다. 음양오행설에 의한 오방 정색, 오방 간색, 잡색 3가지로 분류되는 색 체계가 한국 전통 색의 바탕이다. 오색은 각 방위에 해당하는 색을 정색正色이라 하고, 모두 양에 속한다. 오행 중 상충하는 각 방위의 중간에는 간색間色이 오고, 이 색은 모두 음에 속한다. 서방과 동방 사이에는 벽색碧色, 동방木과 중앙土 사이에는 녹색綠色, 남방火과 서방金 사이에는 홍색紅色, 남방火과 북방水 사이에는 보라紫色, 북방水과 남방土 사이에는 유황색騮黃色이 온다.

[180] 박현일, 『한국 색채문화의 사회미학적 연구』, 원광대학교 박사학위논문, 2004.

[181] 박현일 외, 『색채학 사전』, 국제, 2006; 박현일, 『족집게 컬러리스트』, 교우사, 2008.

2) 치마·저고리

붉은 겉치마와 연분홍 속치마에 흰색 속바지, 노랑저고리의 남색 반회장, 깃과 고름, 소매 끝동은 자주색이며 흰 동정을 달아 입는다.

겉치마   속치마   속바지   버선

3) 쾌자 快子

쾌자의 안감은 붉은색이며 겉감은 검은색이고, 앞쪽으로 금색 문양이 길게 새겨져 있다.

쾌자

三. 경기검무京畿劍舞의 전승내용傳承內容

4) 전대 纏帶

전대는 붉은색이며, 금색 문양이 새겨져 있다. 쾌자 위 가슴 부분에 전대를 하며, 뒤에서 리본으로 여민다.

전대

5) 전립 戰笠

전립은 흑색으로, 양 옆쪽으로 매미 모양의 장식이 있고 붉은 술을 달았다.

전립

6) 무구 舞具

경기검무의 무검舞劍 재질은 철제이며 금색으로 도올刀兀이 꺾이어 돌아간다. 전체 길이는 45cm, 칼 길이는 29cm로 칼 윗부분에는 붉은색, 청색 짧은 술이 달려 있고, 칼 손잡이는 붉은색이며, 손잡이 밑부분에 붉은색 술이 달려 있다.

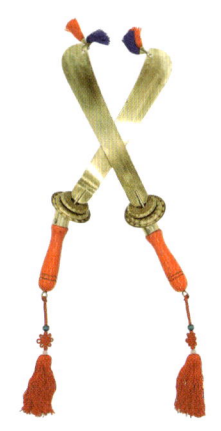
무구

7) 악기편성 樂器編成

경기검무의 반주음악은 검무의 반주음악으로는 흔히 쓰이지 않는 대풍류로 선율적 성부가 비슷한 대금, 해금, 피리의 선율특징을 살려 연주하는 대풍류이다. 반주음악은 총 7분 20초로서 허튼타령 30장단, 자진 허튼타령 70장단, 당악 16장단, 염불 1장단으로 구성되어 있으며 다른 지역의 검무에 비해 짧다. 또한 반주음악은 검무에서는 흔히 쓰이지 않는 대풍류로 진행되었다. 이는 무대 공연과정에서 승무, 살풀이와 차별화를 위한 조치였다.

4. 경기검무 京畿劍舞 독무 獨舞/군무 群舞 실연과정 實演過程에서 118장단 長短 춤사위별 목록 目錄

장단	사위	
무음 無音	맞이 사위	준비단계
		등단단계
		봉영단계
		황경단계
		인사단계
후렴장단	다스림 사위	
1장단 느린 허튼타령	다스림 사위	
2장단 느린 허튼타령	뒤느린 건드렁 사위	
3장단 느린 허튼타령	느린 건드렁 사위	
4장단 느린 허튼타령	잦은 건드렁 사위	
5장단 느린 허튼타령	앞느린 건드렁 사위	
6장단 느린 허튼타령	느린 건드렁 사위	
7장단 느린 허튼타령	잦은 건드렁 사위	
8장단 느린 허튼타령	홰 사위	
9장단 느린 허튼타령	오른 홰 사위	
10장단 느린 허튼타령	왼 홰 사위	
11장단 느린 허튼타령	홰 사위	
12장단 느린 허튼타령	뒤느린 겹머리 사위	
13장단 느린 허튼타령	느린 겹머리 사위	
14장단 느린 허튼타령	잦은 겹머리 사위	

三. 경기검무京畿劍舞의 전승내용傳承內容

15장단 느린 허튼타령	오 맴채 사위
16장단 느린 허튼타령	왼 맴채 사위
17장단 느린 허튼타령	뒤느린 겹머리 사위
18장단 느린 허튼타령	느린 겹머리 사위
19장단 느린 허튼타령	잦은 겹머리 사위
20장단 느린 허튼타령	너나들이 사위
21장단 느린 허튼타령	너나들이 사위
22장단 느린 허튼타령	반선 사위
23장단 느린 허튼타령	앙가조촘 너울채 사위
24장단 느린 허튼타령	반선 사위
25장단 느린 허튼타령	엎드려 너울채 사위
26장단 느린 허튼타령	외늘름 사위
27장단 느린 허튼타령	엎드려 너울채 사위
28장단 느린 허튼타령	외늘름 사위
29장단 느린 허튼타령	양늘름 사위 / 겹늘름 사위
30장단 느린 허튼타령	양늘름 사위 / 겹늘름 사위
31장단 느린 허튼타령	앙가조촘 사위 / 왼·오 사위
32장단 느린 허튼타령	앙가조촘 사위 / 왼·오 사위
33장단 느린 허튼타령	앙가조촘 사위 / 왼·오 사위
34장단 느린 허튼타령	앙가조촘 사위 / 왼·오 사위
35장단 느린 허튼타령	뒤 외늘름 사위
36장단 느린 허튼타령	외늘름 사위
37장단 느린 허튼타령	뒤 양늘름 사위
38장단 느린 허튼타령	뒤잦은 양늘름 사위
39장단 느린 허튼타령	앞 외늘름 사위
40장단 자진 허튼타령	외늘름 사위
41장단 자진 허튼타령	앞 양늘름 사위
42장단 자진 허튼타령	앞잦은 양늘름 사위
43장단 자진 허튼타령	오 어우름 사위
44장단 자진 허튼타령	오 어우름 사위
45장단 자진 허튼타령	왼 어우름 사위
46장단 자진 허튼타령	왼 어우름 사위
47장단 자진 허튼타령	옆 양늘름 사위
48장단 자진 허튼타령	오 고샅 사위
49장단 자진 허튼타령	왼 두루업굽힘채 사위
50장단 자진 허튼타령	뒤 양늘름 사위
51장단 자진 허튼타령	왼 고샅 사위
52장단 자진 허튼타령	오 두루업굽힘채 사위
53장단 자진 허튼타령	앞 양늘름 사위

54장단 자진 허튼타령	오 고살 사위
55장단 자진 허튼타령	왼 고살 사위
56장단 자진 허튼타령	겨드랑이 추임새 사위
57장단 자진 허튼타령	뒤느린 겨드랑이 추임새 사위
58장단 자진 허튼타령	뒤잦은 겨드랑이 추임새 사위
59장단 자진 허튼타령	왼 겹도르래 사위
60장단 자진 허튼타령	오 겹도르래 사위
61장단 자진 허튼타령	오 겹도르래 사위
62장단 자진 허튼타령	왼 겹도르래 사위
63장단 자진 허튼타령	오 겹도르래 사위
64장단 자진 허튼타령	왼 겹도르래 사위
65장단 자진 허튼타령	왼 겹도르래 사위
66장단 자진 허튼타령	오 겹도르래 사위
67장단 자진 허튼타령	제자리 양늘름 사위
68장단 자진 허튼타령	제자리 양늘름 사위
69장단 자진 허튼타령	오 가새지르기 사위
70장단 자진 허튼타령	오 가새지르기 사위
71장단 자진 허튼타령	오 가새지르기 사위
72장단 자진 허튼타령	왼 가새지르기 사위
73장단 자진 허튼타령	왼 가새지르기 사위
74장단 자진 허튼타령	왼 가새지르기 사위
75장단 자진 허튼타령	무대 좌측 방향으로 양늘름 사위
76장단 자진 허튼타령	무대 좌측 방향으로 양늘름 사위
77장단 자진 허튼타령	왼 해달 사위
78장단 자진 허튼타령	왼 해달 사위
79장단 자진 허튼타령	왼 해달 사위
80장단 자진 허튼타령	왼 해달 사위
81장단 자진 허튼타령	뒤사선 고살 사위
82장단 자진 허튼타령	뒤사선 고살 사위
83장단 자진 허튼타령	뒤사선 고살 사위
84장단 자진 허튼타령	뒤사선 고살 사위
85장단 자진 허튼타령	앞 왼사선 고살 사위
86장단 자진 허튼타령	앞 왼사선 고살 사위
87장단 자진 허튼타령	앞 왼사선 고살 사위
88장단 자진 허튼타령	앞 왼사선 고살 사위
89장단 자진 허튼타령	중 / 위 외늘음 사위
90장단 자진 허튼타령	중 / 위 외늘음 사위
91장단 자진 허튼타령	중 / 위 외늘음 사위
92장단 자진 허튼타령	중 / 위 외늘음 사위
93장단 자진 허튼타령	외도리깨 사위

三. 경기검무京畿劍舞의 전승내용傳承內容

94장단 자진 허튼타령	외도리깨 사위
95장단 자진 허튼타령	외도리깨 사위
96장단 자진 허튼타령	외도리깨 사위
97장단 자진 허튼타령	겹도리깨 사위
98장단 자진 허튼타령	겹도리깨 사위
99장단 자진 허튼타령	겹도리깨 사위
100장단 자진 허튼타령	겹도리깨 사위
101장단 당악 장단	겨드랑이 추임새 사위
102장단 당악 장단	겨드랑이 추임새 사위
103장단 당악 장단	오 뒤사선 겨드랑이 추임새 사위
104장단 당악 장단	오 뒤사선 겨드랑이 추임새 사위
105장단 당악 장단	왼 해달 사위
106장단 당악 장단	왼 해달 사위
107장단 당악 장단	왼 뒤사선 고살 사위
108장단 당악 장단	앞으로 고살 사위
109장단 당악 장단	앞으로 고살 사위
110장단 당악 장단	앞으로 고살 사위
111장단 당악 장단	오 고살 사위
112장단 당악 장단	왼 고살 사위
113장단 당악 장단	오 잦은 고살 사위
114장단 당악 장단	오 / 왼 고살 사위
115장단 당악 장단	앞잦은 고살 사위
116장단 당악 장단	앞잦은 고살 사위
117장단 염불 장단	인사 사위
118장단 염불 장단	인사 사위

5. 경기도京畿道 무형문화재無形文化財 제53호 경기검무京畿劍舞 전승현황傳承現況

1) 경기도무형문화재京畿道無形文化財 지정시기指定時期

경기검무京畿劍舞라는 명칭은 2002년 경기도 무형문화재 신청 때 신청인 김근희에 의하여 명명되었으며, 2011년 6월 17일 경기도무형문화재 제53호로 지정되었다.

2) 전승체계 傳承體系

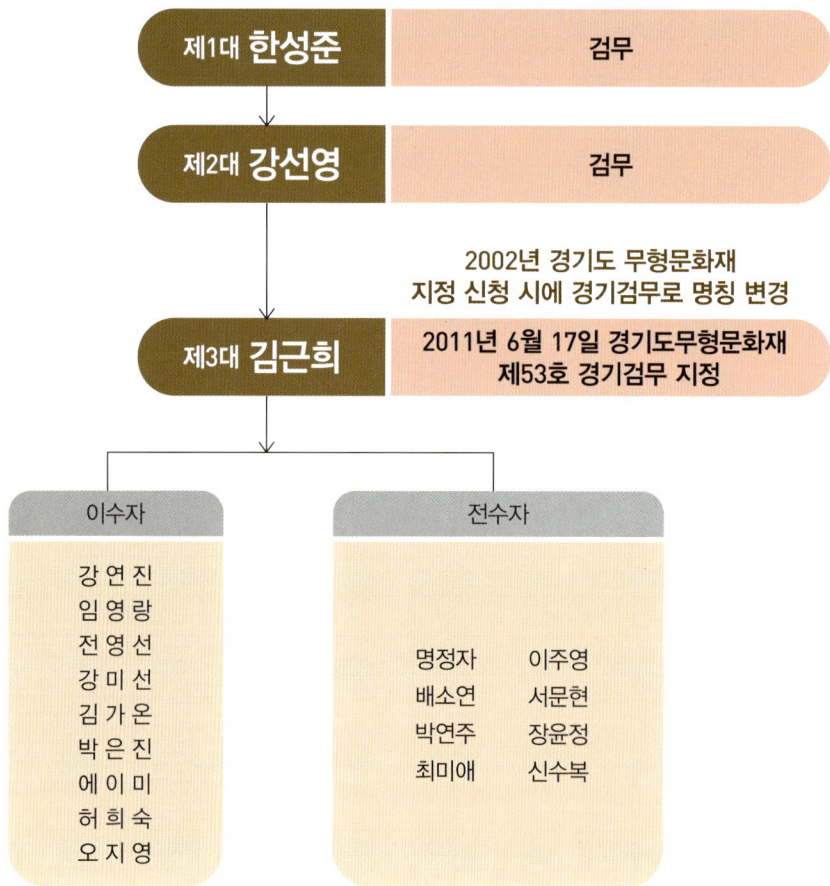

3) 교육과정 敎育課程

경기검무의 교육시간은 1일 2시간, 주 2일이며, 장소는 경기도 구리시에 본부를 두고 서울지부, 안산지부, 미국 LA지부가 위치해 있고, 전수교육 지도자는 현재 전수조교가 없기 때문에 보유자뿐이다.

교육내용은 4/4 분기별로 나누어져 있고, 4분기별로 이론과 실기를 병행하고 있다. 현재 경기검무 이수자가 9명이고, 전수자가 8명이다.

아래 표는 보존회가 실시하고 있는 교육과정을 경기도청 문화유산과에 보고한 내용이다.

三. 경기검무京畿劍舞의 전승내용傳承內容

종목 및 보유자	지정번호 (명 칭)	제 53 호 (명칭: 경기검무)	보유자명	김 근 희
전수 교육 분기별 세부실적	1~3월	일 시: 매주 토요일 10~16, 목요일 15~19. 전수교육지도자: 보유자-김근희, 보조자-김가온. 대 상 자: 명정자, 강연진, 임영선, 이순청, 정경숙, 허희숙, 　　　　　 전영선, 박은진, 이주영, 강미선, 김가온. • 교육내용 맨손 춤사위 집중 연습 다스름 사위, 홰 사위, 건드렁 사위, 겹머리 사위, 맴채 사위, 너울채 사위, 엎으려 너울채 사위, 앙가조촘 너울채 사위, 너나들이 사위, 반선 사위를 집중적으로 군무와 홀 춤으로 반복 연습		
	4~6월	• 교육내용 칼 춤사위 집중 연습 고살 사위, 두루업굽채 사위, 겨드랑이 추임새 사위, 겹도르래 사위, 가새지르기 사위, 해달 사위, 외도리깨 사위, 겹도리깨 사위, 인사 사위를 집중적으로 군무와 홀 춤으로 반복연습		
	7~9월	• 교육내용 경기검무 장구 장단(실습) 느린 허튼타령(1~31장단)- 덩 따 떠 덩 기덕 허튼타령(32~100장단)-덩 따 덩 따 잦은 허튼타령(101~116장단)-덩 따 덩 따 느린 허튼타령(117~118장단)-덩 따 떠 덩 기덕 전체 반복 장구 연습		
	10~12월	• 교육내용 군무-어우름 사위, 겹도르래 사위, 가새지르기 사위 부분, 집중연습 홀춤-해달 사위, 외도리깨 사위 부분 집중연습 전체연습, 반복		
이수 심사·평가 실적	시기	2014년 11월 28일 금요일		
	장소	구리 청소년수련관 중극장		
	대상	강연진, 임영선, 전영선, 강미선, 김가온		

위와 같이 **2014년도 전수교육 실적보고서**를 제출합니다.

2015년 2월 11일

경기도지사 귀하

※ 전수 교육 분기별 세부실적란에는 일시, 장소, 교육내용, 교육방법, 교육시간, 전수 교육 지도자(보유자 및 전수 교육 조교), 대상자 등의 실적을 적습니다.
※ 이수 심사·평가실적의 대상란에는 전수 교육 3년 이상 수료자 수 등을 적습니다. (* 이수증 발급 실적이 있는 경우에만 작성합니다)

경기도 무형문화재 전수교육 실적보고서

종목 및 보유자	지정번호 (명 칭)	제 53 호 (명칭: 경기검무)	보유자명	김근희
전수 교육 분기별 세부실적	1~3월	일 시: 매주 화요일 17:00~21:00 목요일 17:00~21:00 전수교육지도자: 보유자-김근희, 보조자-김가온 대상자: 명정자, 정경숙, 허희숙, 박은진, 이주영, 에미미. • 교육내용 - 경기검무 순우리말 춤사위 용어와 장구 장단 암기 - 춤사위의 특징을 살려 반복 연습과 무대 동선 활용법 집중 분석		
	4~6월	일 시: 매주 화요일 17:00~21:00 목요일 17:00~21:00 장 소: 경기도 구리시 수택천로 15번길 3층 전수교육지도자: 보유자-김근희, 보조자-김가온. 대상자: 명정자, 정경숙, 허희숙, 박은진, 이주영, 에미미. • 교육내용 - 경기검무의 춤사위 형태, 구조, 무복과 무구 집중 분석 - 난위도 높은 아우름 사위, 가새지르기 사위, 겹도르래 사위, 해달 사위를 중심으로 반복 연습(홀춤, 군무)		
	7~9월	일 시: 매주 화요일 17:00~21:00 목요일 17:00~21:00 장 소: 경기도 구리시 수택천로 15번길 3층 전수교육지도자: 보유자-김근희, 보조자-김가온. 대상자: 명정자, 정경숙, 허희숙, 박은진, 이주영, 에미미, 오지영, 서문현, 배소연, 장윤정 • 교육내용 - 등장 사위, 인사 사위 집중 연습 - 무음악에 등장하는 등장 사위는 제일 중요한 춤사위이므로 무한 반복 연습을 통해 호흡과 발디딤새 전수		
	10~12월	일 시: 매주 화요일 17:00~21:00 목요일 17:00~21:00 장 소: 경기도 구리시 수택천로 15번길 3층 전수교육지도자: 보유자-김근희, 보조자-김가온. 대상자: 명정자, 정경숙, 허희숙, 박은진, 이주영, 에미미, 오지영, 서문현, 배소연, 장윤정 • 교육내용 - 군무-4인, 6인, 8인 짝수의 무원이 2열 종대로 서서 전진, 후퇴, 상하대칭으로 이동하는 춤사위와 원을 이루거나 1열을 이루는 화합을 반복하여 연습(전투적 보다는 평화를 상징하는 의미를 부여하며 춤을 춘다.) - 군무, 홀춤 전체 연습 반복		
이수 심사·평가 실적	시기			
	장소			
	대상	명정자, 정경숙, 허희숙, 박은진, 이주영, 에미미, 오지영, 서문현, 배소연, 장윤정		

위와 같이 **2015년도 전수교육 실적보고서**를 제출합니다.

2016년 4월 18일

경기도지사 귀하

※ 전수 교육 분기별 세부실적란에는 일시, 장소, 교육내용, 교육방법, 교육시간, 전수 교육 지도자(보유자 및 전수 교육 조교), 대상자 등의 실적을 적습니다.
※ 이수 심사·평가실적의 대상란에는 전수 교육 3년 이상 수료자 수 등을 적습니다. (* 이수증 발급 실적이 있는 경우에만 작성합니다.)

■ 경기도 문화재 보호 조례 시행규칙 [별지 제35호서식]

三. 경기검무 京畿劍舞의 전승내용 傳承內容

■ 경기도 문화재 보호 조례 시행규칙 [별지 제35호서식]

경기도 무형문화재 전수교육 실적보고서

종목 및 보유자	지정번호 (명 칭)	제 53 호 (명칭: 경기검무)		보유자명	김 근 희	
전수 교육 분기별 세부실적	1~3월	일 시: 매주 월요일 17:00-21:00 수요일 17:00-21:00 전수교육지도자: 보유자-김근희, 보조자-김가온 대상자: 명정자, 정경숙, 허희숙, 박은진, 에이미, 오지영, 서문현, 배소연, 장윤정 • 교육내용 - 검무의 이론적 배경으로 역사를 배우고 공연관람, 동영상 분석을 통해 경기검무의 전승 개선방안을 연구 - 검무 장단 연수회 2주 동안 주3회 실시(장구 장단 시험) - 특유의 경기검무의 발디딤을 중심으로 호흡법과 인사사위를 집중적으로 전수				
	4~6월	일 시: 매주 월요일 17:00-21:00 수요일 17:00-21:00 장 소: 경기도 구리시 수택천로 15번길 3층 전수교육지도자: 보유자-김근희, 보조자-김가온 대상자: 명정자, 정경숙, 허희숙, 박은진, 에이미, 오지영, 서문현, 배소연, 장윤정 • 교육내용 - 맨손 춤사위 9개 동작과 칼 춤사위 10개 동작 전수 - 순우리말 춤사위 용어 암기 후 동작과 함께 시험 실시 - 구도형식(유형, 대형), 전체구도, 무구, 음악에 따른 특징 동작 전수 - 홀춤, 군무 순서 완벽 전수				
	7~9월	일 시: 매주 월요일 17:00-21:00 수요일 17:00-21:00 장 소: 경기도 구리시 수택천로 15번길 3층 전수교육지도자: 보유자-김근희, 보조자-김가온 대상자: 명정자, 정경숙, 허희숙, 박은진, 에이미, 오지영, 서문현, 배소연, 장윤정 • 교육내용 - 맨손 춤사위의 움직임 호흡과 칼 사위 집중연습(고샅사위, 외늘름사위, 양늘름사위) - 연풍대 2가지 동작 집중 연습				
	10~12월	일 시: 매주 월요일 17:00-21:00 수요일 17:00-21:00 장 소: 경기도 구리시 수택천로 15번길 3층 전수교육지도자: 보유자-김근희, 보조자-김가온 대상자: 명정자, 정경숙, 허희숙, 박은진, 에이미, 오지영, 서문현, 배소연, 장윤정 • 교육내용 - 실전 공연 무대에 따라 변화하는 등장사위를 분석하고 반복 연습 - 홀춤, 군무 무한 반복 연습 - 장구 장단을 집적 반주하여 경기검무 반복 연습				
이수 심사·평가 실적	시기					
	장소					
	대상					

위와 같이 **2016년도 실적보고서**를 제출합니다.

2017년 1월 17일

경기도지사 귀하

※ 전수 교육 분기별 세부실적란에는 일시, 장소, 교육내용, 교육방법, 교육시간, 전수 교육 지도자(보유자 및 전수 교육 조교), 대상자 등의 실적을 적습니다.
※ 이수 심사·평가실적의 대상란에는 전수 교육 3년 이상 수료자 수 등을 적습니다.

210mm×297mm [일반용지 60g/㎡(재활용품)]

■ 경기도 문화재 보호 조례 시행규칙 [별지 제34호서식]

경기도 무형문화재 전수교육 실적보고서

종목 및 보유자	지정번호 (명 칭)	제 53 호 (명칭: 경기검무)	보유자명	김 근 희
전수 교육 분기별 세부실적	1~3월	일 시: 매주 월요일 17:00-21:00 수요일 17:00-21:00 전수교육지도자: 보유자-김근희, 보조자-김가온 대상자: 명정자, 정경숙, 허희숙, 박은진, 에이미, 오지영, 서문현, 배소연, 장윤정, 신수복, 최미애 • 교육내용 - 경기검무의 역사적 측면과 전통춤이 내재되어 있는 한, 흥, 멋을 잘 표현하기 위한 방법 전수 - 경기검무의 춤사위 자세별 특징과 종합 분석 - 홀춤, 군무 무한 반복 연습		
	4~6월	일 시: 매주 월요일 17:00-21:00 수요일 17:00-21:00 전수교육지도자: 보유자-김근희, 보조자-김가온 대상자: 명정자, 정경숙, 허희숙, 박은진, 에이미, 오지영, 서문현, 배소연, 장윤정, 신수복, 최미애 • 교육내용 - 경기검무의 무예정신에 강한 정신력 수련 - 경기검무 무보를 통하여 장단, 박자, 정간보, 진행방향, 무복, 무구암기 - 맨손 춤사위 9개 동작과 칼 춤사위 10개 동작 중 실기시험 실시 - 홀춤, 군무 무한 반복 연습		
	7~9월	일 시: 매주 월요일 17:00-21:00 수요일 17:00-21:00 전수교육지도자: 보유자-김근희, 보조자-김가온 대상자: 명정자, 정경숙, 허희숙, 박은진, 에이미, 오지영, 서문현, 배소연, 장윤정, 신수복, 최미애 • 교육내용 - 각 춤사위의 내재되어 있는 신명과 흥을 담아 춤추는 방법 전수 - 맨손춤사위의 곡선미와 칼춤사위 절제미를 강조한 춤사위 연습 - 홀춤, 군무 무한 반복 연습 - 경기검무 장구장단 시험 실시		
	10~12월	일 시: 매주 월요일 17:00-21:00 수요일 17:00-21:00 장 소: 경기도 구리시 수택천로 15번길 3층 전수교육지도자: 보유자-김근희, 보조자-김가온 대상자: 명정자, 정경숙, 허희숙, 박은진, 에이미, 오지영, 서문현, 배소연, 장윤정, 신수복, 최미애, 박연주 • 교육내용 - 맨손춤사위인 앙가조촘사위, 건드렁사위, 고빛사위 집중 연습 - 칼춤사위인 겹도르래사위, 외도리깨사위, 겹도리깨사위 집중 연습 - 버선코를 보이는 발디딤새가 중요하므로 다스름 장단에 맞춰 발사위 집중 연습 - 상대방과 전진, 후퇴, 상하대칭으로 이동하거나 원과 1열을 이루는 화합하는 동작 연습 - 홀춤, 군무 무한 반복 연습		
이수 심사·평가 실적	시기	2017년 12월 19일 화요일 오전 10시		
	장소	구리시 행정복지센터 공연장 1층		
	대상	박은진, 에이미(김애미)		

위와 같이 **2017년도 전수교육 실적보고서**를 제출합니다.

2018년 2월 6일

경기도지사 귀하

※ 전수 교육 분기별 세부실적란에는 일시, 장소, 교육내용, 교육방법, 교육시간, 전수 교육 지도자(보유자 및 전수 교육 조교), 대상자 등의 실적을 적습니다.
※ 이수 심사·평가실적의 대상란에는 전수 교육 3년 이상 수료자 수 등을 적습니다.

210mm×297mm [일반용지 60g/㎡(재활용품)]

三. 경기검무京畿劍舞의 전승내용 傳承內容

■ 경기도 문화재 보호 조례 시행규칙 [별지 제35호서식]

경기도 무형문화재 전수교육 계획서

종목 및 보유자	지정번호 (명 칭)	제 53 호 (명칭: 경기검무)	보유자명	김 근 희 (인)
전수 교육 분기별 세부실적	1~3월	일 시: 매주 월요일 17:00~21:00 수요일 17:00~21:00 전수교육지도자: 보유자-김근희, 보조자-김가온 대상자: 명정자, 정경숙, 허희숙, 이주영, 오지영, 서문현, 배소연, 장윤정, 신수복, 최미애, 박연주 • 교육내용 - 경기검무의 역사와 각 지역 검무의 종류를 알아보고 비교해 본 다. - 손사위, 발사위 특유의 특징을 알고 호흡을 배운다.		
	4~6월	일 시: 매주 월요일 17:00~21:00 수요일 17:00~21:00 장 소: 경기도 구리시 수택천로 15번길 3층 전수교육지도자: 보유자-김근희, 보조자-김가온 대상자: 명정자, 정경숙, 허희숙, 이주영, 오지영, 서문현, 배소연, 장윤정, 신수복, 최미애, 박연주 • 교육내용 - 칼사위를 중심으로 뿌리고, 채고, 돌리고, 감는 방법을 터득한다. - 고샅 사위, 두루업굽채 사위, 겨드랑이 추임새 사위, 겹도르래 사위, 가새지르기 사위, 해달 사위, 외도리깨 사위, 겹도리깨 사위, 인사 사위를 집중적 연습		
	7~9월	일 시: 매주 월요일 17:00~21:00 수요일 17:00~21:00 장 소: 경기도 구리시 수택천로 15번길 3층 전수교육지도자: 보유자-김근희, 보조자-김가온 대상자: 명정자, 정경숙, 허희숙, 이주영, 오지영, 서문현, 배소연, 장윤정, 신수복, 최미애, 박연주 • 교육내용 경기검무 장구 장단(실습) - 느린 허튼타령(1~31장단) - 덩 따 떠 덩 기덕 - 허튼타령(32~100장단) - 덩 따 덩 따 - 잦은 허튼타령(101~116장단) - 덩 따 덩 따 - 느린 허튼타령(117~118장단) - 덩 따 떠 덩 기덕 전체 반복 장구 연습/ 시험 실시		
	10~12월	일 시: 매주 월요일 17:00~21:00 수요일 17:00~21:00 장 소: 경기도 구리시 수택천로 15번길 3층 전수교육지도자: 보유자-김근희, 보조자-김가온 대상자: 명정자, 정경숙, 허희숙, 이주영, 오지영, 서문현, 배소연, 장윤정, 신수복, 최미애, 박연주 • 교육내용 - 군무 4인, 6인, 8인 짝수의 무원이 2열종대로 서서 전투적보다는 평화를 상징하는 의미를 부여하며 춤을 추며 연습 - 군무, 홀춤 전체연습, 반복		
이수 심사·평가 실적	시기			
	장소			
	대상			

위와 같이 **2018년도 전수교육 계획서**를 제출합니다.

2018년 2월 6일

경기도지사 귀하

※ 전수 교육 분기별 세부실적란에는 일시, 장소, 교육내용, 교육방법, 교육시간, 전수 교육 지도자(보유자 및 전수 교육 조교), 대상자 등의 실적을 적습니다.
※ 이수 심사·평가실적의 대상란에는 전수 교육 3년 이상 수료자 수 등을 적습니다.

210mm×297mm [일반용지 60g/㎡(재활용품)]

4) 경기검무 京畿劍舞 실기연마 實技練磨 교육과정 敎育課程

		경기검무보존회의 실기연마 교육과정
경기검무 전수 교육 분기별 전수 실기 연마교육 내용	1~3월	일 시: 매주 화요일 16:00~20:00, 목요일 15:00~19:00 전수교육지도자: 보유자-김근희 • 교육내용 경기검무 이론: 경기검무의 전승배경, 춤사위 용어, 반주음악, 복식과 무구 맨손 춤사위 집중 연습: 다스림 사위, 홰 사위, 건드렁 사위, 맴채 사위, 겹머리 사위, 너울채 사위, 엎드려 너울채 사위, 앙가조촘 너울채 사위, 너나들이 사위, 반선 사위, 앙가조촘 사위를 집중적으로 군무와 홀 춤으로 반복 연습
	4~6월	• 교육내용 칼 춤사위 집중 연습: 외늘름 사위, 겹늘름 사위, 양늘름 사위, 어우름 사위, 두루업굽힘채 사위, 고샅 사위, 겨드랑 추임새 사위, 가새지르기 사위, 겹도르래 사위, 외도리깨 사위, 해달 사위, 겹도리깨 사위, 인사 사위를 집중적으로 군무와 홀 춤으로 반복 연습
	7~9월	• 교육내용 경기검무 장구 장단(실습) 느린 허튼타령(1~31장단)-덩 따 떠 덩 기덕 허튼타령(32~100장단)-덩 따 덩 따 잦은 허튼타령(101~116장단)-덩 따 덩 따 느린 허튼타령(117~118장단)-덩 따 떠 덩 기덕 전체 반복 장구 연습
	10~12월	• 교육내용 군무-어우름 사위, 겹도르래 사위, 가새지르기 사위, 부분 집중 연습 홀춤-해달 사위, 외도리깨 사위 부분 집중 연습, 전체 연습, 반복

5) 전승방법 傳承方法

첫째, 국내에서 전수자, 이수자, 전수조교 교육을 현행대로 실행

둘째, 국내에서 경기검무의 일반화를 위하여 초·중·고등교육기관과 협약하여 초청 연수교육과 초청·정기공연 실행

셋째, 해외에서 무형문화재와 전수조교가 출장하여 전수자, 이수자 교육하고 전수조교 교육은 국내에서 실행

경기검무 京畿劍舞
무보 舞譜

三. 경기검무京畿劍舞 전승내용傳承內容

6) 경기검무京畿劍舞 무보舞譜

| 무음 | 맞이 사위 [182] |

```
1. 준비단계準備段階
```

- 장단: 무음악
- 단계: 준비단계

[동작 설명]

1. 경기검무京畿劍舞를 수행遂行하려는 무용수舞踊手에게는 정신적精神的 준비자세準備姿勢가 요구要求된다.

① 그 영역領域은 세 가지로, 먼저 진지眞摯[183]하게 춤을 대對하고,

② 하공단계下工段階의 전수자傳受者, 중공단계中工段階의 이수자履修者, 상공단계上工段階의 전수조교傳授助敎, 국무단계國舞段階의 무형문화재無形文化財 또는 명무明舞[184]의 단계과정段階過程을 극복克復할 수 있는 인내심忍耐心으로 반복反復 노력努力하며,

③ 춤으로 관객觀客을 공감共感시키고, 동감同感시키려는 흥미興味를 실현實現시킬 수 있는 열정熱情을 갖추어야 한다.

④ 고로 경기검무보존회京畿劍舞保存會에서 실행實行되는 교육과정敎育課程은 경기검무京畿劍舞를 진지眞摯하고 열정적熱情的으로 대하는 명무明舞가 되고자 하는 준비準備된

---

182) 맞이 사위는 준비단계準備段階, 등단단계登壇段階, 봉영단계奉迎段階, 황경단계黃經段階, 인사단계人事段階 등 5단계段階로 구성構成되어 있다. 경기검무보존회京畿劍舞保存會는 1단계段階인 준비단계準備段階는 "무용수舞踊手가 공연 전公演前에 경기검무京畿劍舞에 대한 정신적精神的 준비사항準備事項을 배운 대로 되새겨보는 단계段階"라고 정의定意한다. 또한 사위는 민속무용民俗舞踊에서 춤의 기본基本이 되는 낱낱의 일정한 동작動作이며, 가장 작은 단위單位를 나타내는 용어用語이다.

183) 참되고 착실하다. 정의情意가 극진極盡하여 변하지 않는다.

184) 경기검무보존회京畿劍舞保存會가 정의定意한 용어用語이다. 공工은 아름답게 춤을 추는 장인匠人을 일컬음. 춤의 공교工巧한 정도程度는 관객의 공감도共感度가 하공下工은 30%, 중공中工은 70%, 상공上工은 100% 성공률成功率을 말한다. 명무明舞는 장인匠人과 차원次元을 달리한다. 춤을 있는 그대로 볼 수 있고, 창조적創造的이며 즉흥적卽興的인 춤을 스스로 출 수 있고, 공감共感보다는 동감同感할 수 있는 정서적情緒的 태도態度를 갖춘 춤의 현인賢人으로 규정規定한다.

무용수舞踊手를 선발選拔하여 전수자傳受者, 이수자履修者, 전수조교傳授助敎, 무형문화재無形文化財로 육성育成시키며 스스로 명무明舞가 되도록 지원支援한다.

2. 전수자傳受者 교육敎育을 수료修了한 단계段階에서는 중력重力에 저항抵抗하면서 몸통體幹을 세우고, 반항反抗하면서 중핵력대中核力帶[185]에 합력合力을 모으는 능력能力을 구축構築한다.

① 춤의 안정화安定化를 위한 능력能力으로, 무용수舞踊手의 발바닥 기저면基底面을 넓히는 기술技術을 습득習得해야 한다.

② 지골趾骨과 중족골中足骨의 굴곡력屈曲力[186]과 족궁足弓의 굴곡력屈曲力[187]이 중요重要한 기능技能이다.

③ 두 가지 굴곡력屈曲力은 무용수舞踊手 수행력遂行力의 안정화安定化에 가장 공헌貢獻이 큰 요인要因도 되고, 더불어 그 힘은 무릎膝과 고관절股關節을 지나 중핵력대中核力帶에 도착到着하여 중핵력대中核力帶 근육筋肉[188]들의 합력合力을 구축構築하는 것도 돕는다.

④ 중핵력대中核力帶의 힘을 유지維持하는 방법方法으로 고관절股關節, 슬관절膝關節, 족관절足關節을 계속 신전伸展시켜야 힘을 중핵력대中核力帶로 모을 수 있다.

⑤ 경기검무京畿劍舞는 중핵력대中核力帶 구축기술構築技術을 습득習得하고 발현능력發現能力이 갖추어져야 배우고, 공연公演할 수 있다.

---

185) 경기검무보존회京畿劍舞保存會에서 만든 power zone에 대한 용어用語이다. 중핵력대中核力帶: 중앙핵심근력지대中央核心筋力地帶의 줄임말이다. 고관절을 중심中心으로 둔부, 대퇴부, 배부, 복부, 복사부 등으로 구성된 몸의 근력 핵심지대核心地帶를 말한다. 인체 근육량筋肉量의 75%가 중핵력대中核力帶에 집중되어 있다. 무용동작을 위한 힘을 지원支援하고 동선動線의 출발점인 힘 발생지대發生地帶이며, 힘 저장고貯藏鼓이다.

186) 발바닥足底 굴곡력屈曲力을 높이기 위해 제1, 2무지말절골拇指末節骨과 제1, 2무지기절골拇指基節骨의 신전伸展이 특히 필요必要하다.

187) 발바닥足底 굴곡력屈曲力을 높이기 위해 제1, 2중족골中足骨의 신전伸展이 필요必要하다.

188) 대퇴부大腿部의 대퇴직근大腿直筋, 내측광근內側廣筋, 외측광근外側廣筋, 내전근內轉筋, 장내전근長內轉筋, 박근薄筋, 봉공근縫工筋, 치골근恥骨筋, 장요근腸腰筋, 대퇴이두근大腿二頭筋, 반건상근半腱狀筋, 대내전근大內轉筋, 반막상근半膜狀筋, 둔부臀部의 소둔근小臀筋, 중둔근中臀筋, 대둔근大臀筋, 이상근梨狀筋, 상쌍자근上雙子筋, 내폐쇄근內閉鎖筋, 하쌍자근下雙子筋, 배부背部의 척추기립근脊椎起立筋, 내사근內斜根, 외사근外斜筋, 복부腹部의 복직근腹直筋, 복횡근腹橫筋, 외복사근外腹斜筋, 내복사근內腹斜筋.

三. 경기검무京畿劍舞의 전승내용傳承內容

3. 전수자傳受者 교육敎育을 수료修了한 단계段階에서는 중핵력대中核力帶의 힘을 입체축立體軸의 중심 위주中心爲主로 지원支援할 수 있어야 한다.

① 입체축立體軸은 좌우축左右軸,[189] 전후축前後軸,[190] 상하축上下軸[191] 등 3축軸이며 협응적協應的이다.

② 3축軸 중에서 하나만 구축실패構築失敗해도 입체적立體的 비틀림이 발생하고 이는 흔들림으로 나타난다.

③ 상하축上下軸 중심점구축中心點構築에 실패失敗하면 상하체上下體의 일체감一體感이 사라지고, 상하축중심점上下軸中心點을 올릴수록 쉽게 상上, 좌우左右, 전후방향前後方向으로 이동移動할 수 있고, 동선動線이 길어 보여서 좋지만, 평형유지平衡維持는 어려우므로 수행 가능遂行可能한 범위範圍를 지키고 최대근력最大筋力과 지구력持久力 그리고 유연성柔軟性을 키워야 한다.

④ 좌우축左右軸 중심선구축中心線構築에 실패失敗해도 거퇴관절상해距腿關節傷害가 발생發生하기도 하며, 전후축중심점前後軸中心點은 엄지발가락足拇指으로 마루에 반항反抗하기 때문에 하체下體의 전후축前後軸은 전방前方이다.

⑤ 발목에서도 안쪽이고 장딴지에서도 안쪽 비복근腓腹筋이며 무릎을 지날 때도 무릎의 안쪽이고, 허벅지에서도 힘은 안쪽을 통과通過하여 골반骨盤의 앞쪽을 거쳐 중핵력대中核力帶에 힘이 전달傳達된다.

⑥ 상체上體에서는 하지下肢와 다르게 배근背筋쪽인 후방後方이 전후축前後軸이 된다.

⑦ 이는 다리 쪽은 후방後方 쪽으로 굴신屈伸이 많고, 상체上體 쪽은 전방前方 쪽으로 굴신屈伸이 많기 때문이며, 하체下體의 전축前軸과 상체上體의 후축後軸이 전후前後의 평형성平衡性 유지維持에 합리적合理的이다.

⑧ 이때 가슴의 대흉근大胸筋을 신전伸展시키고,[192] 좌우늑골左右肋骨은 중앙中央의 시상면矢狀面으로 모은다.

---

189) 위와 아래의 균형均衡을 조정調整하는 최적위치最適位置를 일컫는 말이다. 일반인一般人에게서는 단전丹田을 지칭指稱한다. 그러나 무용에서는 머리의 정수리보다 더 높은 가상점假想點을 최적위치最適位置로 주장主張하여 과학적효율성科學的效率性을 희망希望하는 것보다 예술성藝術性을 추구追求하는 경향傾向이 있으며, 이는 무용의 특성特性이기도 하다.

190) 왼쪽과 오른쪽 측면側面의 균형均衡을 조정調整하는 최적위치最適位置를 일컬음.

191) 앞과 뒤 측면側面의 균형均衡을 조정調整하는 최적위치最適位置를 일컬음.

192) 견쇄골肩鎖骨을 전후前後와 좌우左右를 동시同時에 최대最大로 확장擴張시킨다.

⑨ 몸통體幹에서 전후축前後軸은 후방後方에 두고, 좌우축左右軸은 중앙中央에 두어 가슴과 어깨는 척추脊椎 중심中心으로 두 견갑골肩胛骨을 하각下角 중심으로 외전外轉시키며, 양쪽 견쇄골肩鎖骨을 이용利用하여 두 견갑골肩胛骨을 척추기립근脊椎起立筋에 수직수평垂直水平을 하향유지下向維持하여 붙인다.

⑩ 즉, 두 견갑골肩胛骨과 두 견봉肩峰을 지긋이 내려서 경선頸線을 길게 보이게 한다.

⑪ 또한 3축간軸間에 협응능력協應能力이 없으면 움직임이 원활圓滑하지 못하게 되어 몸치體痴의 움직임처럼 보인다.

⑫ 이는 우아優雅하고 고상高尙한 동작動作을 표현表現하기 어렵기 때문에 마루에 반항反抗할 때부터 3축軸의 구축방법構築方法을 세부적細部的으로 정확正確한 자세를 배워 동작動作할 수 있어야 한다.

⑬ 3축軸을 구축構築해야 단순單純한 상하上下, 좌우左右, 전후前後의 직렬적直列的 동작난이도動作難易度가 낮은 경우境遇나 복잡複雜한 상하上下－좌우左右－전후前後의 병렬적竝列的 동작난이도動作難易度가 높은 경우境遇를 수행遂行하기에 용이容易하다.

4. 전수자傳受者 교육敎育을 수료修了한 단계段階에서는 중핵력대中核力帶의 힘을 뽑아서 기술발휘技術發揮하는 팔－다리에 동선動線으로 연결連結하고 필요必要한 힘을 보내야 한다.

① 무용수행력舞踊遂行力은 중핵력대中核力帶에서 뽑아낸 힘과 동작動作에 관련關聯된 국소근육局所筋肉의 수축력收縮力과 신전력伸展力을 협응協應시켜서 기술동작技術動作을 발휘發揮한다.

② 이 단계段階에서는 율동능력律動能力이 요구要求된다.

③ 중핵력대中核力帶에서 뽑아낸 힘과 국소근육局所筋肉의 수축력收縮力의 합력合力에는 시간차時間差가 발생發生한다.

④ 특히 난이도難易度가 높은 기술발휘技術發揮에서는 흔하고, 학습 초기學習初期나 특히 국소부위局所部位의 운동행동체계運動行動體系에서 선정選定된 근육활동筋肉活動과 선행先行－진행進行되고 있는 전체적全體的인 움직임 계획計劃의 충돌衝突은 힘의 강약强弱, 장단長短이 원인原因이 되기도 하고 학습學習에서 단기기억저장고短期記憶貯藏鼓의 정보情報와 장기기억저장고長期記憶貯藏鼓의 정보 간情報間 소통오류疏通誤謬도 그 시간차時間差의 원인原因이다.

⑤ 이는 근육筋肉의 정보기억능력情報記憶能力과 관계關係가 깊으나 반복훈련反復訓練에 의하여 해결解決할 수 있다.
⑥ 무용기술훈련舞踊技術訓練에서 정확성正確性을 완성完成시키는 수업受業이 수행속도遂行速度 향상수업向上受業과 지구력持久力 육성수업育成受業보다 우선시優先視되는 것과도 관련關聯된다.

5. 전수자傳受者 교육敎育을 수료修了한 단계段階에서는 선先-자세정확성姿勢正確性, 후後-춤사위 수행기술遂行技術의 원리原理를 이해理解해야 한다.

① 춤에서는 안정적安定的이고 정확正確한 자세姿勢와 순발력瞬發力을 발휘發揮할 수 있는 자세姿勢가 빠르게 변화變化하고 난이도難易度가 있는 동작動作을 할 때는 발현력發現力의 요인要因들이 혼합混合된다.
② 그러므로 중핵력대中核力帶를 구축構築하는 근육筋肉들이 강한 순발력瞬發力, 지구성持久性 있는 민첩력敏捷力, 안정적安定的인 평형력平衡力, 폭발적爆發的 힘을 발휘發揮할 수 있는 협응력協應力, 그리고 부드럽게 무한성無限性을 표현表現할 수 있는 유연능력柔軟能力 등이 요구要求된다.
③ 특히 역학적力學的 · 비효율적非效率的 자세姿勢와 동작動作이라도 예술성藝術性을 표현表現하고자 하는 안무가按舞家에게 선택選擇되는 경우境遇가 많다.
④ 이것은 춤사위 전체적全體的 측면側面에서 평형능력平衡能力과 역동성逆動性에 관련關聯된다.
⑤ 무용수舞踊手를 선발選拔할 때 균형감각均衡感覺과 역동성逆動性을 측정測定하는 것은 필수사항必須事項이다.

6. 전수자傳受者 교육敎育을 수료修了한 단계段階에서는 기술발휘技術發揮에서 선先-다리기술技術, 후後-팔기술技術 움직임의 원리原理를 이해理解해야 한다.

① 기술技術의 다양성多樣性 관점觀點으로 보면 다리기술技術의 경우수境遇數가 팔기술技術의 경우수境遇數를 넘지 못한다.
② 기술技術의 아름다움의 질적표현력質的表現力 관점觀點으로 보아도 다리기술技術이 팔기술技術의 양과 질을 능가凌駕하지 못한다.

③ 그러나 힘을 사용使用하는 선후先後에서는 다리기술技術이 팔기술技術보다 우선시優先視된다. 이는 중력방향重力方向과 관련關聯하여 다리가 팔보다 아래에 있기에 균형감均衡感이 역동성逆動性보다 우선于先인 춤사위 자세姿勢에서 다리기술技術이 우선시優先視된다.

④ 즉, 중핵력대中核力帶에서 힘을 뽑아 사용使用하는 순서順序가 다리가 우선于先으로 균형미均衡美를 보여주고, 팔을 이용利用한 역동미逆動美를 후순後順으로 보여주는 것이다.

⑤ 이는 상하축上下軸으로 보면 더욱 잘 나타난다. 중력重力에 저항抵抗하는 힘으로 중핵력대中核力帶를 구축構築하기 때문이다.

7. 전수자傳受者 교육敎育을 수료修了한 단계段階에서는 예비동작豫備動作과 잔동작殘動作을 없애도록 노력努力해야 한다.

① 미세微細한 기술技術의 발휘동작發揮動作의 힘쓰기 오류誤謬는 수행순서遂行順序로 보면 본동작本動作을 위한 예비동작豫備動作과 잔동작殘動作이 있다.[193]

② 중핵력대中核力帶의 힘이 충분充分치 못한 경우境遇에 무용수舞踊手는 본동작本動作을 수행遂行할 힘이 없다고 생각하면, 예비동작豫備動作으로 역학적力學的 힘을 모으는 동작動作을 유도誘導한다. 이것은 역동적力動的 동작動作의 요령要領인데, 공연公演에서는 관람자觀覽者를 우롱愚弄하는 기만행위欺瞞行爲이다.

③ 중핵력대中核力帶의 힘을 뽑아 사용使用하는 기술技術이 부족不足할 경우境遇에도 합력合力을 유도誘導한다. 이는 반복학습反復學習에 의하여 파지把持된 인식내용認識內容과 응급조치應急措置의 합력계획合力計劃은 일치一致하지 않으므로 연결동작連結動作 과정過程에서 조정능력調整能力이 한계점限界點에 봉착逢着한다. 이것은 춤 동작動作을 오류誤謬로 빠뜨리는 원인原因으로 작용作用한다.

④ 무용수舞踊手 전문체력專門體力으로 중핵력대中核力帶의 힘을 강화强化시키고, 반복훈련反復訓練으로 중핵력대中核力帶의 힘을 활용活用하는 기술技術과 국소근력局所筋力과의 협응력協應力을 높여야 한다.

---

193) 춤을 본동작本動作의 연결連結로 수행遂行하는 무용수舞踊手를 우수優秀하다고 평가評價한다. 과학적科學的 가성비價性比로 분석分析해도 알 수 있다.

三. 경기검무京畿劍舞의 전승내용傳承內容

8. 전수자傳受者 교육教育을 수료修了한 단계段階에서는 경기검무京畿劍舞 수행 시遂行時에 호흡呼吸을 알아야 한다.

① 등장登場 사위부터 인사 사위까지 무용수舞踊手의 호흡呼吸은 응축지세세호흡법凝縮止細細呼吸法[194)]으로 한다. 경기검무京畿劍舞 춤사위를 수행遂行하려면 온몸의 기氣를 단전丹田에 모아서 응축凝縮해야 하기 때문이다.

② 먼저 호흡呼吸을 위하여 공간확보空間確保를 구축構築하는 상체上體의 견쇄골肩鎖骨, 흉곽胸廓, 늑골肋骨, 복강腹腔 등의 형태변화形態變化를 최소화最小化하고, 더하여 가능可能하다면 응축凝縮시킨다. 호흡량呼吸量은 줄고 순조順調롭지 못하여 불편不便하지만, 춤사위 수행遂行을 극대화極大化시키기 위하여 고통苦痛을 인내忍耐하는 의지意志를 발휘發揮해야 한다.

③ 다음으로 춤사위의 수행遂行에 영향影響을 주는 호흡呼吸을 세세細細한 방법方法으로 바꾼다. 먼저 코로 세세細細하게 마셔서 임맥任脈을 거쳐 기관지氣管支-중완中脘-단전丹田으로 흡입吸入하는 숨의 통로通路처럼 거쳐서 단전丹田에 지식止息시킨다. 내쉴 때는 단전丹田에서 세세細細하게 배부背部로 척추脊椎의 명문命門-중추中樞-대추大椎로 올려서 경부頸部와 후두부後頭部를 거쳐 정수리의 백회百會-면정面正-인중人中-은교隱交 등의 독맥督脈의 유주流注를 내쉬는 숨의 통로通路처럼 거친다.

④ 호흡呼吸의 속도速度는 전신全身과 국소부위局所部位의 율동律動에 영향影響을 미친다. 춤사위의 수행속도遂行速度와 역행逆行될 때는 생명유지生命維持가 우선于先이기 때문에 춤사위에 소홀疏忽해지고, 이는 정신적 판단精神的判斷에 오류誤謬를 발생發生시키는 원인原因이 된다.

⑤ 운동량運動量에 비례比例하여 산소酸素가 필요必要하기 때문에 산소부채량酸素負債量을 해결할 호흡능력呼吸能力을 육성育成해야 한다. 고로 호흡呼吸도 반복훈련反復訓練의 범주範疇이며 중요重要한 무용기술요인舞踊技術要因이다.

---

194) 경기검무보존회京畿劍舞保存會는 응축지세세호흡법凝縮止細細呼吸法을 응지세세호흡법凝止細細呼吸法으로 축약사용縮約使用하는 것으로 규정規定한다.

9. 전수자傳受者 교육教育을 수료修了한 단계段階에서는 먼저 표정表情에 대하여 4가지를 알아야 한다.

① 경기검무京畿劍舞에서 시선視線은 미간眉間에 있는 혜안慧眼[195]을 기준基準으로 한다.
② 시선視線은 아래사선下斜線, 중간사선中間斜線, 위사선上斜線의 3가지 측면側面을 정면正面, 좌사면左斜面, 우사면右斜面으로 사용使用한다.
③ 등장登場 사위에서는 두 걸음 앞을 보는 아래사선下斜線으로 정중동靜中動[196]을 유지維持하며, 진지眞摯하게 각성覺醒되어 집중集中하고 있음을 보여주는 것이 기본基本이다.
④ 하악下顎은 백회혈百會穴이 곧추세워지도록 가볍게 퇴축退縮시키고, 입초리는 구각口角을 좌우左右로 소근笑筋으로 늘린 후에 구각거근口角擧筋으로 구각口角을 위쪽으로 가볍게 올려 미소微笑짓는다.

10. 전수자傳受者 교육教育을 수료修了한 단계段階에서는 입춤立舞이 가능可能해야 한다.

① 입춤立舞[197]은 움직임의 기능적 측면機能的 側面에서는 무용수舞踊手로서 경기검무京畿劍舞 무대공연舞臺公演하는 것을 말한다.
② 먼저 무용수舞踊手는 한발 혹은 두 발바닥 뒤꿈치를 마루에 대면 두 다리의 고관절股關節, 슬관절膝關節, 족관절足關節로 이어진 골반骨盤, 대퇴大腿, 하퇴下腿, 족저足底의 강한 뼈를 주체主體로 지구地球의 중력重力에 저항抵抗해서 체중體重을 받치고 설 수 있다.
③ 다음은 무용수舞踊手의 입체 3축立體三軸(좌우축左右軸, 전후축前後軸, 상하축上下軸)을 구축構築할 수 있다.

---

195) [불교] 수행修行에 의하여 도道를 이루어가는 순서順序를 나타낸 오안五眼(육안肉眼, 천안天眼, 법안法眼, 혜안慧眼, 불안佛眼) 중中 네 번째 단계段階를 말한다.
196) 정靜과 동動은 모두 움직임 현상現狀이다. 정靜은 고요하게 변화하는 움직임이고, 동動은 활발한 변화의 움직임이다. 여기서 정중동靜中動은 조용한 가운데 어떠한 움직임이 있으므로 외현적外現的으로는 고요함을 표현하고, 내적內的으로는 움직임이 있음을 의미意味한다. 반대反對로 동중정動中靜은 외현적外現的으로는 강하게 대치하고 있는 듯하면서도 내적內的으로는 끊임없이 조화를 추구하고 있음을 의미意味한다.
197) 춤에 대하여 확고確固한 태도態度가 되어있는 상태狀態를 말한다.

三. 경기검무京畿劍舞의 전승내용傳承內容

④ 좌우축左右軸은 두 발로 서면 좌우左右 다리의 중앙점中央點이며, 안쪽 근육筋肉을 주로 사용하는 것이 전후축前後軸과 상하축上下軸에 연결連結을 쉽게 한다. 한발로 서면 지지支持하는 다리 쪽으로 중심점中心點이 이동移動되어 섬세纖細하고 안정적安定的인 균형미均衡美를 돋보이게 한다.

⑤ 상체上體의 좌우축左右軸은 두 발로 서면 보통普通 척추脊椎이고, 한발로 서면 좌우左右 기립근起立筋에 중심선中心線이 구축構築된다.

⑥ 전후축前後軸의 중심점中心點은 하지下肢에서는 전면前面이고, 상체上體에서는 후면後面이 된다. 검무동작劍舞動作의 우아優雅함과 균형미均衡美를 쉽게 형성形成하고 유지維持하게 한다. 검무수행과정劍舞遂行過程에서 오류誤謬를 쉽게 수정修正하고 역동성逆動性을 높인다.

⑦ 상하축上下軸의 중심점中心點은 일반적一般的으로 단전부위丹田部位지만, 무용수舞踊手로서 서있을 때 중심점中心點은 배면背面에서는 견갑골肩胛骨 하각下角까지 높어야 하고, 전면前面에서는 쇄골하단鎖骨下端까지 올려야 한다. 이는 표정表情을 고상高尙하게 보이도록 유도誘導하며, 두 팔의 동선動線을 길게 보이도록 하고, 다리 동작動作을 좌우전후左右前後로 쉽고 빨리 움직일 수 있도록 도와준다. 또한 고관절股關節, 무릎관절膝關節, 발목관절距腿關節에 체중부하體重負荷 부담負擔을 덜어서 관절關節의 가동범위可動範圍를 크게 한다.

⑧ 위와 같은 입춤조건立舞條件의 자세姿勢를 구체화具體化하면, 첫째, 무용수舞踊手는 엄지발가락足拇趾-관절膝關節-고관절股關節-척추脊椎 등의 관절關節을 이용利用하여 입체 3축立體三軸의 중심선中心線을 구축構築한다.

⑨ 둘째, 좌우축左右軸의 중심선中心線은 엄지발가락足拇趾-무릎내측전면膝關節內側前面 오리발인대-고관절股關節의 치골대퇴인대恥骨大腿靭帶-척추脊椎/기립근起立筋을 연결連結하는 선線으로 구축構築한다.

⑩ 셋째, 전후축前後軸의 중심선中心線은 엄지발가락足拇趾-무릎내측전면膝關節內側前面 오리발인대-고관절股關節의 장골대퇴인대長骨大腿靭帶-척추脊椎/기립근起立筋을 연결連結하는 선線으로 구축構築한다.

⑪ 넷째, 상하축上下軸의 중심선中心線은 배면背面에서는 견갑골肩胛骨 하각下角이고, 전면前面에서는 쇄골하단鎖骨下端으로 다르게 구축構築한다.

11. 전수자傳受者 교육教育을 수료修了한 단계段階에서는 춤은 시공간적視空間的인 운동運動임에 관심關心을 가져야 한다.

① 춤은 입체적立體的인 움직임이다. 내재적內在的으로는 무형無形의 힘을 이용利用하지만, 유형有形의 2차원적 면二次元的面과 3차원적 입체三次元的立體가 주요 외형적主要外形的 활용 차원活用次元이다. 무대舞臺의 소품小品과 조명照明 그리고 의상衣裳까지도 면面과 입체立體를 중요重要하게 생각한다.

② 명무明舞의 소양素養에 관심關心을 갖는다. 철학적哲學的으로 춤을 무형無形과 유형有形으로 나누지도 않고, 유형有形의 차원次元을 1, 2, 3차원次元으로 분석分析하지도 않는다. 과거過去의 자기경험自己經驗을 기준基準으로 눈앞에 무대舞臺의 무용수舞踊手를 바라보지 않고, 자신自信의 희망希望대로 미래未來의 춤을 논論하지 않는다. 오로지 오늘 공연公演되는 시공간적視空間的 변화變化를 그대로 턱! 바라보면서 인식계적認識界的 예술혼藝術魂으로 가르마意思決定를 타지 않고, 그 경계境界에서 상생相生을 통찰洞察하고자 노력努力한다.

③ 다른 무용수舞踊手의 춤을 있는 그대로 바라보고 그 창조적創造的 광경光景을 무용舞踊의 경험經驗으로서 한限없는 아름다움으로 즐길 뿐이다.

④ 자기감정自己感情에 갇혀서 호好, 불호不好를 찾아 헤매지 않고, 안무자按舞者나 무용수舞踊手의 억지抑止스러움도 그대로 느끼고 지나갈 뿐 그때의 감정感情을 그 무용수舞踊手와 춤에 대한 고정관념固定觀念으로 기억記憶하지 않는다.

⑤ 즉, 과거過去의 기억記憶과 미래未來의 희망希望으로 낙인烙印찍어 분별分別하고 집착執着하지 않음으로써 다양多樣한 예술혼藝術魂으로 무위無爲의 길道198)을 따라 옮겨 다니면서 동감同感하는 것이다.

⑥ 시간時間은 본질적本質的으로 실존實存하는 것이 아니라 단지但只 3차원次元 공간空間의 변화變化를 비교적比較的으로 나타내려고 약속約束한 개념적概念的 단위單位일 뿐이므로 과거동작過去動作과 미래동작未來動作은 현재동작現在動作에 동일시同一視를 시도한다.

---

198) 유무상생有無相生, 인식계認識界의 판단判斷으로 유有와 무無로 구분區分하지 않고 공존적경계共存的境界에서 통찰력洞察力을 발휘發揮하고 있는 상황狀況이나 방법方法을 표현表現한 문자文字이다.

三. 경기검무京畿劍舞의 전승내용傳承內容

⑦ 고로 춤은 공간경험空間經驗으로 이해理解되어야 한다. 민감敏感하지 못하면 현재 동작現在動作에 과거過去의 기억記憶과 미래未來의 희망적希望的 동작動作이 결부結付되어 있음을 구분區分하지 못한다. 고로 관객觀客은 자신自身의 시간관념時間觀念에 기만欺瞞당하여 변화무쌍變化無雙한 공간적空間的 춤을 있는 그대로 척! 바라볼 수 없다. 이는 수용적受容的 태도態度를 버리는 반복훈련反復訓練으로 극복克復할 수 있다.

⑧ 춤의 동양철학적東洋哲學的 관점觀點에 흥미興味를 가져야 한다. 경험적經驗的으로 춤이란? "우주환경적宇宙環境的 극적인력極的引力 속에서 인간人間의 자유의지自由意志를 표현表現하고자 척력斥力을 발휘發揮하면서 역동성逆動性[199]으로 창작創作된 무용수舞踊手의 아름다운 동작動作이 공간空間의 변화과정變化過程을 찰나刹那, 찰나刹那[200]마다 땀의 조각彫刻 조각彫刻으로 보여주는 것이지 인식認識시키려는 것이 아니다. 공연公演을 객관적客觀的 관계關係로 인식認識하고, 벗어나서 자유自由로운 개인個人의 예술적藝術的 표현表現으로 깨닫도록 해석解析 없이 바라봐야 한다."

---

199) 역동성逆動性은 우주적宇宙的 인력引力과 인간의 자유의지自由意志 표현表現인 척력斥力의 조화造化이다. 지구地球의 인력을 벗어나는 데 필요한 척력속도를 약 11.2km/s, 태양계太陽系의 인력을 탈출하는 데 필요한 척력속도를 지구 공전방향公轉方向으로 16.65km/s이다. 인간 움직임의 한계성限界性은 이렇게 우주적宇宙的 인력작용引力作用 때문에 생긴다.

200) 찰나刹那는 산스크리트어 '크샤나(ksana)'의 음역音譯으로 지극히 짧은 시간(1/75초秒)이다.

2. 등단단계登壇段階[201]

- 장단: 무음악
- 단계: 등단단계

공연

연습

박자 1 2 3 4

---

201) 맞이 사위의 두 번째 단계인 등단단계登壇段階는 무용수가 무대중앙舞臺中央으로 나가기 위하여 관객이 보는 우측右側(상수上手: 일본식 무대용어)과 좌측左側(하수下手: 일본식 무대용어) 무대에서 중앙선中央線으로 나아가는 것으로 경기검무보존회京畿劍舞保存會에서 규정規定한다.

三. 경기검무京畿劍舞의 전승내용傳承內容

[동작 설명]

① 경기검무京畿劍舞 준비자세準備姿勢의 규칙規則을 확인確認한다.

② 시선視線은 정면아래사선正面下斜線을 유지維持한다. 좌우축左右軸은 중핵력대中核力帶에서 뽑아낸 힘으로 지지支持 다리인 왼발 고관절股關節 치골대퇴인대恥骨大腿靭帶-박근薄筋과 장내전근長內轉筋-무릎 내측인대內側靭帶-엄지발가락으로 동선動線을 구축構築한다. 전후축前後軸은 지지支持 다리인 왼발 내전근內轉筋-박근薄筋과 장내전근長內轉筋-무릎 내측인대內側靭帶와 오리발 인대靭帶-왼엄지발가락으로 동선動線을 구축構築한다. 상하축上下軸은 중핵력대中核力帶에서 뽑아낸 힘을 기립근起立筋 하단下段에서 상단上段으로 올려서 양쪽 견갑골肩胛骨을 수직垂直과 수평水平으로 세우고 견쇄골肩鎖骨을 앞-위사선斜線으로 들어 세우며, 후두방향後頭方向과 양팔방향으로 힘의 동선動線을 뻗어 자세姿勢를 구축構築한다.[202]

③ 몸통 앞에서 두 검劍의 검격劍格[203]을 교차交叉시켜 검첨劍尖이 전완前腕과 평행平行으로 마루와 수평水平인 두 팔꿈치 안쪽으로 향向하게 두 손으로 잡고, 상완上腕은 팔꿈치를 받침점으로 하여 전완과 반대로 회전시키는 자세姿勢를 유지維持한다.[204]

④ 호흡呼吸은 응지세호흡법凝止細呼吸法을 준수한다. 좌우축左右軸과 상하축上下軸이 무너지지 않게 걷는다.[205] 이때 두 다리의 굴곡형태屈曲形態[206]에서 두 무릎은 가위의 받침점처럼 상호교차형태相互交叉形態를 보여야 하고,[207] 발바닥은 선종보법先踵步法

---

202) 두 견갑골肩胛骨의 수직垂直은 상체의 상하축上下軸에 관련關聯되고, 수평水平은 상체의 좌우축左右軸에 관련關聯된다.

203) 검의 자루 부분 명칭이다. 칼자루와 칼날 사이에 끼워서 손을 보호하도록 하는 원형의 철물이다.

204) 경기검무보존회京畿劍舞保存會에서는 이를 한글로는 빨래짜기 자세姿勢, 한자漢字로는 녕의자세擰衣姿勢로 규정規定한다. 좌우완녕의자세左右腕擰衣姿勢는 구체적으로 아래와 같다. "팔꿈치를 중심中心으로 견갑골근육군으로 상완을 내측회전內側會轉 혹은 외측회전外側會轉시키면, 전완은 반대反對로 외측회전外側會轉 혹은 내측회전內側會轉시키는 자세姿勢이다." 그러나 손 모양模樣은 제외한다.

205) 걷기동작步行을 수행遂行하는 과정過程에서 어깨선이 상하요동上下搖動 없게 수행遂行하는 것이 매우 중요重要하다. 고로 오른발을 마루에서 띄는 과정過程에서는 마루를 딛고 있는 왼발의 상하축上下軸 균형유지 기술均衡有支技術이 필요必要하다. 특히 걸음걷는步行 다리가 관절 중심中心으로 강력强力함과 유연柔軟함으로 역동적力動的인 움직임의 동선動線이 표현表現되어야 한다.

206) 경기검무보존회京畿劍舞保存會에서는 이를 좌우족녕의자세左右足擰衣姿勢로 규정規定하고, 구체적으로 아래와 같다. "무릎을 중심中心으로 고관절에서 무릎까지의 대퇴는 고관절근육군으로 내측회전內側會轉시키면서 반대反對로 무릎과 발목근육군으로 무릎과 발목을 굴곡屈曲시키고 동시同時에 하퇴下腿를 축軸으로 발바닥과 발가락을 외측회전外側會轉시키는 자세姿勢이다."

207) 경기검무보존회京畿劍舞保存會에서는 이를 전교보법剪鉸步法으로 규정規定한다.

으로 마루에 딛는다.[208]

⑤ 무대舞臺 좌우左右에서 중앙선中央線으로 이동移動하기 위하여 걷는 걸음의 보폭步幅은 1/2족장足長으로 동일同一하게 수행遂行한다.

3. 봉영단계 奉迎段階[209]

- 장단: 무음악
- 단계: 봉영단계

공연

연습

박자 | 1 | 2 | 3 | 4

---

208) 경기검무보존회京畿劍舞保存會에서는 이를 선종보법先踵步法으로 규정規定하고, 반대로 엄지발가락-발날-뒤꿈치의 순서順序로 마루에 딛는 보행방법을 선장지보법先將指步法으로 규정規定한다.

209) 맞이 사위의 세 번째 단계인 봉영단계奉迎段階는 무용수가 무대중앙선舞臺中央線을 따라 관객觀客 쪽으로 전진前進하는 것으로 경기검무보존회京畿劍舞保存會에서 규정規定한다.

三. 경기검무京畿劍舞의 전승내용傳承內容

[동작 설명]

① 경기검무京畿劍舞 준비자세準備姿勢의 규칙規則을 확인確認한다.

② 시선視線은 정면아래사선正面下斜線을 유지維持한다. 좌우축左右軸, 전후축前後軸, 상하축上下軸은 등단단계登壇段階와 동일하게 구축構築한다.

③ 몸통 앞에서 두 검劍을 잡고 검첨劍尖의 방향과 위치의 자세姿勢도 등단단계登壇段階와 동일하게 한다.

④ 호흡呼吸은 응지세호흡법凝止細呼吸法을 준수한다. 좌우축左右軸과 상하축上下軸이 무너지지 않게 걷는 것도 등단단계登壇段階와 동일하게 한다.

⑤ 무대舞臺의 중앙선中央線에서 관객觀客 쪽으로 향하여 출발出發하고, 걷는 걸음의 보폭步幅은 1/2족장足長으로 동일同一하게 수행遂行한다.

4. 황경단계黃經段階[210]

🎵 장단: 무음악
⚔ 단계: 황경[211]단계

공연

---

210) 맞이 사위의 네 번째 단계인 황경단계黃經段階는 무용수가 무대중앙舞臺中央에서 황경黃經의 회전방향回轉方向과 동일同一하게 1회전回轉하는 것으로 경기검무보존회京畿劍舞保存會에서 규정規定한다.

211) 태양 주위를 공전하는 지구의 궤도면은 천구의 적도와 23.5°만큼 기울어져 있고, 황도와 천구의 적도는 두 교점(춘분점과 추분점)에서 교차하는데, 천문학에서는 이들 중에서 춘분점을 황도의 기준점으로 사용하고 있다. 황도 좌표는 적도 좌표와 마찬가지로 황경黃經과 황위黃緯를 이용하여 위치를 나타낸다. 황경과 황위는 모두 도·분·초로 나타낸다. 황경은 황도 좌표의 경도經度로, 천체에서 황도로 내리그은 수선과 황도와의 교점까지 측정한 각거리이다. 춘분점을 기점으로 황도를 따라 동쪽으로 0도에서 360도까지 측정한다.

| 박자 | 1 | 2 | 3 | 4 |

[동작 설명]

① 시선視線은 정면아래사선正面下斜線을 유지維持하고 중핵력대中核力帶에서 뽑아낸 힘으로 좌우축左右軸, 전후축前後軸, 상하축上下軸을 구축構築시킨다.

② 두 검劍의 검격劍格을 뒤로 꺾어서 검첨劍尖이 전완前腕과 평행平行으로 몸통 쪽으로 향向하게 하고, 겨드랑이는 45도度 외전外轉시키고, 팔꿈치는 90도度 굴곡屈曲을 유지維持한다.[212]

③ 호흡呼吸은 응지세호흡법凝止細呼吸法을 준수한다. 좌우축左右軸과 전후축前後軸을 오른엄지발가락에 위치位置시키며, 좌족녕의자세左足擰衣姿勢의 왼발을 선종보법先踵步法으로 마루에 디디면서 전신全身을 반좌측회전半左側回轉시킨다.

④ 좌우축左右軸과 전후축前後軸을 왼엄지발가락에 위치位置시킨다.[213] 우족녕의자세右足擰衣姿勢의 오른발을 선종보법先踵步法으로 마루에 디디면서 전신全身을 반좌측회전半左側回轉시킨다.

⑤ 무용수舞踊手는 무대중앙舞臺中央에서 황경黃經을 따라 전신全身 1회전回轉하고, 관객觀客을 정면正面으로 바라본다.

---

212) 경기검무보존회京畿劍舞保存會에서는 이를 기본섭수검자세基本攝受劍姿勢로 규정規定한다.
213) 왼발바닥과 오른발바닥의 접선각도接線角度는 90도度를 형성形成한다.

三. 경기검무京畿劍舞 전승내용傳承內容

5. 인사단계人事段階[214]

- 장단 : 무음악
- 단계 : 인사단계

[동작 설명]

① 시선視線은 정면아래사선正面下斜線을 유지維持하고 두 검劍의 검격劍格을 뒤로 꺾어서 검첨劍尖이 전완前腕과 평행平行으로 몸통 쪽으로 향向하게 하고, 두 상완上腕은 옆으

---

214) 맞이 사위의 다섯 번째 단계인 인사단계人事段階는 무용수가 무대중앙舞臺中央에서 왼무릎은 꿇고, 오른발은 반무릎 꿇은 자세로 두 검날을 교차交叉시켜 내려놓으며, 두경頭頸을 숙여 인사人事하고 일어서는 동작動作으로 경기검무보존회京畿劍舞保存會에서 규정規定한다.

로 45도度 외전外轉시키고 동시에 앞으로 45도度 굴곡屈曲시키며, 팔꿈치는 90도度 굴곡屈曲을 유지維持한다.

② 호흡呼吸은 응지세호흡법凝止細呼吸法을 준수한다. 좌족녕의자세左足擰衣姿勢의 왼무릎과 우족녕의자세右足擰衣姿勢의 오른무릎右膝을 교차交叉시키며 선종보법先踵步法으로 마루에 디딘다.

③ 좌우축左右軸과 전후축前後軸을 왼엄지발가락에 위치位置시키며 우족녕의자세右足擰衣姿勢의 오른무릎으로 좌족녕의자세左足擰衣姿勢의 왼무릎左膝을 교차형태交叉形態로 스쳐서 선종보법先踵步法으로 마루에 딛는다.

④ 두 발바닥 방향方向은 우수右手 쪽으로 향하고 1/2회전축回轉軸은 왼엄지발가락과 오른뒤꿈치를 나머지 1/2회전축回轉軸은 오른엄지발가락과 왼뒤꿈치를 모두 이용利用하여 기저면基底面을 넓혀서 안정적安定的으로 아주 천천히 회전回轉하는데 전신全身의 3축軸 형태形態를 동일同一하게 끝까지 유지維持한다.

⑤ 정면正面에 관객觀客과 마주하면, 좌족녕의자세左足擰衣姿勢의 왼무릎左膝과 우족녕의자세右足擰衣姿勢의 오른무릎右膝을 교차형태交叉形態로 섰다가 왼발을 뒤로 한 걸음 내딛는다.[215]

⑥ 왼무릎左膝은 꿇고, 오른발은 반무릎꿇는 자세姿勢로 앉으면서 상체上體를 곧게 세운다.

⑦ 두 검劍을 위로 어깨 위치位置까지 들어 올렸다가 치마 앞에 우측검右側劍을 위로 검날을 교차交叉시켜서 내려놓는다. 두 검劍의 손잡이 수술流蘇을 가지런히 쓰다듬어 내리고 두 손을 허리에 위치位置시키고 상체上體를 다시 곧게 세웠다가 두 손을 마루에 대고 두경頭頸을 숙여 인사하고 일어선다.[216]

---

215) 선종보법先踵步法으로 딛는다. 앞쪽의 오른발과 뒤쪽의 왼발은 일직선一直線에 위치位置시킨다.
216) 왼발을 축軸으로 오른발을 왼발 내과內踝 밑 중앙中央에 대고 서는 자세姿勢이다.

三. 경기검무 京畿劍舞 전승내용 傳承內容

000 장단   다스림 사위

🎵 후렴장단

박자	1	2	3	4
정간보	⊖ ǀ	•	⊖	ǀ	—
구음	덩 따	떠	덩 기덕	—

1-2

① 두 다리의 대퇴大腿, 하퇴下腿, 족저足底의 강한 뼈로 지구중력地球重力에 저항抵抗하고, 엄지발가락의 지골趾骨과 중족골中足骨 관절關節의 신전력伸展力과 족궁足弓의 굴곡력屈曲力을 이용利用하여 체중體重을 이기고 선다.

② 대퇴 내측大腿內側 서혜부鼠蹊部의 박근薄筋과 단내전근短內轉筋, 소둔근小臀筋과 중둔근中臀筋, 배근背筋과 기립근起立筋 포함, 복직근腹直筋, 내-외복사근內-外腹斜筋 포함 등을

131

수축收縮시켜 중핵력대中核力帶를 구축構築한다.
③ 시선視線은 두 걸음 앞을 보는 정면아래사선正面下斜線으로 정중동靜中動을 유지維持하여 진지眞摯하게 각성覺性되어 집중集中하고 있음을 보인다.
④ 입체축立體軸의 균형均衡을 유지維持하기 위하여 3축軸[217]을 구축構築한다.
⑤ 중핵력대中核力帶에 근육筋肉의 수축收縮과 신전伸展으로 형성形成-유지維持되고 있는 힘을 사지에 뻗어나가도록 동선動線을 구축構築한다.
⑥ 특히 전후축前後軸을 구축構築할 때 발바닥에서 장골능腸骨稜까지는 전축前軸이고, 미골尾骨에서 머리끝까지는 후축後軸임을 인지認知해야 한다.

3

① 시선視線은 아래사선下斜線을 유지維持하고 중핵력대中核力帶에서 두 다리의 내측內側을 통과通過하여 전달傳達된 힘으로 두 엄지발가락에 좌우축左右軸과 전후축前後軸을 둔다.
② 호흡呼吸은 응지세호흡법凝止細呼吸法을 준수한다. 중핵력대中核力帶에서 출발出發한 힘이 몸통 앞뒤의 견쇄골肩鎖骨을 통과通過하여 견봉肩峰과 팔꿈치를 거쳐 두 손목관절關節에 도달到達하면 이를 이용利用하여 두 손등手背을 동시同時에 굴곡屈曲시켰다가 바로 연결連結하여 손바닥手掌을 굴곡屈曲시킨다.
③ 팔동작動作은 팔꿈치가 유도誘導하며, 두 겨드랑이를 45도度 외전外轉시키고[218] 팔꿈치를 120도度 굴곡屈曲시켜서[219] 몸통의 앞은 왼팔이, 뒤는 오른팔이 감싼다.
④ 두 팔굽의 회전각도回轉角度는 앞뒤에서 몸통의 좌우중앙左右中央을 지났다가 회귀回歸하여 돌아온다.
⑤ 두 팔이 옷깃을 스칠듯이 절도節度 있게 수행遂行한다.
⑥ 이때 상완上腕과 전완前腕의 팔꿈치 각도角度는 120도度 굴곡屈曲을 유지維持한다.

4

① 좌족녕의자세左足擰衣姿勢의 왼무릎左膝을 굴곡屈曲하고, 곡선曲線을 유지維持한 형태形態로 왼뒤꿈치를 오른내과右內踝에 붙인다.

---

217) 좌우축左右軸, 전후축前後軸, 상하축上下軸
218) 팔꿈치를 옆으로 들어 올리는 상완上腕의 각도角度이다.
219) 경기검무보존회京畿劍舞保存會에서는 이를 검을 잡지 않은 기본완녕의자세基本腕擰衣姿勢로 규정規定한다.

三. 경기검무京畿劍舞 전승내용傳承內容

001 장단 　다스림 사위

🎵 장단: 느린 허튼타령

박자	1		2		3		4
정간보	⊖	ㅣ	·		⊖	┃	─
구음	덩	따	떠		덩	기덕	─

1

① 시선視線은 45도度 전좌사선향前左斜線向을 미리 바라보고,[220] 동시同時에 중핵력대中核力帶에서 오른다리의 내측內側을 통과通過하여 전달傳達된 힘으로 오른엄지발가락에 좌우축左右軸과 전후축前後軸을 두며, 오른무릎右膝에 좌우축左右軸을 연장시킨다.

---

220) 시선視線은 몸통, 다리, 팔 움직임보다 먼저 외측회전外側回轉시켜서 움직임을 유도誘導해야 안정적安定的 움직임이 발현發現되고 잔동작殘動作이 일어나지 않는다.

② 호흡呼吸은 응지세호흡법凝止細呼吸法을 준수한다. 중핵력대中核力帶에서 뽑아낸 고관절근육군股關節筋肉群의 힘으로 우족녕의자세右足擰衣姿勢의 오른무릎을 신전伸展시키고, 좌족녕의자세左足擰衣姿勢의 왼쪽무릎左膝을 전방前方으로 15도度 들어서[221] 신전伸展하고, 몸통 기준 전좌사선향前左斜線向으로 45도度 외측회전外側回轉하면서[222] 선종보법先踵步法으로 한 걸음 내딛는다. 이어서 왼발 엄지발가락에 좌우축左右軸과 전후축前後軸을 두면서 전신全身을 1/2내측회전內側回轉한다. 오른무릎은 왼무릎과 교차할 때까지 우족녕의자세右足擰衣姿勢를 유지하고 1/2내측회전內側回轉한다.[223]

③ 착지는 마루에 두 엄지발가락을 먼저 디디고, 두 발뒤꿈치를 붙이는데 오른발가락과 왼발가락은 90도度 열리도록 붙인다.

④ 1박拍에 동작動作을 완료完了하고 두 엄지발가락 첫마디에 좌우축左右軸과 전후축前後軸을 두고 균형均衡을 유지維持한다.[224]

⑤ 동시同時에 양팔은 기본완녕의자세基本腕擰衣姿勢에서 팔꿈치가 유도誘導하는대로 몸통을 앞뒤로 감싸면서 척추중심中心으로 왼쪽은 외측회전外側會轉, 오른쪽은 내측회전內側會轉을 수행遂行한다.

⑥ 두 손목은 위치位置를 유지維持하며 기본완녕의자세基本腕擰衣姿勢로 돌아갈 때는 전완前腕을 팔꿈치로 유도誘導하는 것을 보여야 한다.

2

① 두 고관절을 이용하여 두 무릎을 동시同時에 족녕의자세足擰衣姿勢에서 굴곡屈曲시킨다.[225]

② 동시同時에 두 팔은 기본완녕의자세基本腕擰衣姿勢[226]를 유지維持한다.

---

221) 고관절근육군을 이용하여 무릎을 전방으로 드는 고관절 각도이다.
222) 이때 고관절股關節, 무릎, 발목을 순차적順次的으로 외측회전外側回轉시켜서 디딤한다.
223) 상하축上下軸이 무너지면, 어깨나 가슴이 앞으로 굽거나 엉덩이가 뒤로 빠지면서 우아優雅함과 고상高尙함을 잃어버린다.
224) 이때 척추기립근脊椎起立筋을 중심中心으로 좌우축左右軸과 전후축前後軸을 그리고 상하축上下軸을 바르게 유지維持하는 것을 반복연습反復練習하여 세련洗鍊된 동작動作을 완성完成한다.
225) 두 발을 굴곡屈曲시킬 때 전후축前後軸이 무너지면 엉덩이가 뒤로 빠지고, 넘어지지 않으려 배부背部를 굴곡屈曲시키므로 주의主意한다.
226) 척추기립근脊椎起立筋과 견갑골肩胛骨에 기시점起始點을 둔 근육筋肉들을 이용利用하여 두 견갑골肩胛骨을 배부背部에 수직垂直과 수평水平을 유지維持하도록 한다.

三. 경기검무京畿劍舞 전승내용傳承內容

3

① 두 고관절을 이용하여 두 무릎을 족녕의자세足擰衣姿勢에서 동시同時에 신전伸展하고, 두 발목으로 발뒤꿈치를 30도度[227] 정도 가볍게 든다.[228]

② 동시同時에 견갑골근육군肩胛骨筋肉群의 힘으로 두 겨드랑이를 15도度 외전外轉시키고, 전완前腕과 손목은 가볍게 회내回內시킨다.

4

① 두 고관절을 이용하여 두 무릎을 동시同時에 족녕의자세足擰衣姿勢에서 굴곡屈曲시킨다.[229]

② 동시同時에 두 팔은 척추기립근脊椎起立筋과 견갑부위肩胛部位의 근육筋肉을 이용利用하여 두 견갑골肩胛骨을 척추脊椎에 수직垂直과 하향수평下向水平을 유지維持하여 붙인다.[230]

---

[227] 중족골中足骨과 마루의 각도角度이다.

[228] 두 무릎으로 신전伸展하여 몸통이 위로 움직여도 좌우축左右軸과 전후축前後軸 그리고 상하축上下軸을 바르게 유지維持해야 한다.

[229] 두 무릎을 내전內轉시키는 노력努力을 하지 않으면, 굴곡屈曲시킬 때 두 무릎이 벌어지고 좌우축左右軸이 무너지면서 상하축上下軸-전후축前後軸 모두 흔들려서 기본자세가 무너지면서 축이 흔들리기 때문에 잔동작殘動作이 생긴다.

[230] 견갑부위肩胛部位를 좌우, 상하로 평면화平面化시키는 것은 자세의 아름다움도 표현되지만, 심호흡深呼吸을 수행遂行하는 데도 도움이 된다.

002 장단   뒤느린 건드렁 사위

장단: 느린 허튼타령

박자	1	2	3	4
정간보	⊖ ǀ	·	⊖ ǀ	—
구음	덩 따	떠	덩 기덕	—

1

① 시선視線은 아래사선下斜線을 유지維持하고, 중핵력대中核力帶에서 뽑아낸 힘으로 좌우축左右軸은 왼발 내전근육군內轉筋肉群과 엄지발가락에 위치位置시키고, 전후축前後軸은 왼 엄지발가락과 고관절股關節 전면부前面部에 위치位置시킨다.

② 호흡呼吸은 응지세호흡법凝止細呼吸法을 준수한다. 두 무릎을 굴곡屈曲시키면서 오른발은 우족녕의자세足擰衣姿勢의 왼무릎左膝을 전방前方으로 15도度 들어서 1족장足長[231] 뒤로

---

231) 무용수의 발바닥 전체 길이.

三. 경기검무京畿劍舞 전승내용傳承內容

디딤새 하는데, 엄지발가락-족궁足弓-뒤꿈치의 순서順序로 마루를 디딘다.

③ 좌우축左右軸과 전후축前後軸을 오른발로 옮기고, 왼발바닥은 뒤꿈치를 살짝 들어 엄지발가락 중심中心으로 마루에 미끄러져서 오른발 엄지발가락 앞에 디디면서 두 무릎을 신전伸展시킨다. 이때 두 다리는 전교보법剪鉸步法으로 디딤새 한다.[232]

④ 좌우축左右軸과 전후축前後軸은 오른발과 왼발 내측內側에 위치位置시킨다.

⑤ 동시同時에 두 팔은 기본완녕의자세基本腕擰衣姿勢를 유지維持한다.

2

① 두 무릎의 오금膝膕을 굴곡屈曲시킨다.
② 동시同時에 두 팔은 기본완녕의자세基本腕擰衣姿勢를 유지維持한다.

3

① 먼저 몸통을 좌우축左右軸을 중심中心으로 30도度 좌측회전左側回轉시키면서 동시同時에 오른쪽 견쇄골肩鎖骨을 각성覺醒시키고, 두 무릎의 오금膝膕을 신전伸展시켜서 일어선다.
② 동시同時에 우완녕의자세右腕擰衣姿勢의 오른팔 팔꿈치를 90도度 외전外轉시키고,[233] 다음으로 전완前腕을 신전伸展시킨다.
③ 손바닥굴곡手底側屈曲 형태形態로 손목을 들고 손가락을 뻗어서 힘의 동선動線이 공간空間으로 뻗어 나아가게 한다.[234]

4

① 두 무릎의 오금膝膕을 굴곡屈曲시킨다.
② 동시同時에 우완녕의자세右腕擰衣姿勢의 오른팔 팔꿈치를 75도度 내전內轉시키면서 회내回內시키고 손등굴곡手背屈曲의 형태形態를 만든다. 왼팔은 기본완녕의자세基本腕擰衣姿勢를 유지維持한다.

---

232) 지레가 수평이 되는 경우는 분동分銅의 무게×받침점으로부터의 거리에서 좌우가 같게 될 때라는 지레의 원리를 이용한 받침점(무릎)이 힘점(대퇴근력)과 작용점(하퇴이동) 사이에 있는 중간지점식 가위交刀를 말한다.

233) 견갑골근육군肩胛骨筋肉群을 이용利用하여 팔꿈치를 들어 올리는데, 어깨높이를 낮게 유지維持시킨다.

234) 팔을 움직이는 동작動作에서 힘의 동선動線은 견갑골肩胛骨 하각下角에서 어깨를 건너뛰고 팔꿈치 그리고 팔목과 손가락 끝으로 연결連結되게 만들어야 긴 팔이 크게 움직이는 것으로 보인다.

003 장단　느린 건드렁 사위

🪘 **장단: 느린 허튼타령**

1

① 시선視線은 아래사선下斜線을 유지維持하고, 중핵력대中核力帶에서 뽑아낸 힘으로 좌우축左右軸은 왼발 내전근內轉筋과 엄지발가락에 위치位置시키고, 전후축前後軸은 왼엄지발가락에 위치位置시킨다.

② 호흡呼吸은 응지세호흡법凝止細呼吸法을 준수한다. 두 무릎은 굴곡屈曲시키면서 오른발에 좌우축左右軸과 전후축前後軸을 둔다.

三. 경기검무京畿劍舞 전승내용傳承內容

③ 왼발은 좌족녕의자세左足擰衣姿勢의 왼무릎左膝을 전방前方으로 15도度 들어서 1족장足長 뒤로 디딤새 하는데, 엄지발가락부터 마루를 디딘다.

④ 좌우축左右軸과 전후축前後軸을 왼발로 옮기고, 동시同時에 오른발바닥은 뒤꿈치를 살짝 들어 엄지발가락 중심中心으로 마루에 미끄러져서 왼발엄지발가락 앞에 디디면서 두 무릎을 신전伸展시킨다. 이때 두 다리는 전교보법剪鉸步法으로 디딤새 하며, 좌우축左右軸과 전후축前後軸은 오른발과 왼발 내측內側에 위치位置시킨다.

⑤ 동시同時에 우완녕의자세右腕擰衣姿勢의 오른팔 팔꿈치를 90도度 외전外轉시키면서 회내回內시키고 손등굴곡手背屈曲의 형태形態로 팔꿈치는 굴곡屈曲시키고, 다시 손목을 신전伸展시키는 동작動作을 자연스럽게 수행遂行한다.

2

① 두 무릎의 오금膝膕을 굴곡屈曲시킨다.

② 동시同時에 우완녕의자세右腕擰衣姿勢의 오른쪽 겨드랑이를 살짝 내리면서 손등굴곡手背屈曲의 형태形態로 팔꿈치는 신전伸展시키고, 손목은 굴곡屈曲시키는 동작動作을 자연스럽게 수행遂行한다.

3

① 두 무릎의 오금膝膕을 신전伸展시켜서 일어선다.

② 동시同時에 우완녕의자세右腕擰衣姿勢의 오른쪽 겨드랑이를 들어 올리면서 손등굴곡手背屈曲의 형태形態로 팔꿈치는 굴곡屈曲시키고 손목은 신전伸展시키는 동작動作을 자연스럽게 수행遂行한다.

③ 오른쪽 견쇄골肩鎖骨의 하향수평下向水平을 유지維持한다.

4

① 두 무릎의 오금膝膕을 굴곡屈曲시킨다.

② 동시同時에 우완녕의자세右腕擰衣姿勢의 오른팔꿈치를 이용利用하여 오른팔을 외측회전外側回轉과 손바닥을 회내回內시켜서 살짝 낮추면서 손등굴곡手背屈曲의 형태形態를 만든다.

③ 겨드랑이 각도角度는 유지維持하고 오른팔의 회내回內-손등굴곡手背屈曲 형태形態를 유지維持한다. 왼팔은 기본완녕의자세基本腕擰衣姿勢를 유지維持한다.

004 장단　잦은 건드렁 사위

장단 : 느린 허튼타령

박자	1	2	3	4
정간보	⊖　｜	·	⊖　｜	—
구음	덩　따	떠	덩　기덕	—

1

① 시선視線은 아래사선下斜線을 유지維持하고 중핵력대中核力帶에서 뽑아낸 힘으로 좌우축左右軸은 오른발 내전근內轉筋과 엄지발가락에 위치位置시키고 전후축前後軸은 오른엄지발가락에 위치位置시킨다.

② 호흡呼吸은 응지세호흡법凝止細呼吸法을 준수한다. 오른무릎右膝은 굴신屈伸하고 왼발은 좌족녕의자세左足擰衣姿勢의 왼무릎左膝을 전방前方으로 15도度 들어서 1족장足長 뒤로 선장지보법先將指步法으로 디딤새 하면서 신전伸展한다.

三. 경기검무京畿劍舞 전승내용傳承內容

③ 디딤새 과정過程에서 두 다리는 전교보법剪鉸步法으로 하고, 좌우축左右軸과 전후축前後軸은 오른발과 왼발 내측內側에 위치位置시킨다.
④ 동시同時에 우완녕의자세右腕擰衣姿勢의 오른팔 겨드랑이 각도角度와 회내回內-손등굴곡手背屈曲 형태形態를 유지維持하고, 왼팔은 기본완녕의자세基本腕擰衣姿勢를 유지維持한다.

2

① 왼발에 좌우축左右軸과 전후축前後軸을 두고 굴신屈伸한다.
② 오른발은 우족녕의자세右足擰衣姿勢의 왼무릎左膝을 전방前方으로 15도度 들어서 1족장足長 뒤로 선장지보법先將指步法으로 디딤새 하면서 신전伸展한다.
③ 디딤새 과정過程에서 두 다리는 전교보법剪鉸步法으로 딛고, 좌우축左右軸과 전후축前後軸은 오른발과 왼발 내측內側에 위치位置시킨다.
④ 동시同時에 우완녕의자세右腕擰衣姿勢의 오른팔 겨드랑이 각도角度와 회내回內-손등굴곡手背屈曲 형태形態를 유지維持하고, 왼팔은 기본완녕의자세基本腕擰衣姿勢를 유지維持한다.

3

① 오른발에 좌우축左右軸과 전후축前後軸을 두고 굴신屈伸한다.
② 왼발은 좌족녕의자세左足擰衣姿勢의 왼무릎左膝을 전방前方으로 15도度 들어서 1족장足長 뒤로 선장지보법先將指步法으로 디딤새 하면서 신전伸展한다.
③ 디딤새 과정過程에서 두 다리는 전교보법剪鉸步法으로 딛고, 좌우축左右軸과 전후축前後軸은 오른발과 왼발 내측內側에 위치位置시킨다.
④ 동시同時에 우완녕의자세右腕擰衣姿勢의 오른팔 겨드랑이 각도角度와 회내回內-손등굴곡手背屈曲 형태形態를 유지維持하고, 왼팔은 기본완녕의자세基本腕擰衣姿勢를 유지維持한다.

4

① 왼발에 좌우축左右軸과 전후축前後軸을 두고 굴신屈伸한다.
② 오른발은 우족녕의자세右足擰衣姿勢의 왼무릎左膝을 전방前方으로 15도度 들어서 1족장足長 뒤로 선장지보법先將指步法으로 디딤새 하면서 신전伸展한다.
③ 디딤새 과정過程에서 두 다리는 전교보법剪鉸步法으로 하고, 좌우축左右軸과 전후축前後軸은 오른발과 왼발 내측內側에 위치位置시킨다.
④ 동시同時에 우완녕의자세右腕擰衣姿勢의 오른팔의 겨드랑이 각도角度와 회내回內-손등굴곡手背屈曲 형태形態를 유지維持하고, 왼팔은 기본완녕의자세基本腕擰衣姿勢를 유지維持한다.

005 장단　앞느린 건드렁 사위

🎵 장단 : 느린 허튼타령

박자	1		2		3		4	
정간보	⊖	ǀ	·		⊖	｜	—	
구음	덩	따	떠		덩	기덕	—	

1

① 시선視線은 아래사선下斜線을 유지維持하고 중핵력대中核力帶에서 뽑아낸 힘으로 좌우축左右軸은 왼발 내전근內轉筋과 엄지발가락에 위치位置시키고 전후축前後軸은 왼엄지발가락에 위치位置시킨다.

② 호흡呼吸은 응지세호흡법凝止細呼吸法을 준수한다. 두 무릎의 오금膝膕을 굴곡屈曲시켰다가 오른발은 우족녕의자세右足擰衣姿勢의 왼무릎左膝을 전방前方으로 15도度 들어서 1족

三. 경기검무京畿劍舞 전승내용傳承內容

　　장足長 앞으로 디딤새 하는데, 선종보법先踵步法으로 디딘다.
③ 동시同時에 우완녕의자세右腕擰衣姿勢의 오른팔 겨드랑이 각도角度와 회내回內－손등굴곡手背屈曲 형태形態를 유지維持하고, 왼팔은 기본완녕의자세基本腕擰衣姿勢를 유지維持한다.
④ 좌우축左右軸과 전후축前後軸을 오른발로 옮기고, 왼발바닥은 뒤꿈치를 살짝 들어 엄지발가락 중심中心으로 마루에 미끄러져서 오른발 엄지발가락 앞에 디디면서 두 무릎을 신전伸展시킨다.

2

① 두 무릎의 오금膝膕을 굴곡屈曲시킨다.
② 동시同時에 우완녕의자세右腕擰衣姿勢의 오른팔꿈치 유도誘導 아래 손목을 최대로 손등굴곡手背屈曲시켰다가 오른팔을 90도度 내측회전內側回轉시켜 대퇴大腿 앞에 위치位置시킨다.

3

① 두 무릎의 오금膝膕을 신전伸展시켜서 일어선다.
② 동시同時에 좌완녕의자세左腕擰衣姿勢의 왼팔꿈치 유도誘導 아래 상완上腕을 90도度 외전外轉시키고, 다음은 손바닥굴곡手底側屈曲 형태形態로 전완前腕을 펼쳐든다.

4

① 두 무릎의 오금膝膕을 굴곡屈曲시킨다.
② 동시同時에 왼쪽 견쇄골肩鎖骨을 각성覺醒시킨 몸통자세姿勢를 유지維持한다.

006 장단 | 느린 건드렁 사위

🎵 장단 : 느린 허튼타령

1

① 시선視線은 아래사선下斜線을 유지維持하고 중핵력대中核力帶에서 뽑아낸 힘으로 좌우축左右軸은 왼발 내전근內轉筋과 엄지발가락에 위치位置시키고 전후축前後軸은 왼엄지발가락에 위치位置시킨다.
② 호흡呼吸은 응지세호흡법凝止細呼吸法을 준수한다. 좌완녕의자세左腕擰衣姿勢의 왼팔꿈치

三. 경기검무京畿劍舞 전승내용傳承內容

의 형태形態를 유지維持하고, 오른팔은 기본완녕의자세基本腕擰衣姿勢를 유지維持한다.

③ 두 무릎의 오금膝膕을 굴곡屈曲시킨다.

④ 오른발은 우족녕의자세右足擰衣姿勢의 왼무릎左膝을 전방前方으로 15도度 들어서 1족장足長 앞으로 디딤새 하는데, 선종보법先踵步法으로 디딘다.

⑤ 좌우축左右軸과 전후축前後軸을 오른발로 옮기고, 동시同時에 왼발바닥은 뒤꿈치를 살짝 들어 엄지발가락 중심中心으로 마루에 미끄러져서 오른발 엄지발가락 앞에 디디면서 두 무릎을 신전伸展시킨다.

2

① 두 무릎의 오금膝膕을 굴곡屈曲시킨다.
② 오른팔꿈치를 90도度 굴곡屈曲시킨다.

3

① 좌완녕의자세左腕擰衣姿勢의 왼팔꿈치 유도誘導 아래 상완上腕을 90도度 외전外轉시킨다.
② 다음은 전완前腕을 손바닥굴곡手底側屈曲 형태形態로 펼쳐든다.
③ 두 무릎의 오금膝膕을 신전伸展시켜서 일어선다.

4

① 왼쪽 견쇄골肩鎖骨을 각성覺醒시킨 몸통자세姿勢와 양兩옆구리를 변형變形시키지 말고 응지세호흡법凝止細呼吸法으로 내쉬면서 두 무릎의 오금膝膕을 굴곡屈曲시킨다.

007 장단 잦은 건드렁 사위

🎵 장단 : 느린 허튼타령

공연

연습

박자	1		2		3		4	
정간보	⊖	l	·		⊖	↑	—	
구음	덩	따	떠		덩	기덕	—	

1

① 시선視線은 아래사선下斜線을 유지維持하고 중핵력대中核力帶에서 뽑아낸 힘으로 좌우축左右軸은 왼발 내전근內轉筋과 엄지발가락에 위치位置시키고 전후축前後軸은 왼엄지발가락에 위치位置시킨다.

② 호흡呼吸은 응지세호흡법凝止細呼吸法을 준수한다.

③ 왼발에 좌우축左右軸과 전후축前後軸을 두고 굴신屈伸한다.

三. 경기검무京畿劍舞 전승내용傳承內容

④ 오른발뒤꿈치를 왼발 내과內踝에 붙이고 무릎을 굴곡屈曲하였다가 다시 신전伸展하면서 우족녕의자세右足擰衣姿勢의 왼무릎左膝을 전방前方으로 15도度 들어서 1족장足長씩 전前-내전內轉[235]으로 디딤새 한다.
⑤ 디딤새 과정過程에서 두 다리는 전교보법剪鉸步法으로 하고, 좌우축左右軸과 전후축前後軸은 두 엄지발가락 내측內側에 위치位置시킨다.
⑥ 좌완녕의자세左腕擰衣姿勢의 왼팔꿈치 유도誘導 아래 상완上腕을 90도度 외전外轉시키고, 다음은 손바닥굴곡手底側屈曲 형태形態로 전완前腕을 펼쳐들고, 오른팔은 기본완녕의자세基本腕擰衣姿勢를 유지維持한다.

2

① 오른발에 좌우축左右軸과 전후축前後軸을 두고 굴신屈伸한다.
② 왼발뒤꿈치를 오른발내과內踝에 붙여서 무릎을 굴곡屈曲하였다가 신전伸展하면서 좌족녕의자세左足擰衣姿勢의 왼무릎左膝을 전방前方으로 15도度 들어서 1족장足長 앞으로 전前-내전內轉으로 디딤새 한다.
③ 디딤새 과정過程에서 두 다리는 전교보법剪鉸步法으로 하고, 좌우축左右軸과 전후축前後軸은 오른발과 왼발 내측內側에 위치位置시킨다.
④ 좌완녕의자세左腕擰衣姿勢의 왼팔 형태形態를 유지維持하고, 오른팔은 기본완녕의자세基本腕擰衣姿勢를 유지維持한다.

3

① 왼발에 좌우축左右軸과 전후축前後軸을 두고 굴신屈伸한다.
② 오른발뒤꿈치를 왼발내과內踝에 붙여서 굴곡屈曲하였다가 신전伸展하면서 우족녕의자세右足擰衣姿勢의 왼무릎左膝을 전방前方으로 15도度 들어서 1족장足長 앞으로 전前-내전內轉으로 디딤새 한다.
③ 디딤새 과정過程에서 두 다리는 전교보법剪鉸步法으로 하고, 좌우축左右軸과 전후축前後軸은 오른발과 왼발 내측內側에 위치位置시킨다.
④ 좌완녕의자세左腕擰衣姿勢의 왼팔 형태形態를 유지維持하고, 오른팔은 기본완녕의자세基本腕擰衣姿勢를 유지維持한다. 호흡呼吸은 응지세호흡법凝止細呼吸法을 준수한다.

---

235) 앞으로 1족장足長 내디딜 때 1족장足長 내전內轉시킨다.

4

① 오른발에 좌우축左右軸과 전후축前後軸을 두고 굴신屈伸한다.

② 왼발뒤꿈치를 오른발내과內踝에 붙여서 굴곡屈曲하였다가 신전伸展하면서 좌족녕의자세左足擰衣姿勢의 왼무릎左膝을 전방前方으로 15도度 들어서 오른발내과內踝에 붙였던 발뒤꿈치를 몸통 기준 45도度 전좌사선향前左斜線向으로 외측회전外側回轉하면서 선종보법先踵步法으로 한 걸음 내디뎌서 왼발을 축軸으로 전신을 180도度 내측회전內側回轉한다.

③ 동시同時에 오른발도 우족녕의자세右足擰衣姿勢를 유지維持하면서 왼팔을 내려 오른팔과 함께 고관절股關節 후면後面을 쓸어내린다.

④ 두 엄지발가락은 90도度 각도角度를 유지維持하는데, 두 발 모두 선장지보법先將指步法으로 두 발뒤꿈치를 붙인다.

⑤ 1박拍에 동작완료動作完了하고 두 엄지발가락 첫마디에 좌우축左右軸과 전후축前後軸을 두고, 균형均衡을 유지維持한다.

三. 경기검무京畿劍舞 전승내용傳承內容

008 장단　　홰 사위

장단 : 느린 허튼타령

박자	1		2		3		4
정간보	⊖	ǀ	·		⊖	ǀ	─
구음	덩	따	떠		덩	기덕	─

1-2

① 시선視線은 중간사선中間斜線을 유지維持하고 중핵력대中核力帶에서 두 발의 내측면內側面을 거쳐 두 무릎과 두 발목 그리고 엄지발가락까지 뻗친 힘으로 전후축前後軸을 두고, 두 발의 족궁을 굴곡屈曲시키면서 마루를 당겨서 좌우축左右軸을 두 무릎의 중앙中央에 둔다.

② 동시同時에 양쪽 견갑골근육군肩胛骨筋肉群을 각성覺醒236)시켜서 완녕의자세腕擰衣姿勢의 두 팔꿈치 유도誘導 아래 상완上腕을 45도度 외전外轉시키고, 다음은 손바닥굴곡手底側屈曲 형태形態로 두 손목은 자연스럽게 내측회전內側回轉시켜서 12번 갈비뼈에 두 손의 검지를 올린다.
③ 호흡呼吸은 응지세호흡법凝止細呼吸法을 준수한다. 두 무릎과 발등足背을 30도度 굴곡屈曲시키면서 두 손목을 펴서 고관절股關節 측면側面으로 내려붙인다.
④ 두 무릎의 굴곡屈曲이 완료完了되는 시점時點에서 좌우축左右軸과 전후축前後軸을 다음 동작動作을 위하여 좌측左側으로 이동移動한다.

3-4

① 두 무릎의 오금膝膕을 신전伸展시킨다.
② 완녕의자세腕擰衣姿勢의 두 팔꿈치 유도誘導 아래 상완上腕을 90도度 외전外轉시키는데,237) 손목은 손바닥 굴곡屈曲시켰다가 박자拍子에 맞게 신전伸展시킨다.

---

236) 두 견쇄골肩鎖骨을 각성覺醒시키지 못하면, 견봉肩峯이 내측굴곡內側屈曲되면서 팔꿈치가 전면前面으로 돌출突出되므로 등도 굽어 보이고 춤에 우아함이 사라진다.
237) 오른쪽 팔꿈치의 전완前腕을 조금 과장誇張시키는 것은 다음 동작動作이 왼쪽으로 발 디딤새 하기 때문으로 관객觀客에게 무용수의 이동경로移動經路를 예시豫示해주는 방법方法으로 유용有用하다.

三. 경기검무京畿劍舞 전승내용傳承內容

009 장단　　오른 홰 사위

🥁 장단: 느린 허튼타령

박자	1	2	3	4
정간보	⊖　│	·	⊖　╿	—
구음	덩　따	떠	덩　기덕	—

1

① 시선視線은 중간사선中間斜線을 유지維持하고 중핵력대中核力帶에서 두 발의 내측면內側面을 거쳐 두 무릎과 두 발목 그리고 엄지발가락까지 뻗친 힘으로 전후축前後軸을 두고, 두 발의 족궁을 굴곡屈曲시키면서 마루를 당겨서 좌우축左右軸을 두 무릎의 중앙中央에 둔다.

② 왼발 엄지발가락에 좌우축左右軸과 전후축前後軸을 두고, 완녕의자세腕擰衣姿勢의 두 팔

꿈치로 상완上腕을 90도度 외전外轉시키고, 손목은 손바닥굴곡手底側屈曲 형태形態로 유지維持한다.
③ 호흡呼吸은 응지세호흡법凝止細呼吸法을 준수한다. 왼발내과內踝에 외전상태外轉狀態로 붙이고 있던 오른발뒤꿈치는 우족녕의자세右足擰衣姿勢의 왼무릎左膝을 옆으로 15도度 들어 오른쪽으로 한 걸음 선종보법先踵步法으로 디딤새 한다.

2

① 오른엄지발가락에 좌우축左右軸과 전후축前後軸을 두고, 완녕의자세腕擰衣姿勢의 두 팔꿈치의 외전外轉과 손목의 상태狀態는 유지維持한다.
② 왼발뒤꿈치는 좌족녕의자세左足擰衣姿勢의 왼무릎左膝을 옆으로 15도度 들어 오른발목내과內踝에 붙이는 디딤을 진행進行한다.

3

① 왼발엄지발가락에 좌우축左右軸과 전후축前後軸을 둔다.
② 왼발내과內踝에 붙이고 있던 오른발뒤꿈치는 우족녕의자세右足擰衣姿勢의 왼무릎左膝을 옆으로 15도度 들어 오른쪽으로 한 걸음 선종보법先踵步法으로 디딤새를 한다.
③ 걸음이 완료完了되면 오른엄지발가락에 좌우축左右軸과 전후축前後軸을 두고, 빨리 왼발의 고관절股關節을 이용하여 옆으로 15도度 들어 한 걸음 선종보법先踵步法으로 디뎌 오른발뒤꿈치에 붙인다.

4

① 왼엄지발가락에 좌우축左右軸과 전후축前後軸으로 두고, 오른발엄지발가락 중심中心으로 오른쪽으로 1족장足長 디딤새 한다.
② 몸통의 방향方向을 좌측으로 45도度 회전回轉하고, 두 무릎을 굴신屈伸한다.

三. 경기검무京畿劍舞 전승내용傳承內容

| 010 장단 | 왼 홰 사위 |

🎵 장단: 느린 허튼타령

박자	1		2	3		4
정간보	⊖	ǀ	·	⊖	ǀ	—
구음	덩	따	떠	덩	기덕	—

| 1 |

① 시선視線은 중간사선中間斜線을 유지維持하고 중핵력대中核力帶에서 두 발의 내측면內側面을 거쳐 두 무릎과 두 발목 그리고 엄지발가락까지 뻗친 힘으로 전후축前後軸을 두고, 두 발의 족궁足弓을 굴곡屈曲시키면서 기저면基底面을 넓혀서 좌우축左右軸을 두 무릎의 중앙中央에 둔다.

② 오른엄지발가락에 좌우축左右軸과 전후축前後軸을 두고, 완녕의자세腕擰衣姿勢의 두 팔꿈

치의 외전外轉과 손바닥굴곡屈曲掌屈曲은 유지維持한다.

③ 호흡呼吸은 응지세호흡법凝止細呼吸法을 준수한다. 좌족녕의자세左足擰衣姿勢의 왼무릎左膝을 옆으로 15도度 들어 왼쪽으로 한 걸음 선종보법先踵步法으로 디딤새 한다.

2

① 왼엄지발가락에 좌우축左右軸과 전후축前後軸을 두고, 완녕의자세腕擰衣姿勢의 두 팔꿈치의 외전外轉과 손바닥굴곡掌屈曲은 유지維持한다.

② 두 무릎의 오금膝膕을 굴곡屈曲한다.

3

① 왼엄지발가락에 좌우축左右軸과 전후축前後軸을 둔 상태狀態이며, 완녕의자세腕擰衣姿勢의 두 팔꿈치의 외전外轉과 손바닥굴곡掌屈曲은 유지維持한다.

② 우족녕의자세右足擰衣姿勢의 오른무릎左膝을 옆으로 15도度 들어 선종보법先踵步法으로 진행進行한다.

4

① 오른엄지발가락에 좌우축左右軸과 전후축前後軸을 두고, 완녕의자세腕擰衣姿勢의 두 팔꿈치의 외전外轉과 손바닥굴곡掌屈曲은 유지維持한다.

② 두 무릎을 신전伸展시킨다.

三. 경기검무 京畿劍舞 전승내용 傳承內容

011 장단   홰 사위

장단: 느린 허튼타령

공연

연습

박자	1	2	3	4
정간보	⊖ ǀ	· 떠	⊖ ↑	─
구음	덩 따	떠	덩 기덕	─

1

① 시선視線은 중간사선中間斜線을 유지維持하고 중핵력대中核力帶에서 두 발의 내측면內側面을 거쳐 두 무릎과 두 발목 그리고 엄지발가락까지 뻗친 힘으로 전후축前後軸을 두고, 두 발의 족궁足弓을 굴곡屈曲시키면서 기저면基底面을 넓혀서 좌우축左右軸을 두 무릎의 중앙中央에 둔다.

② 오른엄지발가락에 좌우축左右軸과 전후축前後軸을 두고, 완녕의자세腕擰衣姿勢의 두 팔꿈

치의 외전外轉과 손바닥굴곡掌屈曲은 유지維持한다.

③ 호흡呼吸은 응지세호흡법凝止細呼吸法을 준수한다. 좌족녕의자세左足擰衣姿勢의 왼무릎左膝을 옆으로 15도度 들어서 한 걸음 선종보법先踵步法으로 디딤새 한다.

④ 두 무릎을 약간 굴곡屈曲한다.

2

① 왼엄지발가락에 좌우축左右軸과 전후축前後軸을 두고, 완녕의자세腕擰衣姿勢의 두 팔꿈치의 외전外轉과 손바닥굴곡掌屈曲은 유지維持한다.

② 오른뒤꿈치를 왼뒤꿈치에 붙이고 두 무릎을 신전伸展한다.

③ 오른엄지발가락에 좌우축左右軸과 전후축前後軸을 둔다.

3

① 완녕의자세腕擰衣姿勢의 두 팔꿈치의 외전外轉과 손바닥굴곡掌屈曲은 유지維持한다.

② 좌족녕의자세左足擰衣姿勢의 왼무릎左膝을 옆으로 15도度 들어서 한 걸음 선종보법先踵步法으로 디딤새 한다.

③ 왼엄지발가락에 좌우축左右軸과 전후축前後軸을 두며, 두 무릎의 오금膝膕을 굴곡屈曲하였다가

④ 오른뒤꿈치를 왼뒤꿈치에 붙이고 두 무릎을 신전伸展한다.

4

① 오른엄지발가락에 좌우축左右軸과 전후축前後軸을 둔 상태狀態이며, 완녕의자세腕擰衣姿勢의 두 팔꿈치의 외전外轉과 손바닥굴곡掌屈曲은 유지維持한다.

② 좌족녕의자세左足擰衣姿勢의 왼무릎左膝을 옆으로 15도度 들어서 한 걸음을 선종보법先踵步法으로 내딛는다.

③ 왼엄지발가락에 좌우축左右軸과 전후축前後軸을 두며, 두 무릎의 오금膝膕을 굴곡屈曲하였다가

④ 오른뒤꿈치를 왼뒤꿈치에 붙이고 두 무릎을 신전伸展한다.

三. 경기검무京畿劍舞 전승내용傳承內容

012 장단 　뒤느린 겹머리 사위

🎵 장단: 느린 허튼타령

박자	1		2		3		4
정간보	⊖	∣	·		⊖	∣	—
구음	덩	따	떠		덩	기덕	—

1

① 시선視線은 중간사선中間斜線을 유지維持하고, 중핵력대中核力帶에서 왼발의 내측면內側面을 거쳐 무릎과 발목 그리고 엄지발가락까지 뻗친 힘으로 전후축前後軸을 두고, 왼발의 족궁足弓을 굴곡屈曲시키면서 기저면基底面을 넓혀서 좌우축左右軸을 삼는다.

② 호흡呼吸은 응지세호흡법凝止細呼吸法을 준수한다. 두 무릎을 신전伸展한다.

③ 왼내과內踝에 붙였던 우족녕의자세右足攑衣姿勢의 오른무릎을 신전伸展시켜서 앞으로

15도度 들었다가 다시 우족녕의자세右足擰衣姿勢로 무릎을 몸통 우측右側으로 45도度 회전回轉시키면서 후방後方 직선直線으로 선장지보법先將指步法으로 한 걸음 디딤새 한다.
④ 동시同時에 완녕의자세腕擰衣姿勢의 두 팔꿈치를 겨드랑이가 180도度 되도록 상완上腕을 외전外轉시키는데, 두 팔꿈치는 160도度 굴곡屈曲시키고 손목은 곧게 뽑아 뻗어 올린다.
⑤ 좌우축左右軸과 전후축前後軸을 오른엄지발가락으로 바꾸고, 왼뒤꿈치를 살짝 든 상태狀態로 오른내과內踝에 빨리 붙인다.

2

① 오른엄지발가락에 좌우축左右軸과 전후축前後軸을 둔다.
② 두 무릎의 오금膝膕을 굴곡屈曲한다.
③ 동시同時에 완녕의자세腕擰衣姿勢의 두 팔꿈치는 겨드랑이가 135도度 되도록 상완上腕을 내전內轉시키고 전완前腕과 손목은 위로 곧게 뻗친 상태狀態이다.

3

① 오른엄지발가락에 좌우축左右軸과 전후축前後軸을 둔다.
② 두 무릎을 신전伸展한다.
③ 동시同時에 완녕의자세右腕擰衣姿勢의 두 팔의 상완을 90도度 되도록 내전內轉시키는데 우전완右前腕은 45도度 우사선右斜線에 수직垂直으로 세우고, 좌전완左前腕은 전방수평前方水平으로 하며 손목은 15도度의 손등굴곡手背屈曲을 시도試圖하면서 내린다.

4

① 오른엄지발가락에 좌우축左右軸과 전후축前後軸을 둔다.
② 두 무릎의 오금膝膕을 굴곡屈曲한다.
③ 완녕의자세腕擰衣姿勢의 두 주관절肘關節을 동시同時에 90도度 외전外轉시켜서 원상태原狀態인 겨드랑이 180도度, 주관절肘關節 160도度로 원상복귀原狀復歸시킨다.

三. 경기검무京畿劍舞 전승내용傳承内容

013 장단   느린 겹머리 사위

🎼 장단: 느린 허튼타령

박자	1		2	3		4
정간보	⊖	l	·	⊖	↑	—
구음	덩	따	떠	덩	기덕	—

1

① 시선視線은 중간사선中間斜線을 유지維持하고, 중핵력대中核力帶에서 오른발의 내측면內側面을 거쳐 무릎과 발목 그리고 엄지발가락까지 뻗친 힘으로 전후축前後軸을 두고, 오른발의 족궁足弓을 굴곡屈曲시키면서 기저면基底面을 넓혀서 좌우축左右軸을 삼는다.

② 호흡呼吸은 응지세호흡법凝止細呼吸法을 준수한다. 두 무릎을 신전伸展한다.

③ 완녕의자세腕擰衣姿勢의 두 팔꿈치를 겨드랑이가 180도度 되도록 상완上腕을 외전外轉

159

시키는데, 두 팔꿈치는 160도度 굴곡屈曲시키고 손목은 곧게 뽑아 뻗어 올린 상태狀態이다.

④ 오른내과內踝에 붙였던 좌족녕의자세左足擰衣姿勢의 왼다리를 신전伸展시켜서 앞으로 들었다가 다시 좌족녕의자세左足擰衣姿勢의 무릎을 몸통 좌측左側으로 45도度 회전回轉시키면서 후방後方 직선直線으로 한 걸음 선장지보법先將指步法으로 디딤새 한다.

⑤ 좌우축左右軸과 전후축前後軸을 왼엄지발가락에 두고, 오른뒤꿈치를 살짝 든 상태狀態로 왼내과內踝에 빨리 붙인다.

2

① 왼엄지발가락에 좌우축左右軸과 전후축前後軸을 둔다.
② 두 무릎의 오금膝膕을 굴곡屈曲한다.
③ 완녕의자세腕擰衣姿勢의 두 팔꿈치를 겨드랑이가 135도度 되도록 상완上腕을 내전內轉시키는데, 전완前腕과 손목은 위로 곧게 뻗친 상태狀態이다.

3

① 왼엄지발가락에 좌우축左右軸과 전후축前後軸을 둔다.
② 두 무릎을 신전伸展한다.
③ 동시同時에 완녕의자세腕擰衣姿勢의 두 팔꿈치를 겨드랑이가 90도度 되도록 상완上腕을 내전內轉시키는데, 좌전완左前腕은 45도度 좌사선左斜線에 수직垂直으로 세우고, 우전완右前腕은 전방수평前方水平으로 하며, 손목은 15도度의 손등굴곡手背屈曲을 시도試圖하면서 내린다.

4

① 왼엄지발가락에 좌우축左右軸과 전후축前後軸을 둔다.
② 두 무릎의 오금膝膕을 굴곡屈曲한다.
③ 동시同時에 완녕의자세腕擰衣姿勢의 두 주관절肘關節을 동시同時에 90도度 외전外轉시켜서 원상태原狀態인 겨드랑이 180도度, 주관절肘關節 160도度로 원상복귀原狀復歸시킨다.

三. 경기검무京畿劍舞 전승내용傳承內容

| 014 장단 | 잦은 겹머리 사위 |

🎵 장단 : 느린 허튼타령

박자	1	2	3	4
정간보	⊖ ∣	·	⊖ ↑	—
구음	덩 따	떠	덩 기덕	—

1

① 시선視線은 중간사선中間斜線을 유지維持하고, 중핵력대中核力帶에서 왼발의 내측면內側面을 거쳐 무릎과 발목 그리고 엄지발가락까지 뻗친 힘으로 전후축前後軸을 두고, 왼발의 족궁足弓을 굴곡屈曲시키면서 기저면基底面을 넓혀서 좌우축左右軸을 삼는다.

② 호흡呼吸은 응지세호흡법凝止細呼吸法을 준수한다. 왼무릎左膝을 신전伸展시키고 왼내과內踝에 붙였던 우족녕의자세右足擰衣姿勢의 오른다리를 신전伸展시켜서 앞으로 들었다가

다시 우족녕의자세右足攛衣姿勢의 무릎을 몸통 우측右側으로 15도度[238] 회전回轉시키면서 후방後方 직선直線으로 한 걸음 선장지보법先將指步法으로 디딤새 한다.

③ 완녕의자세腕攛衣姿勢의 두 팔의 겨드랑이가 180도度 되도록 상완上腕을 들어 올리고, 두 팔꿈치는 160도度 굴곡屈曲시키며, 손목은 곧게 뻗은 상태狀態에서 약간 굴신屈伸한다.

④ 연결連結하여 좌완녕의자세左腕攛衣姿勢의 왼팔꿈치는 겨드랑이가 15도度로 상완上腕을 내전內轉시키면서 전완前腕은 굴곡屈曲시키고 손목은 15도度 굴신屈伸하며, 우완녕의자세右腕攛衣姿勢의 오른팔꿈치는 겨드랑이가 90도度로 상완上腕을 내전內轉시키면서 전완前腕은 곧게 위로 들고 손목은 15도度 굴신屈伸한다.

⑤ 곧바로 우완녕의자세右腕攛衣姿勢의 오른쪽 전완前腕은 주관절肘關節을 내전內轉시켰다가 팔꿈치의 유도誘導로 외전外轉시키면서 원상태原狀態로 복귀復歸시키고, 좌완녕의자세左腕攛衣姿勢의 왼팔도 팔꿈치로 외전外轉시키면서 원상복귀原狀復歸시킨다.

⑥ 좌우축左右軸과 전후축前後軸을 오른엄지발가락에 두고, 왼뒤꿈치를 살짝 든 상태狀態로 오른내과內踝에 빨리 붙인다.

2

① 오른엄지발가락에 좌우축左右軸과 전후축前後軸을 둔다.

② 오른무릎右膝을 신전伸展시키고 오른내과內踝에 붙였던 좌족녕의자세左足攛衣姿勢의 왼다리를 신전伸展시켜서 앞으로 들었다가 좌족녕의자세左足攛衣姿勢의 무릎을 몸통 좌측左側으로 15도度 회전回轉시키면서 후방後方 직선直線으로 한 걸음 선장지보법先將指步法으로 디딤새 한다.

③ 완녕의자세腕攛衣姿勢의 두 팔의 겨드랑이가 180도度 되도록 상완上腕을 들어 올리고, 두 팔꿈치는 160도度 굴곡屈曲시키며, 손목은 곧게 뻗은 상태狀態에서 약간 굴신屈伸한다.

④ 연결連結하여 우완녕의자세右腕攛衣姿勢의 오른팔꿈치는 겨드랑이가 15도度로 상완上腕을 내전內轉시키면서 전완前腕은 굴곡屈曲시키고 손목은 15도度 굴신屈伸하며, 좌완녕의자세左腕攛衣姿勢의 왼팔꿈치는 겨드랑이가 90도度로 상완上腕을 내전內轉시키면서 전완

---

[238] 오른발을 뒤로 한 걸음 걷기에 부담負擔이 없는 정도程度.

三. 경기검무京戲劍舞 전승내용傳承內容

前腕은 곧게 위로 들고 손목은 15도度 굴신屈伸한다.

⑤ 곧바로 좌완녕의자세左腕擰衣姿勢의 왼쪽 전완前腕은 주관절肘關節을 내전內轉시켰다가 팔꿈치의 유도誘導로 외전外轉시켜서 원상태原狀態로 복귀復歸시키고, 우완녕의자세右腕擰衣姿勢의 오른팔도 팔꿈치로 외전外轉시켜서 원상복귀原狀復歸시킨다.

⑥ 좌우축左右軸과 전후축前後軸을 왼엄지발가락에 두고, 오른뒤꿈치를 살짝 든 상태狀態로 왼내과內踝에 빨리 붙인다.

3

① 왼엄지발가락에 좌우축左右軸과 전후축前後軸을 둔다.

② 왼무릎左膝을 신전伸展시키고 왼내과內踝에 붙였던 우족녕의자세右足擰衣姿勢의 오른다리를 신전伸展시켜서 앞으로 들었다가 우족녕의자세右足擰衣姿勢의 무릎을 몸통 우측右側으로 15도度 회전回轉시키면서 후방後方 직선直線으로 한 걸음 선장지보법先將指步法으로 걷는다.

③ 완녕의자세腕擰衣姿勢의 두 팔의 겨드랑이가 180도度 되도록 상완上腕을 들어 올리고, 두 팔꿈치는 160도度 굴곡屈曲시키며, 손목은 곧게 뻗은 상태狀態에서 약간 굴신屈伸한다.

④ 연결連結하여 좌완녕의자세左腕擰衣姿勢의 왼팔꿈치는 겨드랑이가 15도度로 상완上腕을 내전內轉시키면서 전완前腕은 내전內轉시키고 손목은 15도度 굴신屈伸하며, 우완녕의자세右腕擰衣姿勢의 오른팔꿈치는 겨드랑이가 90도度로 상완上腕을 내전內轉시키면서 전완前腕은 곧게 위로 들고 손목은 15도度 굴신屈伸한다.

⑤ 곧바로 우완녕의자세右腕擰衣姿勢의 오른쪽 전완前腕은 주관절肘關節을 내전內轉시켰다가 팔꿈치의 유도誘導로 외전外轉시켜서 원상태原狀態로 복귀復歸시키고, 좌완녕의자세左腕擰衣姿勢의 왼팔도 팔꿈치로 외전外轉시켜서 원상복귀原狀復歸시킨다.

⑥ 좌우축左右軸과 전후축前後軸을 오른엄지발가락에 두고, 왼뒤꿈치를 살짝 든 상태狀態로 오른내과內踝에 빨리 붙인다.

4

① 오른엄지발가락에 좌우축左右軸과 전후축前後軸을 둔다.

② 오른무릎右膝을 신전伸展시키고 오른내과內踝에 붙였던 좌족녕의자세左足擰衣姿勢의 왼다

리를 신전伸展시켜서 앞으로 들었다가 좌족녕의자세左足擰衣姿勢의 무릎을 몸통 좌측左側으로 15도度 회전回轉시키면서 후방後方 직선直線으로 한 걸음 선장지보법先將指步法으로 디딤새 한다.

③ 완녕의자세右腕擰衣姿勢의 두 팔의 겨드랑이가 180도度 되도록 상완上腕을 들어 올리고, 두 팔꿈치는 160도度 굴곡屈曲시키며, 손목은 곧게 뻗은 상태狀態에서 약간 굴신屈伸한다.

④ 연결連結하여 우완녕의자세右腕擰衣姿勢의 오른팔꿈치는 겨드랑이가 15도度로 상완上腕을 내전內轉시켜서 전완前腕은 굴곡屈曲시키고 손목은 15도度 굴신屈伸하며, 좌완녕의자세左腕擰衣姿勢의 왼팔꿈치는 겨드랑이가 90도度로 상완上腕을 내전內轉시켜서 전완前腕은 곧게 위로 들고 손목은 15도度 굴신屈伸한다.

⑤ 곧바로 좌완녕의자세左腕擰衣姿勢의 왼쪽 전완前腕은 주관절肘關節을 내전內轉시켰다가 팔꿈치의 유도誘導로 외전外轉시켜서 원상태原狀態로 복귀復歸시키고, 우완녕의자세右腕擰衣姿勢의 오른팔도 팔꿈치로 외전外轉시켜서 원상복귀原狀復歸시킨다.

⑥ 좌우축左右軸과 전후축前後軸을 왼엄지발가락에 두고, 오른뒤꿈치를 살짝 든 상태狀態로 왼내과內踝에 빨리 붙인다.

三. 경기검무京畿劍舞 전승내용傳承內容

| 015 장단 | 오 맴 채 사 위 |

🎵 장단: 느린 허튼타령

박자	1		2		3		4	
정간보	⊖	ǀ	·		⊖	↑	—	
구음	덩	따	떠		덩	기덕	—	

| 1 |

① 시선視線은 중간사선中間斜線을 유지維持하고, 중핵력대中核力帶에서 왼발의 내측면內側面을 거쳐 무릎과 발목 그리고 엄지발가락까지 뻗친 힘으로 전후축前後軸을 두고, 왼발의 족궁足弓을 굴곡屈曲시키면서 기저면基底面을 넓혀서 좌우축左右軸을 삼는다.

② 호흡呼吸은 응지세호흡법凝止細呼吸法을 준수한다. 완녕의자세腕擰衣姿勢의 두 겨드랑이를 90도度 외전外轉시키고, 오른팔꿈치를 굴곡屈曲시켰다가 바로 신전伸展시키면서 전신全

165

身의 우측右側 원회전圓回轉을 유도誘導하고 왼팔꿈치는 180도度 펴서 수평水平을 유지維持하면서 따라간다.

③ 동시同時에 왼무릎左膝을 신전伸展시키고, 우족녕의자세右足擰衣姿勢의 오른무릎右膝을 앞으로 들어 신전伸展하면서 1족장足長 전좌측前左側에 두 무릎이 가위처럼 교차交叉되도록 집중集中하며 마루에 선종보법先踵步法으로 디딘다.

④ 좌우축左右軸과 전후축前後軸을 오른엄지발가락으로 바꾼다.

2

① 오른엄지발가락에 좌우축左右軸과 전후축前後軸을 두며, 완녕의자세腕擰衣姿勢의 두 겨드랑이를 90도度 외전外轉시키고 두 팔꿈치를 수평水平으로 든 상태狀態이다.

② 오른무릎右膝을 신전伸展하고, 좌족녕의자세左足擰衣姿勢의 왼무릎左膝을 앞으로 들어 신전伸展하면서 몸통을 90도度 내측회전內側會轉시켜서 한 걸음 선종보법先踵步法으로 걷는다. 이때 전교보법剪鉸步法이 되도록 집중集中한다.

③ 좌우축左右軸과 전후축前後軸을 왼엄지발가락으로 바꾼다.

3

① 왼엄지발가락에 좌우축左右軸과 전후축前後軸을 두며, 완녕의자세腕擰衣姿勢의 두 겨드랑이를 90도度 외전外轉시키고 두 팔꿈치를 수평水平으로 든 상태狀態이다.

② 왼무릎左膝은 신전伸展하고, 우족녕의자세右足擰衣姿勢의 오른무릎右膝을 앞으로 들어 신전伸展하면서 원우측圓右測으로[239] 몸통을 180도度 내측회전內側會轉시켜서 한 걸음 선종보법先踵步法으로 디딤새 한다. 이때 좌우축左右軸이 견고堅固하게 두 무릎이 전교보법剪鉸步法으로 되도록 집중集中하며, 선종보법先踵步法으로 디딘다.

③ 좌우축左右軸과 전후축前後軸을 오른엄지발가락으로 바꾼다.

4

① 오른엄지발가락에 좌우축左右軸과 전후축前後軸을 두며, 두 겨드랑이를 90도度 외전外轉시키고 두 팔꿈치를 수평水平으로 든 상태狀態이다.

---

[239] 무릎의 이동경로가 우측으로 원호를 그린다.

三. 경기검무京畿劍舞 전승내용傳承內容

② 오른무릎右膝은 신전伸展하고, 좌족녕의자세左足擰衣姿勢의 왼무릎左膝을 앞으로 들어 신전伸展하면서 원우측圓右測으로 몸통을 90도度 내측회전內側會轉시켜서 선종보법先踵步法으로 한 걸음 걸어서 정면으로 돌아온다. 이때 전교보법剪鉸步法이 되도록 집중集中한다.

③ 좌우축左右軸과 전후축前後軸을 왼엄지발가락으로 바꾼다.

016 장단 왼 맴채 사위

🎵 장단: 느린 허튼타령

박자	1	2	3	4
정간보	⊖	ǀ ·	⊖	ǀ —
구음	덩 따	떠	덩	기덕 —

1

① 시선視線은 중간사선中間斜線을 유지維持하고, 중핵력대中核力帶에서 왼발의 내측면內側面을 거쳐 무릎과 발목 그리고 엄지발가락까지 뻗친 힘으로 전후축前後軸을 두고, 왼발의 족궁足弓을 굴곡屈曲시키면서 기저면基底面을 넓혀서 좌우축左右軸을 삼는다.

② 호흡呼吸은 응지세호흡법凝止細呼吸法을 준수한다. 완녕의자세腕擰衣姿勢의 두 겨드랑이를 90도度 외전外轉시키고 두 팔꿈치를 수평水平으로 든 상태狀態이다.

三. 경기검무京畿劍舞 전승내용傳承內容

③ 왼무릎左膝은 신전伸展하고, 우족녕의자세右足擰衣姿勢의 오른무릎右膝을 앞으로 들어 신전伸展하면서 1족장足長 전좌측前左測에 디딘다. 두 무릎을 교차交叉시키는 것에 집중集中한다.

④ 좌우축左右軸과 전후축前後軸을 오른엄지발가락으로 바꾼다.

2

① 오른엄지발가락에 좌우축左右軸과 전후축前後軸을 두며, 완녕의자세腕擰衣姿勢의 두 겨드랑이를 90도度 외전外轉시키고 두 팔꿈치를 수평水平으로 든 상태狀態이다.

② 오른무릎右膝은 신전伸展하고, 좌족녕의자세左足擰衣姿勢의 왼무릎左膝을 앞으로 들어 신전伸展하면서 좌측左測으로 몸통을 90도度 내측회전內側會轉시키면서 선종보법先踵步法으로 한 걸음 걷는데, 두 무릎을 교차交叉시키는 것에 집중集中한다.

③ 좌우축左右軸과 전후축前後軸을 왼엄지발가락으로 바꾼다.

3

① 왼엄지발가락에 좌우축左右軸과 전후축前後軸을 두며, 완녕의자세腕擰衣姿勢의 두 겨드랑이를 90도度 외전外轉시키고 두 팔꿈치를 수평水平으로 든 상태狀態이다.

② 왼무릎左膝은 신전伸展하고, 우족녕의자세右足擰衣姿勢의 오른무릎右膝을 앞으로 들어 신전伸展하면서 원좌측圓左測으로 몸통을 180도度 내측회전內側會轉시키면서 한 걸음 선종보법先踵步法으로 걷는데, 두 무릎을 교차交叉시키는 것에 집중集中한다.

③ 좌우축左右軸과 전후축前後軸을 오른엄지발가락으로 바꾼다.

4

① 오른엄지발가락에 좌우축左右軸과 전후축前後軸을 두며, 완녕의자세腕擰衣姿勢의 두 겨드랑이를 90도度 외전外轉시키고 두 팔꿈치를 수평水平으로 든 상태狀態이다.

② 오른무릎右膝은 신전伸展하고, 좌족녕의자세左足擰衣姿勢의 왼무릎左膝을 앞으로 들어 신전伸展하면서 원좌측圓左測으로 몸통을 90도度 내측회전內側會轉시키면서 한 걸음 선종보법先踵步法으로 걸어서 정면正面으로 회귀回歸하는데 두 무릎을 교차交叉시키는 것에 집중集中한다.

③ 좌우축左右軸과 전후축前後軸을 왼엄지발가락으로 바꾼다.

| 017 장단 | 앞느린 겹머리 사위 |

🥁 장단 : 느린 허튼타령

1

① 시선視線은 중간사선中間斜線을 유지維持하고, 중핵력대中核力帶에서 왼발의 내측면內側面을 거쳐 무릎과 발목 그리고 엄지발가락까지 뻗친 힘으로 전후축前後軸을 두고, 왼발의 족궁足弓을 굴곡屈曲시키면서 기저면基底面을 넓혀서 좌우축左右軸을 삼으며, 완녕의자세腕擰衣姿勢의 두 팔꿈치로 겨드랑이가 180도度 되도록 상완上腕을 외전外轉시키는데, 두 팔꿈치는 160도度 굴곡屈曲시키며 손목은 곧게 뽑아 뻗어 올린다.

② 호흡呼吸은 응지세호흡법凝止細呼吸法을 준수한다. 우족녕의자세右足擰衣姿勢의 오른발을

170

三. 경기검무京畿劍舞 전승내용傳承內容

앞으로 들어 신전伸展하면서 1족장足長 전좌측前左測[240]에 디디는데 몸통을 우측右側으로 45도度 비껴서고, 곧바로 좌족녕의자세左足攎衣姿勢의 왼발뒤꿈치를 앞으로 들어 옮겨서 오른발 내과內踝에 붙여서 신전伸展하며 선다.[241] 두 걸음 모두 무릎교차交叉에 집중集中한다.

③ 좌우축左右軸과 전후축前後軸을 오른엄지발가락으로 바꾸고, 왼뒤꿈치를 살짝 든 상태狀態로 오른내과內踝에 빨리 붙인다.

2

① 오른엄지발가락에 좌우축左右軸과 전후축前後軸을 두며, 완녕의자세腕攎衣姿勢의 두 팔꿈치는 겨드랑이가 135도度 되도록 상완上腕을 내전內轉시키는데, 전완前腕과 손목은 위로 곧게 뻗친 상태狀態이다.

② 두 무릎의 오금膝膕을 굴곡屈曲한다.

3

① 오른엄지발가락에 좌우축左右軸과 전후축前後軸을 둔다.
② 두 무릎을 신전伸展한다.
③ 동시同時에 우완녕의자세右腕攎衣姿勢의 오른팔 겨드랑이가 90도度 되도록 내려서 수평水平으로 전완前腕을 뻗고, 또한 좌완녕의자세左腕攎衣姿勢의 왼팔 겨드랑이도 90도度가 되도록 상완上腕을 수평水平으로 하며, 손목은 15도度의 손등굴곡手背屈曲을 시도試圖하면서 내린다.

4

① 오른엄지발가락에 좌우축左右軸과 전후축前後軸을 둔다.
② 두 무릎의 오금膝膕을 굴곡屈曲한다.
③ 완녕의자세右腕攎衣姿勢의 두 겨드랑이가 90도度 되도록 수평水平으로 내린 좌완녕의자세左腕攎衣姿勢의 왼쪽 전완前腕을 굴곡屈曲시켰다가 곧바로 팔꿈치를 신전伸展시키면서 원상태原狀態로 복귀復歸시키고, 우완녕의자세右腕攎衣姿勢의 오른팔도 팔꿈치로 외전外轉시켜서 원상복귀原狀復歸시킨다.

---

240) 두 무릎이 가위처럼 교차交叉되도록 디딤새 한다.
241) 왼발 뒤꿈치를 오른발 내과內踝에 대기 때문에 왼무릎左膝은 약간 굽혀 선다.

018 장단 느린 겹머리 사위

🔲 장단 : 느린 허튼타령

박자	1	2	3	4
정간보	⊖ ｜	·	⊖	❕	—
구음	덩 따	떠	덩	기덕	—

1

① 시선視線은 중간사선中間斜線을 유지維持하고, 중핵력대中核力帶에서 오른발의 내측면內側面을 거쳐 무릎과 발목 그리고 엄지발가락까지 뻗친 힘으로 전후축前後軸을 두고, 오른발의 족궁足弓을 굴곡屈曲시키면서 기저면基底面을 넓혀서 좌우축左右軸을 삼으며, 완녕의자세腕擰衣姿勢의 두 팔꿈치로 겨드랑이가 180도度 되도록 상완上腕을 외전外轉시키는데, 두 팔꿈치는 160도度 굴곡屈曲시키고 손목은 곧게 뻗어 올린 상태狀態이다.

三. 경기검무京畿劍舞 전승내용傳承內容

② 호흡呼吸은 응지세호흡법凝止細呼吸法을 준수한다. 좌족녕의자세左足擰衣姿勢의 왼발을 앞으로 들어 신전伸展하면서 1족장足長 전우측前右測에 디디는데 몸통을 좌측左側으로 45도度 비껴서고, 곧바로 우족녕의자세右足擰衣姿勢의 오른발뒤꿈치를 앞으로 들어 옮겨서 왼발내과內踝에 붙여서 신전伸展하며 선다. 두 걸음 모두 무릎교차交叉에 집중集中한다.

③ 좌우축左右軸과 전후축前後軸을 왼엄지발가락에 두고, 오른뒤꿈치를 살짝 든 상태狀態로 왼내과內踝에 빨리 붙인다.

2

① 왼엄지발가락에 좌우축左右軸과 전후축前後軸을 둔다.
② 완녕의자세腕擰衣姿勢의 두 팔꿈치를 겨드랑이가 135도度 되도록 상완上腕을 내전內轉시키는데, 전완前腕과 손목은 위로 곧게 뻗친 상태狀態이다.
③ 두 무릎의 오금膝膕을 굴곡屈曲한다.

3

① 왼엄지발가락에 좌우축左右軸과 전후축前後軸을 둔다.
② 두 무릎을 신전伸展한다.
③ 동시同時에 좌완녕의자세左腕擰衣姿勢의 왼팔 겨드랑이가 90도度 되도록 내전內轉시켜서 수평水平으로 전완前腕을 뻗고, 우완녕의자세右腕擰衣姿勢의 오른팔 겨드랑이도 90도度 되도록 내전內轉시켜서 상완上腕을 수평水平으로 하며 손목은 15도度의 손등굴곡手背屈曲을 시도試圖하면서 내린다.

4

① 왼엄지발가락에 좌우축左右軸과 전후축前後軸을 둔다.
② 두 무릎의 오금膝膕을 굴곡屈曲한다.
③ 동시同時에 완녕의자세腕擰衣姿勢의 두 겨드랑이가 90도度 되도록 내전內轉시킨 오른쪽 전완前腕을 굴곡屈曲시켰다가 팔꿈치를 신전伸展시키면서 원상태原狀態로 복귀復歸시키고 왼팔도 팔꿈치를 외전外轉시켜서 원상복귀原狀復歸시킨다.

019 장단   잦은 겹머리 사위

🎵 장단 : 느린 허튼타령

1

① 시선視線은 중간사선中間斜線을 유지維持하고, 중핵력대中核力帶에서 왼발의 내측면內側面을 거쳐 무릎과 발목 그리고 엄지발가락까지 뻗친 힘으로 전후축前後軸을 두고, 왼발의 족궁足弓을 굴곡屈曲시키면서 기저면基底面을 넓혀서 좌우축左右軸을 삼으며, 완녕의자세腕擰衣姿勢의 두 팔꿈치로 겨드랑이가 180도度 되도록 상완上腕을 외전外轉시키는데, 두 팔꿈치는 160도度 굴곡屈曲시키고 손목은 곧게 뽑아 뻗은 상태狀態에서 약간 굴신屈伸한다.

② 호흡呼吸은 응지세호흡법凝止細呼吸法을 준수한다. 왼무릎左膝을 신전伸展시키고 왼내과內

三. 경기검무京畿劍舞 전승내용傳承內容

踝에 붙였던 우족녕의자세右足擰衣姿勢의 오른발을 앞으로 들어 신전伸展하면서 몸통을 우측右側으로 30도度 비껴서 1족장足長 전좌측前左測에 디디면서 한 걸음 선종보법先踵步法으로 디딤새 한다.

③ 연결連結하여 좌완녕의자세左腕擰衣姿勢의 왼팔꿈치는 겨드랑이가 165도度로 상완上腕과 전완前腕을 내전內轉시키고 손목은 15도度 굴신屈伸하며, 우완녕의자세右腕擰衣姿勢의 오른팔꿈치는 겨드랑이가 90도度로 상완上腕을 내리면서 전완前腕은 곧게 위로 들고 손목은 15도度 굴신屈伸한다.

④ 곧바로 우완녕의자세右腕擰衣姿勢의 오른쪽 전완前腕은 주관절肘關節을 내전內轉시켰다가 팔꿈치의 유도誘導로 들어 원상태原狀態로 복귀復歸시키고, 좌완녕의자세左腕擰衣姿勢의 왼팔도 팔꿈치로 들어 원상복귀原狀復歸시킨다.

⑤ 좌우축左右軸과 전후축前後軸을 오른엄지발가락에 둔다.

2

① 오른엄지발가락에 좌우축左右軸과 전후축前後軸을 두고, 두 팔의 겨드랑이가 180도度 되도록 상완上腕을 들어 올리면서 두 팔꿈치는 160도度 굴곡屈曲시키고 손목은 곧게 뻗은 상태狀態에서 약간 굴신屈伸한다.

② 오른무릎右膝을 신전伸展시키고 오른내과內踝에 붙였던 좌족녕의자세左足擰衣姿勢의 왼발을 앞으로 들어 신전伸展하면서 몸통을 우측右側으로 30도度 비껴서 1족장足長 전우측前右測에 디디면서 한 걸음 선종보법先踵步法으로 디딤새 한다.

③ 연결連結하여 우완녕의자세右腕擰衣姿勢의 오른팔꿈치는 겨드랑이가 15도度로 상완上腕을 내리면서 전완前腕은 굴곡屈曲시키고 손목은 15도度 굴신屈伸하며, 좌완녕의자세左腕擰衣姿勢의 왼팔꿈치는 겨드랑이가 90도度로 상완上腕을 내리면서 전완前腕은 곧게 위로 들고 손목은 15도度 굴신屈伸한다.

④ 곧바로 좌완녕의자세左腕擰衣姿勢의 왼쪽 전완前腕은 주관절肘關節을 내전內轉시켰다가 팔꿈치의 유도誘導로 들어 원상태原狀態로 복귀復歸시키고, 우완녕의자세右腕擰衣姿勢의 오른팔도 팔꿈치로 들어 원상복귀原狀復歸시킨다.

⑤ 좌우축左右軸과 전후축前後軸을 왼엄지발가락에 둔다.

3

① 왼엄지발가락에 좌우축左右軸과 전후축前後軸을 두고, 완녕의자세腕擰衣姿勢의 두 팔의

겨드랑이가 180도度 되도록 상완上腕을 들어 올리고 두 팔꿈치는 160도度 굴곡屈曲시키고 손목은 곧게 뻗은 상태狀態에서 약간 굴신屈伸한다.

② 왼무릎左膝을 신전伸展시키고 왼내과內踝에 붙였던 우족녕의자세右足擰衣姿勢의 오른발을 앞으로 들어 신전伸展하면서 몸통을 우측右側으로 30도度 비껴서 1족장足長 전좌측前左測에 디디면서 한 걸음 선종보법先踵步法으로 디딤새 한다.

③ 연결連結하여 좌완녕의자세左腕擰衣姿勢의 왼팔꿈치는 겨드랑이가 15도度로 상완上腕을 내리면서 전완前腕은 굴곡屈曲을 시키고 손목은 15도度 굴신屈伸하며, 우완녕의자세右腕擰衣姿勢의 오른팔꿈치는 겨드랑이가 90도度로 상완上腕을 내리면서 전완前腕은 곧게 위로 들고 손목은 15도度 굴신屈伸한다.

④ 곧바로 우완녕의자세右腕擰衣姿勢의 오른쪽 전완前腕은 주관절肘關節을 내전內轉시켰다가 팔꿈치의 유도誘導로 들어 원상태原狀態로 복귀復歸시키고, 좌완녕의자세左腕擰衣姿勢의 왼팔도 팔꿈치로 들어 원상복귀原狀復歸시킨다.

⑤ 좌우축左右軸과 전후축前後軸을 오른엄지발가락에 둔다.

4

① 오른엄지발가락에 좌우축左右軸과 전후축前後軸을 두고, 완녕의자세腕擰衣姿勢의 두 팔의 겨드랑이가 180도度 되도록 상완上腕을 들어 올리는데 두 팔꿈치는 160도度 굴곡屈曲시키고 손목은 곧게 뻗은 상태狀態에서 약간 굴신屈伸한다.

② 오른무릎右膝을 신전伸展시키고 오른내과內踝에 붙였던 좌족녕의자세左足擰衣姿勢의 왼발을 앞으로 들어 신전伸展하면서 몸통을 우측右側으로 30도度 비껴서 1족장足長 전우측前右測에 디디면서 한 걸음 선종보법先踵步法으로 디딤새 한다.

③ 연결連結하여 우완녕의자세右腕擰衣姿勢의 오른팔꿈치는 겨드랑이가 15도度로 상완上腕을 내리면서 전완前腕은 굴곡屈曲시키고 손목은 15도度 굴신屈伸하며, 좌완녕의자세左腕擰衣姿勢의 왼팔꿈치는 겨드랑이가 90도度로 상완上腕을 내리면서 전완前腕은 곧게 위로 들고 손목은 15도度 굴신屈伸한다.

④ 곧바로 좌완녕의자세左腕擰衣姿勢의 왼쪽 전완前腕은 주관절肘關節을 내전內轉시켰다가 팔꿈치의 유도誘導로 들어 원상태原狀態로 복귀復歸시키고, 우완녕의자세右腕擰衣姿勢의 오른팔도 팔꿈치로 들어 원상복귀原狀復歸시킨다.

⑤ 좌우축左右軸과 전후축前後軸을 왼엄지발가락에 둔다.

三. 경기검무京畿劍舞 전승내용傳承內容

020 장단   너나들이 사위

장단 : 느린 허튼타령

박자	1		2	3		4
정간보	⊖	ǀ	·	⊖	ǀ	—
구음	덩	따	떠	덩	기덕	—

1

① 시선視線은 중간사선中間斜線을 유지維持하고, 중핵력대中核力帶에서 왼발의 내측면內側面을 거쳐 무릎과 발목 그리고 엄지발가락까지 뻗친 힘으로 전후축前後軸을 두고, 왼발의 족궁足弓을 굴곡屈曲시키면서 기저면基底面을 넓혀서 좌우축左右軸을 삼으며, 완녕의 자세腕擰衣姿勢의 두 팔꿈치로 겨드랑이가 180도度 되도록 상완上腕을 들어 올리는데 두 팔꿈치는 160도度 굴곡屈曲시키며 손목은 곧게 뽑아 뻗는다.

② 호흡呼吸은 응지세호흡법凝止細呼吸法을 준수한다. 우족녕의자세右足擰衣姿勢의 오른발무릎을 15도度 앞으로 들었다가 15도度 몸통을 외측회전外側回轉하면서 반족장半足長 오른쪽에 선종보법先踵步法으로 디딘다.
③ 오른발뒤꿈치에 좌우축左右軸과 전후축前後軸을 두면서 두 무릎을 신전伸展시킨다.

2

① 오른엄지발가락에 좌우축左右軸과 전후축前後軸을 둔다.
② 완녕의자세腕擰衣姿勢의 두 팔꿈치로 두 팔을 겨드랑이가 90도度 되게 내리는데 왼팔꿈치로 왼손바닥은 마루를 향向하게 회외回外시키고, 오른팔꿈치로 오른손바닥은 반대反對로 회내回內시키면서 내린다.
③ 두 무릎의 오금膝膕을 굴곡屈曲하는데 오른엄지발가락은 마루에 대고, 왼발등左足背은 굴곡屈曲한다.

3

① 오른엄지발가락에 좌우축左右軸과 전후축前後軸을 둔다.
② 좌족녕의자세左足擰衣姿勢의 왼발무릎을 15도度 앞으로 들었다가 15도度 몸통을 외측회전外側回轉하면서 반족장半足長 왼쪽으로 내려 디딘다.
③ 동시同時에 완녕의자세腕擰衣姿勢의 두 겨드랑이가 90도度 상태狀態에서 오른팔꿈치로 오른손바닥은 마루를 향向하게 회외回外시키고, 왼팔꿈치로 왼손바닥은 반대反對로 회내回內시킨다.

4

① 왼엄지발가락에 좌우축左右軸과 전후축前後軸을 둔다.
② 두 무릎의 오금膝膕을 굴곡屈曲한다.
③ 동시同時에 완녕의자세腕擰衣姿勢의 두 겨드랑이가 90도度 상태狀態에서 오른팔꿈치로 오른손바닥은 마루를 향向하게 회내回內시키고, 왼팔꿈치로 왼손바닥은 반대反對로 회내回內시키는 상태狀態를 진행進行한다.

021 장단   너나들이 사위

🎵 장단 : 느린 허튼타령

박자	1		2	3		4
정간보	⊖	ㅣ	·	⊖	ㅣ	—
구음	덩	따	떠	덩	기덕	—

1

① 시선視線은 중간사선中間斜線을 유지維持하고, 중핵력대中核力帶에서 왼발의 내측면內側面을 거쳐 무릎과 발목 그리고 엄지발가락까지 뻗친 힘으로 전후축前後軸을 두고, 왼발의 족궁足弓을 굴곡屈曲시키면서 기저면基底面을 넓혀서 좌우축左右軸을 삼으며, 완녕의 자세腕擰衣姿勢의 두 팔꿈치로 겨드랑이가 180도度 되도록 상완上腕을 들어 올리는데 두 팔꿈치는 160도度 굴곡屈曲시키며 손목은 곧게 뽑아 뻗는다.

② 호흡呼吸은 응지세호흡법凝止細呼吸法을 준수한다. 오른엄지발가락에 좌우축左右軸과 전후축前後軸을 옮기면서 몸통은 15도度 외측회전外側回轉시킨다

③ 동시同時에 완녕의자세腕擰衣姿勢의 두 겨드랑이가 90도度 상태狀態에서 왼팔꿈치로 왼손바닥을 마루로 향向하게 회내回內시켜서 두 손바닥의 방향方向을 통일統一시키고 두 손목을 가볍게 회내回內-회외回外시킨다.

④ 두 무릎을 15도度 굴곡屈曲시킨다.

2

① 왼엄지발가락으로 좌우축左右軸과 전후축前後軸을 옮기면서 몸통은 15도度 외측회전外側轉回시킨다.

② 동시同時에 완녕의자세腕擰衣姿勢의 두 겨드랑이가 90도度 상태狀態에서 두 팔꿈치로 두 손목을 동시同時에 가볍게 회외回外-회내回內시킨다.

③ 두 무릎을 15도度 더 굴곡屈曲시킨다.

3

① 오른엄지발가락으로 좌우축左右軸과 전후축前後軸을 옮기면서 몸통은 15도度 외측회전外側轉回시킨다.

② 동시同時에 완녕의자세腕擰衣姿勢의 두 겨드랑이가 90도度 상태狀態에서 두 팔꿈치로 두 손목을 동시同時에 가볍게 회외回外-회내回內시킨다.

③ 두 무릎을 15도度 더 굴곡屈曲시킨다.

4

① 왼엄지발가락으로 좌우축左右軸과 전후축前後軸을 옮기면서 몸통은 15도度 외측회전外側回轉시킨다.

② 동시同時에 완녕의자세腕擰衣姿勢의 두 겨드랑이가 90도度 상태狀態에서 두 팔꿈치로 두 손목을 동시同時에 가볍게 회외回外-회내回內시킨다.

③ 두 무릎을 15도度 더 굴곡屈曲시킨다.

三. 경기검무 京畿劍舞 전승내용 傳承內容

| 022 장단 | 반선 사위 |

🎵 장단: 느린 허튼타령

공연

연습

박자	1	2	3	4
정간보	⊖	l	·	⊖	┃	—
구음	덩	따	떠	덩	기덕	—

1

① 시선視線은 중간사선中間斜線을 유지維持하고, 중핵력대中核力帶에서 두 발의 내측면內側面을 거쳐 무릎과 발목 그리고 엄지발가락까지 뻗친 힘으로 전후축前後軸을 두고, 두 발의 족궁足弓을 굴곡屈曲시키면서 기저면基底面을 넓혀서 좌우축左右軸을 삼으며, 완녕의 자세腕擰衣姿勢의 두 팔꿈치로 겨드랑이가 180도度 되도록 상완上腕을 들어 올리는데 두 팔꿈치는 160도度 굴곡屈曲시키고 손목은 곧게 뽑아 뻗는다.

② 호흡呼吸은 응지세호흡법凝止細呼吸法을 준수한다. 두 무릎을 45도度로 신전伸展시킨다.
③ 동시同時에 오른팔꿈치로 오른팔 겨드랑이가 180도度 되게 들어 올리고, 왼팔꿈치로 왼팔 겨드랑이가 90도度 되게 들어 올린다.

2

① 두 무릎의 오금膝膕을 굴곡屈曲하면서 왼엄지발가락에 좌우축左右軸과 전후축前後軸을 둔다.
② 동시同時에 좌완녕의자세左腕擰衣姿勢의 왼팔꿈치는 겨드랑이를 90도度 외전外轉시키며 전완前腕과 손목은 직각直角으로 세우고, 왼팔꿈치는 전완前腕과 손목은 직각直角으로 세운다.

3

① 오른무릎右膝과 내과內踝를 마루에 대고 좌우축左右軸과 전후축前後軸을 유지維持한다.
② 몸통을 외측회전外側回轉시키면서 두 팔꿈치는 펴면서 양쪽 겨드랑이가 135도度 되도록 두 팔을 올린다.

4

① 오른무릎右膝과 내과內踝를 마루에 대고 좌우축左右軸과 전후축前後軸을 유지維持한다.
② 우완녕의자세右腕擰衣姿勢의 오른팔꿈치는 몸통 앞으로 수평水平으로 펴 내리고, 왼팔꿈치는 몸통 뒤로 곧게 고관절股關節 부위部位까지 손목을 회내回內시켜서 내린다.

三. 경기검무京畿劍舞 전승내용傳承內容

023 장단 　　앙가조촘 너울채 사위

🎵 장단: 느린 허튼타령

박자	1	2	3	4
정간보	⊖ ｜	·	⊖ ↑	—
구음	덩 　 따	떠	덩 　 기덕	—

1

① 시선視線은 아래사선下斜線을 보면서 오른무릎右膝과 내과內踝를 마루에 대고 좌우축左右軸과 전후축前後軸을 유지維持한다.

② 호흡呼吸은 응지세호흡법凝止細呼吸法을 준수한다. 완녕의자세腕擰衣姿勢의 왼팔꿈치를 90도度 굴곡屈曲시키고, 완녕의자세腕擰衣姿勢의 오른팔꿈치로 가벼운 외측회전外側回傳을 수행遂行한다.

③ 동시同時에 하악下顎을 15도度 정도程度 가볍게 내측회전內側回傳시킨다.

2

① 오른무릎右膝과 내과內踝를 마루에 대고 좌우축左右軸과 전후축前後軸을 유지維持한다.
② 완녕의자세腕擰衣姿勢의 왼팔꿈치를 90도度 굴곡屈曲을 유지維持하고, 완녕의자세腕擰衣姿勢의 오른팔꿈치로 가벼운 내측회전內側回傳을 수행遂行한다.
③ 동시同時에 하악下顎을 15도度 정도程度 가볍게 외측회전外側回傳시킨다.

3

① 오른무릎右膝과 내과內踝를 마루에 대고 좌우축左右軸과 전후축前後軸을 유지維持한다.
② 완녕의자세腕擰衣姿勢의 왼팔꿈치를 90도度 굴곡屈曲을 유지維持하고, 완녕의자세腕擰衣姿勢의 오른팔꿈치로 가벼운 외측회전外側回傳을 수행遂行한다.
③ 동시同時에 하악下顎을 15도度 정도程度 가볍게 내측회전內側回傳시킨다.

4

① 오른무릎右膝과 내과內踝를 마루에 대고 좌우축左右軸과 전후축前後軸을 유지維持한다.
② 완녕의자세腕擰衣姿勢의 왼팔꿈치를 90도度 굴곡屈曲을 유지維持하고, 완녕의자세腕擰衣姿勢의 오른팔꿈치로 가벼운 내측회전內側回傳을 수행遂行한다.
③ 동시同時에 하악下顎을 15도度 정도程度 가볍게 외측회전外側回傳시킨다.

三. 경기검무京畿劍舞 전승내용傳承內容

| 024 장단 | 반선 사위 |

🎵 장단 : 느린 허튼타령

1

① 시선視線은 윗사선上斜線을 보면서 두 무릎을 마루에 대며 좌우축左右軸과 전후축前後軸을 둔다.

② 호흡呼吸은 응지세호흡법凝止細呼吸法을 준수한다. 고관절股關節을 180도度 세운다.

③ 동시同時에 완녕의자세腕擰衣姿勢의 오른팔꿈치로 오른팔 겨드랑이가 180도度 되게 들어 올리고, 완녕의자세腕擰衣姿勢의 왼팔꿈치로 왼팔 겨드랑이가 90도度 되게 들어 올린다.

2

① 고관절股關節을 180도度 유지維持하며 마루에 댄 두 무릎에 좌우축左右軸과 전후축前後軸을 유지維持한다.
② 두 무릎을 축軸으로 몸통을 90도度 좌측회전左側回轉하여 두 엄지발가락을 우측회전右側回轉으로 이동移動시킨다.
③ 동시同時에 완녕의자세腕擰衣姿勢의 왼팔꿈치는 겨드랑이를 160도度 되게 올리면서 전완前腕과 손목은 직각直角으로 세우고, 완녕의자세腕擰衣姿勢의 오른팔꿈치는 전완前腕과 손목은 직각直角으로 세운다.

3

① 마루에 대고 있는 두 무릎에 좌우축左右軸과 전후축前後軸을 유지維持한다.
② 완녕의자세腕擰衣姿勢의 두 팔꿈치는 펴면서 양쪽 겨드랑이가 135도度 되도록 두 팔을 올린다.

4

① 마루에 대고 있는 두 무릎에 좌우축左右軸과 전후축前後軸을 유지維持한다.
② 완녕의자세腕擰衣姿勢의 오른팔꿈치는 몸통 앞으로 수평水平으로 펴 내리고, 완녕의자세腕擰衣姿勢의 왼팔꿈치는 몸통 뒤로 곧게 고관절股關節 부위部位까지 손목을 내린다.
③ 두 손목은 부드럽게 손등굴곡手背屈曲한다.

三. 경기검무京畿劍舞 전승내용傳承內容

025 장단　　엎드려 너울채 사위

장단 : 느린 허튼타령

박자	1		2		3		4
정간보	⊖	ǀ	·		⊖	↑	—
구음	덩	따	떠		덩	기덕	—

1

① 시선視線은 아래사선下斜線을 보면서 오른무릎右膝과 내과內踝를 마루에 대고, 왼무릎左膝과 외과를 마루에 대고 좌우축左右軸과 전후축前後軸 및 상하축上下軸을 높게 유지維持한다.

② 호흡呼吸은 응지세호흡법凝止細呼吸法을 준수한다. 완녕의자세腕擰衣姿勢의 왼팔꿈치를 90도度 굴곡屈曲시키며 치마 잡은 왼손등을 소둔근[242]에 붙이고, 완녕의자세腕擰衣姿勢의 오른팔꿈치는 곧게 펴서 전완前腕과 손목을 외측회전外側回轉시키고 손바닥은 회내回內시킨다.
③ 동시同時에 하악下顎을 15도度 정도程度 가볍게 좌측회전左側回轉시킨다.

2

① 오른무릎右膝과 내과內踝를 마루에 대고, 왼무릎左膝과 외과外踝를 마루에 대고 좌우축左右軸과 전후축前後軸 및 상하축上下軸을 높게 유지維持한다.
② 완녕의자세腕擰衣姿勢의 왼팔꿈치를 90도度 굴곡屈曲시켜서 치마 잡은 왼손등을 소둔근에 붙여 유지維持하고, 곧게 편 완녕의자세腕擰衣姿勢의 오른팔꿈치로 전완前腕과 손목은 회내回內시킨다.
③ 동시同時에 하악下顎을 15도度 정도程度 가볍게 우측회전右側回轉시킨다.

3

① 오른무릎右膝과 내과內踝를 마루에 대고, 왼무릎左膝과 외과外踝를 마루에 대고 좌우축左右軸과 전후축前後軸 및 상하축上下軸을 높게 유지維持한다.
② 완녕의자세腕擰衣姿勢의 왼팔꿈치를 90도度 굴곡屈曲시켜서 치마 잡은 왼손등을 소둔근에 붙여 유지維持하고, 곧게 편 완녕의자세腕擰衣姿勢의 오른팔꿈치로 전완前腕과 손목을 회외回外시킨 형태形態로 몸통을 우측右側으로 90도度 회전回轉시키면서[243] 팔꿈치를 축軸으로 마루에 있는 검劍을 손으로 집어 든다.

4

① 오른무릎右膝과 내과內踝를 마루에 대고, 왼무릎左膝과 외과를 마루에 대고 좌우축左右軸과 전후축前後軸 및 상하축上下軸을 높게 유지維持한다.

---

242) 왼쪽 소둔근에 왼손등을 가볍게 치마를 살짝 올려 잡고, 어깨에 힘을 주지 않는다.
243) 동시同時에 몸통을 우측회전右側回轉시킬 때 움직임에 따른 진동振動은 오른발 하퇴를 굴곡屈曲시켜서 조정調整한다.

三. 경기검무 京畿劍舞 전승내용 傳承內容

② 완녕의자세腕擰衣姿勢의 왼팔꿈치를 90도度 굴곡屈曲시키며 치마 잡은 왼손등을 소둔근에 붙여 유지維持하고, 검劍을 잡은 완녕의자세腕擰衣姿勢의 오른팔꿈치를 오른쪽으로 곧게 펴고 견봉肩峯을 축軸으로 90도度 회전回轉시키면서 검劍을 잡은 손목을 외측원회전外側圓回轉시켜서 손등 쪽에 검劍을 위치位置시키는데, 두 무릎을 축軸으로 몸통을 90도度 우측회전右側回轉시켜 사선斜線을 유지維持하는데 마루에 닿은 오른발 외과外踝와 왼발 내과內踝를 축軸으로 몸의 평형平衡을 조정調整한다.[244]

③ 연결連結하여 팔꿈치를 90도度 굴곡屈曲시키면서 겨드랑이를 45도度 내린다.

---

244) 엉덩이가 마루, 장딴지, 뒤꿈치 등에 닿지 않게 한다.

026 장단　외늘름 사위

🎵 장단: 느린 허튼타령

박자	1		2		3		4
정간보	⊖	ǀ	·		⊖	ǀ	—
구음	덩	따	떠		덩	기덕	—

1

① 시선視線은 아래우사선下右斜線을 보면서 오른무릎右膝과 외과外踝를 마루에 대고, 왼무릎左膝과 내과內踝를 마루에 대고 좌우축左右軸과 전후축前後軸 및 상하축上下軸을 높게 유지維持한다.

② 호흡呼吸은 응지세호흡법凝止細呼吸法을 준수한다. 90도度 굽혀진 완녕의자세腕擰衣姿勢의 왼팔꿈치를 180도度 신전伸展시키면서 검劍을 외측회전外側回傳시켜 검날이 손등과 전완외측前腕外側에 위치位置시켜 전완前腕과 함께 움직일 수 있도록 하고, 완녕의자세腕擰

三. 경기검무京畿劍舞 전승내용傳承內容

衣姿勢의 왼팔은 굽혀 치마를 살짝 잡고 왼손등을 소둔근에 붙인다.
③ 동시同時에 전신동작全身動作을 반박자半拍子 멈추는 시간時間을 갖는다.

2

① 오른손등과 전완외측前腕外側에 검劍을 실을 수 있도록 전완前腕이 마루와 수평水平이 되게 완녕의자세腕擰衣姿勢의 팔꿈치로 조정調整하고 좌우축左右軸과 전후축前後軸 및 상하축上下軸을 높게 유지維持하면서 등은 신전伸展시키면서 상체上體를 앞으로 굴곡屈曲시킨다.
② 이때 오른무릎右膝과 비골髀骨을 이용利用하여 전후前後-좌우축左右軸의 평형平衡을 유지維持하고 왼무릎左膝과 내과內踝를 마루에 미끄러뜨리면서 굴곡 시屈曲時 균형均衡을 보조補助한다.
③ 오른손등과 전완前腕에 걸쳐놓은 검劍이 흔들리지 않도록 완녕의자세腕擰衣姿勢의 팔꿈치로 조정調整하고 완녕의자세腕擰衣姿勢의 왼팔꿈치는 90도度 굽혀 치마 잡은 왼손등을 소둔근에 붙여 유지維持한다.

3

① 오른손등과 전완前腕에 걸쳐놓은 검劍이 흔들리지 않도록 완녕의자세腕擰衣姿勢의 팔꿈치로 조정調整하고 완녕의자세腕擰衣姿勢의 왼팔꿈치는 90도度 굴곡屈曲시키고 치마 잡은 왼손등을 소둔근에 붙여 유지維持하면서 상체上體를 1박拍 자세姿勢로 신전伸展시킨다.
② 이때 오른무릎右膝과 비골髀骨을 이용利用하여 전후前後-좌우축左右軸의 평형平衡을 유지維持하고 왼무릎左膝과 내과內踝를 마루에 오른발쪽으로 당기면서 신전 시伸展時 균형均衡을 보조補助한다.

4

① 오른손등과 전완외측前腕外側에 걸쳐놓은 검劍이 흔들리지 않도록 완녕의자세腕擰衣姿勢의 팔꿈치로 조정調整하고 좌우축左右軸과 전후축前後軸 및 상하축上下軸을 높게 유지維持하면서 등은 신전伸展시키면서 상체上體를 앞으로 굴곡屈曲시킨다.
② 이때 오른무릎右膝과 비골髀骨을 이용利用하여 전후前後-좌우축左右軸의 평형平衡을 유지維持하고 왼무릎左膝과 내과內踝를 마루에 미끄러뜨리면서 굴곡 시屈曲時 균형均衡을 보조補助한다.

027 장단 　엎드려 너울채 사위

장단 : 느린 허튼타령

공연

연습

박자	1		2		3		4
정간보	⊖	l	·		⊖	↑	─
구음	덩	따	떠		덩	기덕	─

1

① 시선視線은 아래좌사선下左斜線을 보면서 오른하퇴비골下腿髀骨과 외과外踝를 마루에 대고, 왼무릎左膝과 내과內踝를 마루에 대고 좌우축左右軸과 전후축前後軸 및 상하축上下軸을 높게 유지維持한다.

② 호흡呼吸은 응지세호흡법凝止細呼吸法을 준수한다. 오른손등과 전완前腕에 검劍을 결쳐놓고 완녕의자세腕擰衣姿勢의 팔꿈치를 90도度 굴곡屈曲시키며 마루와 수평水平으로 들고, 왼쪽 견쇄골肩鎖骨을 신전伸展시켜 뻗어서 완녕의자세腕擰衣姿勢의 팔꿈치는 상완上腕과

三. 경기검무京畿劍舞 전승내용傳承內容

수평水平으로 들며 손바닥이 마루로 향向하게 전완前腕과 손목을 신전伸展시킨다.
③ 동시同時에 하악下顎을 15도度 정도程度 가볍게 우측회전右側回轉시킨다.

2

① 오른손등과 전완前腕에 검劍을 걸쳐놓고 완녕의자세腕擰衣姿勢의 팔꿈치를 90도度 굽혀 마루와 수평水平으로 들며, 완녕의자세腕擰衣姿勢의 왼팔꿈치를 90도度 굴곡屈曲시키며 마루와 수평水平으로 들고서 팔꿈치를 축軸으로 전완前腕과 손목을 외측회전外側回轉시킨다.
② 이때 허리를 상하축上下軸으로 상체上體만 좌측회전左側回轉하여 왼손으로 마루의 검劍을 정확正確하게 빨리 집을 수 있도록 보조補助한다.
③ 동시同時에 검劍을 볼 수 있도록 하악下顎을 15도度 정도程度 가볍게 좌측회전左側回轉시킨다.

3

① 시선視線은 우측아래사선右側下斜線으로 하고서 오른무릎右膝과 내과內踝를 마루에 대고, 왼무릎左膝과 외과外踝를 마루에 대고 좌우축左右軸과 전후축前後軸 및 상하축上下軸을 높게 유지維持한다.
② 오른손등과 전완前腕에 검劍을 걸쳐놓고 완녕의자세腕擰衣姿勢의 팔꿈치를 90도度 굴곡屈曲시키며 마루와 수평水平으로 들며, 완녕의자세腕擰衣姿勢의 왼팔꿈치로 유도誘導하여 마루에 있는 검劍을 왼손으로 집어 든다.

4

① 시선視線은 좌측아래사선左側下斜線으로 바꾸고 왼무릎左膝과 외과外踝를 마루에 대며 오른무릎右膝과 내과內踝를 마루에 대는 자세姿勢로 바꾸고 좌우축左右軸과 전후축前後軸 및 상하축上下軸을 높게 유지維持한다.
② 상체上體를 신전伸展하여 일으켜 세우고 오른손등과 전완외측前腕外側에 올려놓은 검劍이 흔들리지 않도록 완녕의자세腕擰衣姿勢의 왼팔꿈치를 45도度로 내리고 전완前腕도 45도度 굴곡屈曲을 줄여서 유지維持하고, 검劍을 잡은 왼팔꿈치를 왼쪽으로 곧게 펴면서 견봉肩峯 180도度을 축軸으로 왼손목을 외측회전外側回轉시켜서 손등과 전완외측前腕外側에 검劍을 올려놓고, 겨드랑이를 45도度로 내리면서 왼팔꿈치를 90도度 굴곡屈曲을 유지維持하면서 전완前腕을 마루에 수평水平으로 들어서 검劍이 요동搖動치지 않도록 한다.
③ 이때 왼무릎左膝과 비골髀骨을 이용利用하여 전후前後-좌우축左右軸의 평형平衡을 유지維持하고 오른무릎右膝과 내과內踝를 마루에 미끄러뜨리면서 균형均衡을 보조補助한다.

028 장단 외늘름 사위

🎵 장단 : 느린 허튼타령

공연

연습

박자	1		2	3		4
정간보	⊖	ǀ	·	⊖	ǀ	—
구음	덩	따	떠	덩	기덕	—

1

① 시선視線은 아래우사선下左斜線을 보면서 왼무릎左膝과 외과外踝를 마루에 대고, 오른무릎右膝과 내과內踝를 마루에 대고 좌우축左右軸과 전후축前後軸 및 상하축上下軸을 높게 유지維持한다.

② 호흡呼吸은 응지세호흡법凝止細呼吸法을 준수한다. 90도度 굽혀진 완녕의자세腕擰衣姿勢의 왼팔꿈치를 180도度 신전伸展시키면서 손목을 이용利用하여 검劍을 외측회전外側回轉시켜 손등과 전완외측前腕外側에 위치位置시켜 전완前腕과 함께 움직일 수 있도록 하고, 완

三. 경기검무京畿劍舞 전승내용傳承內容

녕의자세腕擰衣姿勢의 오른팔꿈치는 마루에 수평水平으로 들고 전완前腕은 마루에 사선斜線으로 유지維持시켜 검劍이 요동搖動치지 않도록 유지維持한다.
③ 후반後半에는 전신동작全身動作을 반박자半拍子 멈추는 시간時間을 갖는다.

2

① 완녕의자세腕擰衣姿勢의 오른팔과 왼팔 겨드랑이를 모두 15도度로 접은 상태狀態에서 오른팔 전완前腕은 마루에 사선斜線으로 내리고, 왼팔 전완前腕은 마루에 수평水平으로 들면서 두 검劍이 요동搖動치지 않도록 양팔꿈치로 조정調整하고 좌우축左右軸과 전후축前後軸을 유지維持하면서 등은 신전伸展시키면서 상체上體를 앞으로 굴곡屈曲시킨다.
② 이때 왼무릎左膝과 비골髀骨을 이용利用하여 전후前後－좌우축左右軸의 평형平衡을 유지維持하고 오른무릎右膝과 내과內踝를 마루에 미끄러뜨리면서 굴곡 시屈曲時 균형均衡을 보조補助한다.

3

① 오른손등과 전완前腕에 걸쳐놓은 검劍은 흔들리지 않도록 완녕의자세腕擰衣姿勢의 팔꿈치로 조정調整하고 완녕의자세腕擰衣姿勢의 왼팔꿈치는 180도度 신전伸展시키면서 왼쪽 손등과 전완前腕에 올려놓은 검劍은 위치位置를 고수固守하면서 상체上體를 1박拍 자세姿勢로 신전伸展시킨다.
② 이때 왼무릎左膝과 비골髀骨을 이용利用하여 전후前後－좌우축左右軸의 평형平衡을 유지維持하고 오른무릎右膝과 내과內踝를 마루에 오른발쪽으로 당기면서 신전 시伸展時 균형均衡을 보조補助한다.

4

① 완녕의자세腕擰衣姿勢의 팔꿈치를 180도度 펼친 오른손등과 전완외측前腕外側에 걸쳐놓은 검劍이 흔들리지 않도록 팔꿈치로 조정調整하면서 좌우축左右軸과 전후축前後軸 및 상하축上下軸을 높게 유지維持하고 등은 신전伸展시키면서 상체上體를 앞으로 굴곡屈曲시킨다.
② 이때 왼무릎左膝과 비골髀骨을 이용利用하여 전후前後－좌우축左右軸의 평형平衡을 유지維持하고 오른무릎右膝과 내과內踝를 마루에 미끄러뜨리면서 굴곡 시屈曲時 균형均衡을 보조補助한다.

029 장단 　양늘름 사위/겹늘름 사위

장단 : 느린 허튼타령

공연

연습

박자	1		2	3		4
정간보	⊖	Ι	·	⊖	↑	—
구음	덩	따	떠	덩	기덕	—

1

① 시선視線은 중간정면사선中間正面斜線을 본다.

② 호흡呼吸은 응지세호흡법凝止細呼吸法을 준수한다. 왼무릎左膝과 내과內踝 그리고 오른무릎右膝과 내과內踝를 붙여서 모으면서 두 무릎을 꿇고, 두 손등과 전완외측前腕外側에 올려져 있는 두 검劍을 1회回 외측회전外側回轉시키면서 좌우축左右軸과 전후축前後軸 및 상하축上下軸을 높게 유지維持한다.

三. 경기검무京畿劍舞 전승내용傳承內容

2

① 완녕의자세腕擰衣姿勢의 오른팔과 왼팔 겨드랑이를 모두 15도度로 접은 상태狀態에서 두 팔꿈치를 90도度로 굴곡屈曲시키며 검병부劍柄部[245]를 잡은 손바닥이 앞으로 보이게 한다.

② 이때 두 무릎의 오금膝膕을 굴곡屈曲시켜 발뒤꿈치에 앉고, 전후前後-좌우축左右軸의 평형과 상하축上下軸을 높게 유지維持하게 보조補助한다.

3

① 다시 두 무릎을 꿇고 일어서서 두 손등과 전완외측前腕外側에 올려져 있는 두 검劍을 완녕의자세腕擰衣姿勢의 두 팔꿈치를 펴면서 손목을 이용利用하여 검劍을 1회 외측회전外側回轉시키면서 좌우축左右軸과 전후축前後軸 및 상하축上下軸을 높게 유지維持한다.

② 다음은 두 무릎의 오금膝膕을 굴곡屈曲시켜 발뒤꿈치에 앉고, 전후前後-좌우축左右軸의 평형平衡과 상하축上下軸을 높게 유지維持하게 보조補助한다.

4

① 다시 두 무릎을 꿇고 일어서서 두 손등과 전완외측前腕外側에 올려져 있는 두 검劍을 완녕의자세腕擰衣姿勢의 두 팔꿈치를 펴면서 손목을 이용利用하여 검劍을 1회 외측회전外側回轉시키는 사위를 두 번 수행한다.[246] 좌우축左右軸과 전후축前後軸 및 상하축上下軸을 높게 유지維持한다.

② 다음은 두 무릎의 오금膝膕을 굴곡屈曲시켜 발뒤꿈치에 앉고, 전후前後-좌우축左右軸의 평형平衡과 상하축上下軸을 높게 유지維持하게 보조補助한다.

---

245) 검劍의 손잡이이다. '검유劍遊'라 하기도 한다. 손으로 칼을 잡는 전체를 지칭한다.
246) 이를 '겹늘름 사위'라 한다. 이는 1박에 양늘름 사위를 두 번 하는 것이다.

030 장단   양늘름 사위/겹늘름 사위

장단: 느린 허튼타령

박자	1		2		3		4
정간보	⊖	ǀ	·		⊖	↑	—
구음	덩	따	떠		덩	기덕	—

1

① 시선視線은 중간정면사선中間正面斜線을 본다.

② 호흡呼吸은 응지세호흡법凝止細呼吸法을 준수한다. 왼무릎左膝과 내과內踝 그리고 오른무릎右膝과 내과內踝를 붙여서 모으면서 두 무릎을 꿇고, 두 손등과 전완외측前腕外側에 올려져 있는 두 검劍을 1회 외측회전外側回轉시키면서 좌우축左右軸과 전후축前後軸 및 상하축上下軸을 높게 유지維持한다.

2

① 완녕의자세腕擰衣姿勢의 오른팔과 왼팔 겨드랑이를 모두 15도度로 접은 상태狀態에서 두 팔꿈치를 90도度로 굴곡屈曲시키며 검병부劍柄部를 잡은 손바닥이 앞으로 보이게 한다.

② 이때 두 무릎의 오금膝膕을 굴곡屈曲시켜 발뒤꿈치에 앉고, 전후前後-좌우축左右軸의 평형平衡과 상하축上下軸을 높게 유지維持하게 보조補助한다.

3

① 다시 두 무릎을 꿇고 일어서서 두 겨드랑이와 완녕의자세腕擰衣姿勢의 팔꿈치를 180도度 펴서 위로 들고, 두 손등과 전완외측前腕外側에 올려져 있는 두 검劍을 팔꿈치와 손목을 이용利用하여 1회 외측회전外側回轉시키면서 좌우축左右軸과 전후축前後軸 및 상하축上下軸을 높게 유지維持한다.

② 다음은 두 무릎의 오금膝膕을 굴곡屈曲시켜 발뒤꿈치에 앉고, 전후前後-좌우축左右軸의 평형平衡과 상하축上下軸을 높게 유지維持하게 보조補助한다.

4

① 다시 두 무릎을 꿇고 일어서서 두 겨드랑이와 완녕의자세腕擰衣姿勢의 팔꿈치를 180도度 펴서 위로 들고, 두 손등과 전완외측前腕外側에 올려져 있는 두 검劍을 팔꿈치와 손목을 이용利用하여 1회 외측회전外側回轉시키는 사위를 두 번 수행한다. 두 검劍의 꺾이는 검격劍格을 이용利用하여 검첨劍尖[247]이 먼저 내려오도록 견봉肩峯이 축軸이 되어 두 팔꿈치를 일자一字로 펴고 앞으로 내리면서 좌우축左右軸과 전후축前後軸 및 상하축上下軸을 높게 유지維持한다.

② 다음은 두 무릎의 오금膝膕을 굴곡屈曲시켜 발뒤꿈치에 앉고, 마루에 두 검劍의 첨부尖部가 닿게 들고 있다.

③ 전후前後-좌우축左右軸의 평형平衡과 상하축上下軸을 높게 유지維持하게 두경부頭頸部도 곧게 편다.

---

247) 칼의 앞쪽 끝의 적敵을 찌르는 부분部分이다.

031 장단   앙가조촘 사위 / 원-오 사위

🎵 장단 : 잦은 허튼타령

공연

연습
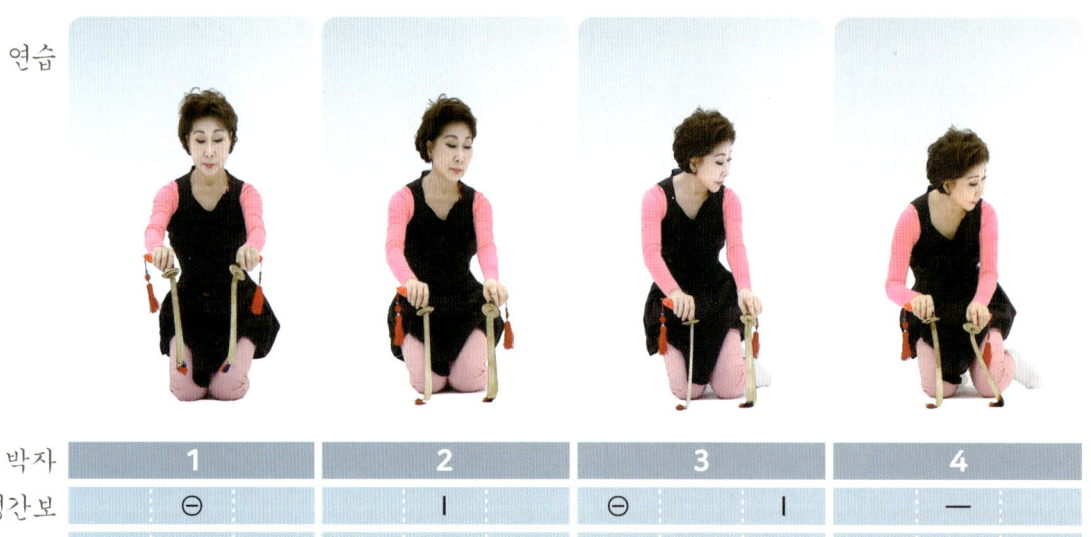

박자	1	2	3	4
정간보	⊖	ǀ	⊖	ǀ	—
구음	덩	따	덩	따	—

1

① 시선視線은 중간정면사선中間正面斜線을 보고, 두 검劍의 검첨劍尖이 마루를 향한 상태狀態를 유지維持하면서 좌우축左右軸과 전후축前後軸 및 상하축上下軸을 높게 유지維持한다.

② 호흡呼吸은 응지세호흡법凝止細呼吸法을 준수한다. 고관절股關節에 율동律動을 주면서 160도度 신전伸展하여 두 발뒤꿈치에서 엉덩이를 들어서 무릎 꿇고 서기 자세姿勢를 한다.

三. 경기검무京畿劍舞 전승내용傳承內容

③ 두 검劍을 잡은 완녕의자세腕擰衣姿勢의 두 팔의 겨드랑이를 75도度 정도程度 들고, 두 손등을 앞으로 보이면서 동시同時에 두 팔꿈치를 펴고 마루와 수평水平을 유지維持하면서 견봉肩峯에 1/2박拍 율동律動을 준다.

2

① 고관절股關節에 율동律動을 주면서 130도度 굴곡屈曲하여 엉덩이를 가볍게 내린다.
② 두 검劍을 잡은 완녕의자세腕擰衣姿勢의 두 팔의 겨드랑이를 75도度 정도程度 들고, 두 손등을 앞으로 보이면서 동시同時에 두 팔꿈치를 펴고 마루와 수평水平을 유지維持하면서 견봉肩峯에 1/2박拍 율동律動을 준다.

3

① 1박拍처럼 고관절股關節에 율동律動을 주면서 160도度 신전伸展하여 엉덩이를 들어서 무릎 꿇고 서기 자세姿勢를 한다.
② 두 검劍을 잡은 완녕의자세腕擰衣姿勢의 두 팔의 겨드랑이를 75도度 정도程度 들고, 두 손등을 앞으로 보이면서 동시同時에 두 팔꿈치를 펴고 마루와 수평水平을 유지維持하면서 견봉肩峯에 1/2박拍 율동律動을 준다.

4

① 2박拍처럼 고관절股關節에 율동律動을 주면서 130도度 굴곡屈曲하여 엉덩이를 가볍게 내린다.
② 두 검劍을 잡은 완녕의자세腕擰衣姿勢의 두 팔의 겨드랑이를 75도度 정도程度 들고, 두 손등을 앞으로 보이면서 동시同時에 두 팔꿈치를 펴고 마루와 수평水平을 유지維持하면서 견봉肩峯에 1/2박拍 율동律動을 준다.

032 장단   앙가조촘 사위 / 왼-오 사위

🥁 장단 : 잦은 허튼타령

공연

연습

박자	1	2	3	4
정간보	⊖	Ι	⊖	Ι	─
구음	덩	따	덩	따	─

1

① 시선視線은 중간정면사선中間正面斜線을 보고, 두 검劍의 검첨劍尖이 마루를 향한 상태狀態를 유지維持하면서 좌우축左右軸과 전후축前後軸 및 상하축上下軸을 높게 유지維持한다.

② 호흡呼吸은 응지세호흡법凝止細呼吸法을 준수한다. 오른발에 3축軸을 옮기고, 왼무릎左膝을 앞으로 들어 족녕의자세足擰衣姿勢로 왼무릎 쪼그려 앉기를 실시實施한다.

③ 두 검劍을 잡은 완녕의자세腕擰衣姿勢의 두 팔의 겨드랑이를 75도度 정도程度 들고, 두 손

등을 앞으로 보이면서 동시同時에 두 팔꿈치를 펴고 마루와 수평水平을 유지維持하면서 견봉肩峯에 1/2박拍 율동律動을 준다.

2

① 왼무릎左膝 절반 쪼그려 앉기를 안정화安定化시키기 위하여 고관절股關節 굴곡屈曲을 이용利用하여 좌우축左右軸과 전후축前後軸을 조정調整한다.
③ 두 검劍을 잡은 완녕의자세腕擰衣姿勢의 두 팔의 겨드랑이를 75도度 정도程度 들고, 두 손등을 앞으로 보이면서 동시同時에 두 팔꿈치를 펴고 마루와 수평水平을 유지維持하면서 견봉肩峯에 1/2박拍 율동律動을 준다.

3

① 왼발에 3축軸을 옮기고, 오른무릎右膝을 앞으로 들어 오른무릎 쪼그려 앉기를 실시實施한다.
② 두 검劍을 잡은 완녕의자세腕擰衣姿勢의 두 팔의 겨드랑이를 75도度 정도程度 들고, 두 손등을 앞으로 보이면서 동시同時에 두 팔꿈치를 펴고 마루와 수평水平을 유지維持하면서 견봉肩峯에 1/2박拍 율동律動을 준다.

4

① 오른무릎右膝 절반 쪼그려 앉기를 안정화安定化시키기 위하여 고관절股關節 굴곡屈曲을 이용利用하여 좌우축左右軸과 전후축前後軸을 조정調整한다.
② 두 검劍을 잡은 완녕의자세腕擰衣姿勢의 두 팔의 겨드랑이를 75도度 정도程度 들고, 두 손등을 앞으로 보이면서 동시同時에 두 팔꿈치를 펴고 마루와 수평水平을 유지維持하면서 견봉肩峯에 1/2박拍 율동律動을 준다.

033 장단   앙가조촘 사위 / 왼-오 사위

🦋 장단 : 잦은 허튼타령

공연

연습

박자	1	2	3	4
정간보	⊖	l	⊖	l	—
구음	덩	따	덩	따	—

1

① 시선視線은 중간정면사선中間正面斜線을 보고, 절반 쪼그려 앉은 양발 중앙中央의 전면前面에 좌우축左右軸과 전후축前後軸을 두고 상하축上下軸을 되도록 높게 유지維持한다.

② 호흡呼吸은 응지세호흡법凝止細呼吸法을 준수한다. 절반 쪼그려 앉은 자세姿勢에서 족녕의자세足擰衣姿勢로 두 무릎을 75도度 신전伸展시키면서 엉덩이를 든다.

③ 동시同時에 두 검劍을 잡은 완녕의자세腕擰衣姿勢의 두 팔의 겨드랑이를 75도度 정도程度

들고, 두 손등을 앞으로 보이면서 동시同時에 두 팔꿈치를 펴고 마루와 수평水平을 유지維持하면서 견봉肩峯에 1/2박拍 율동律動을 주며 들어 올린다.

2

① 고관절股關節에 율동律動을 주면서 엉덩이를 가볍게 내린다.
② 두 검劍을 잡은 완녕의자세腕擰衣姿勢의 두 팔의 겨드랑이를 75도度 정도程度 들고, 두 손등을 앞으로 보이면서 동시同時에 두 팔꿈치를 펴고 마루와 수평水平을 유지維持하면서 견봉肩峯에 1/2박拍 율동律動을 준다.
③ 좌우축左右軸과 전후축前後軸 균형均衡을 훌륭히 잡고, 상하축上下軸을 높게 유지維持한다.

3

① 다시 1박拍처럼 족녕의자세足擰衣姿勢로 절반 쪼그려 앉은 자세姿勢에서 두 무릎을 75도度 신전伸展시키면서 엉덩이를 든다.
② 동시同時에 두 검劍을 잡은 완녕의자세腕擰衣姿勢의 두 팔의 겨드랑이를 75도度 정도程度 들고, 두 손등을 앞으로 보이면서 동시同時에 두 팔꿈치를 펴고 마루와 수평水平을 유지維持하면서 견봉肩峯에 1/2박拍 율동律動을 주며 들어 올린다.

4

① 다시 2박拍처럼 고관절股關節에 율동律動을 주면서 엉덩이를 가볍게 내린다.
② 두 검劍을 잡은 완녕의자세腕擰衣姿勢의 두 팔의 겨드랑이를 75도度 정도程度 들고, 두 손등을 앞으로 보이면서 동시同時에 두 팔꿈치를 펴고 마루와 수평水平을 유지維持하면서 견봉肩峯에 1/2박拍 율동律動을 준다.
③ 좌우축左右軸과 전후축前後軸 균형均衡을 훌륭히 잡고, 상하축上下軸을 높게 유지維持한다.

034 장단 앙가조촘 사위 / 왼-오 사위

🎵 **장단 : 잦은 허튼타령**

1

① 시선視線은 중간정면사선中間正面斜線을 보고, 절반 쪼그려 앉은 양발 중앙中央에 좌우축左右軸 두 발의 전면前面에 전후축前後軸을 두고 상하축上下軸을 되도록 높게 상체上體를 신전伸展시켜 유지維持한다.

② 호흡呼吸은 응지세호흡법凝止細呼吸法을 준수한다. 족녕의자세足獰衣姿勢로 절반 쪼그려 앉은 자세姿勢에서 두 무릎을 120도度, 두 고관절股關節을 120도度 신전伸展시키면서 왼

三. 경기검무京畿劍舞 전승내용傳承內容

발축軸으로 엉덩이를 들면서 전신全身의 무게를 1박拍 율동律動으로 감당堪當해본다.
③ 두 검劍을 잡은 완녕의자세腕擰衣姿勢의 두 팔은 겨드랑이를 75도度 정도程度 들고, 두 손등을 앞으로 보이면서 동시同時에 두 팔꿈치를 펴고 마루와 수평水平을 유지維持하면서 견봉肩峯에 1박拍 율동律動을 주면서 유지維持한다.

2

① 두 무릎을 150도度, 두 고관절股關節을 150도度 신전伸展시키면서 오른발축軸으로 엉덩이를 들면서 전신全身의 무게를 1박拍 율동律動으로 감당堪當해본다.
② 두 검劍을 잡은 완녕의자세腕擰衣姿勢의 두 팔은 겨드랑이를 75도度 정도程度 들고, 두 손등을 앞으로 보이면서 동시同時에 두 팔꿈치를 펴고 마루와 수평水平을 유지維持하면서 견봉肩峯에 1박拍 율동律動을 주면서 유지維持한다.

3

① 두 발에 좌우축左右軸과 전후축前後軸을 두고, 두 무릎과 두 고관절股關節을 180도度 신전伸展시킨다.
② 동시同時에 두 검劍을 잡은 완녕의자세腕擰衣姿勢의 두 팔은 겨드랑이를 180도度 정도程度 들고, 두 손등을 앞으로 보이면서 동시同時에 두 팔꿈치를 180도度 신전伸展시키면서 두 검劍을 외측회전外側回傳시킨다.

4

① 완녕의자세腕擰衣姿勢의 두 팔꿈치를 전면前面 가슴에 모으면서 두 검劍이 요동搖動치지 않도록 두 손등과 전완외측前腕外側에 올려 놓는다.
② 동시同時에 두 무릎과 두 내과內踝를 붙인다.
③ 양발 중앙中央의 전면前面에 좌우축左右軸과 전후축前後軸을 두고 상하축上下軸을 되도록 높게 유지維持한다.

207

035 장단　뒤 외늘름 사위

🎵 장단: 잦은 허튼타령

공연

연습

박자	1	2	3	4
정간보	⊖	ǀ	⊖	ǀ	─
구음	덩	따	덩	따	─

1

① 시선視線은 중간정면사선中間正面斜線을 보면서 두 검劍이 요동搖動치지 않도록 두 손등과 전완외측前腕外側에 올려놓은 완녕의자세腕擰衣姿勢의 두 팔꿈치를 전면前面 가슴에 모은다.

② 호흡呼吸은 응지세호흡법凝止細呼吸法을 준수한다. 오른발에 좌우축左右軸과 전후축前後軸을 두고 상하축上下軸을 되도록 높게 유지維持하고 시선視線은 왼사선左斜線을

보면서[248] 우족녕의자세右撑衣姿勢의 오른무릎左膝을 15도度 앞으로 들어 신전伸展시켰다가 1족장 후진後進시켜서 디디고, 바로 왼뒤꿈치를 살짝 들어 발가락을 마루에 미끄러뜨려 오른발 내과內踝에 붙인다.
③ 동시同時에 왼손의 검劍은 가슴위치位置에 유지維持하고, 오른손의 검劍은 겨드랑이 90도度 외전外轉시키고, 완녕의자세腕撑衣姿勢의 팔꿈치는 180도度 신전伸展시키면서 외측外側 1회전回轉하여 손등과 전완외측前腕外側에 올려놓는다.

2

① 오른손등과 전완외측前腕外側에 올려놓은 두 검劍을 유지維持한다.
② 1박拍의 자세姿勢를 2박拍에서도 유지維持한다.

3

① 1박拍의 자세姿勢를 3박拍에서도 유지維持한다.

4

① 1박拍의 자세姿勢를 4박拍에서도 유지維持한다.

---

248) 시선각도視線角度는 오른발과 왼발에 축軸을 바꾸면서 몸통이 자연스럽게 회전回轉하는 정도程度이다.

경기검무 京畿劍舞

| 036 장단 | 외늘름 사위 |

🎵 장단 : 잦은 허튼타령

공연

연습

박자	1	2	3	4
정간보	⊖	ǀ	⊖	ǀ	─
구음	덩	따	덩	따	─

1

① 시선視線은 중간정면사선中間正面斜線을 보면서 두 검劍이 요동搖動치지 않도록 두 손등과 전완외측前腕外側에 올려놓은 완녕의자세腕擰衣姿勢의 두 팔꿈치를 전면前面 가슴에 모은다.

② 호흡呼吸은 응지세호흡법凝止細呼吸法을 준수한다. 오른발에 좌우축左右軸과 전후축前後軸을 두고 상하축上下軸을 되도록 높게 유지維持하고 시선視線은 오른사선左斜線을 보면서

三. 경기검무京畿劍舞 전승내용傳承內容

좌족녕의자세左足擰衣姿勢의 왼무릎左膝을 15도度 앞으로 들어 신전伸展시켰다가 1족장 후진後進시켜서 디디고, 바로 오른뒤꿈치를 살짝 들어 발가락을 마루에 미끄러뜨려 왼발 내과內踝에 붙인다.

③ 동시同時에 오른손의 검劍은 가슴위치位置에 유지維持하고, 왼손의 검劍은 겨드랑이 90도度 외전外轉시키고, 완녕의자세腕擰衣姿勢의 팔꿈치는 180도度 신전伸展시키면서 외측外側 1회전回轉하여 손등과 전완외측前腕外側에 올려놓는다.

2

① 왼손등과 전완외측前腕外側에 올려놓은 두 검劍을 유지維持한다.
② 1박拍의 자세姿勢를 2박拍에서도 유지維持한다.

3

① 1박拍의 자세姿勢를 3박拍에서도 유지維持한다.

4

① 1박拍의 자세姿勢를 4박拍에서도 유지維持한다.

| 037 장단 | 뒤 양늘름 사위 |

장단 : 잦은 허튼타령

박자	1	2	3	4
정간보	⊖	l	⊖	l	—
구음	덩	따	덩	따	—

1

① 시선視線은 중간정면사선中間正面斜線을 보면서 두 검劍이 요동搖動치지 않도록 두 손등과 전완외측前腕外側에 올려놓은 완녕의자세腕擰衣姿勢의 두 팔꿈치를 전면前面 가슴에 모은다.

② 호흡呼吸은 응지세호흡법凝止細呼吸法을 준수한다. 왼발에 좌우축左右軸과 전후축前後軸을 두고 상하축上下軸을 되도록 높게 유지維持하고 시선視線은 왼사선左斜線을 보면서 우족

녕의자세右擰衣姿勢의 오른무릎左膝을 15도度 앞으로 들어 신전伸展시켰다가 1족장 후진後進시켜서 디디고, 바로 왼뒤꿈치를 살짝 들어 발가락을 마루에 미끄러뜨려 오른발 내과內踝에 붙인다.

③ 동시同時에 두 검劍은 두 겨드랑이 90도度 외전外轉시키고, 완녕의자세腕擰衣姿勢의 두 팔꿈치는 180도度 신전伸展시키면서 외측外側 1회전回轉하여 손등과 전완외측前腕外側에 올려놓는다.

2

① 두 검劍을 가슴위치位置로 회수回收시키기 위하여 두 겨드랑이를 붙이고, 완녕의자세腕擰衣姿勢의 두 팔꿈치도 45도度 굽히면서 두 손등과 전완외측前腕外側에 올려 놓는다.

3

① 오른발에 좌우축左右軸과 전후축前後軸을 두고 상하축上下軸을 되도록 높게 유지維持하고 시선視線은 오른사선右斜線을 보면서 좌족녕의자세左足擰衣姿勢의 왼무릎左膝을 15도度 앞으로 들어 신전伸展시켰다가 1족장 후진後進시켜서 디디고, 바로 오른뒤꿈치를 살짝 들어 발가락을 마루에 미끄러뜨려 왼발 내과內踝에 붙인다.

② 동시同時에 두 검劍은 두 겨드랑이 90도度, 완녕의자세腕擰衣姿勢의 두 팔꿈치는 180도度 신전伸展시키면서 외측外側 1회전回轉시키는 사위를 두 번 수행하여 손등과 전완외측前腕外側에 올려놓는다.

4

① 두 검劍을 가슴위치位置로 회수回收시키기 위하여 두 겨드랑이를 붙이고, 완녕의자세腕擰衣姿勢의 두 팔꿈치도 45도度 굽히면서 두 손등과 전완외측前腕外側에 올려놓는다.

038 장단　뒤 잦은 양늘름 사위

장단 : 잦은 허튼타령

박자	1	2	3	4
정간보	⊖	ǀ	⊖	ǀ　ー
구음	덩	따	덩	따　ー

1

① 시선視線은 중간정면사선中間正面斜線을 보면서 두 검劍이 요동搖動치지 않도록 두 손등과 전완외측前腕外側에 올려놓은 완녕의자세腕擰衣姿勢의 두 팔꿈치를 전면前面 가슴에 모은다.

② 호흡呼吸은 응지세호흡법凝止細呼吸法을 준수한다. 왼발에 좌우축左右軸과 전후축前後軸을 두고 상하축上下軸을 되도록 높게 유지維持하고 시선視線은 왼사선左斜線을 보면서 우족

녕의자세右擰衣姿勢의 오른무릎左膝을 15도度 앞으로 들어 신전伸展시켰다가 1족장 후진後進시켜서 디디고, 바로 왼뒤꿈치를 살짝 들어 발가락을 마루에 미끄러뜨려 오른발 내과內踝에 붙인다.

③ 동시同時에 두 검劍은 두 겨드랑이는 90도度, 완녕의자세腕擰衣姿勢의 두 팔꿈치를 180도度 신전伸展시키면서 외측外側 1회전回轉하여 손등과 전완외측前腕外側에 올려놓는다.

④ 다음은 두 팔꿈치를 이용利用하여 겨드랑이를 내려 옆구리 위치位置로 두 검劍을 회수回收시킨다.

2

① 오른발에 좌우축左右軸과 전후축前後軸을 두고 상하축上下軸을 되도록 높게 유지維持하고 시선視線은 오른사선右斜線을 보면서 좌족녕의자세左足擰衣姿勢의 왼무릎左膝을 15도度 앞으로 들어 신전伸展시켰다가 1족장 후진後進시켜서 디디고, 바로 오른뒤꿈치를 살짝 들어 발가락을 마루에 미끄러뜨려 왼발 내과內踝에 붙인다.

② 동시同時에 두 검劍은 두 겨드랑이는 90도度, 완녕의자세腕擰衣姿勢의 두 팔꿈치를 180도度 신전伸展시키면서 외측外側 1회전回轉하여 손등과 전완외측前腕外側에 올려놓는다.

③ 다음은 두 팔꿈치를 이용利用하여 겨드랑이를 내려 옆구리 위치位置로 두 검劍을 회수回收시킨다.

3

① 다시 왼발에 좌우축左右軸과 전후축前後軸을 두고 상하축上下軸을 되도록 높게 유지維持하고 시선視線은 왼사선左斜線을 보면서 우족녕의자세右足擰衣姿勢의 오른무릎左膝을 15도度 앞으로 들어 신전伸展시켰다가 1족장 후진後進시켜서 디디고, 바로 왼뒤꿈치를 살짝 들어 발가락을 마루에 미끄러뜨려 오른발 내과內踝에 붙인다.

② 두 검劍은 두 팔꿈치를 이용利用하여 가슴위치位置로 회수回收시켰다가 완녕의자세腕擰衣姿勢의 두 팔꿈치를 180도度 신전伸展시키면서 외측外側 1회전回轉하여 손등과 전완외측前腕外側에 올려놓는 기술技術을 1박拍에 2회 수행遂行하는 겹늘름 사위를 한다.

③ 2회回째에는 시선視線방향方向과 3축軸의 중심中心도 왼발에서 오른발로 바뀌며 검劍의 움직임은 동일同一하다.

4

① 오른발에 좌우축左右軸과 전후축前後軸을 두고 상하축上下軸을 되도록 높게 유지維持하고 시선視線은 오른사선右斜線을 보면서 좌족녕의자세左足擰衣姿勢의 왼무릎左膝을 15도度 앞으로 들어 신전伸展시켰다가 1족장 후진後進시켜서 디디고, 바로 오른뒤꿈치를 살짝 들어 발가락을 마루에 미끄러뜨려 왼발 내과內踝에 붙인다.

② 동시同時에 두 검劍은 두 겨드랑이는 90도度, 완녕의자세腕擰衣姿勢의 두 팔꿈치를 180도度 신전伸展시키면서 외측外側 1회전回轉시키는 사위를 두 번 수행하여 손등과 전완외측前腕外側에 올려놓는다.

③ 다음은 두 팔꿈치를 이용利用하여 겨드랑이를 내려 옆구리 위치位置로 두 검劍을 회수回收시킨다.

三. 경기검무京畿劍舞 전승내용傳承內容

039 장단　앞 외늘름 사위

장단: 잦은 허튼타령

박자	1	2	3	4
정간보	⊖	ㅣ	⊖	ㅣ	─
구음	덩	따	덩	따	─

1

① 시선視線은 중간정면사선中間正面斜線을 보면서 두 검劍이 요동搖動치지 않도록 두 손등과 전완외측前腕外側에 올려놓은 완녕의자세腕擰衣姿勢의 두 팔꿈치를 전면前面 가슴에 모은다.

② 호흡呼吸은 응지세호흡법凝止細呼吸法을 준수한다. 왼발에 좌우축左右軸과 전후축前後軸을 두고 상하축上下軸을 되도록 높게 유지維持하고 시선視線은 왼사선左斜線을 보면서 우족

녕의자세右攘衣姿勢의 오른무릎左膝을 15도度 앞으로 들어 신전伸展시키면서 한 걸음 앞으로 딛고, 바로 3축軸을 오른발로 바꾸면서 왼뒤꿈치를 살짝 들어 발가락을 마루에 미끄러뜨려 오른발 내과內踝에 붙인다.

③ 동시同時에 왼손의 검劍은 가슴위치位置에 유지維持하고, 오른손의 검劍은 겨드랑이 90도度 외전外轉시키고 팔꿈치는 180도度 신전伸展시키면서 외측外側 1회전回轉하여 손등과 전완외측前腕外側에 올려놓는다.

2

① 두 손등과 전완외측前腕外側에 올려놓은 두 검劍을 유지維持한다.
② 1박拍의 자세姿勢를 2박拍에서도 유지維持한다.

3

① 1박拍의 자세姿勢를 3박拍에서도 유지維持한다.

4

① 1박拍의 자세姿勢를 4박拍에서도 유지維持한다.

040 장단　외늘름 사위

🎵 장단 : 잦은 허튼타령

박자	1	2	3	4
정간보	⊖	Ⅰ	⊖	Ⅰ	―
구음	덩	따	덩	따	―

1

① 시선視線은 중간정면사선中間正面斜線을 보면서 두 검劍이 요동搖動치지 않도록 두 손등과 전완외측前腕外側에 올려놓은 완녕의자세腕擰衣姿勢의 두 팔꿈치를 전면前面 가슴에 모은다.

② 호흡呼吸은 응지세호흡법凝止細呼吸法을 준수한다. 오른발에 좌우축左右軸과 전후축前後軸을 두고 상하축上下軸을 되도록 높게 유지維持하고 시선視線은 오른사선右斜線을 보면서

219

좌족녕의자세左足擰衣姿勢의 왼무릎左膝을 15도度 앞으로 들어 신전伸展시키면서 한 걸음 앞으로 딛고, 바로 3축軸을 왼발로 바꾸고 오른뒤꿈치를 살짝 들어 발가락을 마루에 미끄러뜨려 왼발 내과內踝에 붙인다.

③ 동시同時에 오른손의 검劍은 가슴위치位置로 이동移動시키고, 왼손의 검劍은 팔꿈치를 180도度 신전伸展시키면서 외측外側 1회전回轉하여 손등과 전완외측前腕外側에 올려놓는다.

2

① 두 손등과 전완외측前腕外側에 올려놓은 두 검劍을 유지維持한다.
② 1박拍의 자세姿勢를 2박拍에서도 유지維持한다.

3

① 1박拍의 자세姿勢를 3박에서도 유지維持한다.

4

① 1박拍의 자세姿勢를 4박拍에서도 유지維持한다.

041 장단 앞 양늘름 사위

🥁 장단 : 잦은 허튼타령

박자	1	2	3	4
정간보	⊖	l	⊖	l	―
구음	덩	따	덩	따	―

1

① 시선視線은 중간정면사선中間正面斜線을 보면서 두 검劍이 요동搖動치지 않도록 두 손등과 전완외측前腕外側에 올려놓은 완녕의자세腕擰衣姿勢의 두 팔꿈치를 전면前面 가슴에 모은다.

② 호흡呼吸은 응지세호흡법凝止細呼吸法을 준수한다. 왼발에 좌우축左右軸과 전후축前後軸을 두고 상하축上下軸을 되도록 높게 유지維持하고 시선視線은 왼사선左斜線을 보면서 우족

녕의자세右攬衣姿勢의 오른무릎左膝을 15도度 앞으로 들어 신전伸展시켜서 한 걸음 앞으로 디딤새 한다. 이때 두 무릎이 교차交叉하도록 집중集中한다.
③ 동시同時에 두 검劍은 두 겨드랑이는 90도度, 두 팔꿈치를 180도度 신전伸展시키면서 외측外側 1회전回轉하여 손등과 전완외측前腕外側에 올려놓는다.

2

① 완녕의자세腕攬衣姿勢의 두 팔꿈치를 이용利用하여 겨드랑이를 내려 옆구리 위치位置로 두 검劍을 회수回收시킨다.

3

① 오른발에 좌우축左右軸과 전후축前後軸을 두고 상하축上下軸을 되도록 높게 유지維持하고 시선視線은 오른사선右斜線을 보면서 좌족녕의자세左足攬衣姿勢의 왼무릎左膝을 15도度 앞으로 들어 신전伸展시키면서 한 걸음 앞으로 디딤새 한다. 이때 두 무릎이 교차交叉하도록 집중集中한다.
② 동시同時에 두 검劍은 두 겨드랑이는 90도度, 완녕의자세腕攬衣姿勢의 두 팔꿈치를 180도度 신전伸展시키면서 외측外側 1회전回轉시키는 사위를 두 번 수행하여 손등과 전완외측前腕外側에 올려놓는다.

4

① 완녕의자세腕攬衣姿勢의 두 팔꿈치를 이용利用하여 겨드랑이를 내려 옆구리 위치位置로 두 검劍을 회수回收시킨다.

042 장단 앞 잦은 양늘름 사위

🎵 **장단 : 잦은 허튼타령**

공연

연습

박자	1	2	3	4
정간보	⊖	ǀ	⊖	ǀ	─
구음	덩	따	덩	따	─

1

① 시선視線은 중간정면사선中間正面斜線을 보면서 두 검劍이 요동搖動치지 않도록 두 손등과 전완외측前腕外側에 올려놓은 완녕의자세腕擰衣姿勢의 두 팔꿈치를 전면前面 가슴에 모은다.

② 호흡呼吸은 응지세호흡법凝止細呼吸法을 준수한다. 왼발에 좌우축左右軸과 전후축前後軸을 두고 상하축上下軸을 되도록 높게 유지維持하고 시선視線은 왼사선左斜線을 보면서 우족

녕의자세右擰衣姿勢의 오른무릎左膝을 15도度 앞으로 들어 신전伸展시켜서 한 걸음 앞으로 디딤새 한다.

③ 동시同時에 두 검劍은 두 겨드랑이는 90도度, 두 팔꿈치를 180도度 신전伸展시키면서 외측外側 1회전回轉하여 손등과 전완외측前腕外側에 올려놓는다.

④ 다음은 두 팔꿈치를 이용利用하여 겨드랑이를 내려 옆구리 위치位置로 두 검劍을 회수回收시킨다.

2

① 오른발에 좌우축左右軸과 전후축前後軸을 두고 상하축上下軸을 되도록 높게 유지維持하고 시선視線은 오른사선右斜線을 보면서 좌족녕의자세左足擰衣姿勢의 왼무릎左膝을 15도度 앞으로 들어 신전伸展시키면서 한 걸음 앞으로 디딤새 한다.

② 동시同時에 두 검劍은 두 겨드랑이는 90도度, 완녕의자세腕擰衣姿勢의 두 팔꿈치를 180도度 신전伸展시키면서 외측外側 1회전回轉하여 손등과 전완외측前腕外側에 올려놓는다.

③ 다음은 두 팔꿈치를 이용利用하여 겨드랑이를 내려 옆구리 위치位置로 두 검劍을 회수回收시킨다.

3

① 왼발에 좌우축左右軸과 전후축前後軸을 두고 상하축上下軸을 되도록 높게 유지維持하고 시선視線은 중간정면사선中間正面斜線을 보면서 오른뒤꿈치를 살짝 들었다가 제자리 딛고, 왼뒤꿈치도 살짝 들었다가 제자리 딛는다.

② 동시同時에 두 검劍은 두 겨드랑이는 90도度, 완녕의자세腕擰衣姿勢의 두 팔꿈치를 180도度 신전伸展시키면서 외측外側 1회전回轉시키는 사위를 두 번 수행하여 손등과 전완외측前腕外側에 올려놓는다.

③ 다음은 두 팔꿈치를 이용利用하여 겨드랑이를 내려 옆구리 위치位置로 두 검劍을 회수回收시킨다.

4

① 오른발에 좌우축左右軸과 전후축前後軸을 두고 상하축上下軸을 되도록 높게 유지維持하고 시선視線은 중간정면사선中間正面斜線을 보면서 왼뒤꿈치를 살짝 들었다가 왼쪽사선左斜線으로 한 걸음 내딛는다.

三. 경기검무京畿劍舞 전승내용傳承內容

② 동시同時에 두 검劍은 두 겨드랑이는 90도度, 완녕의자세腕擰衣姿勢의 두 팔꿈치를 180도度 신전伸展시키면서 외측外側 1회전回轉시키는 사위를 두 번 수행하여 손등과 전완외측前腕外側에 올려놓는다.

③ 다음은 두 팔꿈치를 이용利用하여 겨드랑이를 내려 옆구리 위치位置로 두 검劍을 회수回收시킨다.

| 043 장단 | 오 어우름 사위 |

🎵 장단 : 잦은 허튼타령

공연

연습

박자	1	2	3	4
정간보	⊖	ㅣ	⊖	ㅣ	─
구음	덩	따	덩	따	─

1

① 시선視線은 정면중간사선正面中間斜線을 보고, 두 검劍이 요동搖動치지 않도록 두 손등과 전완외측前腕外側에 올려놓은 완녕의자세腕擰衣姿勢의 두 팔꿈치를 전면前面 가슴에 모으고

② 호흡呼吸은 응지세호흡법凝止細呼吸法을 준수한다. 시선視線을 오른사선右斜線을 보면서 왼발에 좌우축左右軸과 전후축前後軸을 두고 상하축上下軸을 되도록 높게 유지維持하면서

三. 경기검무京畿劍舞 전승내용傳承內容

우족녕의자세右擰衣姿勢의 오른무릎左膝을 15도度 앞으로 들어 신전伸展시켜서 오른발을 든다. 이때 선종보법先踵步法으로 원호圓弧를 그리듯이 딛고[249] 왼뒤꿈치를 1박拍에 돋음새를 한다.

③ 동시同時에 가슴위치位置에 유지維持하고 있던 왼손 검劍은 왼겨드랑이와 왼팔꿈치를 180도度씩 펴면서 손목을 재빨리 잡아채어 외측外側 1회전回轉시켜서 손등과 전완외측前腕外側에 올려놓는다. 또한 오른손 검劍은 손등과 전완외측前腕外側에 올려놓은 상태狀態에서 겨드랑이만 90도度 들어 율동律動을 준다.

④ 연결連結하여 왼손 검劍은 팔꿈치를 45도度 굴곡屈曲시키며 겨드랑이를 붙이고 손등과 전완외측前腕外側에 유지維持시킨다.

2

① 오른발에 좌우축左右軸과 전후축前後軸을 두고 상하축上下軸을 되도록 높게 유지維持하면서 좌족녕의자세左足擰衣姿勢의 왼무릎左膝을 15도度 앞으로 들어 신전伸展시키면서 한 걸음 원호圓弧를 그리듯이 앞으로 딛고, 오른뒤꿈치를 1박拍 율동律動에 맞추어 살짝 든다.

② 동시同時에 왼손 검劍은 다시 1박拍과 같이 완녕의자세腕擰衣姿勢의 왼팔꿈치와 왼겨드랑이를 180도度씩 펴면서 손목을 재빨리 잡아채어 외측外側 1회전回轉시켜서 손등과 전완외측前腕外側에 올려놓는다. 또한 오른손 검劍은 손등과 전완외측前腕外側에 올려놓은 상태狀態에서 겨드랑이만 90도度 들어 율동律動을 준다.

③ 연결連結하여 왼손 검劍은 팔꿈치를 45도度 굴곡屈曲시키며 겨드랑이를 붙이고 손등과 전완외측前腕外側에 유지維持시킨다.

3

① 왼발에 좌우축左右軸과 전후축前後軸을 두고 상하축上下軸을 되도록 높게 유지維持하면서 우족녕의자세右擰衣姿勢의 오른무릎左膝을 15도度 앞으로 들어 신전伸展시켜서 두 걸음 앞으로 원호圓弧를 그리듯이 딛고 오른뒤꿈치를 1박拍에 돋음새를 한다.

② 동시同時에 왼손 검劍은 완녕의자세腕擰衣姿勢의 왼팔꿈치와 왼겨드랑이를 180도度씩 펴

---

[249] 직선直線으로 걷지 말고, 오른축右軸 내측회전內側會轉으로 원圓을 그리듯이 디딤새 한다.

서 들고 손목만을 이용利用하여 앞뒤로 2회 흔든다.[250] 또한 오른손 검劍은 손등과 전완외측前腕外側에 올려놓은 상태狀態에서 겨드랑이만 90도度 들어 율동律動을 준다.

③ 연결連結하여 왼손 검劍은 팔꿈치를 45도度 굴곡屈曲시키며 겨드랑이를 붙이고 손등과 전완외측前腕外側에 유지維持시킨다.

4

① 왼발에 좌우축左右軸과 전후축前後軸을 두고 상하축上下軸을 되도록 높게 유지維持하면서 우족녕의자세右擰衣姿勢의 오른무릎左膝을 15도度 앞으로 들어 신전伸展시켜서 두 걸음 앞으로 원호圓弧를 그리듯이 딛고 오른뒤꿈치를 1박拍 율동律動에 맞추어 살짝 든다.

② 동시同時에 왼손 검劍은 완녕의자세腕擰衣姿勢의 왼팔꿈치와 왼겨드랑이를 180도度씩 펴서 들고 손목만을 이용利用하여 앞뒤로 2회 흔든다. 또한 오른손 검劍은 손등과 전완외측前腕外側에 올려놓은 상태狀態에서 겨드랑이만 90도度 들어 율동律動을 준다.

③ 연결連結하여 왼손 검劍은 팔꿈치를 45도度 굴곡屈曲시키며 겨드랑이를 붙이고 손등과 전완외측前腕外側에 유지維持시킨다.[251]

---

250) 검劍을 2회 흔들 때 검劍이 머리 앞쪽으로 가면 시선視線 아래사선下斜線으로 가도록 두경부頭頸部를 조금 굴곡屈曲시킨다. 또한 검劍은 앞뒤로 원圓을 그리도록 흔든다.

251) 마무리 동작動作은 시선視線은 정면正面을 보면서 두 검劍을 좌우손등과 전완외측前腕外側에 올려서 가슴부위部位에 위치位置시킨다.

三. 경기검무 京畿劍舞 전승내용 傳承內容

044 장단   오 어우름 사위

장단: 잦은 허튼타령

공연

연습

박자	1	2	3	4
정간보	⊖	ǀ	⊖	ǀ	―
구음	덩	따	덩	따	―

1

① 시선視線은 정면중간사선正面中間斜線을 보고, 두 검劍이 요동搖動치지 않도록 두 손등과 전완외측前腕外側에 올려놓은 완녕의자세腕擰衣姿勢의 두 팔꿈치를 전면前面 가슴에 모은다.

② 호흡呼吸은 응지세호흡법凝止細呼吸法을 준수한다. 시선視線을 오른사선右斜線을 보면서 왼발에 좌우축左右軸과 전후축前後軸을 두고 상하축上下軸을 되도록 높게 유지維持하면서

229

우족녕의자세右擎衣姿勢의 오른무릎左膝을 15도度 앞으로 들어 신전伸展시켜서 한 걸음 앞으로 원호圓弧를 그리듯이 딛고 왼뒤꿈치를 1박拍 율동律動에 맞추어 살짝 든다.

③ 동시同時에 가슴위치位置에 유지維持하고 있던 왼손 검劍은 왼겨드랑이와 왼팔꿈치를 180도度씩 펴면서 손목을 재빨리 잡아채어 외측外側 1회전回轉시켜서 손등과 전완외측前腕外側에 올려놓는다. 또한 오른손 검劍은 손등과 전완외측前腕外側에 올려놓은 상태狀態에서 겨드랑이만 90도度 들어 율동律動을 준다.

④ 연결連結하여 왼손 검劍은 팔꿈치를 45도度 굴곡屈曲시키며 겨드랑이를 붙이고 손등과 전완외측前腕外側에 유지維持시킨다.

2

① 오른발에 좌우축左右軸과 전후축前後軸을 두고 상하축上下軸을 되도록 높게 유지維持하면서 좌족녕의자세左足擎衣姿勢의 왼무릎左膝을 15도度 앞으로 들어 신전伸展시키면서 한 걸음 원호圓弧를 그리듯이 앞으로 딛고, 오른뒤꿈치를 1박拍 율동律動에 맞추어 살짝 든다.

② 동시同時에 왼손 검劍은 다시 1박拍과 같이 완녕의자세腕擎衣姿勢의 왼팔꿈치와 왼겨드랑이를 180도度씩 펴면서 손목을 재빨리 잡아채어 외측外側 1회전回轉시켜서 손등과 전완외측前腕外側에 올려놓는다. 또한 오른손 검劍은 손등과 전완외측前腕外側에 올려놓은 상태狀態에서 겨드랑이만 90도度 들어 율동律動을 준다.

③ 연결連結하여 왼손 검劍은 팔꿈치를 45도度 굴곡屈曲시키며 겨드랑이를 붙이고 손등과 전완외측前腕外側에 유지維持시킨다.

3

① 왼발에 좌우축左右軸과 전후축前後軸을 두고 상하축上下軸을 되도록 높게 유지維持하면서 우족녕의자세右擎衣姿勢의 오른무릎左膝을 15도度 앞으로 들어 신전伸展시켜서 두 걸음 앞으로 원호圓弧를 그리듯이 딛고 오른뒤꿈치를 1박拍 율동律動에 맞추어 살짝 든다.

② 동시同時에 왼손 검劍은 완녕의자세腕擎衣姿勢의 왼팔꿈치와 왼겨드랑이를 180도度씩 펴서 들고 손목만을 이용利用하여 앞뒤로 원호圓弧를 그리며 2회回 흔든다. 또한 오른손 검劍은 손등과 전완외측前腕外側에 올려놓은 상태狀態에서 겨드랑이만 90도度 들어 율동律動을 준다.

③ 연결連結하여 왼손 검劍은 팔꿈치를 45도度 굴곡屈曲시키며 겨드랑이를 붙이고 손등과 전완외측前腕外側에 유지維持시킨다.

4

① 왼발에 좌우축左右軸과 전후축前後軸을 두고 상하축上下軸을 되도록 높게 유지維持하면서 우족녕의자세右擰衣姿勢의 오른무릎左膝을 15도度 앞으로 들어 신전伸展시켜서 두 걸음 앞으로 원호圓弧를 그리듯이 딛고 오른뒤꿈치를 1박拍 율동律動에 맞추어 살짝 든다.

② 동시同時에 왼손 검劍은 완녕의자세腕擰衣姿勢의 왼팔꿈치와 왼겨드랑이를 180도度씩 펴서 들고 손목만을 이용利用하여 앞뒤로 2회回 흔든다. 또한 오른손 검劍은 손등과 전완외측前腕外側에 올려놓은 상태狀態에서 겨드랑이만 90도度 들어 율동律動을 준다.

③ 연결連結하여 왼손 검劍은 팔꿈치를 45도度 굴곡屈曲시키며 겨드랑이를 붙이고 손등과 전완외측前腕外側에 유지維持시킨다.

| 045 장단 | 왼 어우름 사위 |

장단: 잦은 허튼타령

박자	1	2	3	4
정간보	⊖			⊖			—
구음	덩	따	덩	따	—

1

① 시선視線은 정면중간사선正面中間斜線을 보고, 두 검劍이 요동搖動치지 않도록 두 손등과 전완외측前腕外側에 올려놓은 완녕의자세腕擰衣姿勢의 두 팔꿈치를 전면前面 가슴에 모은다.

② 호흡呼吸은 응지세호흡법凝止細呼吸法을 준수한다. 시선視線을 왼사선左斜線을 보면서 오

三. 경기검무京畿劍舞 전승내용傳承內容

른발에 좌우축左右軸과 전후축前後軸을 두고[252] 상하축上下軸을 되도록 높게 유지維持하면서 좌족녕의자세左足擰衣姿勢의 왼무릎左膝을 15도度 앞으로 들어 신전伸展시키면서 왼발을 든다. 오른뒤꿈치를 1박拍에 돋음새를 한다.

③ 동시同時에 가슴위치位置에 유지維持하고 있던 오른손 검劍은 오른겨드랑이와 오른팔꿈치를 180도度씩 펴면서 손목을 재빨리 잡아채어 외측外側 1회전回轉시켜서 손등과 전완외측前腕外側에 올려놓는다. 또한 왼손 검劍은 손등과 전완외측前腕外側에 올려놓은 상태狀態에서 겨드랑이만 90도度 들어 율동律動을 준다.

④ 연결連結하여 오른손 검劍은 팔꿈치를 45도度 굴곡屈曲시키며 겨드랑이를 붙이고 손등과 전완외측前腕外側에 유지維持시킨다.

2

① 왼발에 좌우축左右軸과 전후축前後軸을 두고 상하축上下軸을 되도록 높게 유지維持하면서 우족녕의자세右擰衣姿勢의 오른무릎左膝을 15도度 앞으로 들어 신전伸展시켜서 한 걸음 앞으로 원호圓弧를 그리듯이 딛고 왼뒤꿈치를 1박拍 율동律動에 맞추어 살짝 든다.

② 동시同時에 오른손 검劍은 다시 1박拍과 같이 완녕의자세腕擰衣姿勢의 오른팔꿈치와 오른겨드랑이를 180도度씩 펴면서 손목을 재빨리 잡아채어 외측外側 1회전回轉시켜서 손등과 전완외측前腕外側에 올려놓는다. 또한 왼손 검劍은 손등과 전완외측前腕外側에 올려놓은 상태狀態에서 겨드랑이만 90도度 들어 율동律動을 준다.

③ 연결連結하여 오른손 검劍은 팔꿈치를 45도度 굴곡屈曲시키며 겨드랑이를 붙이고 손등과 전완외측前腕外側에 유지維持시킨다.

3

① 오른발에 좌우축左右軸과 전후축前後軸을 두고 상하축上下軸을 되도록 높게 유지維持하면서 좌족녕의자세左足擰衣姿勢의 왼무릎左膝을 15도度 앞으로 들어 신전伸展시키면서 두 걸음 원호圓弧를 그리듯이 앞으로 딛고, 왼뒤꿈치를 1박拍 율동律動에 맞추어 살짝 든다.

② 동시同時에 오른손 검劍은 완녕의자세腕擰衣姿勢의 오른팔꿈치와 오른겨드랑이를 180도度씩 펴서 들고 손목만을 이용利用하여 앞뒤로 2회回 흔든다. 또한 왼손 검劍은 손등과

---

[252] 전진방향前進方向을 바꾸기 위하여 전신全身을 1회전回轉한다.

전완외측前腕外側에 올려놓은 상태狀態에서 겨드랑이만 90도度 들어 율동律動을 준다.

③ 연결連結하여 오른손 검劍은 팔꿈치를 45도度 굴곡屈曲시키며 겨드랑이를 붙이고 손등과 전완외측前腕外側에 유지維持시킨다.

4

① 오른발에 좌우축左右軸과 전후축前後軸을 두고 상하축上下軸을 되도록 높게 유지維持하면서 좌족녕의자세左足獰衣姿勢의 왼무릎左膝을 15도度 앞으로 들어 신전伸展시키면서 두 걸음 원호圓弧를 그리듯이 앞으로 딛고, 왼뒤꿈치를 1박拍 율동律動에 맞추어 살짝 든다.

② 동시同時에 오른손 검劍은 완녕의자세腕獰衣姿勢의 오른팔꿈치와 오른겨드랑이를 180도度씩 펴서 들고 손목만을 이용利用하여 앞뒤로 2회回 흔든다. 또한 왼손 검劍은 손등과 전완외측前腕外側에 올려놓은 상태狀態에서 겨드랑이만 90도度 들어 율동律動을 준다.

③ 연결連結하여 오른손 검劍은 팔꿈치를 45도度 굴곡屈曲시키며 겨드랑이를 붙이고 손등과 전완외측前腕外側에 유지維持시킨다.

046 장단　왼 어우름 사위

🥁 장단: 잦은 허튼타령

박자	1	2	3	4
정간보	⊖	ㅣ	⊖	ㅣ	─
구음	덩	따	덩	따	─

1

① 시선視線은 정면중간사선正面中間斜線을 보고, 두 검劍이 요동搖動치지 않도록 두 손등과 전완외측前腕外側에 올려놓은 완녕의자세腕擰衣姿勢의 두 팔꿈치를 전면前面 가슴에 모은다.

② 호흡呼吸은 응지세호흡법凝止細呼吸法을 준수한다. 시선視線을 왼사선左斜線을 보면서 오른발에 좌우축左右軸과 전후축前後軸을 두고 상하축上下軸을 되도록 높게 유지維持하면서

좌족녕의자세左足擰衣姿勢의 왼무릎左膝을 15도度 앞으로 들어 신전伸展시키면서 한 걸음 원호圓弧를 그리듯이 앞으로 딛고, 오른뒤꿈치를 1박拍 율동律動에 맞추어 살짝 든다.

③ 동시同時에 가슴위치位置에 유지維持하고 있던 오른손 검劍은 오른겨드랑이와 오른팔꿈치를 180도度씩 펴면서 손목을 재빨리 잡아채어 외측外側 1회전回轉시켜서 손등과 전완외측前腕外側에 올려놓는다. 또한 왼손 검劍은 손등과 전완외측前腕外側에 올려놓은 상태狀態에서 겨드랑이만 90도度 들어 율동律動을 준다.

④ 연결連結하여 오른손 검劍은 팔꿈치를 45도度 굴곡屈曲시키며 겨드랑이를 붙이고 손등과 전완외측前腕外側에 유지維持시킨다.

2

① 왼발에 좌우축左右軸과 전후축前後軸을 두고 상하축上下軸을 되도록 높게 유지維持하면서 우족녕의자세右擰衣姿勢의 오른무릎右膝을 15도度 앞으로 들어 신전伸展시켜서 한 걸음 앞으로 원호圓弧를 그리듯이 딛고 왼뒤꿈치를 1박拍 율동律動에 맞추어 살짝 든다.

② 동시同時에 오른손 검劍은 다시 1박拍과 같이 완녕의자세腕擰衣姿勢의 오른팔꿈치와 오른겨드랑이를 180도度씩 펴면서 손목을 재빨리 잡아채어 외측外側 1회전回轉시켜서 손등과 전완외측前腕外側에 올려놓는다. 또한 왼손 검劍은 손등과 전완외측前腕外側에 올려놓은 상태狀態에서 겨드랑이만 90도度 들어 율동律動을 준다.

③ 연결連結하여 오른손 검劍은 팔꿈치를 45도度 굴곡屈曲시키며 겨드랑이를 붙이고 손등과 전완외측前腕外側에 유지維持시킨다.

3

① 오른발에 좌우축左右軸과 전후축前後軸을 두고 상하축上下軸을 되도록 높게 유지維持하면서 좌족녕의자세左足擰衣姿勢의 왼무릎左膝을 15도度 앞으로 들어 신전伸展시키면서 두 걸음 원호圓弧를 그리듯이 앞으로 딛고, 왼뒤꿈치를 1박拍 율동律動에 맞추어 살짝 든다.

② 동시同時에 오른손 검劍은 완녕의자세腕擰衣姿勢의 오른팔꿈치와 오른겨드랑이를 180도度씩 펴서 들고 손목만을 이용利用하여 앞뒤로 원호圓弧를 그리며 2회 흔든다. 또한 왼손 검劍은 손등과 전완외측前腕外側에 올려놓은 상태狀態에서 겨드랑이만 90도度 들어 율동律動을 준다.

③ 연결連結하여 오른손 검劍은 팔꿈치를 45도度 굴곡屈曲시키며 겨드랑이를 붙이고 손등

과 전완외측前腕外側에 유지維持시킨다.

4

① 오른발에 좌우축左右軸과 전후축前後軸을 두고 상하축上下軸을 되도록 높게 유지維持하면서 좌족녕의자세左足擰衣姿勢의 왼무릎左膝을 15도度 앞으로 들어 신전伸展시키면서 두 걸음 원호圓弧를 그리듯이 앞으로 딛고, 왼뒤꿈치를 1박拍 율동律動에 맞추어 살짝 든다.

② 동시同時에 오른손 검劍은 완녕의자세腕擰衣姿勢의 오른팔꿈치와 오른겨드랑이를 180도度씩 펴서 들고 손목만을 이용利用하여 앞뒤로 2회回 흔든다. 또한 왼손 검劍은 손등과 전완외측前腕外側에 올려놓은 상태狀態에서 겨드랑이만 90도度 들어 율동律動을 준다.

③ 연결連結하여 오른손 검劍은 팔꿈치를 45도度 굴곡屈曲시키며 겨드랑이를 붙이고 손등과 전완외측前腕外側에 유지維持시킨다.

047 장단   옆 양늘름 사위

🎵 장단 : 잦은 허튼타령

공연

연습

박자	1	2	3	4
정간보	⊖	ǀ	⊖	ǀ	―
구음	덩	따	덩	따	―

1

① 시선視線은 무대舞臺 뒤 정면중간사선正面中間斜線을 보면서 두 검劍이 요동搖動치지 않도록 두 손등과 전완외측前腕外側에 올려놓은 완녕의자세腕擰衣姿勢의 두 팔꿈치를 전면前面 가슴에 모은다.

② 호흡呼吸은 응지세호흡법凝止細呼吸法을 준수한다. 왼발에 좌우축左右軸과 전후축前後軸을 두고 상하축上下軸을 되도록 높게 유지維持하고 시선視線은 오른사선右斜線을 보면서 우

三. 경기검무京畿劍舞 전승내용傳承內容

족녕의자세右擰衣姿勢의 오른무릎右膝을 앞으로 신전伸展시키고 오른발등右足背을 굴곡屈曲시켜 한 걸음 앞으로 선종보법先踵步法으로 디딤새 한다.
③ 동시同時에 두 검劍은 두 겨드랑이는 90도度, 두 팔꿈치를 180도度 신전伸展시키면서 외측外側 1회전回轉하여 손등과 전완외측前腕外側에 올려놓는다.
④ 다음은 두 팔꿈치를 이용利用하여 겨드랑이를 내려 옆구리 위치位置로 두 검劍을 회수回收시킨다.

2

① 오른발에 좌우축左右軸과 전후축前後軸을 두고 상하축上下軸을 되도록 높게 유지維持하고 시선視線은 오른사선右斜線을 보면서 좌족녕의자세左足擰衣姿勢의 왼무릎左膝을 앞으로 신전伸展시키고 왼발등左足背을 굴곡屈曲시켜 오른발축軸으로 전신全身을 앞으로 1내측회전回轉시켜서 두 엄지발가락이 90도度 되도록 두 뒤꿈치를 붙여서 마루에 내린다.
② 동시同時에 두 검劍은 완녕의자세腕擰衣姿勢의 두 팔꿈치를 45도度 굽혀서 겨드랑이를 붙이고 손등과 전완외측前腕外側에 유지維持시킨다.

3

① 좌우발에 좌우축左右軸과 전후축前後軸을 두고 상하축上下軸을 되도록 높게 유지維持하고 시선視線은 중간정면사선中間正面斜線을 본다.
② 동시同時에 두 검劍은 두 겨드랑이는 90도度, 완녕의자세腕擰衣姿勢의 두 팔꿈치를 180도度 신전伸展시키면서 외측外側 1회전回轉시키는 사위를 두 번 수행한다.

4

① 좌우발에 좌우축左右軸과 전후축前後軸을 두고 상하축上下軸을 되도록 높게 유지維持하고 시선視線은 중간정면사선中間正面斜線을 본다.
② 동시同時에 두 검劍은 완녕의자세腕擰衣姿勢의 두 팔꿈치를 45도度 굴곡屈曲시키며 겨드랑이를 붙이고 손등과 전완외측前腕外側에 유지維持시킨다.

048 장단 오 고살 사위

🎼 장단 : 잦은 허튼타령

박자	1	2	3	4
정간보	⊖	l	⊖	l	—
구음	덩	따	덩	따	—

1

① 시선視線은 정면중간사선正面中間斜線을 보면서 두 검劍이 요동搖動치지 않도록 두 손등과 전완외측前腕外側에 올려놓은 완녕의자세腕擰衣姿勢의 두 팔꿈치를 전면前面 가슴에 모은다.

② 호흡呼吸은 응지세호흡법凝止細呼吸法을 준수한다. 왼발에 좌우축左右軸과 전후축前後軸을 두고 상하축上下軸을 되도록 높게 유지維持하고 시선視線은 왼사선左斜線을 보면서 우족

녕의자세右足擰衣姿勢의 오른무릎右膝을 신전伸展시키고 오른발등右足背을 굴곡屈曲시켜 한 걸음 앞으로 선종보법先踵步法으로 내디딘다.

③ 동시同時에 가슴위치位置에 유지維持하고 있던 오른 검劍은 겨드랑이를 180도度 팔꿈치를 180도度 신전伸展시키면서 손목으로 검劍을 1회전回轉시키면서 들었다가 겨드랑이가 75도度, 팔꿈치는 180도度 신전伸展시키면서 아래로 내린다.[253]

④ 또한 손등과 전완외측前腕外側에 올려놓은 왼손 검劍은 팔꿈치를 위로 들고 손목을 아래로 낮추어서 오른손의 율동律動을 맞춘다.[254]

2

① 오른발에 좌우축左右軸과 전후축前後軸을 두고 상하축上下軸을 되도록 높게 유지維持하고 시선視線은 왼사선左斜線을 보면서 두 무릎의 오금膝膕을 굴곡屈曲하면서 율동감律動感을 나타낸다.

② 동시同時에 오른 검劍은 겨드랑이를 180도度 완녕의자세腕擰衣姿勢의 팔꿈치를 180도度 신전伸展시키면서 손목으로 검劍을 1회전回轉 시키면서 든다.

③ 또한 손등과 전완외측前腕外側에 올려놓은 왼손 검劍은 팔꿈치를 내리고 손목을 들고 검劍을 아래로 돌린다.

3

① 두 발에 좌우축左右軸과 전후축前後軸을 두고 상하축上下軸을 되도록 높게 유지維持하고 시선視線은 왼사선左斜線을 보면서 두 무릎을 신전伸展시키고 뒤꿈치도 살짝 들어서 율동감律動感을 나타낸다.

② 동시同時에 오른 검劍은 겨드랑이를 75도度 완녕의자세腕擰衣姿勢의 팔꿈치를 90도度 펴면서 손목으로 검劍을 돌려 앞으로 회전回轉시키면서 내린다.

③ 또한 손등과 전완외측前腕外側에 올려놓은 왼손 검劍을 위로 들고 손목을 아래로 낮추어서 오른손의 율동律動을 맞춘다.

---

253) 견봉肩峯을 축軸으로 팔을 내린다.
254) 오른 검劍을 위로 올리면 왼 검劍은 아래로 내려서 검劍의 교차운동交叉運動을 보여주어야 한다. 또한 두 팔의 힘의 균형均衡도 맞추어야 한다.

4

① 좌우발에 좌우축左右軸과 전후축前後軸을 두고 상하축上下軸을 되도록 높게 유지維持하고 시선視線은 왼사선左斜線을 보면서 두 무릎을 굴곡屈曲하면서 율동감律動感을 나타낸다.

② 동시同時에 오른 검劍은 겨드랑이를 75도度 완녕의자세腕擰衣姿勢의 팔꿈치를 90도度 펴면서 손목으로 검劍을 1회전回轉 시키면서 든다.

③ 또한 손등과 전완외측前腕外側에 올려놓은 왼손 검劍은 팔꿈치를 내리고 손목을 들고 검劍을 아래로 돌린다.

三. 경기검무 京畿劍舞 전승내용 傳承內容

049 장단   왼 두루업굽힘채 사위

🎵 장단: 잦은 허튼타령

박자	1	2	3	4
정간보	⊖	ㅣ	⊖	ㅣ	─
구음	덩	따	덩	따	─

1

① 시선視線은 왼쪽중간사선中間斜線을 본다.

② 호흡呼吸은 응지세호흡법凝止細呼吸法을 준수한다. 오른발에 좌우축左右軸과 전후축前後軸을 두고 상하축上下軸을 되도록 높게 유지維持하고 시선視線은 왼사선左斜線을 보면서 우족녕의자세右足擰衣姿勢의 오른무릎右膝을 신전伸展시키고 왼발등左足背을 굴곡屈曲시켜 뒤꿈치를 45도度 들어 왼쪽으로 1/2 걸음을 선종보법先踵步法으로 디딤새 한다.

③ 동시同時에 오른손 검劍은 겨드랑이를 90도度 외전外轉시키고 완녕의자세腕擰衣姿勢의 팔꿈치를 150도度 굴곡屈曲시키며, 왼손 검劍은 겨드랑이 75도度 외전外轉시키고 완녕의자세腕擰衣姿勢의 팔꿈치 90도度 굴곡屈曲시키며 유지維持한다.

2

① 오른발에 좌우축左右軸과 전후축前後軸을 두고 상하축上下軸을 되도록 높게 유지維持하고 시선視線은 왼사선左斜線을 보면서 좌족녕의자세左足擰衣姿勢의 왼무릎左膝을 신전伸展하고 발등굴곡足背屈曲하여 율동감律動感 있게 2박拍에 전신全身을 1회전回轉한다.
② 동시同時에 왼손 검劍은 겨드랑이 90도度 외전外轉시키고 완녕의자세腕擰衣姿勢의 팔꿈치 180도度 신전伸展자세姿勢로 어깨와 수평水平으로 외측원회전外側圓回轉시키고, 오른손 검劍은 겨드랑이 150도度 외전外轉시키고 완녕의자세腕擰衣姿勢의 팔꿈치 180도度 신전伸展자세姿勢로 머리 위로 들어서 내측회전內側會轉시킨다.
③ 또한 두 검劍은 모두 손목으로 1회전回轉 돌린다.

3

① 2박拍 자세姿勢를 연속連續한다.

4

① 시선視線은 정면중간사선正面中間斜線으로 왼발뒤꿈치를 오른발에 발가락 각도角度 90도度로 붙이면서 회전回轉을 마무리한다.
② 동시同時에 완녕의자세腕擰衣姿勢의 두 팔꿈치를 이용利用하여 두 검劍을 두 손등과 전완외측前腕外側에 올려놓는다.

050 장단　뒤 양늘름 사위

장단 : 잦은 허튼타령

박자	1	2	3	4
정간보	⊖	∣	⊖	∣	─
구음	덩	따	덩	따	─

1

① 시선視線은 정면중간사선正面中間斜線을 보면서 두 검劍이 요동搖動치지 않도록 두 손등과 전완외측前腕外側에 올려놓은 완녕의자세腕擰衣姿勢의 두 팔꿈치를 전면前面 가슴에 모은다.

② 호흡呼吸은 응지세호흡법凝止細呼吸法을 준수한다. 오른발에 좌우축左右軸과 전후축前後軸을 두고 상하축上下軸을 되도록 높게 유지維持하고 좌족녕의자세左足擰衣姿勢의 왼무릎左膝을 약간 굴곡屈曲시켜 한 걸음 뒤로 선장지보법先將指步法으로 디딘다.

③ 동시同時에 두 검劍은 두 겨드랑이를 90도度, 두 팔꿈치를 180도度 신전伸展시키면서 두 검劍을 1회 원회전圓回轉한다.

④ 다음은 두 팔꿈치를 이용利用하여 가슴위치位置에 두 검劍을 두 손등과 전완외측前腕外側에 올려놓는 자세姿勢로 회수回收시킨다.

2

① 왼발에 좌우축左右軸과 전후축前後軸을 두고 상하축上下軸을 되도록 높게 유지維持하고 우족녕의자세右足擰衣姿勢의 오른무릎右膝을 약간 굴곡屈曲시켜 한 걸음 뒤로 디딘다.

② 동시同時에 두 검劍은 두 겨드랑이를 90도度, 완녕의자세腕擰衣姿勢의 두 팔꿈치를 180도度 신전伸展시키면서 두 검劍을 1회 원회전圓回轉한다.

③ 다음은 두 팔꿈치를 이용利用하여 가슴위치位置에 두 검劍을 두 손등과 전완외측前腕外側에 올려놓는 자세姿勢로 회수回收시킨다.

3

① 오른발에 좌우축左右軸과 전후축前後軸을 두고 상하축上下軸을 되도록 높게 유지維持하고 좌족녕의자세左足擰衣姿勢의 왼무릎左膝을 약간 굴곡屈曲시켜 한 걸음 뒤로 선장지보법先將指步法으로 디딘다.

② 동시同時에 두 검劍은 두 겨드랑이를 90도度, 완녕의자세腕擰衣姿勢의 두 팔꿈치를 180도度 신전伸展시키면서 두 검劍을 1회 원회전圓回轉한다.

③ 다음은 두 팔꿈치를 이용利用하여 가슴위치位置에 두 검劍을 두 손등과 전완외측前腕外側에 올려놓는 자세姿勢로 회수回收시킨다.

4

① 왼발에 좌우축左右軸과 전후축前後軸을 두고 상하축上下軸을 되도록 높게 유지維持하고 우족녕의자세右足擰衣姿勢의 오른무릎右膝을 약간 굴곡屈曲시켜 한 걸음 뒤로 선장지보법先將指步法으로 디딘다.

② 동시同時에 두 검劍은 두 겨드랑이를 90도度, 완녕의자세腕擰衣姿勢의 두 팔꿈치를 180도度 신전伸展시키면서 두 검劍을 1회 원회전圓回轉시키는 사위를 두 번 수행한다.

③ 다음은 두 팔꿈치를 이용利用하여 가슴위치位置에 두 검劍을 두 손등과 전완외측前腕外側에 올려놓는 자세姿勢로 회수回收시킨다.

三. 경기검무京畿劍舞 전승내용傳承內容

| 051 장단 | 왼 고살 사위 |

🥁 **장단: 잦은 허튼타령**

공연

연습

박자	1	2	3	4
정간보	⊖	ㅣ	⊖	ㅣ	─
구음	덩	따	덩	따	─

| 1 |

① 시선視線은 정면중간사선正面中間斜線을 보고, 호흡呼吸은 응지세호흡법凝止細呼吸法을 준수한다. 오른발에 좌우축左右軸과 전후축前後軸을 두고 상하축上下軸을 되도록 높게 유지維持하고 좌족녕의자세左足擰衣姿勢의 왼무릎左膝을 굴곡屈曲시키고 왼발등左足背을 굴곡屈曲시켜 뒤꿈치로 한 걸음 앞으로 선종보법先踵步法으로 왼쪽으로 내디딘다.
③ 동시同時에 가슴위치位置에 유지維持하고 있던 왼손 검劍은 겨드랑이를 180도度 완녕의

247

자세腕撐衣姿勢의 팔꿈치를 180도度 신전伸展시키면서 손목으로 검劍을 손등 쪽으로 넘겼다가 겨드랑이가 90도度 팔꿈치는 90도度 자세姿勢에서 손목을 손바닥 쪽으로 굴곡屈曲시키며 회수回收시키면서 내린다.

④ 또한 손등과 전완외측前腕外側에 올려놓은 오른손 검劍은 팔꿈치를 180도度 신전伸展시키면서 손등 쪽으로 검劍을 돌려서 오른 검劍을 내리는 것과 교차交叉시킨다.

2

① 두 발에 좌우축左右軸과 전후축前後軸을 두고 상하축上下軸을 되도록 높게 유지維持하고 족녕의자세足撐衣姿勢의 두 무릎을 신전伸展하면서 율동감律動感을 나타낸다.

② 동시同時에 왼손 검劍은 겨드랑이를 180도度 완녕의자세腕撐衣姿勢의 팔꿈치를 180도度 펴면서 검劍을 손등 쪽으로 넘긴다.

③ 또한 오른손 검劍은 팔꿈치를 들면서 손바닥 쪽으로 검劍을 돌려 내린다.

3

① 두 발에 좌우축左右軸과 전후축前後軸을 두고 상하축上下軸을 되도록 높게 유지維持하고 족녕의자세足撐衣姿勢의 두 무릎을 굴곡屈曲시키고 뒤꿈치도 살짝 들어서 율동감律動感을 나타낸다.

② 동시同時에 왼손 검劍은 겨드랑이를 75도度 완녕의자세腕撐衣姿勢의 팔꿈치를 90도度 펴면서 손목으로 검劍을 손바닥쪽으로 돌린다.

③ 또한 오른손 검劍은 팔꿈치를 내리면서 손등 쪽으로 검劍을 돌려 올려서 왼손의 율동律動을 맞춘다.

4

① 두 발에 좌우축左右軸과 전후축前後軸을 두고 상하축上下軸을 되도록 높게 유지維持하고 족녕의자세足撐衣姿勢의 두 무릎을 신전伸展시키면서 율동감律動感을 나타낸다.

② 동시同時에 왼손 검劍은 겨드랑이를 75도度 완녕의자세腕撐衣姿勢의 팔꿈치를 90도度 펴면서 손목으로 검劍을 손등 쪽으로 넘긴다.

③ 또한 오른손 검劍은 팔꿈치를 들면서 손바닥 쪽으로 검劍을 돌려 내린다.

三. 경기검무 京畿劍舞 전승내용 傳承內容

052 장단 　 오 두루업급힘채 사위

🎵 장단 : 잦은 허튼타령

박자	1	2	3	4
정간보	⊖	ㅣ	⊖	ㅣ ㅡ
구음	덩	따	덩	따 ㅡ

1

① 시선視線은 왼쪽중간사선中間斜線을 본다.

② 호흡呼吸은 응지세호흡법凝止細呼吸法을 준수한다. 왼발에 좌우축左右軸과 전후축前後軸을 두고 상하축上下軸을 되도록 높게 유지維持하고 시선視線은 오른사선右斜線을 보면서 우족녕의자세右足擰衣姿勢의 오른무릎右膝을 신전伸展시키고 오른발등右足背을 굴곡屈曲시켜 뒤꿈치를 45도度 들어 왼쪽으로 1/2 걸음을 선종보법先踵步法으로 디딤새 한다.

③ 동시同時에 오른손 검劍은 겨드랑이를 90도度 외전外轉시키고 완녕의자세腕擰衣姿勢의 팔꿈치를 150도度 상태狀態와 왼손 검劍은 겨드랑이 75도度 외전外轉시키고 팔꿈치 90도度 상태狀態를 유지維持한다.

2

① 오른발에 좌우축左右軸과 전후축前後軸을 두고 상하축上下軸을 되도록 높게 유지維持하고 시선視線은 오른사선右斜線을 보면서 좌족녕의자세左足擰衣姿勢의 왼무릎左膝을 신전伸展하고 발등굴곡足背屈曲하여 율동감律動感 있게 2박拍에 전신全身을 1회전回轉한다.
② 동시同時에 오른손 검劍은 겨드랑이 90도度 외전外轉시키고 완녕의자세腕擰衣姿勢의 팔꿈치 180도度 자세姿勢로 어깨와 수평水平으로 외측원회전外側圓回轉시키고, 왼손 검劍은 겨드랑이 150도度 외전外轉시키고 완녕의자세腕擰衣姿勢의 팔꿈치 180도度 자세姿勢로 머리 위로 들어서 내측원회전內側圓回轉시킨다.
③ 또한 두 검劍은 모두 손목으로 1회전回轉 돌린다.

3

① 2박拍 자세姿勢를 연속連續한다.

4

① 시선視線은 정면중간사선正面中間斜線으로 응지세호흡법凝止細呼吸法으로 내쉬면서 왼발 뒤꿈치를 오른발에 발가락 각도角度 90도度로 붙이면서 회전回轉을 마무리한다.
② 동시同時에 완녕의자세腕擰衣姿勢의 두 팔꿈치를 이용利用하여 두 검劍을 두 손등과 전완외측前腕外側에 올려놓는다.

三. 경기검무 京畿劍舞 전승내용 傳承內容

| 053 장단 | 앞 양늘름 사위 |

🎵 장단 : 잦은 허튼타령

1

① 시선視線은 정면중간사선正面中間斜線을 보면서 두 검劍이 요동搖動치지 않도록 두 손등과 전완외측前腕外側에 올려놓은 완녕의자세腕擰衣姿勢의 두 팔꿈치를 전면前面 가슴에 모은다.

② 호흡呼吸은 응지세호흡법凝止細呼吸法을 준수한다. 왼발에 좌우축左右軸과 전후축前後軸을 두고 상하축上下軸을 되도록 높게 유지維持하고 우족녕의자세右足擰衣姿勢의 오른무릎右膝을 약간 굴곡屈曲시켜 한 걸음 앞으로 선종보법先踵步法으로 디딘다.

③ 동시同時에 두 검劍은 두 겨드랑이를 90도度, 두 팔꿈치를 180도度 신전伸展시키면서 두 검劍을 1회 외측원회전外側圓回轉한다.
④ 다음은 두 팔꿈치를 이용利用하여 가슴위치位置에 두 검劍을 두 손등과 전완외측前腕外側에 올려놓는 자세姿勢로 회수回收시킨다.

2

① 오른발에 좌우축左右軸과 전후축前後軸을 두고 상하축上下軸을 되도록 높게 유지維持하고 좌족녕의자세左足撐衣姿勢의 왼무릎左膝을 약간 굴곡屈曲시켜 한 걸음 앞으로 선종보법先踵步法으로 디딘다.
② 동시同時에 두 검劍은 두 겨드랑이를 90도度, 완녕의자세腕撐衣姿勢의 두 팔꿈치를 180도度 신전伸展시키면서 두 검劍을 1회 외측원회전外側圓回轉한다.
③ 다음은 두 팔꿈치를 이용利用하여 가슴위치位置에 두 검劍을 두 손등과 전완외측前腕外側에 올려놓는 자세姿勢로 회수回收시킨다.

3

① 왼발에 좌우축左右軸과 전후축前後軸을 두고 상하축上下軸을 되도록 높게 유지維持하고 우족녕의자세右足撐衣姿勢의 오른무릎右膝을 약간 굴곡屈曲시켜 한 걸음 앞으로 선종보법先踵步法으로 디딘다.
② 동시同時에 두 검劍은 두 겨드랑이를 90도度, 완녕의자세腕撐衣姿勢의 두 팔꿈치를 180도度 신전伸展시키면서 두 검劍을 1회 외측원회전外側圓回轉한다.
③ 다음은 두 팔꿈치를 이용利用하여 가슴위치位置에 두 검劍을 두 손등과 전완외측前腕外側에 올려놓는 자세姿勢로 회수回收시킨다.

4

① 오른발에 좌우축左右軸과 전후축前後軸을 두고 상하축上下軸을 되도록 높게 유지維持하고 좌족녕의자세左足撐衣姿勢의 왼무릎左膝을 약간 굴곡屈曲시켜 한 걸음 앞으로 선종보법先踵步法으로 디딘다.
② 동시同時에 두 검劍은 두 겨드랑이를 90도度, 완녕의자세腕撐衣姿勢의 두 팔꿈치를 180도度 신전伸展시키면서 두 검劍을 1회 외측원회전外側圓回轉시키는 사위를 두 번 수행한다.
③ 다음은 두 팔꿈치를 이용利用하여 가슴위치位置에 두 검劍을 두 손등과 전완외측前腕外側에 올려놓는 자세姿勢로 회수回收시킨다.

三. 경기검무京畿劍舞 전승내용傳承內容

| 054 장단 | 오 고살 사위 |

🎵 장단 : 잦은 허튼타령

공연

연습

박자	1	2	3	4
정간보	⊖	Ⅰ	⊖	Ⅰ	―
구음	덩	따	덩	따	―

1

① 시선視線은 정면중간사선正面中間斜線을 보면서 두 검劍이 요동搖動치지 않도록 두 손등과 전완외측前腕外側에 올려놓은 완녕의자세腕擰衣姿勢의 두 팔꿈치를 전면前面 가슴에 모은다.

② 호흡呼吸은 응지세호흡법凝止細呼吸法을 준수한다. 왼발에 좌우축左右軸과 전후축前後軸을 두고 상하축上下軸을 되도록 높게 유지維持하고 시선視線은 왼사선左斜線을 보면서 우족

녕의자세右足擰衣姿勢의 오른무릎右膝을 신전伸展시키고 오른발등右足背을 굴곡屈曲시켜 뒤꿈치로 한 걸음 앞으로 선종보법先踵步法으로 내디딘다.

③ 동시同時에 가슴위치位置에 유지維持하고 있던 오른 검劍은 겨드랑이를 180도度 팔꿈치를 180도度 신전伸展시키면서 손목으로 검劍을 1회전回轉시키면서 들었다가 겨드랑이가 75도度 팔꿈치는 180도度 신전伸展시키면서 아래로 내린다.

④ 또한 손등과 전완외측前腕外側에 올려놓은 왼손 검劍은 팔꿈치를 위로 들고 손목을 아래로 낮추어서 오른손의 율동律動을 맞춘다.

2

① 오른발에 좌우축左右軸과 전후축前後軸을 두고 상하축上下軸을 되도록 높게 유지維持하고 시선視線은 왼사선左斜線을 보면서 족녕의자세足擰衣姿勢의 두 무릎을 굴곡屈曲하면서 율동감律動感을 나타낸다.

② 동시同時에 오른 검劍은 겨드랑이를 180도度 완녕의자세腕擰衣姿勢의 팔꿈치를 180도度 신전伸展시키면서 손목으로 검劍을 1회전回轉시키면서 든다.

③ 또한 손등과 전완외측前腕外側에 올려놓은 왼손 검劍은 팔꿈치를 내리고 손목을 들고 검劍을 아래로 돌린다.

3

① 두 발에 좌우축左右軸과 전후축前後軸을 두고 상하축上下軸을 되도록 높게 유지維持하고 시선視線은 왼사선左斜線을 보면서 족녕의자세足擰衣姿勢의 두 무릎을 신전伸展시키고 뒤꿈치도 살짝 들어서 율동감律動感을 나타낸다.

② 동시同時에 오른 검劍은 겨드랑이를 75도度 완녕의자세腕擰衣姿勢의 팔꿈치를 90도度 펴면서 손목으로 검劍을 돌려 앞으로 회전回轉시키면서 내린다.

③ 또한 손등과 전완외측前腕外側에 올려놓은 왼손 검劍은 팔꿈치를 위로 들고 손목을 아래로 낮추어서 오른손의 율동律動을 맞춘다.

4

① 좌우 발에 좌우축左右軸과 전후축前後軸을 두고 상하축上下軸을 되도록 높게 유지維持하고 시선視線은 왼사선左斜線을 보면서 족녕의자세足擰衣姿勢의 두 무릎을 굴곡屈曲하면서 율동감律動感을 나타낸다.

三. 경기검무京畿劍舞 전승내용傳承內容

② 동시同時에 오른 검劍은 겨드랑이를 75도度 완녕의자세腕擰衣姿勢의 팔꿈치를 90도度 펴면서 손목으로 검劍을 1회전回轉시키면서 든다.

③ 또한 손등과 전완외측前腕外側에 올려놓은 왼손 검劍은 팔꿈치를 내리고 손목을 들고 검劍을 아래로 돌린다.

055 장단 왼 고살 사위

🎼 장단 : 잦은 허튼타령

박자	1	2	3	4
정간보	⊖	l	⊖	l	—
구음	덩	따	덩	따	—

공연 / 연습

1

① 시선視線은 정면중간사선正面中間斜線을 보고, 호흡呼吸은 응지세호흡법凝止細呼吸法을 준수한다. 오른발에 좌우축左右軸과 전후축前後軸을 두고 상하축上下軸을 되도록 높게 유지維持하고 좌족녕의자세左足獰衣姿勢의 왼무릎左膝을 굴곡屈曲시키고 왼발등左足背을 굴곡屈曲시켜 뒤꿈치로 한 걸음 앞으로 선종보법先踵步法으로 왼쪽으로 내디딘다.

③ 동시同時에 가슴위치位置에 유지維持하고 있던 왼손 검劍은 겨드랑이를 180도度 완녕의

三. 경기검무京畿劍舞 전승내용傳承內容

자세腕撑衣姿勢의 팔꿈치를 180도度 신전伸展시키면서 손목으로 검劍을 손등 쪽으로 넘겼다가 겨드랑이가 90도度 완녕의자세腕撑衣姿勢의 팔꿈치는 90도度 자세姿勢에서 손목을 손바닥 쪽으로 회수回收시키면서 내린다.

④ 또한 손등과 전완외측前腕外側에 올려놓은 오른손 검劍은 팔꿈치를 180도度 신전伸展시키면서 손등쪽으로 검劍을 돌려서 오른 검劍을 내리는 것과 교차交叉시킨다.

2

① 두 발에 좌우축左右軸과 전후축前後軸을 두고 상하축上下軸을 되도록 높게 유지維持하고 족녕의자세足撑衣姿勢의 두 무릎을 신전伸展하면서 율동감律動感을 나타낸다.

② 동시同時에 왼손 검劍은 겨드랑이를 180도度 완녕의자세腕撑衣姿勢의 팔꿈치를 180도度 신전伸展시키면서 검劍을 손등 쪽으로 넘긴다.

③ 또한 오른손 검劍은 완녕의자세腕撑衣姿勢의 팔꿈치를 들면서 손바닥 쪽으로 검劍을 돌려 내린다.

3

① 두 발에 좌우축左右軸과 전후축前後軸을 두고 상하축上下軸을 되도록 높게 유지維持하고 족녕의자세足撑衣姿勢의 두 무릎을 굴곡屈曲시키고 뒤꿈치도 살짝 들어서 율동감律動感을 나타낸다.

② 동시同時에 왼손 검劍은 겨드랑이를 75도度 완녕의자세腕撑衣姿勢의 팔꿈치를 90도度 펴면서 손목으로 검劍을 손바닥 쪽으로 돌린다.

③ 또한 오른손 검劍은 팔꿈치를 내리면서 손등 쪽으로 검劍을 돌려 올려서 왼손의 율동律動을 맞춘다.

4

① 두 발에 좌우축左右軸과 전후축前後軸을 두고 상하축上下軸을 되도록 높게 유지維持하고 족녕의자세足撑衣姿勢의 두 무릎을 신전伸展시키면서 율동감律動感을 나타낸다.

② 동시同時에 왼손 검劍은 겨드랑이를 75도度 완녕의자세腕撑衣姿勢의 팔꿈치를 90도度 펴면서 손목으로 검劍을 손등 쪽으로 넘긴다.

③ 또한 오른손 검劍은 팔꿈치를 들면서 손바닥 쪽으로 검劍을 돌려 내린다.

경기검무 京畿劍舞

| 056 장단 | 겨드랑이 추임새 사위 |

🥁 장단: 잦은 허튼타령

공연

연습

박자	1	2	3	4
정간보	⊖	l	⊖	l	—
구음	덩	따	덩	따	—

1

① 시선視線은 정면중간사선正面中間斜線을 보면서 두 검劍이 요동搖動치지 않도록 두 손등과 전완외측前腕外側에 올려놓은 두 팔꿈치를 전면前面 가슴에 모은다.

② 호흡呼吸은 응지세호흡법凝止細呼吸法을 준수한다. 족녕의자세足擰衣姿勢의 두 발에 좌우축左右軸과 전후축前後軸을 두고 상하축上下軸을 되도록 높게 유지維持한다.

③ 동시同時에 두 검劍은 두 겨드랑이를 180도度, 완녕의자세腕擰衣姿勢의 두 팔꿈치를 180도度

三. 경기검무京畿劍舞 전승내용傳承內容

신전伸展시키면서 두 검劍을 1/2회전回轉시키면서 검끝이 위로 가도록 든다.

2

① 족녕의자세足撑衣姿勢의 두 발에 좌우축左右軸과 전후축前後軸을 두고 상하축上下軸을 되도록 높게 유지維持한다.
② 동시同時에 머리 위로 뻗어 올렸던 두 검劍은 완녕의자세腕撑衣姿勢의 두 팔꿈치를 75도度 내리면서 두 손목 안으로 돌려 두 겨드랑이에 검첨을 낀다.

3

① 족녕의자세足撑衣姿勢의 두 발에 좌우축左右軸과 전후축前後軸을 두고 상하축上下軸을 되도록 높게 유지維持한다.
② 동시同時에 완녕의자세腕撑衣姿勢의 오른팔꿈치로 겨드랑이를 90도度 들어 살짝 앞으로 밀고,[255] 왼팔꿈치는 겨드랑이를 35도度 들어서 살짝 뒤로 뺀다.[256]

4

① 족녕의자세足撑衣姿勢의 두 발에 좌우축左右軸과 전후축前後軸을 두고 상하축上下軸을 되도록 높게 유지維持한다.
② 동시同時에 완녕의자세腕撑衣姿勢의 두 팔은 3박拍 자세姿勢를 유지維持한다.

---

[255] 겨드랑이를 들어 팔꿈치를 앞으로 저을 때 몸통과 시선視線을 돌린다.
[256] 겨드랑이를 들어 팔꿈치를 뒤로 저을 때 검 날끝이 겨드랑이에 눌리지 않도록 주의한다.

057 장단　뒤 느린 겨드랑이 추임새 사위

장단: 잦은 허튼타령

공연

연습

박자	1	2	3	4
정간보	⊖	l	⊖	l	—
구음	덩	따	덩	따	—

1

① 시선視線은 정면중간사선正面中間斜線을 보면서 두 검劍이 요동搖動치지 않도록 겨드랑이에 끼운다.

② 호흡呼吸은 응지세호흡법凝止細呼吸法을 준수한다. 왼발에 좌우축左右軸과 전후축前後軸을 두고 상하축上下軸을 되도록 높게 유지維持하고, 우족녕의자세右足擰衣姿勢로 오른발 무릎을 신전伸展시켜 앞으로 35도度 들었다가 뒤로 1보步 선장지보법先將指步法으로

三. 경기검무京畿劍舞 전승내용傳承內容

디딤새 한다.
③ 동시同時에 완녕의자세腕擰衣姿勢의 왼팔꿈치로 겨드랑이를 90도度 들어 살짝 앞으로 밀고, 완녕의자세腕擰衣姿勢의 오른팔꿈치는 겨드랑이를 35도度 들어서 살짝 뒤로 뺀다.

2

① 왼발에 좌우축左右軸과 전후축前後軸을 두고 상하축上下軸을 되도록 높게 유지維持하고 우족녕의자세右足擰衣姿勢로 오른발에 잔동작殘動作이 없도록 조정調整한다.
② 동시同時에 완녕의자세腕擰衣姿勢의 왼팔꿈치로 겨드랑이를 90도度 들어 살짝 앞으로 밀고, 완녕의자세腕擰衣姿勢의 오른팔꿈치는 겨드랑이를 35도度 들어서 살짝 뒤로 뺀 1박拍 자세姿勢를 유지維持한다.

3

① 오른발에 좌우축左右軸과 전후축前後軸을 두고 상하축上下軸을 되도록 높게 유지維持하고, 좌족녕의자세左足擰衣姿勢로 왼발 무릎을 신전伸展시켜 앞으로 35도度 들었다가 뒤로 1보步 선장지보법先將指步法으로 디딤새 한다.
② 동시同時에 완녕의자세腕擰衣姿勢의 오른팔꿈치로 겨드랑이를 90도度 들어 살짝 앞으로 밀고, 완녕의자세腕擰衣姿勢의 왼팔꿈치는 겨드랑이를 35도度 들어서 살짝 뒤로 뺀다.

4

① 오른발에 좌우축左右軸과 전후축前後軸을 두고 상하축上下軸을 되도록 높게 유지維持하고 좌족녕의자세左足擰衣姿勢로 왼발에 잔동작殘動作이 없도록 조정調整한다.
② 동시同時에 완녕의자세腕擰衣姿勢의 오른팔꿈치로 겨드랑이를 90도度 들어 살짝 앞으로 밀고, 완녕의자세腕擰衣姿勢의 왼팔꿈치는 겨드랑이를 35도度 들어서 살짝 뒤로 뺀 3박拍 자세姿勢를 유지維持한다.

058 장단   뒤 잦은 겨드랑이 추임새 사위

장단 : 잦은 허튼타령

박자	1	2	3	4
정간보	⊖	l	⊖	l	—
구음	덩	따	덩	따	—

1

① 시선視線은 정면중간사선正面中間斜線을 보면서 두 검劍이 요동搖動치지 않도록 겨드랑이에 끼운다.

② 호흡呼吸은 응지세호흡법凝止細呼吸法을 준수한다. 왼발에 좌우축左右軸과 전후축前後軸을 두고 상하축上下軸을 되도록 높게 유지維持하고, 우족녕의자세右足擰衣姿勢로 오른발 무릎을 신전伸展시켜 앞으로 35도度 들었다가 뒤로 1보步 선장지보법先將指步法으로

三. 경기검무京畿劍舞 전승내용傳承內容

디딤새 한다.
③ 동시同時에 완녕의자세腕擰衣姿勢의 왼팔꿈치로 겨드랑이를 90도度 들어 살짝 앞으로 밀고, 완녕의자세腕擰衣姿勢의 오른팔꿈치는 겨드랑이를 35도度 들어서 살짝 뒤로 뺀다.

2

① 오른발에 좌우축左右軸과 전후축前後軸을 두고 상하축上下軸을 되도록 높게 유지維持하고, 좌족녕의자세左足擰衣姿勢로 왼발 무릎을 신전伸展시켜 앞으로 35도度 들었다가 뒤로 1보 선장지보법先將指步法으로 디딤새 한다.
② 동시同時에 완녕의자세腕擰衣姿勢의 오른팔꿈치로 겨드랑이를 90도度 들어 살짝 앞으로 밀고, 완녕의자세腕擰衣姿勢의 왼팔꿈치는 겨드랑이를 35도度 들어서 살짝 뒤로 뺀다.

3

① 왼발에 좌우축左右軸과 전후축前後軸을 두고 상하축上下軸을 되도록 높게 유지維持하고 우족녕의자세右足擰衣姿勢로 오른발에 잔동작殘動作이 없도록 조정調整한다.
② 동시同時에 완녕의자세腕擰衣姿勢의 왼팔꿈치로 겨드랑이를 90도度 들어 살짝 앞으로 밀고, 완녕의자세腕擰衣姿勢의 오른팔꿈치는 겨드랑이를 35도度 들어서 살짝 뒤로 뺀다.

4

① 오른발에 좌우축左右軸과 전후축前後軸을 두고 상하축上下軸을 되도록 높게 유지維持하고 좌족녕의자세左足擰衣姿勢로 왼발에 잔동작殘動作이 없도록 조정調整한다.
② 동시同時에 완녕의자세腕擰衣姿勢의 오른팔꿈치로 겨드랑이를 90도度 들어 살짝 앞으로 밀고, 완녕의자세腕擰衣姿勢의 왼팔꿈치는 겨드랑이를 35도度 들어서 살짝 뒤로 뺀다.

| 059 장단 | 왼 겹도르래 사위 |

🎵 장단 : 잦은 허튼타령

박자	1	2	3	4
정간보	⊖	l	⊖	l	—
구음	덩	따	덩	따	—

1

① 시선視線은 우측중간사선右側中間斜線을 보고, 두 검첨劍尖이 요동搖動치지 않도록 두 겨드랑이에 끼우고 기본섭수검자세基本攝受劍姿勢를 확인確認한다.

② 호흡呼吸은 응지세호흡법凝止細呼吸法을 준수한다. 좌향좌자세左向左姿勢로 시선視線은 오른사선右斜線을 보면서 왼발에 좌우축左右軸과 전후축前後軸을 두고 상하축上下軸을 되도록 높게 유지維持하면서 우족녕의자세右足擰衣姿勢로 오른무릎右膝을 앞으로 신전伸展시

三. 경기검무京畿劍舞 전승내용傳承內容

키고 오른발등을 굴곡시켜 뒤꿈치로 45도 든다.[257]

③ 동시同時에 겨드랑이 끼어 있던 두 검劍은 완녕의자세腕擰衣姿勢의 양팔꿈치를 180도度씩 펴면서 손목을 재빨리 잡아채어 앞에서 뒤로 1/2회전回轉시켜서 검劍을 뺀다.

2

① 오른발에 좌우축左右軸과 전후축前後軸을 두고 상하축上下軸을 되도록 높게 유지維持하면서 좌족녕의자세左足擰衣姿勢로 왼무릎左膝을 앞으로 신전伸展시키면서 한 걸음 선종보법先踵步法으로 원호圓弧를 그리듯이 디딤새 한다.

② 동시同時에 두 검劍은 완녕의자세腕擰衣姿勢의 양팔꿈치로 유도誘導하여 손목을 재빨리 잡아채어 내측 1/2회전回轉시켜서 겨드랑이에 끼운다. 또한 양 검劍은 겨드랑이를 90도度 든 상태狀態에서 손목으로 검劍을 앞으로 뻗었다가 겨드랑이 회귀回歸시킨다.

3

① 왼발에 좌우축左右軸과 전후축前後軸을 두고 상하축上下軸을 되도록 높게 유지維持하면서 우족녕의자세右足擰衣姿勢로 오른무릎右膝을 앞으로 신전伸展시키면서 겹디딤새 하고 선종보법先踵步法으로 원호圓弧를 그리듯이 디딤새 한다.

② 동시同時에 완녕의자세腕擰衣姿勢의 왼팔은 180도度와 오른팔은 겨드랑이를 150도度씩 외전外轉시키고 머리 위로 펴고 손목으로 검劍을 겨드랑이에서 빼내어 든다.

4

① 오른발에 좌우축左右軸과 전후축前後軸을 두고 상하축上下軸을 되도록 높게 유지維持하면서 좌족녕의자세左足擰衣姿勢로 왼무릎左膝을 앞으로 신전伸展시키면서 한 걸음 선종보법先踵步法으로 원호圓弧를 그리듯이 디딤새 한다.

② 동시同時에 완녕의자세腕擰衣姿勢의 두 팔꿈치로 뻗었던 검劍은 손목을 이용利用하여 검격劍格을 손등 쪽으로 젖혀서 안정화安定化시킨다.

---

257) 직선直線으로 걷지 말고, 오른축 내측회전內側會轉으로 원圓을 그리듯이 디딤새 한다.

060 장단 　　오엽도르래 사위

🔊 **장단 : 잦은 허튼타령**

박자	1	2	3	4
정간보	⊖	l	⊖	l	—
구음	덩	따	덩	따	—

1

① 시선視線은 우측중간사선右側中間斜線을 보고, 두 검첨劍尖이 요동搖動치지 않도록 하며, 기본섭수검자세基本攝受劍姿勢를 확인確認한다.

② 호흡呼吸은 응지세호흡법凝止細呼吸法을 준수한다. 시선視線은 오른사선右斜線을 보면서 왼발에 좌우축左右軸과 전후축前後軸을 두고 상하축上下軸을 되도록 높게 유지維持하면서 우족녕의자세右足擰衣姿勢로 오른무릎右膝을 앞으로 신전伸展시키면서 선종보법先踵步法

三. 경기검무京畿劍舞 전승내용傳承內容

으로 원호圓弧를 그리면서 1보步 디딤새 한다.
③ 동시同時에 머리 위의 오른쪽 검날은 손목으로 곧게 세우고, 왼겨드랑이는 90도度로 내리고 완녕의자세腕擰衣姿勢의 왼팔꿈치를 180도度 편 상태狀態에서 손목을 재빨리 잡아 채어 검劍을 뒤에서 앞으로 수평水平을 유지維持하면서 흔드는데 어깨도 1박拍의 율동律動을 준다.

2

① 오른발에 좌우축左右軸과 전후축前後軸을 두고 상하축上下軸을 되도록 높게 유지維持하면서 좌족녕의자세左足擰衣姿勢로 왼무릎左膝을 앞으로 신전伸展시키면서 선종보법先踵步法으로 원호圓弧를 그리면서 한 걸음 디딤새 한다.
② 동시同時에 머리 위의 오른쪽 검날은 손목으로 곧게 세우고, 완녕의자세腕擰衣姿勢의 왼팔꿈치와 손목으로 검劍을 뒤로 수평水平을 유지維持하면서 흔드는데 어깨도 1박拍의 율동律動을 준다.

3

① 왼발에 좌우축左右軸과 전후축前後軸을 두고 상하축上下軸을 되도록 높게 유지維持하면서 우족녕의자세右足擰衣姿勢로 오른무릎右膝을 앞으로 신전伸展시키면서 선종보법先踵步法으로 원호圓弧를 그리면서 한 걸음 디딤새 한다.
② 동시同時에 머리 위의 오른쪽 검날은 손목으로 곧게 세우고, 완녕의자세腕擰衣姿勢의 왼팔꿈치와 손목으로 검劍을 앞으로 수평水平을 유지維持하면서 흔드는데 어깨도 1박拍의 율동律動을 준다.

4

① 오른발에 좌우축左右軸과 전후축前後軸을 두고 상하축上下軸을 되도록 높게 유지維持하면서 좌족녕의자세左足擰衣姿勢로 왼무릎左膝을 앞으로 신전伸展시키면서 선종보법先踵步法으로 원호圓弧를 그리면서 한 걸음 디딤새 한다.
② 동시同時에 머리 위의 오른쪽 검날은 손목으로 곧게 세우고, 완녕의자세腕擰衣姿勢의 왼팔꿈치와 손목으로 검劍을 뒤로 수평水平을 유지維持하면서 흔드는데 어깨도 1박拍의 율동律動을 준다.

061 장단 　　오 겹 도 르 래 사 위

장단: 잦은 허튼타령

박자	1	2	3	4
정간보	⊖	｜	⊖	｜	―
구음	덩	따	덩	따	―

1

① 시선視線은 우측중간사선右側中間斜線을 보고, 두 검첨劍尖이 요동搖動치지 않도록 하며, 기본섭수검자세基本攝受劍姿勢를 확인確認한다.

② 호흡呼吸은 응지세호흡법凝止細呼吸法을 준수한다. 시선視線은 오른사선右斜線을 보면서 왼발에 좌우축左右軸과 전후축前後軸을 두고 상하축上下軸을 되도록 높게 유지維持하면서 우족녕의자세右足擰衣姿勢로 오른무릎右膝을 앞으로 신전伸展시키면서 선종보법先踵步法

으로 원호圓弧를 그리면서 한 걸음 디딤새 한다.
③ 동시同時에 머리 위의 오른쪽 검날은 손목으로 곧게 세우고, 왼겨드랑은 90도度로 내리고 완녕의자세腕擰衣姿勢의 왼팔꿈치를 180도度 편 상태狀態에서 손목을 재빨리 잡아채어 검劍을 뒤에서 앞으로 수평水平을 유지維持하면서 흔드는데 어깨도 1박拍의 율동律動을 준다.

2

① 오른발에 좌우축左右軸과 전후축前後軸을 두고 상하축上下軸을 되도록 높게 유지維持하면서 좌족녕의자세左足擰衣姿勢로 왼무릎左膝을 앞으로 신전伸展시키면서 선종보법先踵步法으로 원호圓弧를 그리면서 한 걸음 디딤새 한다.
② 동시同時에 머리 위의 오른쪽 검날은 손목으로 곧게 세우고, 완녕의자세腕擰衣姿勢의 왼팔꿈치와 손목으로 검劍을 뒤로 수평水平을 유지維持하면서 흔드는데 어깨도 1박拍의 율동律動을 준다.

3

① 왼발에 좌우축左右軸과 전후축前後軸을 두고 상하축上下軸을 되도록 높게 유지維持하면서 우족녕의자세右足擰衣姿勢로 오른무릎右膝을 앞으로 신전伸展시키면서 선종보법先踵步法으로 원호圓弧를 그리면서 한 걸음 디딤새 한다.
② 동시同時에 머리 위의 오른쪽 검날은 손목으로 곧게 세우고, 완녕의자세腕擰衣姿勢의 왼팔꿈치와 손목으로 검劍을 앞으로 수평水平을 유지維持하면서 흔드는데 어깨도 1박拍의 율동律動을 준다.

4

① 오른발에 좌우축左右軸과 전후축前後軸을 두고 상하축上下軸을 되도록 높게 유지維持하면서 좌족녕의자세左足擰衣姿勢로 왼무릎左膝을 앞으로 신전伸展시키면서 선종보법先踵步法으로 원호圓弧를 그리면서 한 걸음 디딤새 한다.
② 동시同時에 머리 위의 오른쪽 검날은 손목으로 곧게 세우고, 완녕의자세腕擰衣姿勢의 왼팔꿈치와 손목으로 검劍을 뒤로 수평水平을 유지維持하면서 흔드는데 어깨도 1박拍의 율동律動을 준다.

062 장단　왼 겹도르래 사위

🎵 **장단 : 잦은 허튼타령**

공연

연습

박자	1	2	3	4
정간보	⊖	ǀ	⊖	ǀ	—
구음	덩	따	덩	따	—

1

① 시선視線은 정면중간사선正面中間斜線을 보고, 기본섭수검자세基本攝受劍姿勢를 확인確認한다.

② 호흡呼吸은 응지세호흡법凝止細呼吸法을 준수한다. 왼발에 좌우축左右軸과 전후축前後軸을 두고 상하축上下軸을 되도록 높게 유지維持하면서 우족녕의자세右足擰衣姿勢로 오른무릎右膝을 앞으로 신전伸展시키면서 뒤꿈치로 전방前方 1/2회전回轉한다.

③ 동시同時에 오른쪽 검劍은 손목으로 평면平面으로 1회전回轉시키고, 왼겨드랑에는 검첨劍尖을 끼고 유지維持한다.

2

① 오른뒤꿈치에 좌우축左右軸과 전후축前後軸을 두고 상하축上下軸을 되도록 높게 유지維持하면서 좌족녕의자세左足擰衣姿勢로 왼무릎左膝을 앞으로 신전伸展시키면서 뒤꿈치로 후방後方 1/2회전回轉한다.
② 동시同時에 왼쪽 검劍은 어깨를 축軸으로 완녕의자세腕擰衣姿勢의 팔꿈치와 손목을 이용利用하여 평면平面으로 1회전回轉시키면서 머리 위로 올린다.

3

① 왼뒤꿈치에 좌우축左右軸과 전후축前後軸을 두고 상하축上下軸을 되도록 높게 유지維持하면서 우족녕의자세右足擰衣姿勢로 오른무릎右膝을 앞으로 신전伸展시키면서 뒤꿈치로 전방前方 1/2회전回轉한다.
② 동시同時에 오른쪽 검劍은 어깨를 축軸으로 완녕의자세腕擰衣姿勢의 팔꿈치와 손목을 이용利用하여 평면平面으로 1회전回轉시키면서 머리 위로 올린다.

4

① 오른발에 좌우축左右軸과 전후축前後軸을 두고 상하축上下軸을 되도록 높게 유지維持하면서 좌족녕의자세左擰衣姿勢로 왼발을 오른발 1족장足長 뒤에 선장지보법先將指步法으로 디디면서 몸의 균형均衡을 잡는다.
② 동시同時에 머리 위에 두 검劍을 완녕의자세腕擰衣姿勢의 팔꿈치 90도度로 마루와 수평水平위치位置에서 겨드랑이에 끼운다.

063 장단 　오겹도르래 사위

🎵 장단 : 잦은 허튼타령

박자	1	2	3	4
정간보	⊖			⊖			—
구음	덩	따	덩	따	—

1

① 시선視線은 좌측중간사선左側中間斜線을 보고, 두 검첨劍尖이 요동搖動치지 않도록 두 겨드랑이에 끼우고 기본섭수검자세基本攝受劍姿勢를 확인確認한다.

② 호흡呼吸은 응지세호흡법凝止細呼吸法을 준수한다. 우향우자세右向右姿勢로 시선視線은 왼 사선左斜線을 보면서 오른발에 좌우축左右軸과 전후축前後軸을 두고 상하축上下軸을 되도록 높게 유지維持하면서 좌족녕의자세左足擰衣姿勢로 왼무릎左膝을 앞으로 신전伸展시키

三. 경기검무京畿劍舞 전승내용傳承內容

고 왼발등을 굴곡시켜 뒤꿈치를 45도度 든다.
③ 동시同時에 두 겨드랑이 끼어 있던 두 검劍은 완녕의자세腕攈衣姿勢의 팔꿈치를 180도度씩 펴면서 손목을 재빨리 잡아채어 평면平面으로 1/2회전回轉을 앞에서 뒤로 돌린다.

2

① 왼발에 좌우축左右軸과 전후축前後軸을 두고 상하축上下軸을 되도록 높게 유지維持하면서 우족녕의자세右足攈衣姿勢로 오른무릎右膝을 앞으로 신전伸展시키면서 한 걸음 선종보법先踵步法으로 원호圓弧를 그리듯이 디딤새 한다.
② 동시同時에 두 검劍은 완녕의자세腕攈衣姿勢의 팔꿈치 90도度로 마루와 수평水平 위치位置에서 겨드랑이에 끼운다.

3

① 오른발에 좌우축左右軸과 전후축前後軸을 두고 상하축上下軸을 되도록 높게 유지維持하면서 좌족녕의자세左足攈衣姿勢로 왼무릎左膝을 앞으로 신전伸展시키면서 겹디딤새 하며 선종보법先踵步法으로 원호圓弧를 그리듯이 디딤새 한다.
② 동시同時에 왼쪽 검劍은 겨드랑이 150도度 외전外轉시키고 완녕의자세腕攈衣姿勢의 팔꿈치는 180도度 펴서 머리 위로 들고, 오른쪽 검劍은 겨드랑이 135도度 외전外轉시키고 팔꿈치는 180도度 펴서 손목으로 검劍을 앞에서 뒤로 돌려 든다.

4

① 왼발에 좌우축左右軸과 전후축前後軸을 두고 상하축上下軸을 되도록 높게 유지維持하면서 우족녕의자세右足攈衣姿勢로 오른무릎右膝을 앞으로 신전伸展시키면서 한 걸음 선종보법先踵步法으로 원호圓弧를 그리듯이 디딤새 한다.
② 동시同時에 왼쪽 검劍은 겨드랑이 150도度 외전外轉시키고 완녕의자세腕攈衣姿勢의 팔꿈치는 180도度 펴서 머리 위로 들고, 오른쪽 검劍은 겨드랑이 90도度 외전外轉시키고 팔꿈치는 180도度 펴서 마루와 수평水平을 유지維持한다.

064 장단　왼 겹도르래 사위

장단: 잦은 허튼타령

박자	1	2	3	4
정간보	⊖	ǀ	⊖	ǀ	―
구음	덩	따	덩	따	―

1

① 시선視線은 좌측중간사선中間斜線을 보고, 두 검첨劍尖이 요동搖動치지 않도록 하며, 기본섭수검자세基本攝受劍姿勢를 확인確認한다.

② 호흡呼吸은 응지세호흡법凝止細呼吸法을 준수한다. 시선視線은 왼사선左斜線을 보면서 오른발에 좌우축左右軸과 전후축前後軸을 두고 상하축上下軸을 되도록 높게 유지維持하면서 좌족녕의자세左足擰衣姿勢로 왼무릎左膝을 앞으로 신전伸展시키면서 선종보법先踵步法으

三. 경기검무京畿劍舞 전승내용傳承內容

로 원호圓弧를 그리면서 한 걸음 디딤새 한다.

③ 동시同時에 왼쪽 검劍은 겨드랑이 150도度 외전外轉시키고 완녕의자세腕擰衣姿勢의 팔꿈치는 180도度 펴서 머리 위로 들고, 오른겨드랑이는 90도度로 내리고 팔꿈치를 180도度 편 상태狀態에서 손목을 재빨리 잡아채어 검劍을 뒤에서 앞으로 수평水平을 유지維持하면서 측면으로 흔드는데 어깨도 1박拍의 율동律動을 준다.

2

① 왼발에 좌우축左右軸과 전후축前後軸을 두고 상하축上下軸을 되도록 높게 유지維持하면서 우족녕의자세右足擰衣姿勢로 오른무릎右膝을 앞으로 신전伸展시키면서 선종보법先踵步法으로 원호圓弧를 그리면서 한 걸음 디딤새 한다.

② 동시同時에 머리 위의 왼쪽 검날은 손목으로 곧게 세우고, 완녕의자세腕擰衣姿勢의 오른팔꿈치와 손목으로 검劍을 뒤로 수평水平을 유지維持하면서 측면으로 흔드는데 어깨도 1박拍의 율동律動을 준다.

3

① 오른발에 좌우축左右軸과 전후축前後軸을 두고 상하축上下軸을 되도록 높게 유지維持하면서 좌족녕의자세左足擰衣姿勢로 왼무릎左膝을 앞으로 신전伸展시키면서 선종보법先踵步法으로 원호圓弧를 그리면서 한 걸음 디딤새 한다.

② 동시同時에 머리 위의 왼쪽 검날은 손목으로 곧게 세우고, 완녕의자세腕擰衣姿勢의 오른팔꿈치와 손목으로 검劍을 앞으로 수평水平을 유지維持하면서 측면側面으로 흔드는데 어깨도 1박拍의 율동律動을 준다.

4

① 왼발에 좌우축左右軸과 전후축前後軸을 두고 상하축上下軸을 되도록 높게 유지維持하면서 오른무릎右膝을 앞으로 신전伸展시키면서 선종보법先踵步法으로 원호圓弧를 그리면서 한 걸음 디딤새 한다.

② 동시同時에 머리 위의 왼쪽 검날은 손목으로 곧게 세우고, 완녕의자세腕擰衣姿勢의 오른팔꿈치와 손목으로 검劍을 뒤로 수평水平을 유지維持하면서 측면으로 흔드는데 어깨도 1박拍의 율동律動을 준다.

065 장단   왼 겹도르래 사위

장단 : 잦은 허튼타령

박자	1	2	3	4
정간보	⊖	Ⅰ	⊖	Ⅰ	—
구음	덩	따	덩	따	—

1

① 시선視線은 좌측중간사선左側中間斜線을 보고, 두 검첨劍尖이 요동搖動치지 않도록 하고, 기본섭수검자세基本攝受劍姿勢를 확인確認한다.

② 호흡呼吸은 응지세호흡법凝止細呼吸法을 준수한다. 시선視線은 왼사선左斜線을 보면서 왼발에 좌우축左右軸과 전후축前後軸을 두고 상하축上下軸을 되도록 높게 유지維持하면서 좌족녕의자세左足擰衣姿勢로 왼무릎左膝을 앞으로 신전伸展시키면서 선종보법先踵步法으

三. 경기검무京畿劍舞 전승내용傳承內容

로 원호圓弧를 그리면서 한 걸음 디딤새 한다.
③ 동시同時에 머리 위의 왼쪽 검날은 손목으로 곧게 세우고, 오른겨드랑은 90도度로 내리고 완녕의자세腕擰衣姿勢의 왼팔꿈치를 180도度 편 상태狀態에서 손목을 재빨리 잡아채어 검劍을 뒤에서 앞으로 수평水平을 유지維持하면서 흔드는데 어깨도 1박拍의 율동律動을 준다.

2

① 오른발에 좌우축左右軸과 전후축前後軸을 두고 상하축上下軸을 되도록 높게 유지維持하면서 우족녕의자세右足擰衣姿勢로 오른무릎右膝을 앞으로 신전伸展시키면서 선종보법先踵步法으로 원호圓弧를 그리면서 한 걸음 디딤새 한다.
② 동시同時에 머리 위의 왼쪽 검날은 손목으로 곧게 세우고, 완녕의자세腕擰衣姿勢의 오른팔꿈치와 손목으로 검劍을 뒤로 수평水平을 유지維持하면서 흔드는데 어깨도 1박拍의 율동律動을 준다.

3

① 오른발에 좌우축左右軸과 전후축前後軸을 두고 상하축上下軸을 되도록 높게 유지維持하면서 좌족녕의자세左足擰衣姿勢로 왼무릎左膝을 앞으로 신전伸展시키면서 선종보법先踵步法으로 원호圓弧를 그리면서 한 걸음 디딤새 한다.
② 동시同時에 머리 위의 오른쪽 검날은 손목으로 곧게 세우고, 완녕의자세腕擰衣姿勢의 오른팔꿈치와 손목으로 검劍을 앞으로 수평水平을 유지維持하면서 흔드는데 어깨도 1박拍의 율동律動을 준다.

4

① 왼발에 좌우축左右軸과 전후축前後軸을 두고 상하축上下軸을 되도록 높게 유지維持하면서 우족녕의자세右足擰衣姿勢로 오른무릎右膝을 앞으로 신전伸展시키면서 선종보법先踵步法으로 원호圓弧를 그리면서 한 걸음 디딤새 한다.
② 동시同時에 머리 위의 왼쪽 검날은 손목으로 곧게 세우고, 완녕의자세腕擰衣姿勢의 오른팔꿈치와 손목으로 검劍을 뒤로 수평水平을 유지維持하면서 흔드는데 어깨도 1박拍의 율동律動을 준다.

066 장단   오엽도르래 사위

장단 : 잦은 허튼타령

박자	1	2	3	4
정간보	⊖	l	⊖	l	─
구음	덩	따	덩	따	─

1

① 시선視線은 정면중간사선正面中間斜線을 보고, 기본섭수검자세基本攝受劍姿勢를 확인確認한다.

② 호흡呼吸은 응지세호흡법凝止細呼吸法을 준수한다. 오른엄지발가락에 좌우축左右軸과 전후축前後軸을 두고 상하축上下軸을 되도록 높게 유지維持하면서 좌족녕의자세左足擰衣姿勢로 왼무릎左膝을 앞으로 신전伸展시키면서 전방前方 1/2회전回轉한다.

③ 동시_{同時}에 왼쪽 검_劍은 머리 위로 손목을 이용_{利用}하여 평면_{平面}으로 1회전_{回轉}시키고, 오른겨드랑에는 검첨_{劍尖}을 끼고 유지_{維持}한다.

2

① 왼엄지발가락에 좌우축_{左右軸}과 전후축_{前後軸}을 두고 상하축_{上下軸}을 되도록 높게 유지_{維持}하면서 우족녕의자세_{右足擰衣姿勢}로 오른무릎_{右膝}을 앞으로 신전_{伸展}시키면서 후방_{後方} 1/2회전_{回轉}한다.
② 동시_{同時}에 오른쪽 검_劍은 어깨를 축_軸으로 완녕의자세_{腕擰衣姿勢}의 팔꿈치와 손목을 이용_{利用}하여 평면_{平面}으로 1회전_{回轉}시키면서 머리 위로 올린다.

3

① 오른엄지발가락에 좌우축_{左右軸}과 전후축_{前後軸}을 두고 상하축_{上下軸}을 되도록 높게 유지_{維持}하면서 좌족녕의자세_{左足擰衣姿勢}로 왼무릎_{左膝}을 앞으로 신전_{伸展}시키면서 전방_{前方} 1/2회전_{回轉}한다.
② 동시_{同時}에 왼쪽 검_劍은 어깨를 축_軸으로 완녕의자세_{腕擰衣姿勢}의 팔꿈치와 손목을 이용_{利用}하여 평면_{平面}으로 1회전_{回轉}시키면서 머리 위로 올린다.

4

① 왼엄지발가락발에 좌우축_{左右軸}과 전후축_{前後軸}을 두고 상하축_{上下軸}을 되도록 높게 유지_{維持}하면서 오른뒤꿈치를 왼뒤꿈치에 붙이면서 발가락 각도_{角度}는 45도_度로 하며 몸의 균형_{均衡}을 잡는다.
② 동시_{同時}에 머리 위에 두 검_劍을 완녕의자세_{腕擰衣姿勢}의 팔꿈치 90도_度로 마루와 수평_{水平}위치_{位置}에서 겨드랑이에 끼운다.

| 067 장단 | 제자리 양늘름 사위 |

🎵 장단 : 잦은 허튼타령

박자	1	2	3	4
정간보	⊖	ǀ	⊖ ǀ	—
구음	덩	따	덩 따	—

1

① 시선視線은 정면중간사선正面中間斜線을 보면서 두 검劍이 요동搖動치지 않도록 두 손등과 전완외측前腕外側에 올려놓은 두 겨드랑이를 붙이고 두 팔꿈치를 마루와 수평水平으로 앞으로 든다.

② 호흡呼吸은 응지세호흡법凝止細呼吸法을 준수한다. 시선視線을 1/2우측사선右側斜線으로 돌리면서 두 발에 좌우축左右軸과 전후축前後軸을 두고 상하축上下軸을 되도록 높게 유지

三. 경기검무京畿劍舞 전승내용傳承內容

維持하고 족녕의자세足擰衣姿勢로 두 무릎을 약간 굴신屈伸한다.
③ 동시同時에 두 검劍은 두 겨드랑이를 90도度, 완녕의자세腕擰衣姿勢의 두 팔꿈치를 180도度 신전伸展시키면서 두 손목으로 검劍을 1회 외측원회전外側圓回轉시킨다.

2

① 시선視線을 정면중간사선正面中間斜線으로 회귀回歸시키면서 두 발에 좌우축左右軸과 전후축前後軸을 두고 상하축上下軸을 되도록 높게 유지維持하고 족녕의자세足擰衣姿勢로 두 무릎을 약간 굴신屈伸한다.
② 동시同時에 외측外側으로 1회전回轉시켰던 두 검劍을 두 겨드랑이를 붙이면서 두 손등과 전완외측前腕外側에 올려놓는 자세姿勢로 회수回收시킨다.

3

① 시선視線을 1/2우측사선右側斜線으로 돌리면서 두 발에 좌우축左右軸과 전후축前後軸을 두고 상하축上下軸을 되도록 높게 유지維持하고 족녕의자세足擰衣姿勢로 두 무릎을 약간 굴신屈伸한다.
② 동시同時에 두 검劍은 두 겨드랑이를 90도度, 완녕의자세腕擰衣姿勢의 두 팔꿈치를 180도度 신전伸展시키면서 두 손목으로 검劍을 1회 외측원회전外側圓回轉시킨다.

4

① 시선視線을 정면중간사선正面中間斜線으로 회귀回歸시키면서 두 발에 좌우축左右軸과 전후축前後軸을 두고 상하축上下軸을 되도록 높게 유지維持하고 족녕의자세足擰衣姿勢로 두 무릎을 약간 굴신屈伸한다.
② 동시同時에 외측外側으로 1회전回轉시켰던 두 검劍을 두 겨드랑이를 붙이면서 두 손등과 전완외측前腕外側에 올려놓는 자세姿勢로 회수回收시킨다.

068 장단 　제자리 양늘름 사위

🔸 장단 : 잦은 허튼타령

박자	1	2	3	4
정간보	⊖	ǀ	⊖	ǀ	─
구음	덩	따	덩	따	─

1

① 시선視線은 정면중간사선正面中間斜線을 보면서 두 검劍이 요동搖動치지 않도록 두 손등과 전완외측前腕外側에 올려놓은 두 겨드랑이를 붙이고 두 팔꿈치를 마루와 수평水平으로 앞으로 든다.

② 호흡呼吸은 응지세호흡법凝止細呼吸法을 준수한다. 시선視線을 1/2우측사선右側斜線으로 돌리면서 두 발에 좌우축左右軸과 전후축前後軸을 두고 상하축上下軸을 되도록 높게 유지

維持하고 족녕의자세足擰衣姿勢로 두 무릎을 약간 굴신屈伸한다.
③ 동시同時에 두 검劍은 두 겨드랑이를 90도度, 완녕의자세腕擰衣姿勢의 두 팔꿈치를 180도度 신전伸展시키면서 두 손목으로 검劍을 1회 외측원회전外側圓回轉시킨다.

2

① 시선視線을 정면중간사선正面中間斜線으로 회귀回歸시키면서 두 발에 좌우축左右軸과 전후축前後軸을 두고 상하축上下軸을 되도록 높게 유지維持하고 족녕의자세足擰衣姿勢로 두 무릎을 약간 굴신屈伸한다.
② 동시同時에 외측外側으로 1회전回轉시켰던 두 검劍을 두 겨드랑이를 붙이면서 두 손등과 전완외측前腕外側에 올려놓는 자세姿勢로 회수回收시킨다.

3

① 시선視線을 1/2우측사선右側斜線으로 돌리면서 두 발에 좌우축左右軸과 전후축前後軸을 두고 상하축上下軸을 되도록 높게 유지維持하고 족녕의자세足擰衣姿勢로 두 무릎을 약간 굴신屈伸한다.
② 동시同時에 두 검劍은 두 겨드랑이를 90도度, 완녕의자세腕擰衣姿勢의 두 팔꿈치를 180도度 신전伸展시키면서 두 손목으로 검劍을 1회 외측원회전外側圓回轉시킨다.
③ 외측外側으로 1회전回轉시켰던 두 검劍을 두 겨드랑이를 붙이면서 두 손등과 전완외측前腕外側에 올려놓는 자세姿勢로 회수回收시킨다.

4

① 시선視線을 1/2우측사선右側斜線으로 돌리면서 두 발에 좌우축左右軸과 전후축前後軸을 두고 상하축上下軸을 되도록 높게 유지維持하고 족녕의자세足擰衣姿勢로 두 무릎을 약간 굴신屈伸한다.
② 동시同時에 두 검劍은 두 겨드랑이를 90도度, 완녕의자세腕擰衣姿勢의 두 팔꿈치를 180도度 신전伸展시키면서 두 손목으로 검劍을 1회 외측원회전外側圓回轉시키는 사위를 두 번 수행한다.
③ 외측外側으로 회전回轉시켰던 두 검劍을 두 겨드랑이를 붙이면서 두 손등과 전완외측前腕外側에 올려놓는 자세姿勢로 회수回收시킨다.

| 069 장단 | 오 가새지르기 사위 |

🎵 **장단 : 잦은 허튼타령**

① 시선視線은 정면중간사선正面中間斜線을 보고, 두 검첨劍尖이 요동搖動치지 않도록 두 손목을 조정調整하면서 기본섭수검자세基本攝受劍姿勢를 확인確認한다.

② 호흡呼吸은 응지세호흡법凝止細呼吸法을 준수한다. 시선視線은 1박拍에서만 왼사선左斜線으로 하면서 좌향좌자세左向左姿勢로 왼발에 좌우축左右軸과 전후축前後軸을 두고 상하축上下軸을 되도록 높게 유지維持하면서 우족녕의자세右足攞衣姿勢로 오른무릎右膝을 앞으

三. 경기검무京畿劍舞 전승내용傳承内容

로 신전伸展시키면서 한 걸음 선종보법先踵步法으로 디딤새 한다.[258]
③ 동시同時에 두 검劍은 두 겨드랑이를 90도度, 완녕의자세腕擰衣姿勢의 두 팔꿈치를 180도度 신전伸展시키면서 두 손목으로 검劍을 1회 외측원회전外側圓回轉시킨다.

2

① 시선視線은 정면중간사선正面中間斜線을 보면서 오른발에 좌우축左右軸과 전후축前後軸을 두고 상하축上下軸을 되도록 높게 유지維持하면서 좌족녕의자세左足擰衣姿勢로 왼무릎左膝을 앞으로 신전伸展시키면서 한 걸음 선종보법先踵步法으로 원호圓弧를 그리듯이 걷는다.[259]
② 동시同時에 두 검劍은 두 겨드랑이를 175도度, 완녕의자세腕擰衣姿勢의 두 팔꿈치를 180도度 신전伸展시키면서 머리 위로 두 손목으로 검격劍格을 세워서 두 검劍을 교차交叉시킨다.

3

① 왼발에 좌우축左右軸과 전후축前後軸을 두고 상하축上下軸을 되도록 높게 유지維持하면서 우족녕의자세右足擰衣姿勢로 오른무릎右膝을 앞으로 신전伸展시키면서 한 걸음 선종보법先踵步法으로 원호圓弧를 그리듯이 디딤새 한다.
② 동시同時에 두 검劍은 2박拍 자세姿勢를 유지維持한다.

4

① 오른발에 좌우축左右軸과 전후축前後軸을 두고 상하축上下軸을 되도록 높게 유지維持하면서 좌족녕의자세左足擰衣姿勢로 왼무릎左膝을 앞으로 신전伸展시키면서 한 걸음 선종보법先踵步法으로 원호圓弧를 그리듯이 디딤새 한다.
② 동시同時에 두 검劍은 2박拍 자세姿勢를 유지維持한다.

---

258) 직선으로 걷지 말고, 우축右軸 내측원회전內側圓回轉으로 원을 그리듯이 디딤새 한다.
259) 시선視線은 왼발 축일 때는 약간 오른사선右斜線, 오른발 축일 때는 약간 왼사선左斜線을 본다.

070 장단　　오 가새지르기 사위

장단 : 잦은 허튼타령

박자	1	2	3	4
정간보	⊖	l	⊖	l	—
구음	덩	따	덩	따	—

1

① 시선視線은 오른사선右斜線을 보면서 두 검첨劍尖이 요동搖動치지 않도록 두 손목을 조정調整하면서 기본섭수검자세基本攝受劍姿勢를 확인確認한다.

② 호흡呼吸은 응지세호흡법凝止細呼吸法을 준수한다. 왼발에 좌우축左右軸과 전후축前後軸을 두고 상하축上下軸을 되도록 높게 유지維持하면서 우족녕의자세右足擰衣姿勢로 오른무릎右膝을 앞으로 신전伸展시키면서 한 걸음 선종보법先踵步法으로 원호圓弧를 그리듯이

三. **경기검무**京畿劍舞 **전승내용**傳承內容

　　디딤새 한다.
② 동시同時에 두 검劍은 두 겨드랑이를 175도度, 완녕의자세腕擰衣姿勢의 두 팔꿈치를 180도度 신전伸展시키면서 머리 위로 두 손목으로 검격劍格을 세워서 두 검劍을 교차交叉시킨 상태狀態를 유지維持한다.

2

① 오른발에 좌우축左右軸과 전후축前後軸을 두고 상하축上下軸을 되도록 높게 유지維持하면서 좌족녕의자세左足擰衣姿勢로 왼무릎左膝을 앞으로 신전伸展시키면서 한 걸음 선종보법先踵步法으로 원호圓弧를 그리듯이 디딤새 한다.
② 동시同時에 두 검劍은 1박拍 자세姿勢를 유지維持한다.

3

① 왼발에 좌우축左右軸과 전후축前後軸을 두고 상하축上下軸을 되도록 높게 유지維持하면서 우족녕의자세右足擰衣姿勢로 오른무릎右膝을 앞으로 신전伸展시키면서 한 걸음 선종보법先踵步法으로 원호圓弧를 그리듯이 디딤새 한다.
② 동시同時에 두 검劍은 1박拍 자세姿勢를 유지維持한다.

4

① 오른발에 좌우축左右軸과 전후축前後軸을 두고 상하축上下軸을 되도록 높게 유지維持하면서 좌족녕의자세左足擰衣姿勢로 왼무릎左膝을 앞으로 신전伸展시키면서 한 걸음 선종보법先踵步法으로 원호圓弧를 그리듯이 디딤새 한다.
② 동시同時에 두 검劍은 1박拍 자세姿勢를 유지維持한다.

071 장단　　오 가새지르기 사위

🎵 장단 : 잦은 허튼타령

공연

연습

박자	1	2	3	4
정간보	⊖	∣	⊖	∣	―
구음	덩	따	덩	따	―

1

① 시선視線은 정면중간사선正面中間斜線을 보면서 두 검첨劍尖이 요동搖動치지 않도록 두 손목을 조정調整하면서 기본섭수검자세基本攝受劍姿勢를 확인確認한다.

② 호흡呼吸은 응지세호흡법凝止細呼吸法을 준수한다. 왼발에 좌우축左右軸과 전후축前後軸을 두고 상하축上下軸을 되도록 높게 유지維持하면서 우족녕의자세右足擰衣姿勢로 오른무릎右膝을 앞으로 신전伸展시키면서 앞으로 든다.

三. 경기검무京畿劍舞 전승내용傳承內容

② 동시同時에 두 검劍은 두 겨드랑이를 175도度, 완녕의자세腕擰衣姿勢의 두 팔꿈치를 180도度 머리 위로 펴면서 두 손목으로 검劍을 앞에서 뒤로 돌린다.

2

① 오른발에 좌우축左右軸과 전후축前後軸을 두고 상하축上下軸을 되도록 높게 유지維持하고, 좌족녕의자세左足擰衣姿勢로 왼무릎左膝을 앞으로 신전伸展시키면서 한 걸음 선종보법先踵步法으로 좌축 내측회전內側會轉의 원호圓弧를 그리듯이 디딤새 한다.
② 동시同時에 두 검劍은 두 겨드랑이를 붙이면서 두 손등과 전완외측前腕外側에 올려놓는 자세姿勢로 회수回收시킨다.

3

① 오른발에 좌우축左右軸과 전후축前後軸을 두고 상하축上下軸을 되도록 높게 유지維持하면서 우족녕의자세右足擰衣姿勢로 왼무릎左膝을 앞으로 신전伸展시키면서 1/2회전回轉하여 선종보법先踵步法으로 마루에 딛는다.
② 동시同時에 두 검劍은 두 겨드랑이를 175도度, 완녕의자세腕擰衣姿勢의 두 팔꿈치를 180도度 머리 위로 펴면서 두 손목으로 검劍을 1회 외측원회전外側圓回轉시킨다.

4

① 왼발에 좌우축左右軸과 전후축前後軸을 두고 상하축上下軸을 되도록 높게 유지維持하면서 좌족녕의자세左足擰衣姿勢로 오른무릎右膝을 앞으로 신전伸展시키면서 한 걸음 선종보법先踵步法으로 원호圓弧를 그리듯이 디딤새 한다.
② 동시同時에 두 검劍은 두 겨드랑이를 붙이면서 두 손등과 전완외측前腕外側에 올려놓는 자세姿勢로 회수回收시킨다.

072 장단 왼 가새지르기 사위

장단: 잦은 허튼타령

1

① 시선視線은 정면중간사선正面中間斜線을 보고, 두 검첨劍尖이 요동搖動치지 않도록 두 손목을 조정調整하면서 기본섭수검자세基本攝受劍姿勢를 확인確認한다.

② 호흡呼吸은 응지세호흡법凝止細呼吸法을 준수한다. 시선視線은 1박拍에서만 오른사선右斜線이고, 우향좌자세右向左姿勢로 오른발에 좌우축左右軸과 전후축前後軸을 두고 상하축上下軸을 되도록 높게 유지維持하면서 좌족녕의자세左足擰衣姿勢로 왼무릎左膝을 앞으로 신

전伸展시키면서 한 걸음 선종보법先踵步法으로 디딤새 한다.
③ 동시同時에 두 검劍은 두 겨드랑이를 90도度, 완녕의자세腕攞衣姿勢의 두 팔꿈치를 180도度 신전伸展시키면서 두 손목으로 검劍을 1회 외측원회전外側圓回轉시킨다.

2

① 시선視線은 정면중앙사선正面中央斜線이고, 왼발에 좌우축左右軸과 전후축前後軸을 두고 상하축上下軸을 되도록 높게 유지維持하면서 우족녕의자세右足攞衣姿勢로 오른무릎右膝을 앞으로 신전伸展시키면서 한 걸음 선종보법先踵步法으로 원호圓弧를 그리듯이 디딤새 한다.[260]
② 동시同時에 두 검劍은 두 겨드랑이를 175도度, 완녕의자세腕攞衣姿勢의 두 팔꿈치를 180도度 신전伸展시키면서 머리 위로 두 손목으로 검격劍格을 세워서 두 검劍을 교차交叉시킨다.

3

① 오른발에 좌우축左右軸과 전후축前後軸을 두고 상하축上下軸을 되도록 높게 유지維持하면서 좌족녕의자세左足攞衣姿勢로 왼무릎左膝을 앞으로 신전伸展시키면서 한 걸음 선종보법先踵步法으로 원호圓弧를 그리듯이 디딤새 한다.
② 동시同時에 두 검劍은 2박拍 자세姿勢를 유지維持한다.

4

① 왼발에 좌우축左右軸과 전후축前後軸을 두고 상하축上下軸을 되도록 높게 유지維持하면서 좌족녕의자세左足攞衣姿勢로 오른무릎右膝을 앞으로 신전伸展시키면서 한 걸음 선종보법先踵步法으로 원호圓弧를 그리듯이 디딤새 한다.
② 동시同時에 두 검劍은 2박拍 자세姿勢를 유지維持한다.

---

260) 시선視線은 왼발 축軸일 때는 약간 오른사선右斜線, 오른발 축軸일 때는 약간 왼사선左斜線을 본다.

073 장단 왼 가새지르기 사위

장단 : 잦은 허튼타령

공연

연습

박자	1	2	3	4
정간보	⊖	l	⊖	l	—
구음	덩	따	덩	따	—

1

① 시선視線은 왼사선左斜線을 보면서 두 검첨劍尖이 요동搖動치지 않도록 두 손목을 조정調整하면서 기본섭수검자세基本攝受劍姿勢를 확인確認한다.

② 호흡呼吸은 응지세호흡법凝止細呼吸法을 준수한다. 왼발에 좌우축左右軸과 전후축前後軸을 두고 상하축上下軸을 되도록 높게 유지維持하면서 우족녕의자세右足擰衣姿勢로 오른무릎右膝을 앞으로 신전伸展시키면서 한 걸음 선종보법先踵步法으로 원호圓弧를 그리듯이

걷는다.

② 동시同時에 두 검劍은 두 겨드랑이를 175도度, 완녕의자세腕擰衣姿勢의 두 팔꿈치를 180도度 신전伸展시키면서 머리 위로 두 손목으로 검격劍格을 세워서 두 검劍을 교차交叉시킨 상태狀態를 유지維持한다.

2

① 오른발에 좌우축左右軸과 전후축前後軸을 두고 상하축上下軸을 되도록 높게 유지維持하면서 좌족녕의자세左足擰衣姿勢로 왼무릎左膝을 앞으로 신전伸展시키면서 한 걸음 선종보법先踵步法으로 원호圓弧를 그리듯이 디딤새 한다.

② 동시同時에 두 검劍은 1박拍 자세姿勢를 유지維持한다.

3

① 왼발에 좌우축左右軸과 전후축前後軸을 두고 상하축上下軸을 되도록 높게 유지維持하면서 우족녕의자세右足擰衣姿勢로 오른무릎右膝을 앞으로 신전伸展시키면서 한 걸음 선종보법先踵步法으로 원호圓弧를 그리듯이 디딤새 한다.

② 동시同時에 두 검劍은 1박拍 자세姿勢를 유지維持한다.

4

① 오른발에 좌우축左右軸과 전후축前後軸을 두고 상하축上下軸을 되도록 높게 유지維持하면서 좌족녕의자세左足擰衣姿勢로 왼무릎左膝을 앞으로 신전伸展시키면서 한 걸음 선종보법先踵步法으로 원호圓弧를 그리듯이 디딤새 한다.

② 동시同時에 두 검劍은 1박拍 자세姿勢를 유지維持한다.

074 장단　　원 가새지르기 사위

장단 : 잦은 허튼타령

공연

연습

박자	1	2	3	4
정간보	⊖	ǀ	⊖	ǀ	─
구음	덩	따	덩	따	─

1

① 시선視線은 정면중간사선正面中間斜線을 보면서 두 검첨劍尖이 요동搖動치지 않도록 두 손목을 조정調整하면서 기본섭수검자세基本攝受劍姿勢를 확인確認한다.

② 호흡呼吸은 응지세호흡법凝止細呼吸法을 준수한다. 오른발에 좌우축左右軸과 전후축前後軸을 두고 상하축上下軸을 되도록 높게 유지維持하면서 우족녕의자세右足擰衣姿勢로 왼무릎左膝을 앞으로 신전伸展시키면서 발을 든다.

② 동시同時에 두 검劍은 두 겨드랑이를 175도度, 완녕의자세腕擰衣姿勢의 두 팔꿈치를 180도度 머리 위로 펴면서 두 손목으로 검劍을 앞에서 뒤로 돌린다.

2

① 오른발에 좌우축左右軸과 전후축前後軸을 두고 상하축上下軸을 되도록 높게 유지維持하고, 좌족녕의자세左足擰衣姿勢로 왼무릎左膝을 앞으로 신전伸展시키면서 한 걸음 선종보법先踵步法으로 좌축 내측회전內側會轉의 원호圓弧를 그리듯이 디딤새 한다.
② 동시同時에 두 검劍은 두 겨드랑이를 붙이면서 두 손등과 전완외측前腕外側에 올려놓는 자세姿勢로 회수回收시킨다.

3

① 왼발에 좌우축左右軸과 전후축前後軸을 두고 상하축上下軸을 되도록 높게 유지維持하면서 우족녕의자세右足擰衣姿勢로 오른무릎右膝을 앞으로 신전伸展시키면서 1/2회전回轉하여 선종보법先踵步法으로 마루에 딛는다.
② 동시同時에 두 검劍은 두 겨드랑이를 175도度, 완녕의자세腕擰衣姿勢의 두 팔꿈치를 180도度 머리 위로 펴면서 두 손목으로 검劍을 1회 외측원회전外側圓回轉시킨다.

4

① 오른발에 좌우축左右軸과 전후축前後軸을 두고 상하축上下軸을 되도록 높게 유지維持하면서 좌족녕의자세左足擰衣姿勢로 왼무릎左膝을 앞으로 신전伸展시키면서 한 걸음 선종보법先踵步法으로 원호圓弧를 그리듯이 디딤새 한다.
② 동시同時에 두 검劍은 두 겨드랑이를 붙이면서 두 손등과 전완외측前腕外側에 올려놓는 자세姿勢로 회수回收시킨다.

| 075 장단 | (무대 좌측 방향으로) 양늘름 사위 |

장단 : 잦은 허튼타령

박자	1	2	3	4
정간보	⊖	l	⊖	l	─
구음	덩	따	덩	따	─

1

① 시선視線은 중간정면사선中間正面斜線을 보면서 두 검劍이 요동搖動치지 않도록 두 손등과 전완외측前腕外側에 올려놓는다.

② 호흡呼吸은 응지세호흡법凝止細呼吸法을 준수한다. 시선視線을 왼사선左斜線으로 돌리고 전신소身을 우향우右向右로 방향方向을 바꾸고, 왼발에 좌우축左右軸과 전후축前後軸을 두고 상하축上下軸을 되도록 높게 유지維持하고 우족녕의자세右足擰衣姿勢로 오른무릎右膝

三. 경기검무京畿劍舞 전승내용傳承內容

을 굴신屈伸하여 앞으로 한 걸음 딛고 왼뒤꿈치를 살짝 들어서 율동律動을 맞춘다.
③ 동시同時에 두 검劍은 두 겨드랑이 90도度 외전外轉시키고, 완녕의자세腕擰衣姿勢의 두 팔꿈치 180도度 신전伸展시키면서 외측外側 1회전回轉하여 손등과 전완외측前腕外側에 올려놓는다.

2

① 시선視線은 중간정면사선中間正面斜線을 보고, 완녕의자세腕擰衣姿勢의 두 팔꿈치를 90도度 굴곡屈曲시키며 겨드랑이를 내려 두 검劍을 옆구리 위치位置로 회수回收시킨다.

3

① 오른발에 좌우축左右軸과 전후축前後軸을 두고 상하축上下軸을 되도록 높게 유지維持하고 좌족녕의자세左足擰衣姿勢로 왼무릎左膝을 굴신屈伸하여 앞으로 한 걸음 딛고 오른뒤꿈치를 살짝 들어서 율동律動을 맞춘다.
② 동시同時에 두 검劍은 두 겨드랑이 90도度 외전外轉시키고, 완녕의자세腕擰衣姿勢의 두 팔꿈치 180도度 신전伸展시키면서 외측外側 1회전回轉시키는 사위를 한 번 수행하여 손등과 전완외측前腕外側에 올려놓는다.

4

① 두 팔꿈치를 90도度 굴곡屈曲시키며 겨드랑이를 내려 두 검劍을 옆구리 위치位置로 회수回收시킨다.

076 장단　(무대 좌측 방향으로) 양늘름 사위

장단 : 잦은 허튼타령

박자	1	2	3	4
정간보	⊖	ǀ	⊖	ǀ	—
구음	덩	따	덩	따	—

1

① 시선視線은 중간정면사선中間正面斜線을 보면서 두 검劍이 요동搖動치지 않도록 두 손등과 전완외측前腕外側에 올려놓는다.

② 호흡呼吸은 응지세호흡법凝止細呼吸法을 준수한다. 왼발에 좌우축左右軸과 전후축前後軸을 두고 상하축上下軸을 되도록 높게 유지維持하고 우족녕의자세右足獰衣姿勢로 오른무릎右膝을 굴신屈伸하여 앞으로 한 걸음 디딤새 한다.

③ 동시同時에 두 검劍은 두 겨드랑이 90도度 외전外轉시키고 완녕의자세腕獰衣姿勢의 두 팔

三. 경기검무京畿劍舞 전승내용傳承內容

꿈치는 180도度 신전伸展시키면서 외측外側 1회전回轉하여 손등과 전완외측前腕外側에 올려놓는다.

④ 다음은 두 팔꿈치를 90도度 접으면서 겨드랑이를 내려 두 검劍을 옆구리 위치位置로 회수回收시킨다.

2

① 오른발에 좌우축左右軸과 전후축前後軸을 두고 상하축上下軸을 되도록 높게 유지維持하고 좌족녕의자세左足擰衣姿勢로 왼무릎左膝을 굴신屈伸하여 앞으로 한 걸음 디딤새 한다.

② 동시同時에 두 검劍은 두 겨드랑이 90도度 외전外轉시키고, 완녕의자세腕擰衣姿勢의 두 팔꿈치 180도度 신전伸展시키면서 외측外側 1회전回轉하여 손등과 전완외측前腕外側에 올려놓는다.

③ 다음은 두 팔꿈치를 90도度 굴곡屈曲시키며 겨드랑이를 내려 두 검劍을 옆구리 위치位置로 회수回收시킨다.

3

① 왼발에 좌우축左右軸과 전후축前後軸을 두고 상하축上下軸을 되도록 높게 유지維持하고 우족녕의자세右足擰衣姿勢로 오른무릎右膝을 굴신屈伸하여 앞으로 한 걸음 디딤새 한다.

② 동시同時에 두 검劍은 두 겨드랑이 90도度 외전外轉시키고, 완녕의자세腕擰衣姿勢의 두 팔꿈치 180도度 신전伸展시키면서 외측外側 1회전回轉하여 손등과 전완외측前腕外側에 올려놓는다.

③ 다음은 두 팔꿈치를 90도度 굴곡屈曲시키며 겨드랑이를 내려 두 검劍을 옆구리 위치位置로 회수回收시킨다.

4

① 오른발에 좌우축左右軸과 전후축前後軸을 두고 상하축上下軸을 되도록 높게 유지維持하고 좌족녕의자세左足擰衣姿勢로 왼무릎左膝을 굴신屈伸하여 앞으로 한 걸음 디딤새 한다.

② 동시同時에 두 검劍은 두 겨드랑이 90도度 외전外轉시키고, 완녕의자세腕擰衣姿勢의 두 팔꿈치 180도度 신전伸展시키면서 외측外側 1회전回轉시키는 사위를 한 번 수행하여 손등과 전완외측前腕外側에 올려놓는다.

③ 다음은 두 팔꿈치를 90도度 접으면서 겨드랑이를 내려 두 검劍을 옆구리 위치位置로 회수回收시킨다.

077 장단　　왼 해달 사위

🎵 장단 : 잦은 허튼타령

박자	1	2	3	4
정간보	⊖	I	⊖	I	—
구음	덩	따	덩	따	—

1

① 시선視線은 중간정면사선中間正面斜線을 보면서 두 검劍이 요동搖動치지 않도록 두 손등과 전완외측前腕外側에 올려놓는다.

② 호흡呼吸은 응지세호흡법凝止細呼吸法을 준수한다. 왼발에 좌우축左右軸과 전후축前後軸을 두고 상하축上下軸을 되도록 높게 유지維持하고 우족녕의자세右足擰衣姿勢로 오른무릎右膝을 신전伸展하여 좌축左軸으로 내측회전內側會轉하면서 원호圓弧를 그리며 선종보법先

三. 경기검무京畿劍舞 전승내용傳承內容

　　　　踵步法으로 한 걸음 디딤새 한다.
③ 동시同時에 시선視線은 오른사선右斜線을 보면서 오른쪽 검劍은 겨드랑이 90도度 외전外轉시키고 완녕의자세腕擰衣姿勢의 팔꿈치를 180도度 펴서 머리 위로 들고 검劍을 뒤에서 앞으로 측면 1회전回轉시키고,[261] 왼쪽 검劍은 손등과 전완외측前腕外側에 올려놓은 상태狀態를 유지維持한다.

2

① 시선視線은 왼사선左斜線으로 하고, 오른발에 좌우축左右軸과 전후축前後軸을 두고 상하축上下軸을 되도록 높게 유지維持하고 좌족녕의자세左足擰衣姿勢로 왼무릎左膝을 신전伸展하여 좌축左軸으로 내측회전內側會轉하여 1회전回轉하면서 선종보법先踵步法으로 마루를 딛는다.
② 동시同時에 시선視線은 왼사선左斜線을 보면서 왼쪽 검劍은 겨드랑이 150도度 외전外轉시키고 완녕의자세腕擰衣姿勢의 팔꿈치 180도度 펴서 어깨 위로 뻗으면서 검劍을 평면平面 1회전回轉시키고,[262] 오른쪽 검劍은 겨드랑이를 내려서 옆구리에 붙이고 검劍은 손등과 전완외측前腕外側에 올려놓는다.

3

① 왼발에 좌우축左右軸과 전후축前後軸을 두고 상하축上下軸을 되도록 높게 유지維持하고 우족녕의자세右足擰衣姿勢로 오른무릎右膝을 신전伸展하여 좌축左軸으로 내측회전內側會轉하면서[263] 원호圓弧[264]를 그리며 선종보법先踵步法으로 한 걸음 디딤새 한다.
② 동시同時에 두 검劍은 두 겨드랑이 90도度 외전外轉시키고, 완녕의자세腕擰衣姿勢의 두 팔꿈치 180도度 신전伸展시키면서 외측外側 1회전回轉하여 손등과 전완외측前腕外側에 올려놓는다.

---

261) 입체立體를 측면側面에서 볼 때 회전원回轉圓을 형성形成하는 검劍 회전回轉 방법.
262) 입체立體를 평면平面 위에서 내려다 볼 때 회전원回轉圓을 형성形成하는 검劍 회전回轉 방법方法.
263) 왼발을 축軸으로 오른발을 안으로 감아 도는 모양模樣.
264) 걸음 형태形態가 곧지 않고 원형圓形을 그리듯이 안으로 감아 도는 모양模樣으로 걷는 걸음걸이.

4

① 오른발에 좌우축左右軸과 전후축前後軸을 두고 상하축上下軸을 되도록 높게 유지維持하고 좌족녕의자세左足獰衣姿勢로 왼무릎左膝을 신전伸展하여 발을 든다.

② 동시同時에 완녕의자세腕獰衣姿勢의 두 팔꿈치를 90도度 굴곡屈曲시키며 겨드랑이를 내려 두 검劍을 옆구리 위치位置로 회수回收시킨다.

三. 경기검무京畿劍舞 전승내용傳承內容

| 078 장단 | 왼 해달 사위 |

🔸 장단 : 잦은 허튼타령

박자	1	2	3	4
정간보	⊖	ǀ	⊖	ǀ	ㅡ
구음	덩	따	덩	따	ㅡ

1

① 시선視線은 중간정면사선中間正面斜線을 보면서 두 검劍이 요동搖動치지 않도록 두 손등과 전완외측前腕外側에 올려놓는다.

② 호흡呼吸은 응지세호흡법凝止細呼吸法을 준수한다. 왼발에 좌우축左右軸과 전후축前後軸을 두고 상하축上下軸을 되도록 높게 유지維持하고 우족녕의자세右足擰衣姿勢로 오른무릎右膝을 신전伸展하여 좌축左軸으로 내측회전內側會轉하면서 원호圓弧를 그리며 선종보법先

踵步法으로 한 걸음 디딤새 한다.
③ 동시同時에 시선視線은 오른사선右斜線을 보면서 오른쪽 검劍은 겨드랑이 90도度 외전外轉시키고 완녕의자세腕擰衣姿勢의 팔꿈치 180도度 펴서 머리 위로 들고 검劍을 뒤에서 앞으로 측면 1회전回轉시키고, 왼쪽 검劍은 손등과 전완외측前腕外側에 올려놓은 상태狀態를 유지維持한다.

2

① 시선視線은 왼사선左斜線으로 하고, 오른발에 좌우축左右軸과 전후축前後軸을 두고 상하축上下軸을 되도록 높게 유지維持하고 좌족녕의자세左足擰衣姿勢로 왼무릎左膝을 신전伸展하여 좌축左軸으로 내측회전內側會轉하여 1회전回轉하면서 선종보법先踵步法으로 마루를 딛는다.
② 동시同時에 시선視線은 왼사선左斜線을 보면서 왼쪽 검劍은 겨드랑이 150도度 외전外轉시키고 완녕의자세腕擰衣姿勢의 팔꿈치 180도度 펴서 어깨 위로 뻗으면서 검劍을 평면平面 1회전回轉시키고, 오른쪽 검劍은 겨드랑이를 내려서 옆구리에 붙이고 검劍은 손등과 전완외측前腕外側에 올려놓는다.

3

① 왼발에 좌우축左右軸과 전후축前後軸을 두고 상하축上下軸을 되도록 높게 유지維持하고 우족녕의자세右足擰衣姿勢로 오른무릎右膝을 신전伸展하여 좌축左軸으로 내측회전內側會轉하면서 원호圓弧를 그리며 선종보법先踵步法으로 한 걸음 디딤새 한다.
② 동시同時에 두 검劍은 두 겨드랑이 90도度 외전外轉시키고, 완녕의자세腕擰衣姿勢의 두 팔꿈치 180도度 신전伸展시키면서 외측外側 1회전回轉하여 손등과 전완외측前腕外側에 올려놓는다.

4

① 오른발에 좌우축左右軸과 전후축前後軸을 두고 상하축上下軸을 되도록 높게 유지維持하고 좌족녕의자세左足擰衣姿勢로 왼무릎左膝을 신전伸展하여 발을 든다.
② 동시同時에 완녕의자세腕擰衣姿勢의 두 팔꿈치를 90도度 굴곡屈曲시키며 겨드랑이를 내려 두 검劍을 옆구리 위치位置로 회수回收시킨다.

三. 경기검무京畿劍舞 전승내용傳承內容

| 079 장단 | 왼 해달 사위 |

🎵 장단 : 잦은 허튼타령

공연

연습

박자	1	2	3	4
정간보	⊖	ㅣ	⊖	ㅣ	―
구음	덩	따	덩	따	―

1

① 시선視線은 중간정면사선中間正面斜線을 보면서 두 검劍이 요동搖動치지 않도록 두 손등과 전완외측前腕外側에 올려놓는다.

② 호흡呼吸은 응지세호흡법凝止細呼吸法을 준수한다. 왼발에 좌우축左右軸과 전후축前後軸을 두고 상하축上下軸을 되도록 높게 유지維持하고 우족녕의자세右足擰衣姿勢로 오른무릎右膝을 신전伸展하여 좌축左軸으로 내측회전內側會轉하면서 원호圓弧를 그리며 선종보법先

踵步法(지보법)으로 한 걸음 디딤새 한다.
③ 동시同時에 시선視線은 오른사선右斜線을 보면서 오른쪽 검劍은 겨드랑이 90도度 외전外轉시키고 완녕의자세腕擰衣姿勢의 팔꿈치 180도度 펴서 머리 위로 들고 검劍을 뒤에서 앞으로 측면 1회전回轉시키고, 왼쪽 검劍은 손등과 전완외측前腕外側에 올려놓은 상태狀態를 유지維持한다.

2

① 시선視線은 왼사선左斜線으로 하고, 오른발에 좌우축左右軸과 전후축前後軸을 두고 상하축上下軸을 되도록 높게 유지維持하고 좌족녕의자세左足擰衣姿勢로 왼무릎左膝을 신전伸展하여 좌축左軸으로 내측회전內側會轉하면서 1회전回轉하고 선종보법先踵步法으로 마루를 딛는다.
② 동시同時에 시선視線은 왼사선左斜線을 보면서 왼쪽 검劍은 겨드랑이 150도度 외전外轉시키고 완녕의자세腕擰衣姿勢의 팔꿈치 180도度 펴서 어깨 위로 뻗으면서 검劍을 평면平面 1회전回轉시키고, 오른쪽 검劍은 겨드랑이를 내려서 옆구리에 붙이고 검劍은 손등과 전완외측前腕外側에 올려놓는다.

3

① 왼발에 좌우축左右軸과 전후축前後軸을 두고 상하축上下軸을 되도록 높게 유지維持하고 우족녕의자세右足擰衣姿勢로 오른무릎右膝을 신전伸展하여 좌축左軸으로 내측회전內側會轉하면서 원호圓弧를 그리며 선종보법先踵步法으로 한 걸음 디딤새 한다.
② 동시同時에 두 검劍은 두 겨드랑이 90도度 외전外轉시키고, 완녕의자세腕擰衣姿勢의 두 팔꿈치 180도度 신전伸展시키면서 외측外側 1회전回轉하여 손등과 전완외측前腕外側에 올려놓는다.

4

① 오른발에 좌우축左右軸과 전후축前後軸을 두고 상하축上下軸을 되도록 높게 유지維持하고 좌족녕의자세左足擰衣姿勢로 왼무릎左膝을 신전伸展하여 발을 든다.
② 동시同時에 완녕의자세腕擰衣姿勢의 두 팔꿈치를 90도度 굴곡屈曲시키며 겨드랑이를 내려 두 검劍을 옆구리 위치位置로 회수回收시킨다.

三. 경기검무京畿劍舞 전승내용傳承內容

080 장단 　 왼 해달 사위

🎵 장단 : 잦은 허튼타령

공연

연습

박자	1	2	3	4
정간보	⊖	ǀ	⊖	ǀ	ー
구음	덩	따	덩	따	ー

1

① 시선視線은 중간정면사선中間正面斜線을 보면서 두 검劍이 요동搖動치지 않도록 두 손등과 전완외측前腕外側에 올려놓는다.

② 호흡呼吸은 응지세호흡법凝止細呼吸法을 준수한다. 왼발에 좌우축左右軸과 전후축前後軸을 두고 상하축上下軸을 되도록 높게 유지維持하고 우족녕의자세右足擰衣姿勢로 오른무릎右膝을 신전伸展하여 좌축左軸으로 내측회전內側會轉하면서 원호圓弧를 그리며 선종보법先

踵步法步法으로 한 걸음 디딤새 한다.
③ 동시同時에 시선視線은 오른사선右斜線을 보면서 오른쪽 검劍은 겨드랑이 90도度 외전外轉시키고 완녕의자세腕擰衣姿勢의 팔꿈치 180도度 펴서 머리 위로 들고 검劍을 뒤에서 앞으로 측면 1회전回轉시키고, 왼쪽 검劍은 손등과 전완외측前腕外側에 올려놓은 상태狀態를 유지維持한다.

2

① 시선視線은 왼사선左斜線으로 하고, 오른발에 좌우축左右軸과 전후축前後軸을 두고 상하축上下軸을 되도록 높게 유지維持하고 좌족녕의자세左足擰衣姿勢로 왼무릎左膝을 신전伸展하여 좌축左軸으로 내측회전內側會轉하면서 1회전回轉하고 선종보법先踵步法으로 마루를 딛는다.
② 동시同時에 시선視線은 왼사선左斜線을 보면서 왼쪽 검劍은 겨드랑이 150도度 외전外轉시키고 완녕의자세腕擰衣姿勢의 팔꿈치 180도度 펴서 어깨 위로 뻗으면서 검劍을 평면平面 1회전回轉시키고, 오른쪽 검劍은 겨드랑이를 내려서 옆구리에 붙이고 검劍은 손등과 전완외측前腕外側에 올려놓는다.

3

① 왼발에 좌우축左右軸과 전후축前後軸을 두고 상하축上下軸을 되도록 높게 유지維持하고 우족녕의자세右足擰衣姿勢로 오른무릎右膝을 신전伸展하여 좌축左軸으로 내측회전內側會轉하면서 원호圓弧를 그리며 선종보법先踵步法으로 한 걸음 디딤새 한다.
② 동시同時에 두 검劍은 두 겨드랑이 90도度 외전外轉시키고, 완녕의자세腕擰衣姿勢의 두 팔꿈치 180도度 신전伸展시키면서 외측外側 1회전回轉하여 손등과 전완외측前腕外側에 올려놓는다.

4

① 오른발에 좌우축左右軸과 전후축前後軸을 두고 상하축上下軸을 되도록 높게 유지維持하고 좌족녕의자세左足擰衣姿勢로 왼무릎左膝을 신전伸展하여 발을 든다.
② 동시同時에 완녕의자세腕擰衣姿勢의 두 팔꿈치를 90도度 굴곡屈曲시키며 겨드랑이를 내려 두 검劍을 옆구리 위치位置로 회수回收시킨다.

三. 경기검무京畿劍舞 전승내용傳承內容

| 081 장단 | 뒤사선 고살 사위 |

🎼 장단: 잦은 허튼타령

박자	1	2	3	4
정간보	⊖	l	⊖	l	—
구음	덩	따	덩	따	—

1

① 시선視線은 중간정면사선中間正面斜線을 보면서 두 검劍이 요동搖動치지 않도록 두 손등과 전완외측前腕外側에 올려놓는다.

② 호흡呼吸은 응지세호흡법凝止細呼吸法을 준수한다. 왼발에 좌우축左右軸과 전후축前後軸을 두고 상하축上下軸을 되도록 높게 유지維持하고 우족녕의자세右足攩衣姿勢로 오른무릎右膝을 신전伸展하여 앞으로 뻗었다가 뒤로 선장지보법先將指步法으로 한 걸음 디딤새 한다.

309

③ 동시同時에 두 검劍은 겨드랑이는 90도度, 완녕의자세腕擰衣姿勢의 팔꿈치는 180도度 전방前方으로 뻗으면서 두 검劍을 왼쪽에서 오른쪽으로 1회전回轉시킨다.

2

① 오른발에 좌우축左右軸과 전후축前後軸을 두고 상하축上下軸을 되도록 높게 유지維持하고 좌족녕의자세左足擰衣姿勢로 왼무릎左膝을 신전伸展하여 앞으로 뻗었다가 뒤로 선장지보법先將指步法으로 한 걸음 디딤새 한다.

② 동시同時에 두 겨드랑이를 붙이고, 완녕의자세腕擰衣姿勢의 팔꿈치를 90도度 펴서 두 검劍을 전완내외측前腕內外側에[265] 위치位置시키고 요동搖動치지 않도록 조정調整한다.

3

① 오른발에 좌우축左右軸과 전후축前後軸을 두고 상하축上下軸을 되도록 높게 유지維持하고 우족녕의자세右足擰衣姿勢로 왼무릎左膝을 신전伸展하여 앞으로 뻗었다가 뒤로 선장지보법先將指步法으로 한 걸음 디딤새 한다.

② 동시同時에 두 검劍은 겨드랑이는 90도度, 완녕의자세腕擰衣姿勢의 팔꿈치는 180도度 전방前方으로 뻗으면서 두 검劍을 오른쪽에서 왼쪽으로 1회전回轉시킨다.

4

① 오른발에 좌우축左右軸과 전후축前後軸을 두고 상하축上下軸을 되도록 높게 유지維持하고 좌족녕의자세左足擰衣姿勢로 왼무릎左膝을 신전伸展하여 앞으로 뻗었다가 뒤로 선장지보법先將指步法으로 한 걸음 디딤새 한다.

② 동시同時에 두 겨드랑이를 붙이고, 완녕의자세腕擰衣姿勢의 팔꿈치를 90도度 펴서 두 검劍을 전완내외측前腕內外側에 위치位置시키고 요동搖動치지 않도록 조정調整한다.

---

265) 오른쪽 검劍은 전완내측前腕內側에 위치位置시키고, 왼쪽 검劍은 전완외측前腕外側에 위치位置시킨다.

三. 경기검무京畿劍舞 전승내용傳承內容

| 082 장단 | 뒤사선 고살 사위 |

🎵 장단 : 잦은 허튼타령

| 공연 | | | | |

| 연습 | | | | |

박자	1	2	3	4
정간보	⊖	l	⊖	l	—
구음	덩	따	덩	따	—

1

① 시선視線은 중간정면사선中間正面斜線을 보면서 두 검劍이 요동搖動치지 않도록 두 손등과 전완외측前腕外側에 올려놓는다.

② 호흡呼吸은 응지세호흡법凝止細呼吸法을 준수한다. 왼발에 좌우축左右軸과 전후축前後軸을 두고 상하축上下軸을 되도록 높게 유지維持하고 우족녕의자세右足擰衣姿勢로 오른무릎右膝을 신전伸展하여 뒤로 선장지보법先將指步法으로 한 걸음 디딤새 한다.

③ 동시同時에 두 검劍은 겨드랑이는 90도度, 완녕의자세腕擰衣姿勢의 팔꿈치는 180도度 전

방前方으로 뻗으면서 두 검劍을 왼쪽에서 오른쪽으로 1회전回轉시킨다.
④ 다음은 두 겨드랑이를 붙이고, 완녕의자세腕擰衣姿勢의 팔꿈치를 90도度 펴서 두 검劍을 전완내외측前腕內外側에 위치位置시키고 요동搖動치지 않도록 조정調整한다.

2

① 오른발에 좌우축左右軸과 전후축前後軸을 두고 상하축上下軸을 되도록 높게 유지維持하고 좌족녕의자세左足擰衣姿勢로 왼무릎左膝을 신전伸展하여 뒤로 선장지보법先將指步法으로 한 걸음 디딤새 한다.
② 동시同時에 두 검劍은 겨드랑이는 90도度, 완녕의자세腕擰衣姿勢의 팔꿈치는 180도度 전방前方으로 뻗으면서 두 검劍을 왼쪽에서 오른쪽으로 1회전回轉시킨다.
③ 다음은 두 겨드랑이를 붙이고, 완녕의자세腕擰衣姿勢의 팔꿈치를 90도度 펴서 두 검劍을 전완내외측前腕內外側에 위치位置시키고 요동搖動치지 않도록 조정調整한다.

3

① 왼발에 좌우축左右軸과 전후축前後軸을 두고 상하축上下軸을 되도록 높게 유지維持하고 우족녕의자세右足擰衣姿勢로 오른무릎右膝을 신전伸展하여 뒤로 선장지보법先將指步法으로 한 걸음 디딤새 한다.
② 동시同時에 두 검劍은 겨드랑이는 90도度, 완녕의자세腕擰衣姿勢의 팔꿈치는 180도度 전방前方으로 뻗으면서 두 검劍을 오른쪽에서 왼쪽으로 1회전回轉시킨다.
③ 다음은 두 겨드랑이를 붙이고, 완녕의자세腕擰衣姿勢의 팔꿈치를 90도度 펴서 두 검劍을 전완내외측前腕內外側에 위치位置시키고 요동搖動치지 않도록 조정調整한다.

4

① 오른발에 좌우축左右軸과 전후축前後軸을 두고 상하축上下軸을 되도록 높게 유지維持하고 좌족녕의자세左足擰衣姿勢로 왼무릎左膝을 신전伸展하여 뒤로 선장지보법先將指步法으로 한 걸음 디딤새 한다.
② 동시同時에 두 검劍은 겨드랑이는 90도度, 완녕의자세腕擰衣姿勢의 팔꿈치는 180도度 전방前方으로 뻗으면서 두 검劍을 오른쪽에서 왼쪽으로 1회전回轉시킨다.
③ 다음은 두 겨드랑이를 붙이고, 완녕의자세腕擰衣姿勢의 팔꿈치를 90도度 굴곡屈曲시키며 두 검劍을 전완내외측前腕內外側에 위치位置시키고 요동搖動치지 않도록 조정調整한다.

三. 경기검무京畿劍舞 전승내용傳承內容

083 장단 뒤사선 고살 사위

🎵 장단: 잦은 허튼타령

공연

연습

박자	1	2	3	4
정간보	⊖	l	⊖	l	ㅡ
구음	덩	따	덩	따	ㅡ

1

① 시선視線은 중간정면사선中間正面斜線을 보면서 두 검劍이 요동搖動치지 않도록 두 손등과 전완외측前腕外側에 올려놓는다.

② 호흡呼吸은 응지세호흡법凝止細呼吸法을 준수한다. 왼발에 좌우축左右軸과 전후축前後軸을 두고 상하축上下軸을 되도록 높게 유지維持하고 우족녕의자세右足獰衣姿勢로 오른무릎右膝을 신전伸展하여 앞으로 뻗었다가 뒤로 선장지보법先將指步法으로 한 걸음 디딤새 한다.

313

③ 동시同時에 두 검劍은 겨드랑이는 90도度, 완녕의자세腕擰衣姿勢의 팔꿈치는 180도度 전방前方으로 뻗으면서 두 검劍을 왼쪽에서 오른쪽으로 1회전回轉시킨다.

2

① 오른발에 좌우축左右軸과 전후축前後軸을 두고 상하축上下軸을 되도록 높게 유지維持하고 좌족녕의자세左足擰衣姿勢로 왼무릎左膝을 신전伸展하여 앞으로 뻗었다가 뒤로 선장지보법先將指步法으로 한 걸음 디딤새 한다.

② 동시同時에 두 겨드랑이를 붙이고, 완녕의자세腕擰衣姿勢의 팔꿈치를 90도度 굴곡屈曲시키며 두 검劍을 전완내외측前腕內外側에[266] 위치位置시키고 요동搖動치지 않도록 조정調整한다.

3

① 오른발에 좌우축左右軸과 전후축前後軸을 두고 상하축上下軸을 되도록 높게 유지維持하고 우족녕의자세右足擰衣姿勢로 왼무릎左膝을 신전伸展하여 앞으로 뻗었다가 뒤로 선장지보법先將指步法으로 한 걸음 디딤새 한다.

② 동시同時에 두 검劍은 겨드랑이는 90도度, 완녕의자세腕擰衣姿勢의 팔꿈치는 180도度 전방前方으로 뻗으면서 두 검劍을 오른쪽에서 왼쪽으로 1회전回轉시킨다.

4

① 오른발에 좌우축左右軸과 전후축前後軸을 두고 상하축上下軸을 되도록 높게 유지維持하고 좌족녕의자세左足擰衣姿勢로 왼무릎左膝을 신전伸展하여 앞으로 뻗었다가 뒤로 선장지보법先將指步法으로 한 걸음 디딤새 한다.

② 동시同時에 두 겨드랑이를 붙이고, 완녕의자세腕擰衣姿勢의 팔꿈치를 90도度 굴곡屈曲시키며 두 검劍을 전완내외측前腕內外側에 위치位置시키고 요동搖動치지 않도록 조정調整한다.

---

[266] 오른쪽 검劍은 전완내측前腕內側에 위치位置시키고, 왼쪽 검劍은 전완외측前腕外側에 위치位置시킨다.

三. 경기검무 京畿劍舞 전승내용 傳承內容

084 장단   뒤사선 고살 사위

장단: 잦은 허튼타령

공연

연습

박자	1	2	3	4
정간보	⊖	l	⊖	l	─
구음	덩	따	덩	따	─

1

① 시선視線은 중간정면사선中間正面斜線을 보면서 두 검劍이 요동搖動치지 않도록 두 손등과 전완외측前腕外側에 올려놓는다.

② 호흡呼吸은 응지세호흡법凝止細呼吸法을 준수한다. 왼발에 좌우축左右軸과 전후축前後軸을 두고 상하축上下軸을 되도록 높게 유지維持하고 우족녕의자세右足擰衣姿勢로 오른무릎右膝을 신전伸展하여 뒤로 선장지보법先將指步法으로 한 걸음 디딤새 한다.

③ 동시同時에 두 검劍은 겨드랑이는 90도度, 완녕의자세腕擰衣姿勢의 팔꿈치는 180도度 전

315

방前方으로 뻗으면서 두 검劍을 왼쪽에서 오른쪽으로 1회전回轉시킨다.
④ 다음은 두 겨드랑이를 붙이고, 완녕의자세腕擰衣姿勢의 팔꿈치를 90도度 굴곡屈曲시키며 두 검劍을 전완내외측前腕內外側에 위치位置시키고 요동搖動치지 않도록 조정調整한다.

2

① 오른발에 좌우축左右軸과 전후축前後軸을 두고 상하축上下軸을 되도록 높게 유지維持하고 좌족녕의자세左足擰衣姿勢로 왼무릎을 신전伸展하여 뒤로 선장지보법先將指步法으로 한 걸음 디딤새 한다.
② 동시同時에 두 검劍은 겨드랑이는 90도度, 완녕의자세腕擰衣姿勢의 팔꿈치는 180도度 전방前方으로 뻗으면서 두 검劍을 오른쪽에서 왼쪽으로 1회전回轉시킨다.
③ 다음은 두 겨드랑이를 붙이고, 완녕의자세腕擰衣姿勢의 팔꿈치를 90도度 굴곡屈曲시키며 두 검劍을 전완내외측前腕內外側에 위치位置시키고 요동搖動치지 않도록 조정調整한다.

3

① 왼발에 좌우축左右軸과 전후축前後軸을 두고 상하축上下軸을 되도록 높게 유지維持하고 우족녕의자세右足擰衣姿勢로 오른무릎右膝을 신전伸展하여 뒤로 선장지보법先將指步法으로 한 걸음 디딤새 한다.
② 동시同時에 두 검劍은 겨드랑이는 90도度, 완녕의자세腕擰衣姿勢의 팔꿈치는 180도度 전방前方으로 뻗으면서 두 검劍을 왼쪽에서 오른쪽으로 1회전回轉시킨다.
③ 다음은 두 겨드랑이를 붙이고, 완녕의자세腕擰衣姿勢의 팔꿈치를 90도度 굴곡屈曲시키며 두 검劍을 전완내외측前腕內外側에 위치位置시키고 요동搖動치지 않도록 조정調整한다.

4

① 오른발에 좌우축左右軸과 전후축前後軸을 두고 상하축上下軸을 되도록 높게 유지維持하고 좌족녕의자세左足擰衣姿勢로 왼무릎左膝을 신전伸展하여 뒤로 선장지보법先將指步法으로 한 걸음 디딤새 한다.
② 동시同時에 두 검劍은 겨드랑이는 90도度, 완녕의자세腕擰衣姿勢의 팔꿈치는 180도度 전방前方으로 뻗으면서 두 검劍을 오른쪽에서 왼쪽으로 1회전回轉시킨다.
③ 다음은 두 겨드랑이를 붙이고, 완녕의자세腕擰衣姿勢의 팔꿈치를 90도度 굴곡屈曲시키며 두 검劍을 전완내외측前腕內外側에 위치位置시키고 요동搖動치지 않도록 조정調整한다.

三. 경기검무 京畿劍舞 전승내용 傳承內容

085 장단 　앞 왼 사선 고살 사위

🎵 장단 : 잦은 허튼타령

박자	1	2	3	4
정간보	⊖	ǀ	⊖	ǀ	─
구음	덩	따	덩	따	─

1

① 시선視線은 중간정면사선中間正面斜線을 보면서 두 검劍이 요동搖動치지 않도록 두 손등과 전완외측前腕外側에 올려놓는다.

② 호흡呼吸은 응지세호흡법凝止細呼吸法을 준수한다. 왼발에 좌우축左右軸과 전후축前後軸을 두고 상하축上下軸을 되도록 높게 유지維持하고 우족녕의자세右足擰衣姿勢로 오른무릎右膝을 굴신屈伸하면서 앞으로 선종보법先踵步法으로 한 걸음 디딤새 한다.

317

③ 동시同時에 두 검劒은 겨드랑이는 90도度, 완녕의자세腕擰衣姿勢의 팔꿈치는 180도度 전방前方으로 뻗으면서 두 검劒을 왼쪽에서 오른쪽으로 1회전回轉시킨다.

2

① 오른발에 좌우축左右軸과 전후축前後軸을 두고 상하축上下軸을 되도록 높게 유지維持하고 좌족녕의자세左足擰衣姿勢로 왼무릎左膝을 신전伸展하여 앞으로 선종보법先踵步法으로 한 걸음 디딤새 한다.

② 동시同時에 두 겨드랑이를 붙이고, 완녕의자세腕擰衣姿勢의 팔꿈치를 90도度 굴곡屈曲시키며 두 검劒을 전완내외측前腕內外側에[267] 위치位置시키고 요동搖動치지 않도록 조정調整한다.

3

① 오른발에 좌우축左右軸과 전후축前後軸을 두고 상하축上下軸을 되도록 높게 유지維持하고 우족녕의자세右足擰衣姿勢로 왼무릎左膝을 신전伸展하여 앞으로 선종보법先踵步法으로 한 걸음 디딤새 한다.

② 동시同時에 두 검劒은 겨드랑이는 90도度 완녕의자세腕擰衣姿勢의 팔꿈치는 180도度 전방前方으로 뻗으면서 두 검劒을 오른쪽에서 왼쪽으로 1회전回轉시킨다.

4

① 오른발에 좌우축左右軸과 전후축前後軸을 두고 상하축上下軸을 되도록 높게 유지維持하고 좌족녕의자세左足擰衣姿勢로 왼무릎左膝을 신전伸展하여 앞으로 선종보법先踵步法으로 한 걸음 디딤새 한다.

② 동시同時에 두 겨드랑이를 붙이고, 완녕의자세腕擰衣姿勢의 팔꿈치를 90도度 굴곡屈曲시키며 두 검劒을 전완내외측前腕內外側에 위치位置시키고 요동搖動치지 않도록 조정調整한다.

---

[267] 오른쪽 검劒은 전완내측前腕內側에 위치位置시키고, 왼쪽 검劒은 전완외측前腕外側에 위치位置시킨다.

三. 경기검무京畿劍舞 전승내용傳承內容

086 장단   앞 왼 사선 고살 사위

🎵 장단 : 잦은 허튼타령

박자	1	2	3	4
정간보	⊖	ǀ	⊖	ǀ	─
구음	덩	따	덩	따	─

1

① 시선視線은 중간정면사선中間正面斜線을 보면서 두 검劍이 요동搖動치지 않도록 두 손등과 전완외측前腕外側에 올려놓는다.

② 호흡呼吸은 응지세호흡법凝止細呼吸法을 준수한다. 왼발에 좌우축左右軸과 전후축前後軸을 두고 상하축上下軸을 되도록 높게 유지維持하고 우족녕의자세右足擰衣姿勢로 오른무릎右膝을 굴신屈伸하면서 앞으로 선종보법先踵步法으로 한 걸음 디딤새 한다.

경기검무 京畿劍舞

③ 동시同時에 두 검劍은 겨드랑이는 90도度, 완녕의자세腕擰衣姿勢의 팔꿈치는 180도度 전방前方으로 뻗으면서 두 검劍을 왼쪽에서 오른쪽으로 1회전回轉시킨다.

④ 다음은 두 겨드랑이를 붙이고, 완녕의자세腕擰衣姿勢의 팔꿈치를 90도度 굴곡屈曲시키며 두 검劍을 전완내외측前腕內外側에 위치位置시키고 요동搖動치지 않도록 조정調整한다.

2

① 오른발에 좌우축左右軸과 전후축前後軸을 두고 상하축上下軸을 되도록 높게 유지維持하고 좌족녕의자세左足擰衣姿勢로 왼무릎左膝을 신전伸展하여 앞으로 선종보법先踵步法으로 한 걸음 디딤새 한다.

② 동시同時에 두 검劍은 겨드랑이는 90도度, 완녕의자세腕擰衣姿勢의 팔꿈치는 180도度 전방前方으로 뻗으면서 두 검劍을 오른쪽에서 왼쪽으로 1회전回轉시킨다.

③ 다음은 두 겨드랑이를 붙이고, 완녕의자세腕擰衣姿勢의 팔꿈치를 90도度 굴곡屈曲시키며 두 검劍을 전완내외측前腕內外側에 위치位置시키고 요동搖動치지 않도록 조정調整한다.

3

① 왼발에 좌우축左右軸과 전후축前後軸을 두고 상하축上下軸을 되도록 높게 유지維持하고 우족녕의자세右足擰衣姿勢로 오른무릎右膝을 신전伸展하여 앞으로 선종보법先踵步法으로 한 걸음 디딤새 한다.

② 동시同時에 두 검劍은 겨드랑이는 90도度, 완녕의자세腕擰衣姿勢의 팔꿈치는 180도度 전방前方으로 뻗으면서 두 검劍을 왼쪽에서 오른쪽으로 1회전回轉시킨다.

③ 다음은 두 겨드랑이를 붙이고, 완녕의자세腕擰衣姿勢의 팔꿈치를 90도度 굴곡屈曲시키며 두 검劍을 전완내외측前腕內外側에 위치位置시키고 요동搖動치지 않도록 조정調整한다.

4

① 오른발에 좌우축左右軸과 전후축前後軸을 두고 상하축上下軸을 되도록 높게 유지維持하고 좌족녕의자세左足擰衣姿勢로 왼무릎左膝을 신전伸展하여 앞으로 선종보법先踵步法으로 한 걸음 디딤새 한다.

② 동시同時에 두 검劍은 겨드랑이는 90도度, 완녕의자세腕擰衣姿勢의 팔꿈치는 180도度 전방前方으로 뻗으면서 두 검劍을 오른쪽에서 왼쪽으로 1회전回轉시킨다.

③ 다음은 두 겨드랑이를 붙이고, 완녕의자세腕擰衣姿勢의 팔꿈치를 90도度 굴곡屈曲시키며 두 검劍을 전완내외측前腕內外側에 위치位置시키고 요동搖動치지 않도록 조정調整한다.

三. 경기검무京畿劍舞 전승내용傳承內容

087 장단 앞 왼 사선 고살 사위

🥁 장단 : 잦은 허튼타령

박자	1	2	3	4
정간보	⊖	ǀ	⊖	ǀ	─
구음	덩	따	덩	따	─

1

① 시선視線은 중간정면사선中間正面斜線을 보면서 두 검劍이 요동搖動치지 않도록 두 손등과 전완외측前腕外側에 올려놓는다.

② 호흡呼吸은 응지세호흡법凝止細呼吸法을 준수한다. 왼발에 좌우축左右軸과 전후축前後軸을 두고 상하축上下軸을 되도록 높게 유지維持하고 우족녕의자세右足擰衣姿勢로 오른무릎右膝을 굴신屈伸하면서 앞으로 선종보법先踵步法으로 한 걸음 디딤새 한다.

③ 동시同時에 두 검劍은 겨드랑이는 90도度, 완녕의자세腕擰衣姿勢의 팔꿈치는 180도度 전방前方으로 뻗으면서 두 검劍을 왼쪽에서 오른쪽으로 1회전回轉시킨다.

2

① 오른발에 좌우축左右軸과 전후축前後軸을 두고 상하축上下軸을 되도록 높게 유지維持하고 좌족녕의자세左足擰衣姿勢로 왼무릎左膝을 신전伸展하여 앞으로 선종보법先踵步法으로 한 걸음 디딤새 한다.

② 동시同時에 두 겨드랑이를 붙이고, 완녕의자세腕擰衣姿勢의 팔꿈치를 90도度 굴곡屈曲시키며 두 검劍을 전완내외측前腕內外側에 위치位置시키고 요동搖動치지 않도록 조정調整한다.

3

① 오른발에 좌우축左右軸과 전후축前後軸을 두고 상하축上下軸을 되도록 높게 유지維持하고 우족녕의자세右足擰衣姿勢로 왼무릎左膝을 신전伸展하여 앞으로 선종보법先踵步法으로 한 걸음 디딤새 한다.

② 동시同時에 두 검劍은 겨드랑이는 90도度 완녕의자세腕擰衣姿勢의 팔꿈치는 180도度 전방前方으로 뻗으면서 두 검劍을 오른쪽에서 왼쪽으로 1회전回轉시킨다.

4

① 오른발에 좌우축左右軸과 전후축前後軸을 두고 상하축上下軸을 되도록 높게 유지維持하고 좌족녕의자세左足擰衣姿勢로 왼무릎左膝을 신전伸展하여 앞으로 선종보법先踵步法으로 한 걸음 디딤새 한다.

② 동시同時에 두 겨드랑이를 붙이고, 완녕의자세腕擰衣姿勢의 팔꿈치를 90도度 굴곡屈曲시키며 두 검劍을 전완내외측前腕內外側에 위치位置시키고 요동搖動치지 않도록 조정調整한다.

三. 경기검무 京畿劍舞 전승내용 傳承內容

088 장단　　앞 왼 사선 고살 사위

🎵 장단 : 잦은 허튼타령

공연

연습

박자	1	2	3	4
정간보	⊖	ǀ	⊖	ǀ	―
구음	덩	따	덩	따	―

1

① 시선視線은 중간정면사선中間正面斜線을 보면서 두 검劍이 요동搖動치지 않도록 두 손등과 전완외측前腕外側에 올려놓는다.

② 호흡呼吸은 응지세호흡법凝止細呼吸法을 준수한다. 왼발에 좌우축左右軸과 전후축前後軸을 두고 상하축上下軸을 되도록 높게 유지維持하고 우족녕의자세右足擰衣姿勢로 오른무릎右膝을 굴신屈伸하면서 앞으로 선종보법先踵步法으로 한 걸음 디딤새 한다.

③ 동시同時에 두 검劍은 겨드랑이는 90도度, 완녕의자세腕擰衣姿勢의 팔꿈치는 180도度 전

323

방前方으로 뻗으면서 두 검劍을 왼쪽에서 오른쪽으로 1회전回轉시킨다.
④ 다음은 두 겨드랑이를 붙이고, 완녕의자세腕撑衣姿勢의 팔꿈치를 90도度 굴곡屈曲시키며 두 검劍을 전완내외측前腕內外側에 위치位置시키고 요동搖動치지 않도록 조정調整한다.

2

① 오른발에 좌우축左右軸과 전후축前後軸을 두고 상하축上下軸을 되도록 높게 유지維持하고 좌족녕의자세左足撑衣姿勢로 왼무릎左膝을 신전伸展하여 앞으로 선종보법先踵步法으로 한 걸음 디딤새 한다.
② 동시同時에 두 검劍은 겨드랑이는 90도度, 완녕의자세腕撑衣姿勢의 팔꿈치는 180도度 전방前方으로 뻗으면서 두 검劍을 오른쪽에서 왼쪽으로 1회전回轉시킨다.
③ 다음은 두 겨드랑이를 붙이고, 완녕의자세腕撑衣姿勢의 팔꿈치를 90도度 굴곡屈曲시키며 두 검劍을 전완내외측前腕內外側에 위치位置시키고 요동搖動치지 않도록 조정調整한다.

3

① 왼발에 좌우축左右軸과 전후축前後軸을 두고 상하축上下軸을 되도록 높게 유지維持하고 우족녕의자세右足撑衣姿勢로 오른무릎右膝을 신전伸展하여 앞으로 선종보법先踵步法으로 한 걸음 디딤새 한다.
② 동시同時에 두 검劍은 겨드랑이는 90도度, 완녕의자세腕撑衣姿勢의 팔꿈치는 180도度 전방前方으로 뻗으면서 두 검劍을 왼쪽에서 오른쪽으로 1회전回轉시킨다.
③ 다음은 두 겨드랑이를 붙이고, 완녕의자세腕撑衣姿勢의 팔꿈치를 90도度 굴곡屈曲시키며 두 검劍을 전완내외측前腕內外側에 위치位置시키고 요동搖動치지 않도록 조정調整한다.

4

① 오른발에 좌우축左右軸과 전후축前後軸을 두고 상하축上下軸을 되도록 높게 유지維持하고 좌족녕의자세左足撑衣姿勢로 왼무릎左膝을 신전伸展하여 앞으로 선종보법先踵步法으로 한 걸음 디딤새 한다.
② 동시同時에 두 검劍은 겨드랑이는 90도度, 완녕의자세腕撑衣姿勢의 팔꿈치는 180도度 전방前方으로 뻗으면서 두 검劍을 오른쪽에서 왼쪽으로 1회전回轉시킨다.
③ 다음은 두 겨드랑이를 붙이고, 완녕의자세腕撑衣姿勢의 팔꿈치를 90도度 굴곡屈曲시키며 두 검劍을 전완내외측前腕內外側에 위치位置시키고 요동搖動치지 않도록 조정調整한다.

三. 경기검무京畿劍舞 전승내용傳承內容

| 089 장단 | 중/위 외늘름 사위 |

🎵 장단: 잦은 허튼타령

박자	1	2	3	4
정간보	⊖			⊖			—
구음	덩	따	덩	따	—

| 1 |

① 시선視線은 중간정면사선中間正面斜線을 보면서 두 검劍이 요동搖動치지 않도록 두 손등과 전완외측前腕外側에 올려놓는다.

② 호흡呼吸은 응지세호흡법凝止細呼吸法을 준수한다. 시선視線을 왼사선左斜線으로 하고, 왼발에 좌우축左右軸과 전후축前後軸을 두고 상하축上下軸을 되도록 높게 유지維持하고 우족녕의자세右足擰衣姿勢로 오른무릎右膝을 굴신屈伸하면서 좌축左軸으로 내측회전內側會轉하면서 원호圓弧를 그리며 앞으로 선종보법先踵步法으로 한 걸음 디딤새 한다.

③ 동시同時에 오른쪽 검劍은 겨드랑이 175도度 외전外轉시키고 완녕의자세腕擰衣姿勢의 팔꿈치를 180도度로 검劍을 1회 외측원회전外側圓回轉시킨다.[268] 왼쪽 검劍은 겨드랑이를 붙이고 완녕의자세腕擰衣姿勢의 팔꿈치를 90도度 굴곡屈曲시키며 검劍을 손등과 전완외측前腕外側에 위치位置시키고 요동搖動치지 않도록 조정調整한다.

2

① 오른발에 좌우축左右軸과 전후축前後軸을 두고 상하축上下軸을 되도록 높게 유지維持하고 좌족녕의자세左足擰衣姿勢로 왼무릎左膝을 굴신屈伸하면서 좌축左軸으로 내측회전內側會轉하면서 원호圓弧를 그리며 앞으로 선종보법先踵步法으로 한 걸음 디딤새 한다.

② 동시同時에 오른쪽 검劍은 겨드랑이를 붙이고 완녕의자세腕擰衣姿勢의 팔꿈치를 90도度 굴곡屈曲시키며 회수回收시킨다. 왼쪽 검劍은 겨드랑이를 붙이고 팔꿈치를 90도度 굴곡屈曲시키며 검劍을 손등과 전완외측前腕外側에 위치位置시키고 요동搖動치지 않도록 조정調整한다.

3

① 왼발에 좌우축左右軸과 전후축前後軸을 두고 상하축上下軸을 되도록 높게 유지維持하고 우족녕의자세右足擰衣姿勢로 오른무릎右膝을 굴신屈伸하면서 좌축左軸으로 내측회전內側會轉하면서 원호圓弧를 그리며 앞으로 선종보법先踵步法으로 한 걸음 디딤새 한다.

② 동시同時에 오른쪽 검劍은 겨드랑이 175도度 외전外轉시키고 완녕의자세腕擰衣姿勢의 팔꿈치를 180도度로 머리 위로 펴면서 검劍을 1회 외측원회전外側圓回轉시킨다. 왼쪽 검劍은 겨드랑이를 붙이고 완녕의자세腕擰衣姿勢의 팔꿈치를 90도度 굴곡屈曲시키며 검劍을 손등과 전완외측前腕外側에 위치位置시키고 요동搖動치지 않도록 조정調整한다.

4

① 오른발에 좌우축左右軸과 전후축前後軸을 두고 상하축上下軸을 되도록 높게 유지維持하고 좌족녕의자세左足擰衣姿勢로 왼무릎左膝을 굴신屈伸하면서 좌축左軸으로 내측회전內側會轉하면서 원호圓弧를 그리며 앞으로 선종보법先踵步法으로 한 걸음 디딤새 한다.

---

[268] 안에서 밖으로 돌리는 경우境遇이다.

三. 경기검무京畿劍舞 전승내용傳承內容

② 동시同時에 오른쪽 검劍은 겨드랑이를 붙이고 완녕의자세腕擰衣姿勢의 팔꿈치를 90도度 굴곡屈曲시키며 회수回收시킨다. 왼쪽 검劍은 겨드랑이를 붙이고 완녕의자세腕擰衣姿勢의 팔꿈치를 90도度 굴곡屈曲시키며 검劍을 손등과 전완외측前腕外側에 위치位置시키고 요동搖動치지 않도록 조정調整한다.

| 090 장단 | 중/위 외늘름 사위 |

장단: 잦은 허튼타령

공연

연습

박자	1	2	3	4
정간보	⊖	ㅣ	⊖	ㅣ	―
구음	덩	따	덩	따	―

1

① 시선視線은 중간정면사선中間正面斜線을 보면서 두 검劍이 요동搖動치지 않도록 두 손등과 전완외측前腕外側에 올려놓는다.

② 호흡呼吸은 응지세호흡법凝止細呼吸法을 준수한다. 시선視線을 왼사선左斜線으로 하고, 왼발에 좌우축左右軸과 전후축前後軸을 두고 상하축上下軸을 되도록 높게 유지維持하고 우족녕의자세右足擰衣姿勢로 오른무릎右膝을 굴신屈伸하면서 좌축左軸으로 내측회전內側會轉하면서 원호圓弧를 그리며 앞으로 선종보법先踵步法으로 한 걸음 디딤새 한다.

三. 경기검무京畿劍舞 전승내용傳承內容

③ 동시同時에 오른쪽 검劍은 겨드랑이 175도度 외전外轉시키고 완녕의자세腕擰衣姿勢의 팔꿈치를 180도度로 머리 위로 펴면서 검劍을 1회 외측원회전外側圓回轉시킨다. 왼쪽 검劍은 겨드랑이를 붙이고 완녕의자세腕擰衣姿勢의 팔꿈치를 90도度 굴곡屈曲시키며 검劍을 손등과 전완외측前腕外側에 위치位置시키고 요동搖動치지 않도록 조정調整한다.

2

① 오른발에 좌우축左右軸과 전후축前後軸을 두고 상하축上下軸을 되도록 높게 유지維持하고 좌족녕의자세左足擰衣姿勢로 왼무릎左膝을 굴신屈伸하면서 좌축左軸으로 내측회전內側會轉하면서 원호圓弧를 그리며 앞으로 선종보법先踵步法으로 한 걸음 디딤새 한다.
② 동시同時에 오른쪽 검劍은 겨드랑이를 붙이고 완녕의자세腕擰衣姿勢의 팔꿈치를 90도度 굴곡屈曲시키며 회수回收시킨다. 왼쪽 검劍은 겨드랑이를 붙이고 완녕의자세腕擰衣姿勢의 팔꿈치를 90도度 굴곡屈曲시키며 검劍을 손등과 전완외측前腕外側에 위치位置시키고 요동搖動치지 않도록 조정調整한다.

3

① 왼발에 좌우축左右軸과 전후축前後軸을 두고 상하축上下軸을 되도록 높게 유지維持하고 우족녕의자세右足擰衣姿勢로 오른무릎右膝을 굴신屈伸하면서 좌축左軸으로 내측회전內側會轉하면서 원호圓弧를 그리며 앞으로 선종보법先踵步法으로 한 걸음 디딤새 한다.
② 동시同時에 오른쪽 검劍은 겨드랑이 175도度 외전外轉시키고 완녕의자세腕擰衣姿勢의 팔꿈치를 180도度로 머리 위로 펴면서 검劍을 1회 외측원회전外側圓回轉시킨다. 왼쪽 검劍은 겨드랑이를 붙이고 완녕의자세腕擰衣姿勢의 팔꿈치를 90도度 굴곡屈曲시키며 검劍을 손등과 전완외측前腕外側에 위치位置시키고 요동搖動치지 않도록 조정調整한다.

4

① 오른발에 좌우축左右軸과 전후축前後軸을 두고 상하축上下軸을 되도록 높게 유지維持하고 좌족녕의자세左足擰衣姿勢로 왼무릎左膝을 굴신屈伸하면서 좌축左軸으로 내측회전內側會轉하면서 원호圓弧를 그리며 앞으로 선종보법先踵步法으로 한 걸음 디딤새 한다.
② 동시同時에 오른쪽 검劍은 겨드랑이를 붙이고 완녕의자세腕擰衣姿勢의 팔꿈치를 90도度 굴곡屈曲시키며 회수回收시킨다. 왼쪽 검劍은 겨드랑이를 붙이고 완녕의자세腕擰衣姿勢의 팔꿈치를 90도度 굴곡屈曲시키며 검劍을 손등과 전완외측前腕外側에 위치位置시키고 요동搖動치지 않도록 조정調整한다.

091 장단 중/위 외늘름 사위

🎵 **장단: 잦은 허튼타령**

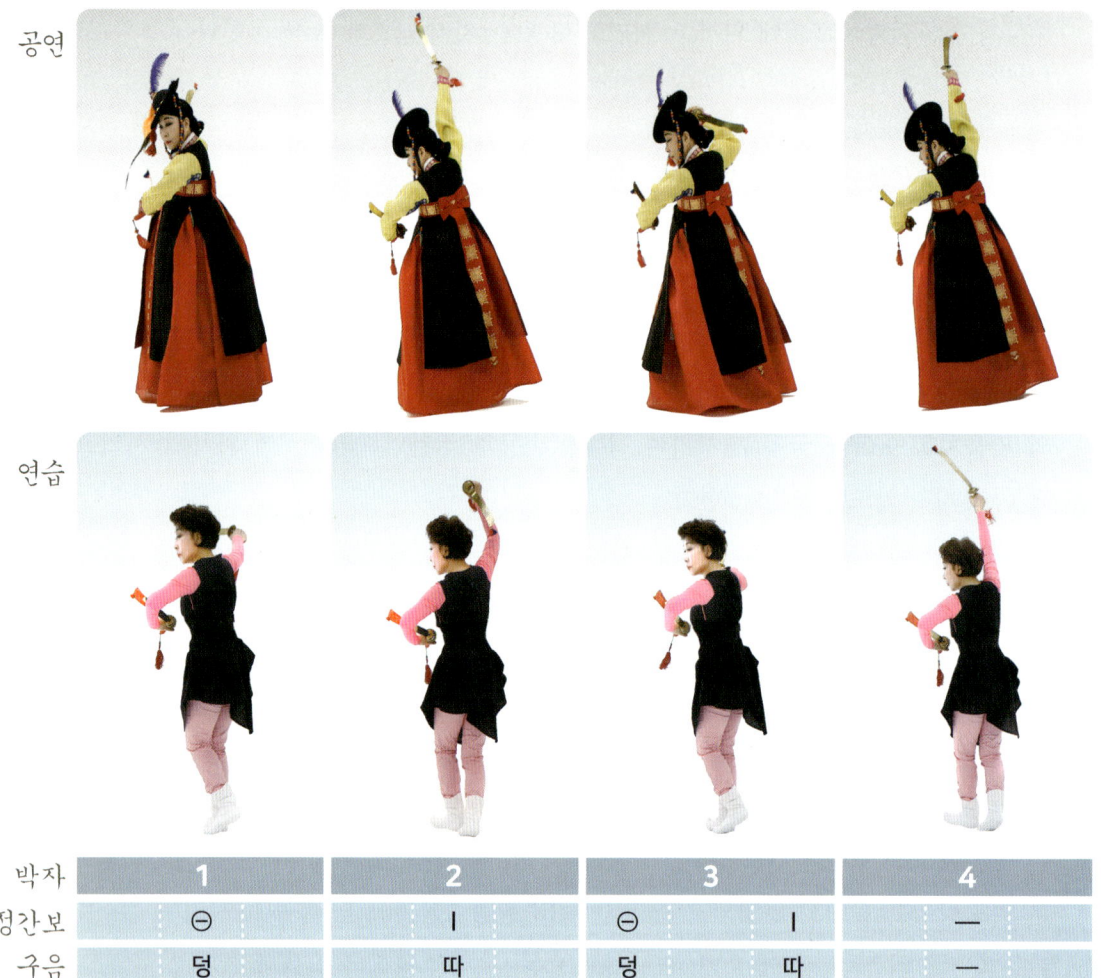

박자	1	2	3	4
정간보	⊖	l	⊖	l	—
구음	덩	따	덩	따	—

1

① 시선視線은 중간정면사선中間正面斜線을 보면서 두 검劍이 요동搖動치지 않도록 두 손등과 전완외측前腕外側에 올려놓는다.

② 호흡呼吸은 응지세호흡법凝止細呼吸法을 준수한다. 시선視線을 왼사선左斜線으로 하고, 왼발에 좌우축左右軸과 전후축前後軸을 두고 상하축上下軸을 되도록 높게 유지維持하고 우족녕의자세右足擰衣姿勢로 오른무릎右膝을 굴신屈伸하면서 좌축左軸으로 내측회전內側會轉

三. 경기검무京畿劍舞 전승내용傳承內容

하면서 원호圓弧를 그리며 앞으로 선종보법先踵步法으로 한 걸음 디딤새 한다.
③ 동시同時에 오른쪽 검劍은 겨드랑이 175도度 외전外轉시키고 완녕의자세腕擰衣姿勢의 팔꿈치를 180도度로 머리 위로 펴면서 검劍을 1회 외측원회전外側圓回轉시켰다가 겨드랑이를 붙이고, 팔꿈치를 90도度 굴곡屈曲시키며 검劍을 손등과 전완외측前腕外側에 위치位置시킨다. 왼쪽 검劍은 겨드랑이를 붙이고 완녕의자세腕擰衣姿勢의 팔꿈치를 90도度 굴곡屈曲시키며 검劍을 손등과 전완외측前腕外側에 위치位置시키고 요동搖動치지 않도록 조정調整한다.

2

① 오른발에 좌우축左右軸과 전후축前後軸을 두고 상하축上下軸을 되도록 높게 유지維持하고 좌족녕의자세左足擰衣姿勢로 왼무릎左膝을 굴신屈伸하면서 좌축左軸으로 내측회전內側會轉하면서 원호圓弧를 그리며 앞으로 선종보법先踵步法으로 한 걸음 디딤새 한다.
② 동시同時에 오른쪽 검劍은 겨드랑이 175도度 외전外轉시키고 완녕의자세腕擰衣姿勢의 팔꿈치를 180도度로 머리 위로 펴면서 검劍을 1회 외측원회전外側圓回轉시켰다가 겨드랑이를 붙이고, 팔꿈치를 90도度 굴곡屈曲시키며 검劍을 손등과 전완외측前腕外側에 위치位置시킨다. 왼쪽 검劍은 겨드랑이를 붙이고 완녕의자세腕擰衣姿勢의 팔꿈치를 90도度 펴서 검劍을 손등과 전완외측前腕外側에 위치位置시키고 요동搖動치지 않도록 조정調整한다.

3

① 왼발에 좌우축左右軸과 전후축前後軸을 두고 상하축上下軸을 되도록 높게 유지維持하고 우족녕의자세右足擰衣姿勢로 오른무릎右膝을 굴신屈伸하면서 좌축左軸으로 내측회전內側會轉하면서 원호圓弧를 그리며 앞으로 선종보법先踵步法으로 한 걸음 디딤새 한다.
② 동시同時에 오른쪽 검劍은 겨드랑이 175도度 외전外轉시키고 완녕의자세腕擰衣姿勢의 팔꿈치를 180도度로 머리 위로 펴면서 검劍을 1회 외측원회전外側圓回轉시켰다가 겨드랑이를 붙이고, 팔꿈치를 90도度 굴곡屈曲시키며 검劍을 손등과 전완외측前腕外側에 위치位置시킨다. 왼쪽 검劍은 겨드랑이를 붙이고 완녕의자세腕擰衣姿勢의 팔꿈치를 90도度 굴곡屈曲시키며 검劍을 손등과 전완외측前腕外側에 위치位置시키고 요동搖動치지 않도록 조정調整한다.

4

① 오른발에 좌우축左右軸과 전후축前後軸을 두고 상하축上下軸을 되도록 높게 유지維持하고 좌족녕의자세左足擰衣姿勢로 왼무릎左膝을 굴신屈伸하면서 좌축左軸으로 내측회전內側會轉하면서 원호圓弧를 그리며 앞으로 선종보법先踵步法으로 한 걸음 디딤새 한다.

② 동시同時에 오른쪽 검劍은 겨드랑이 175도度 외전外轉시키고 완녕의자세腕擰衣姿勢의 팔꿈치를 180도度로 머리 위로 펴면서 검劍을 1회 외측원회전外側圓回轉시켰다가 겨드랑이를 붙이고, 팔꿈치를 90도度 펴서 검劍을 손등과 전완외측前腕外側에 위치位置시킨다. 왼쪽 검劍은 겨드랑이를 붙이고 완녕의자세腕擰衣姿勢의 팔꿈치를 90도度 굴곡屈曲시키며 검劍을 손등과 전완외측前腕外側에 위치位置시키고 요동搖動치지 않도록 조정調整한다.

三. 경기검무京畿劍舞 전승내용傳承內容

092 장단 중/위 외늘름 사위

장단: 잦은 허튼타령

박자	1	2	3	4
정간보	⊖	│	⊖	│	─
구음	덩	따	덩	따	─

1

① 시선視線은 중간정면사선中間正面斜線을 보면서 두 검劍이 요동搖動치지 않도록 두 손등과 전완외측前腕外側에 올려놓는다.

② 호흡呼吸은 응지세호흡법凝止細呼吸法을 준수한다. 시선視線을 왼사선左斜線으로 하고, 왼발에 좌우축左右軸과 전후축前後軸을 두고 상하축上下軸을 되도록 높게 유지維持하고 우족녕의자세右足擰衣姿勢로 오른무릎右膝을 굴신屈伸하면서 좌축左軸으로 내측회전內側會轉하면서 원호圓弧를 그리며 앞으로 선종보법先踵步法으로 한 걸음 디딤새 한다.

333

③ 동시同時에 오른쪽 검劍은 겨드랑이 175도度 외전外轉시키고 완녕의자세腕擰衣姿勢의 팔꿈치를 180도度로 머리 위로 펴면서 검劍을 1회 외측원회전外側圓回轉시켰다가 겨드랑이를 붙이고, 팔꿈치를 90도度 굴곡屈曲시키며 검劍을 손등과 전완외측前腕外側에 위치位置시킨다. 왼쪽 검劍은 겨드랑이를 붙이고 완녕의자세腕擰衣姿勢의 팔꿈치를 90도度 굴곡屈曲시키며 검劍을 손등과 전완외측前腕外側에 위치位置시키고, 요동搖動치지 않도록 조정調整한다.

2

① 오른발에 좌우축左右軸과 전후축前後軸을 두고 상하축上下軸을 되도록 높게 유지維持하고 좌족녕의자세左足擰衣姿勢로 왼무릎左膝을 굴신屈伸하면서 좌축左軸으로 내측회전內側會轉하면서 원호圓弧를 그리며 앞으로 선종보법先踵步法으로 한 걸음 디딤새 한다.

② 동시同時에 오른쪽 검劍은 겨드랑이 175도度 외전外轉시키고 완녕의자세腕擰衣姿勢의 팔꿈치를 180도度로 머리 위로 펴면서 검劍을 1회 외측원회전外側圓回轉시켰다가 겨드랑이를 붙이고, 팔꿈치를 90도度 굴곡屈曲시키며 검劍을 손등과 전완외측前腕外側에 위치位置시킨다. 왼쪽 검劍은 겨드랑이를 붙이고 완녕의자세腕擰衣姿勢의 팔꿈치를 90도度 굴곡屈曲시키며 검劍을 손등과 전완외측前腕外側에 위치位置시키고 요동搖動치지 않도록 조정調整한다.

3

① 왼발에 좌우축左右軸과 전후축前後軸을 두고 상하축上下軸을 되도록 높게 유지維持하고 우족녕의자세右足擰衣姿勢로 오른무릎右膝을 굴신屈伸하면서 좌축左軸으로 내측회전內側會轉하면서 원호圓弧를 그리며 앞으로 선종보법先踵步法으로 한 걸음 디딤새 한다.

② 동시同時에 오른쪽 검劍은 겨드랑이 175도度 외전外轉시키고 완녕의자세腕擰衣姿勢의 팔꿈치를 180도度로 머리 위로 펴면서 검劍을 1회 외측원회전外側圓回轉시켰다가 겨드랑이를 붙이고, 팔꿈치를 90도度 굴곡屈曲시키며 검劍을 손등과 전완외측前腕外側에 위치位置시킨다. 왼쪽 검劍은 겨드랑이를 붙이고 완녕의자세腕擰衣姿勢의 팔꿈치를 90도度 굴곡屈曲시키며 검劍을 손등과 전완외측前腕外側에 위치位置시키고 요동搖動치지 않도록 조정調整한다.

4

① 오른발에 좌우축左右軸과 전후축前後軸을 두고 상하축上下軸을 되도록 높게 유지維持하고 좌족녕의자세左足擰衣姿勢로 왼무릎左膝을 굴신屈伸하면서 좌축左軸으로 내측회전內側會轉하면서 원호圓弧를 그리며 앞으로 선종보법先踵步法으로 한 걸음 디딤새 한다.

② 동시同時에 오른쪽 검劍은 겨드랑이 175도度 외전外轉시키고 완녕의자세腕擰衣姿勢의 팔꿈치를 180도度로 머리 위로 펴면서 검劍을 1회 외측원회전外側圓回轉시켰다가 겨드랑이를 붙이고, 팔꿈치를 90도度 굴곡屈曲시키며 검劍을 손등과 전완외측前腕外側에 위치位置시킨다. 왼쪽 검劍은 겨드랑이를 붙이고 완녕의자세腕擰衣姿勢의 팔꿈치를 90도度 굴곡屈曲시키며 검劍손등과 전완외측前腕外側에 위치位置시키고 요동搖動치지 않도록 조정調整한다.

093 장단   외도리깨 사위

🎵 장단 : 잦은 허튼타령

박자	1	2	3	4
정간보	⊖	ǀ	⊖	ǀ	—
구음	덩	따	덩	따	—

1

① 시선視線은 중간정면사선中間正面斜線을 보면서 두 검劍이 요동搖動치지 않도록 두 손등과 전완외측前腕外側에 올려놓는다.

② 호흡呼吸은 응지세호흡법凝止細呼吸法을 준수한다. 시선視線을 왼사선左斜線으로 하고, 왼발에 좌우축左右軸과 전후축前後軸을 두며 상하축上下軸을 되도록 높게 유지維持한다. 우족녕의자세右足擰衣姿勢로 오른무릎右膝은 신전伸展하며 좌축左軸 내측원회전內側圓回轉으

三. 경기검무京畿劍舞 전승내용傳承內容

로 1/2회전回轉하면서 오른발을 든다.
③ 동시同時에 오른쪽 검劍은 겨드랑이 175도度 외전外轉시키고 완녕의자세腕撐衣姿勢의 팔꿈치를 180도度 내측內側 1회전回轉시킨다.[269] 왼쪽 검劍은 겨드랑이를 붙이고 완녕의자세腕撐衣姿勢의 팔꿈치를 90도度 굴곡屈曲시키며 검劍을 손등과 전완외측前腕外側에 위치位置시키고 요동搖動치지 않도록 조정調整한다.

2

① 왼발에 좌우축左右軸과 전후축前後軸을 두고 상하축上下軸을 되도록 높게 유지維持한다. 족녕의자세足撐衣姿勢로 두 무릎을 동시同時에 굴곡屈曲하면서 좌축左軸 내측원회전內側圓回轉으로 원호圓弧를 그리며 앉는데 선종보법先踵步法으로 디딘다.
② 동시同時에 오른쪽 검劍은 겨드랑이 붙이고 완녕의자세腕撐衣姿勢의 팔꿈치를 90도度 굴곡屈曲시키며 손등과 전완외측前腕外側에 위치位置시킨다. 왼쪽 검劍은 겨드랑이를 붙이고 완녕의자세腕撐衣姿勢의 팔꿈치를 90도度 굴곡屈曲시키며 손등과 전완외측前腕外側에 위치位置시키고 요동搖動치지 않도록 조정調整한다.

3

① 오른발에 좌우축左右軸과 전후축前後軸을 두고 상하축上下軸을 되도록 높게 유지維持한다. 좌족녕의자세左足撐衣姿勢로 왼무릎左膝을 신전伸展하면서 좌축左軸 외측원회전外側圓回轉으로 원호圓弧를 그리듯이 1회전回轉하면서 왼발을 든다.
② 동시同時에 왼쪽 검劍은 겨드랑이 175도度 외전外轉시키고 완녕의자세腕撐衣姿勢의 팔꿈치를 180도度로 머리 위로 펴면서 외측外側 1회전回轉시킨다. 오른쪽 검劍은 겨드랑이를 붙이고 완녕의자세腕撐衣姿勢의 팔꿈치를 90도度 굴곡屈曲시키며 검劍을 손등과 전완외측前腕外側에 위치位置시키고 요동搖動치지 않도록 조정調整한다.

4

① 오른발에 좌우축左右軸과 전후축前後軸을 두고 상하축上下軸을 되도록 높게 유지維持한다. 족녕의자세足撐衣姿勢로 두 무릎을 굴신屈伸하면서 좌축左軸 외측원회전外側圓回轉으로 원호圓弧를 그리듯이 앞으로 선종보법先踵步法으로 디딘다.

---

269) 무용수舞踊手 몸의 중심中心에서 외측外側으로 돌리는 경우境遇이다.

② 동시同時에 왼쪽 검劍은 겨드랑이를 붙이고 완녕의자세腕擰衣姿勢의 팔꿈치를 90도度 굴곡屈曲시키며 검劍을 손등과 전완외측前腕外側에 위치位置시킨다. 오른쪽 검劍은 겨드랑이를 붙이고 완녕의자세腕擰衣姿勢의 팔꿈치를 90도度 굴곡屈曲시키며 손등과 전완외측前腕外側에 위치位置시키고 요동搖動치지 않도록 조정調整한다.

094 장단 　외도리깨 사위

🎵 장단 : 잦은 허튼타령

박자	1	2	3	4
정간보	⊖	ǀ	⊖	ǀ	―
구음	덩	따	덩	따	―

1

① 시선視線은 중간정면사선中間正面斜線을 보면서 두 검劍이 요동搖動치지 않도록 두 손등과 전완외측前腕外側에 올려놓는다.

② 호흡呼吸은 응지세호흡법凝止細呼吸法을 준수한다. 시선視線을 왼사선左斜線으로 하고, 왼발에 좌우축左右軸과 전후축前後軸을 두며 상하축上下軸을 되도록 높게 유지維持한다. 우족녕의자세右足獰衣姿勢로 오른무릎右膝은 신전伸展하며 좌축左軸 내측원회전內側圓回轉으

로 1/2회전回轉하면서 오른발을 든다.
③ 동시同時에 오른쪽 검劍은 겨드랑이 175도度 외전外轉시키고 완녕의자세腕擰衣姿勢의 팔꿈치를 180도度 내측內側 1회전回轉시킨다.[270] 왼쪽 검劍은 겨드랑이를 붙이고 완녕의자세腕擰衣姿勢의 팔꿈치를 90도度 굴곡屈曲시키며 검劍을 손등과 전완외측前腕外側에 위치位置시키고 요동搖動치지 않도록 조정調整한다.

2

① 왼발에 좌우축左右軸과 전후축前後軸을 두고 상하축上下軸을 되도록 높게 유지維持한다. 족녕의자세足擰衣姿勢로 두 무릎을 동시同時에 굴곡屈曲하면서 좌축左軸 내측원회전內側圓回轉으로 원호圓弧를 그리며 앉는데 선종보법先踵步法으로 디딘다.
② 동시同時에 오른쪽 검劍은 겨드랑이를 붙이고 완녕의자세腕擰衣姿勢의 팔꿈치를 90도度 굴곡屈曲시키며 손등과 전완외측前腕外側에 위치位置시킨다. 왼쪽 검劍은 겨드랑이를 붙이고 완녕의자세腕擰衣姿勢의 팔꿈치를 90도度 굴곡屈曲시키며 손등과 전완외측前腕外側에 위치位置시키고 요동搖動치지 않도록 조정調整한다.

3

① 오른발에 좌우축左右軸과 전후축前後軸을 두고 상하축上下軸을 되도록 높게 유지維持한다. 좌족녕의자세左足擰衣姿勢로 왼무릎左膝을 신전伸展하면서 좌축左軸 외측원회전外側圓回轉으로 원호圓弧를 그리듯이 1회전回轉하면서 왼발을 든다.
② 동시同時에 왼쪽 검劍은 겨드랑이 175도度 외전外轉시키고 완녕의자세腕擰衣姿勢의 팔꿈치를 180도度로 머리 위로 펴면서 외측外側 1회전回轉시킨다. 오른쪽 검劍은 겨드랑이를 붙이고 완녕의자세腕擰衣姿勢의 팔꿈치를 90도度 굴곡屈曲시키며 검劍을 손등과 전완외측前腕外側에 위치位置시키고 요동搖動치지 않도록 조정調整한다.

4

① 오른발에 좌우축左右軸과 전후축前後軸을 두고 상하축上下軸을 되도록 높게 유지維持한다. 족녕의자세足擰衣姿勢로 두 무릎을 굴신屈伸하면서 좌축左軸 외측원회전外側圓回轉으로 원호圓弧를 그리듯이 앞으로 선종보법先踵步法으로 디딘다.

---

270) 무용수舞踊手 몸의 중심中心에서 외측外側으로 돌리는 경우境遇이다.

② 동시同時에 왼쪽 검劍은 겨드랑이를 붙이고 완녕의자세腕擰衣姿勢의 팔꿈치를 90도度 펴서 검劍을 손등과 전완외측前腕外側에 위치位置시킨다. 오른쪽 검劍은 겨드랑이를 붙이고 완녕의자세腕擰衣姿勢의 팔꿈치를 90도度 굴곡屈曲시키며 손등과 전완외측前腕外側에 위치位置시키고 요동搖動치지 않도록 조정調整한다.

| 095 장단 | 외도리깨 사위 |

🥁 장단 : 잦은 허튼타령

공연

연습

박자	1	2	3	4
정간보	⊖	ǀ	⊖	ǀ	—
구음	덩	따	덩	따	—

1

① 시선視線은 중간정면사선中間正面斜線을 보면서 두 검劍이 요동搖動치지 않도록 두 손등과 전완외측前腕外側에 올려놓는다.

② 호흡呼吸은 응지세호흡법凝止細呼吸法을 준수한다. 시선視線을 왼사선左斜線으로 하고, 왼발에 좌우축左右軸과 전후축前後軸을 두며 상하축上下軸을 되도록 높게 유지維持한다. 우족녕의자세右足擰衣姿勢로 오른무릎右膝은 신전伸展하며 좌축左軸 내측원회전內側圓回轉으

로 1/2회전回轉하면서 오른발을 든다.
③ 동시同時에 오른쪽 검劍은 겨드랑이 175도度 외전外轉시키고 완녕의자세腕擰衣姿勢의 팔꿈치를 180도度로 외측外側 1회전回轉시킨다.[271] 왼쪽 검劍은 겨드랑이를 붙이고 완녕의자세腕擰衣姿勢의 팔꿈치를 90도度 굴곡屈曲시키며 검劍을 손등과 전완외측前腕外側에 위치位置시키고 요동搖動치지 않도록 조정調整한다.

2

① 왼발에 좌우축左右軸과 전후축前後軸을 두고 상하축上下軸을 되도록 높게 유지維持한다. 족녕의자세足擰衣姿勢로 두 무릎을 동시同時에 굴곡屈曲하면서 좌축左軸 내측원회전內側圓回轉으로 원호圓弧를 그리며 앉는데 선종보법先踵步法으로 디딘다.
② 동시同時에 오른쪽 검劍은 겨드랑이를 붙이고 완녕의자세腕擰衣姿勢의 팔꿈치를 90도度 펴서 손등과 전완외측前腕外側에 위치位置시킨다. 왼쪽 검劍은 겨드랑이를 붙이고 완녕의자세腕擰衣姿勢의 팔꿈치를 90도度 굴곡屈曲시키며 손등과 전완외측前腕外側에 위치位置시키고 요동搖動치지 않도록 조정調整한다.

3

① 오른발에 좌우축左右軸과 전후축前後軸을 두고 상하축上下軸을 되도록 높게 유지維持한다. 좌족녕의자세左足擰衣姿勢로 왼무릎左膝을 신전伸展하면서 좌축左軸 외측원회전外側圓回轉으로 원호圓弧를 그리듯이 1회전回轉하면서 왼발을 든다.
② 동시同時에 왼쪽 검劍은 겨드랑이 175도度 외전外轉시키고 완녕의자세腕擰衣姿勢의 팔꿈치를 180도度 머리 위로 펴면서 외측外側 1회전回轉시킨다. 오른쪽 검劍은 겨드랑이를 붙이고 완녕의자세腕擰衣姿勢의 팔꿈치를 90도度 굴곡屈曲시키며 검劍을 손등과 전완외측前腕外側에 위치位置시키고 요동搖動치지 않도록 조정調整한다.

4

① 오른발에 좌우축左右軸과 전후축前後軸을 두고 상하축上下軸을 되도록 높게 유지維持한다. 족녕의자세足擰衣姿勢로 두 무릎을 굴신屈伸하면서 좌축左軸 외측원회전外側圓回轉으로 원호圓弧를 그리듯이 앞으로 선종보법先踵步法으로 디딘다.

---

[271] 무용수舞踊手 몸의 중심中心에서 외측外側으로 돌리는 경우境遇이다.

② 동시同時에 왼쪽 검劍은 겨드랑이를 붙이고 완녕의자세腕擰衣姿勢의 팔꿈치를 90도度 굴곡屈曲시키며 검劍을 손등과 전완외측前腕外側에 위치位置시킨다. 오른쪽 검劍은 겨드랑이를 붙이고 완녕의자세腕擰衣姿勢의 팔꿈치를 90도度 굴곡屈曲시키며 손등과 전완외측前腕外側에 위치位置시키고 요동搖動치지 않도록 조정調整한다.

三. 경기검무_{京畿劍舞} 전승내용_{傳承內容}

| 096 장단 | 외도리깨 사위 |

🎵 장단: 잦은 허튼타령

박자	1	2	3	4
정간보	⊖	ǀ	⊖	ǀ	ー
구음	덩	따	덩	따	ー

| 1 |

① 시선視線은 중간정면사선中間正面斜線을 보면서 두 검劍이 요동搖動치지 않도록 두 손등과 전완외측前腕外側에 올려놓는다.

② 호흡呼吸은 응지세호흡법凝止細呼吸法을 준수한다. 시선視線을 왼사선左斜線으로 하고, 왼발에 좌우축左右軸과 전후축前後軸을 두며 상하축上下軸을 되도록 높게 유지維持한다. 우족녕의자세右足擰衣姿勢로 오른무릎右膝은 신전伸展하며 좌축左軸 내측원회전內側圓回轉으

345

로 1/2회전回轉하면서 오른발을 든다.
③ 동시同時에 오른쪽 검劍은 겨드랑이 175도度 외전外轉시키고 완녕의자세腕擰衣姿勢의 팔꿈치를 180도度로 내측內側 1회전回轉시킨다.[272] 왼쪽 검劍은 겨드랑이 붙이고 완녕의자세腕擰衣姿勢의 팔꿈치를 90도度 굴곡屈曲시키며 검劍을 손등과 전완외측前腕外側에 위치位置시키고 요동搖動치지 않도록 조정調整한다.

2

① 왼발에 좌우축左右軸과 전후축前後軸을 두고 상하축上下軸을 되도록 높게 유지維持한다. 족녕의자세足擰衣姿勢로 두 무릎을 동시同時에 굴곡屈曲하면서 좌축左軸 내측원회전內側圓回轉으로 원호圓弧를 그리며 앉는데 선종보법先踵步法으로 디딘다.
② 동시同時에 오른쪽 검劍은 겨드랑이를 붙이고 완녕의자세腕擰衣姿勢의 팔꿈치를 90도度 굴곡屈曲시키며 손등과 전완외측前腕外側에 위치位置시킨다. 왼쪽 검劍은 겨드랑이를 붙이고 완녕의자세腕擰衣姿勢의 팔꿈치를 90도度 굴곡屈曲시키며 손등과 전완외측前腕外側에 위치位置시키고 요동搖動치지 않도록 조정調整한다.

3

① 오른발에 좌우축左右軸과 전후축前後軸을 두고 상하축上下軸을 되도록 높게 유지維持한다. 좌족녕의자세左足擰衣姿勢로 왼무릎左膝을 신전伸展하면서 좌축左軸 외측원회전外側圓回轉으로 원호圓弧를 그리듯이 1회전回轉하면서 왼발을 든다.
② 동시同時에 왼쪽 검劍은 겨드랑이 175도度 외전外轉시키고 완녕의자세腕擰衣姿勢의 팔꿈치를 180도度로 머리 위로 펴면서 외측外側 1회전回轉시킨다. 오른쪽 검劍은 겨드랑이를 붙이고 완녕의자세腕擰衣姿勢의 팔꿈치를 90도度 굴곡屈曲시키며 검劍을 손등과 전완외측前腕外側에 위치位置시키고 요동搖動치지 않도록 조정調整한다.

4

① 오른발에 좌우축左右軸과 전후축前後軸을 두고 상하축上下軸을 되도록 높게 유지維持한다. 족녕의자세足擰衣姿勢로 두 무릎을 굴신屈伸하면서 좌축左軸 외측원회전外側圓回轉으로 원호圓弧를 그리듯이 앞으로 선종보법先踵步法으로 디딘다.

---

272) 무용수舞踊手 몸의 중심中心에서 외측外側으로 돌리는 경우境遇이다.

② 동시同時에 왼쪽 검劍은 겨드랑이를 붙이고 완녕의자세腕擰衣姿勢의 팔꿈치를 90도度 굴곡屈曲시키며 검劍을 손등과 전완외측前腕外側에 위치位置시킨다. 오른쪽 검劍은 겨드랑이를 붙이고 완녕의자세腕擰衣姿勢의 팔꿈치를 90도度 굴곡屈曲시키며 손등과 전완외측前腕外側에 위치位置시키고 요동搖動치지 않도록 조정調整한다.

097 장단   겹도리깨 사위

장단 : 잦은 허튼타령

박자	1	2	3	4
정간보	⊖	∣	⊖	∣	—
구음	덩	따	덩	따	—

1

① 시선視線은 중간정면사선中間正面斜線을 보면서 두 검劍이 요동搖動치지 않도록 두 손등과 전완외측前腕外側에 올려놓는다.

② 호흡呼吸은 응지세호흡법凝止細呼吸法을 준수한다. 시선視線을 왼사선左斜線으로 하고, 왼발에 좌우축左右軸과 전후축前後軸을 두며 상하축上下軸을 되도록 높게 유지維持한다.

③ 우족녕의자세右足擰衣姿勢로 오른무릎右膝은 신전伸展하며 좌축左軸 내측원회전內側圓回轉

으로 1/2회전回轉하면서 오른발을 든다.
④ 동시同時에 두 검劍은 겨드랑이 175도度 외전外轉시키고 완녕의자세腕擰衣姿勢의 팔꿈치를 180도度로 머리 위로 펴면서 내측內側 1회전回轉시킨다.

2

① 왼발에 좌우축左右軸과 전후축前後軸을 두고 상하축上下軸을 되도록 높게 유지維持한다.
② 족녕의자세足擰衣姿勢로 두 무릎을 동시同時에 굴곡屈曲하면서 좌축左軸 내측원회전內側圓回轉으로 원호圓弧를 그리며 1/2회전回轉하여 쪼그려 앉는데 선종보법先踵步法으로 디딘다.
③ 동시同時에 두 검劍은 겨드랑이 붙이고 완녕의자세腕擰衣姿勢의 팔꿈치를 90도度 굴곡屈曲시키며 검劍을 손등과 전완외측前腕外側에 위치位置시킨다.

3

① 오른발에 좌우축左右軸과 전후축前後軸을 두고 상하축上下軸을 되도록 높게 유지維持한다.
② 족녕의자세足擰衣姿勢로 두 무릎을 신전伸展하면서 좌축左軸 내측원회전內側圓回轉으로 원호圓弧를 그리듯이 1회전回轉하면서 왼발을 선종보법先踵步法으로 디딘다.
③ 동시同時에 두 검劍은 겨드랑이 175도度 외전外轉시키고 완녕의자세腕擰衣姿勢의 팔꿈치를 180도度로 머리 위로 펴면서 외측外側 1회전回轉시키고, 바로 겨드랑이를 90도度로 내전內轉시키며 팔꿈치는 90도度로 굴곡屈曲시키면서 두 검劍을 손등과 전완외측前腕外側에 회수回收시킨다.

4

① 오른발에 좌우축左右軸과 전후축前後軸을 두고 상하축上下軸을 되도록 높게 유지維持한다.
② 족녕의자세足擰衣姿勢로 두 무릎을 굴신屈伸하면서 좌축左軸 내측원회전內側圓回轉으로 원호圓弧를 그리듯이 앞으로 선종보법先踵步法으로 겹걸음二步[273]을 디딤새 한다.

---

273) 무릎굴신膝屈伸을 이용利用하여 왼발-오른발, 왼발-오른발 두 걸음을 1박拍에 실시하는 걸음걸이 형태形態

③ 동시同時에 두 검劍은 겨드랑이 175도度 외전外轉시키고 완녕의자세腕擰衣姿勢의 팔꿈치를 180도度로 머리 위로 펴면서 외측外側 1회전回轉시키고, 바로 겨드랑이 90도度로 내전內轉시키고 팔꿈치는 90도度로 굴곡屈曲시키면서 두 검劍을 손등과 전완외측前腕外側에 회수回收시킨다.

三. 경기검무 京畿劍舞 전승내용 傳承內容

| 098 장단 | 겹도리깨 사위 |

🎵 장단 : 잦은 허튼타령

박자	1	2	3	4
정간보	⊖	l	⊖	l	—
구음	덩	따	덩	따	—

1

① 시선視線은 중간정면사선中間正面斜線을 보면서 두 검劍이 요동搖動치지 않도록 두 손등과 전완외측前腕外側에 올려놓는다.

② 호흡呼吸은 응지세호흡법凝止細呼吸法을 준수한다. 시선視線을 왼사선左斜線으로 하고, 왼발에 좌우축左右軸과 전후축前後軸을 두며 상하축上下軸을 되도록 높게 유지維持한다.

③ 우족녕의자세右足撑衣姿勢로 오른무릎右膝은 신전伸展하며 좌축左軸 내측원회전內側圓回轉으로 1/2회전回轉하면서 오른발을 든다.

④ 동시同時에 두 검劍은 겨드랑이 175도度 외전外轉시키고 완녕의자세腕擰衣姿勢의 팔꿈치를 180도度로 머리 위로 펴면서 내측內側 1회전回轉시킨다.

2

① 왼발에 좌우축左右軸과 전후축前後軸을 두고 상하축上下軸을 되도록 높게 유지維持한다.
② 족녕의자세足擰衣姿勢로 두 무릎을 동시同時에 굴곡屈曲하면서 좌축左軸 내측원회전內側圓回轉으로 원호圓弧를 그리며 1/2회전回轉하여 쪼그려 앉는데 선종보법先踵步法으로 디딘다.
③ 동시同時에 두 검劍은 겨드랑이 붙이고 완녕의자세腕擰衣姿勢의 팔꿈치를 90도度 펴서 검劍을 손등과 전완외측前腕外側에 위치位置시킨다.

3

① 오른발에 좌우축左右軸과 전후축前後軸을 두고 상하축上下軸을 되도록 높게 유지維持한다.
② 족녕의자세足擰衣姿勢로 두 무릎을 신전伸展하면서 좌축左軸 내측원회전內側圓回轉으로 원호圓弧를 그리듯이 1회전回轉하면서 왼발을 선종보법先踵步法으로 디딘다.
③ 동시同時에 두 검劍은 겨드랑이 175도度 외전外轉시키고 완녕의자세腕擰衣姿勢의 팔꿈치를 180도度로 머리 위로 펴면서 외측外側 1회전回轉시키고, 바로 겨드랑이 90도度 내전內轉시키고 팔꿈치는 90도度로 굴곡屈曲시키면서 두 검劍을 손등과 전완외측前腕外側에 회수回收시킨다.

4

① 오른발에 좌우축左右軸과 전후축前後軸을 두고 상하축上下軸을 되도록 높게 유지維持한다.
② 족녕의자세足擰衣姿勢로 두 무릎을 굴신屈伸하면서 좌축左軸 내측원회전內側圓回轉으로 원호圓弧를 그리듯이 앞으로 선종보법先踵步法으로 겹걸음二步을 디딤새 한다.
③ 동시同時에 두 검劍은 겨드랑이 175도度 외전外轉시키고 완녕의자세腕擰衣姿勢의 팔꿈치를 180도度로 머리 위로 펴면서 외측外側 1회전回轉시키고, 바로 겨드랑이 90도度 내전內轉시키고 팔꿈치는 90도度로 굴곡屈曲시키면서 두 검劍을 손등과 전완외측前腕外側에 회수回收시킨다.

三. 경기검무京畿劍舞 전승내용傳承內容

099 장단 겹도리깨 사위

장단 : 잦은 허튼타령

박자	1	2	3	4
정간보	⊖	ǀ	⊖	ǀ	—
구음	덩	따	덩	따	—

1

① 시선視線은 중간정면사선中間正面斜線을 보면서 두 검劍이 요동搖動치지 않도록 두 손등과 전완외측前腕外側에 올려놓는다.

② 호흡呼吸은 응지세호흡법凝止細呼吸法을 준수한다. 시선視線을 왼사선左斜線으로 하고, 왼발에 좌우축左右軸과 전후축前後軸을 두며 상하축上下軸을 되도록 높게 유지維持한다.

③ 우족녕의자세右足攀衣姿勢로 오른무릎右膝은 신전伸展하며 좌축左軸 내측원회전內側圓回轉으로 1/2회전回轉하면서 오른발을 든다.

④ 동시同時에 두 검劍은 겨드랑이 175도度 외전外轉시키고 완녕의자세腕擰衣姿勢의 팔꿈치를 180도度로 머리 위로 펴면서 내측內側 1회전回轉시킨다.

2

① 왼발에 좌우축左右軸과 전후축前後軸을 두고 상하축上下軸을 되도록 높게 유지維持한다.
② 족녕의자세足擰衣姿勢로 두 무릎을 동시同時에 굴곡屈曲하면서 좌축左軸 내측원회전內側圓回轉으로 원호圓弧를 그리며 1/2회전回轉하여 쪼그려 앉는데 선종보법先踵步法으로 디딘다.
③ 동시同時에 두 검劍은 겨드랑이 붙이고 완녕의자세腕擰衣姿勢의 팔꿈치는 90도度 굴곡屈曲시키며 검劍을 손등과 전완외측前腕外側에 위치位置시킨다.

3

① 오른발에 좌우축左右軸과 전후축前後軸을 두고 상하축上下軸을 되도록 높게 유지維持한다.
② 족녕의자세足擰衣姿勢로 두 무릎을 신전伸展하면서 좌축左軸 내측원회전內側圓回轉으로 원호圓弧를 그리듯이 1회전回轉하면서 왼발을 선종보법先踵步法으로 디딘다.
③ 동시同時에 두 검劍은 겨드랑이 175도度 외전外轉시키고 완녕의자세腕擰衣姿勢의 팔꿈치를 180도度로 머리 위로 펴면서 외측外側 1회전回轉시키고, 바로 겨드랑이 90도度 내전內轉시키고 팔꿈치는 90도度로 굴곡屈曲시키면서 두 검劍을 손등과 전완외측前腕外側에 회수回收시킨다.

4

① 오른발에 좌우축左右軸과 전후축前後軸을 두고 상하축上下軸을 되도록 높게 유지維持한다.
② 족녕의자세足擰衣姿勢로 두 무릎을 굴신屈伸하면서 좌축左軸 내측원회전內側圓回轉으로 원호圓弧를 그리듯이 앞으로 선종보법先踵步法으로 겹걸음二步을 디딤새 한다.
③ 동시同時에 두 검劍은 겨드랑이 175도度 외전外轉시키고 완녕의자세腕擰衣姿勢의 팔꿈치를 180도度로 머리 위로 펴면서 외측外側 1회전回轉시키고, 바로 겨드랑이 90도度 내전內轉시키고 팔꿈치는 90도度로 굴곡屈曲시키면서 굴곡屈曲시키면서 두 검劍을 손등과 전완외측前腕外側에 회수回收시킨다.

三. 경기검무 京畿劍舞 전승내용 傳承內容

| 100 장단 | 겹도리깨 사위 |

장단: 잦은 허튼타령

공연

연습

박자	1	2	3	4
정간보	⊖	ㅣ	⊖	ㅣ	─
구음	덩	따	덩	따	─

1

① 시선視線은 중간정면사선中間正面斜線을 보면서 두 검劍이 요동搖動치지 않도록 두 손등과 전완외측前腕外側에 올려놓는다.
② 호흡呼吸은 응지세호흡법凝止細呼吸法을 준수한다. 시선視線을 왼사선左斜線으로 하고, 왼발에 좌우축左右軸과 전후축前後軸을 두며 상하축上下軸을 되도록 높게 유지維持한다.
③ 우족녕의자세右足攀衣姿勢로 오른무릎右膝은 신전伸展하며 좌축左軸 내측원회전內側圓回轉으로 1/2회전回轉하면서 오른발을 든다.

④ 동시同時에 두 검劍은 겨드랑이 175도度 외전外轉시키고 완녕의자세腕擰衣姿勢의 팔꿈치를 180도度로 머리 위로 펴면서 내측內側 1회전回轉시킨다.

2

① 왼발에 좌우축左右軸과 전후축前後軸을 두고 상하축上下軸을 되도록 높게 유지維持한다.
② 족녕의자세足擰衣姿勢로 두 무릎을 동시同時에 굴곡屈曲하면서 좌축左軸 내측원회전內側圓回轉으로 원호圓弧를 그리며 1/2회전回轉하여 쪼그려 앉는데 선종보법先踵步法으로 디딘다.
③ 동시同時에 두 검劍은 겨드랑이 붙이고 완녕의자세腕擰衣姿勢의 팔꿈치는 90도度 굴곡屈曲시키며 검劍을 손등과 전완외측前腕外側에 위치位置시킨다.

3

① 오른발에 좌우축左右軸과 전후축前後軸을 두고 상하축上下軸을 되도록 높게 유지維持한다.
② 족녕의자세足擰衣姿勢로 두 무릎을 신전伸展하면서 좌축左軸 내측원회전內側圓回轉으로 원호圓弧를 그리듯이 1회전回轉하면서 왼발을 선종보법先踵步法으로 디딘다.
③ 동시同時에 두 검劍은 겨드랑이 175도度 외전外轉시키고 완녕의자세腕擰衣姿勢의 팔꿈치를 180도度로 머리 위로 펴면서 외측外側 1회전回轉시키고, 바로 겨드랑이 90도度 내전內轉시키고 팔꿈치는 90도度로 굴곡屈曲시키며 두 검劍을 손등과 전완외측前腕外側에 회수回收시킨다.

4

① 오른발에 좌우축左右軸과 전후축前後軸을 두고 상하축上下軸을 되도록 높게 유지維持한다.
② 족녕의자세足擰衣姿勢로 두 무릎을 굴신屈伸하면서 좌축左軸 내측원회전內側圓回轉으로 원호圓弧를 그리듯이 앞으로 선종보법先踵步法으로 겹걸음二步을 디딤새 한다.
③ 동시同時에 두 검劍은 겨드랑이 175도度 외전外轉시키고 완녕의자세腕擰衣姿勢의 팔꿈치를 180도度로 머리 위로 펴면서 외측外側 1회전回轉시키고, 바로 겨드랑이 90도度 내전內轉시키고 팔꿈치는 90도度로 굴곡屈曲시키며 두 검劍을 손등과 전완외측前腕外側에 회수回收시킨다.

101 장단 겨드랑이 추임새 사위

🥁 장단 : 당악 장단

박자	1	2	3	4
정간보	⊖	l	⊖	l	─
구음	덩	따	덩	따	─

1

① 시선視線은 정면중간사선正面中間斜線을 보면서 두 검劍이 요동搖動치지 않도록 두 손목과 팔꿈치로 조정調整한다.

② 호흡呼吸은 응지세호흡법凝止細呼吸法을 준수한다. 좌향좌자세左向左姿勢로 바꾸고, 왼발에 좌우축左右軸과 전후축前後軸을 두고 상하축上下軸을 되도록 높게 유지維持하면서 오른발등右足背을 굴곡屈曲으로 뒤로 한 걸음 선장지보법先將指步法으로 디딘다.

③ 동시同時에 두 검날을 전완내측前腕內側에 올리고, 완녕의자세腕擰衣姿勢의 왼쪽 팔꿈치는 90도度 굴곡屈曲시키며 겨드랑이는 붙여서 손목을 가슴위치位置로 들어 올리며, 오른쪽 겨드랑이는 60도度[274] 완녕의자세腕擰衣姿勢의 팔꿈치를 90도度 굴곡屈曲시키며 손목을 허리에 위치位置시킨다.

2

① 오른발에 좌우축左右軸과 전후축前後軸을 두고 상하축上下軸을 되도록 높게 유지維持하면서 왼발등左足背을 굴곡屈曲으로 뒤로 한 걸음 선장지보법先將指步法으로 디딘다.
② 동시同時에 두 검날을 전완내측前腕內側에 올리고, 완녕의자세腕擰衣姿勢의 오른쪽 팔꿈치는 90도度 굴곡屈曲시키며 겨드랑이는 붙여서 손목을 가슴위치位置로 들어 올리며, 왼쪽 겨드랑이는 60도度 완녕의자세腕擰衣姿勢의 팔꿈치는 90도度 굴곡屈曲시키며 손목을 허리에 위치位置시킨다.

3

① 왼발에 좌우축左右軸과 전후축前後軸을 두고 상하축上下軸을 되도록 높게 유지維持하면서 오른발등右足背을 굴곡屈曲으로 뒤로 한 걸음 선장지보법先將指步法으로 디딘다.
② 동시同時에 두 검날은 전완내측前腕內側에 올리고, 완녕의자세腕擰衣姿勢의 왼쪽 팔꿈치는 90도度 굴곡屈曲시키며 겨드랑이는 붙여서 손목을 가슴위치位置로 들어 올리며, 오른쪽 겨드랑이는 60도度 완녕의자세腕擰衣姿勢의 팔꿈치는 90도度 굴곡屈曲시키며 손목을 허리에 위치位置시킨다.

4

① 오른발에 좌우축左右軸과 전후축前後軸을 두고 상하축上下軸을 되도록 높게 유지維持하면서 왼발등左足背을 굴곡屈曲으로 뒤로 한 걸음 선장지보법先將指步法으로 디딘다.
② 동시同時에 두 검날을 전완내측前腕內側에 올리고, 완녕의자세腕擰衣姿勢의 오른쪽 팔꿈치는 90도度 굴곡屈曲시키며 겨드랑이는 붙여서 손목을 가슴위치位置로 들어 올리며, 왼쪽 겨드랑이는 60도度 완녕의자세腕擰衣姿勢의 팔꿈치는 90도度 굴곡屈曲시키며 손목을 허리에 위치位置시킨다.

---

274) 팔꿈치를 옆으로 들어 올리는 겨드랑이 각도角度이다.

三. 경기검무京畿劍舞 전승내용傳承內容

| 102 장단 | 겨드랑이 추임새 사위 |

🎵 장단: 당악 장단

박자	1	2	3	4
정간보	⊖	ㅣ	⊖ ㅣ	─
구음	덩	따	덩 따	─

1

① 시선視線은 정면중간사선正面中間斜線을 보면서 두 검劍이 요동搖動치지 않도록 두 손목과 팔꿈치로 조정調整한다.

② 호흡呼吸은 응지세호흡법凝止細呼吸法을 준수한다. 좌향좌자세左向左姿勢로 바꾸고, 왼발에 좌우축左右軸과 전후축前後軸을 두고 상하축上下軸을 되도록 높게 유지維持하면서 오른발등右足背을 굴곡屈曲으로 뒤로 한 걸음 선장지보법先將指步法으로 디딘다.

③ 동시同時에 두 검날을 전완내측前腕內側에 올리고, 완녕의자세腕擰衣姿勢의 왼쪽 팔꿈치는 90도度 굴곡屈曲시키며 겨드랑이는 붙여서 손목을 가슴위치位置로 들어 올리며, 오른쪽 겨드랑이는 60도度 완녕의자세腕擰衣姿勢의 팔꿈치는 90도度 굴곡屈曲시키며 손목을 허리에 위치位置시킨다.

2

① 오른발에 좌우축左右軸과 전후축前後軸을 두고 상하축上下軸을 되도록 높게 유지維持하면서 왼발등左足背을 굴곡屈曲으로 뒤로 한 걸음 선장지보법先將指步法으로 디딘다.
② 동시同時에 두 검날을 전완내측前腕內側에 올리고, 완녕의자세腕擰衣姿勢의 오른쪽 팔꿈치는 90도度 굴곡屈曲시키며 겨드랑이는 붙여서 손목을 가슴위치位置로 들어 올리며, 왼쪽 겨드랑이는 60도度 완녕의자세腕擰衣姿勢의 팔꿈치는 90도度 굴곡屈曲시키며 손목을 허리에 위치位置시킨다.

3

① 왼발에 좌우축左右軸과 전후축前後軸을 두고 상하축上下軸을 되도록 높게 유지維持하면서 오른발등右足背을 굴곡屈曲으로 뒤로 한 걸음 선장지보법先將指步法으로 디딘다.
② 동시同時에 두 검날은 전완내측前腕內側에 올리고, 완녕의자세腕擰衣姿勢의 왼쪽 팔꿈치는 90도度 굴곡屈曲시키며 겨드랑이는 붙여서 손목을 가슴위치位置로 들어 올리며, 오른쪽 겨드랑이는 60도度 완녕의자세腕擰衣姿勢의 팔꿈치는 90도度 굴곡屈曲시키며 손목을 허리에 위치位置시킨다.

4

① 오른발에 좌우축左右軸과 전후축前後軸을 두고 상하축上下軸을 되도록 높게 유지維持하면서 왼발등左足背을 굴곡屈曲으로 뒤로 한 걸음 선장지보법先將指步法으로 디딘다.
② 동시同時에 두 검날을 전완내측前腕內側에 올리고, 완녕의자세腕擰衣姿勢의 오른쪽 팔꿈치는 90도度 굴곡屈曲시키며 겨드랑이는 붙여서 손목을 가슴위치位置로 들어 올리며, 왼쪽 겨드랑이는 60도度 완녕의자세腕擰衣姿勢의 팔꿈치는 90도度 굴곡屈曲시키며 손목을 허리에 위치位置시킨다.

三. 경기검무京畿劍舞 전승내용傳承內容

103 장단　오 뒤사선 겨드랑이 추임새 사위

장단: 당악 장단

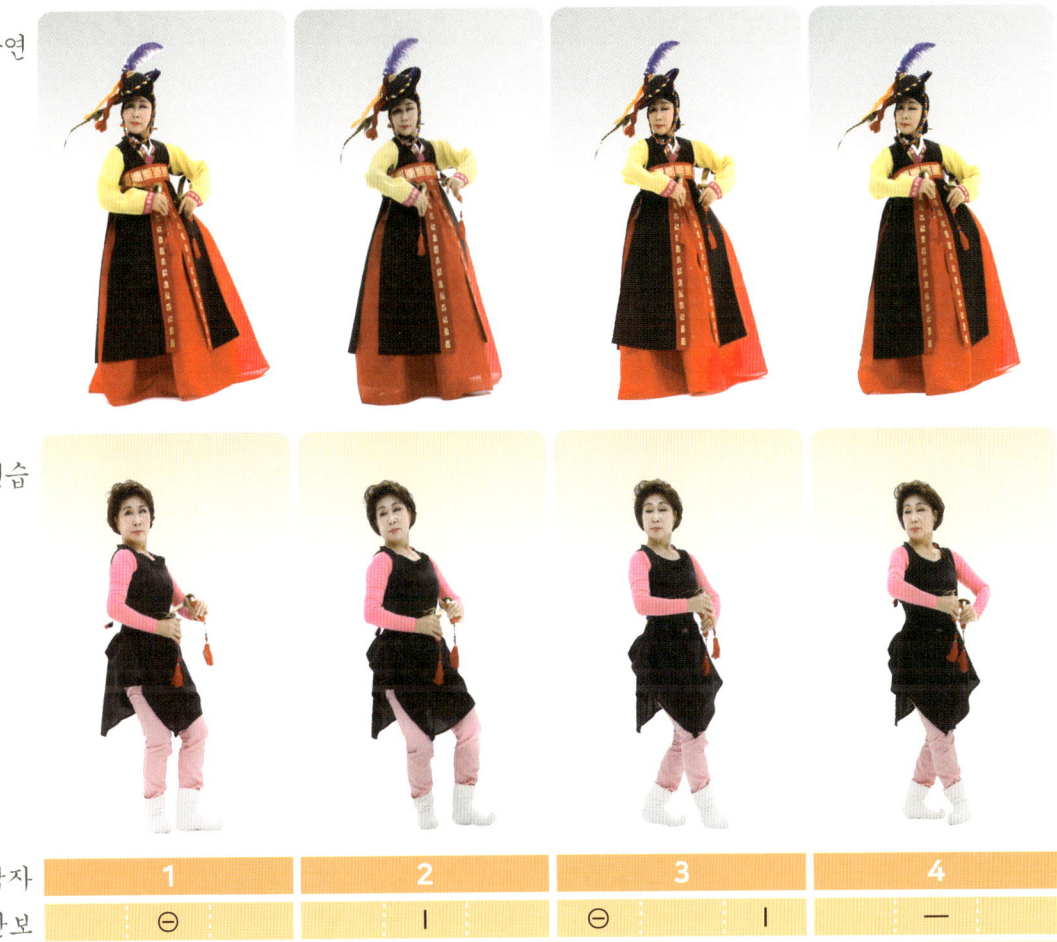

박자	1	2	3	4
정간보	⊖	l	⊖	l	—
구음	덩	따	덩	따	—

1

① 시선視線은 정면중간사선正面中間斜線을 보면서 두 검劍이 요동搖動치지 않도록 두 손목과 팔꿈치로 조정調整한다.

② 호흡呼吸은 응지세호흡법凝止細呼吸法을 준수한다. 좌향좌자세左向左姿勢로 바꾸고, 왼발에 좌우축左右軸과 전후축前後軸을 두고 상하축上下軸을 되도록 높게 유지維持하면서 오른발등右足背을 굴곡屈曲으로 뒤로 한 걸음 선장지보법先將指步法으로 디딘다.

③ 동시同時에 두 검날을 전완내측前腕內側에 올리고, 완녕의자세腕擰衣姿勢의 왼쪽 팔꿈치는 90도度 굴곡屈曲시키며 겨드랑이는 붙여서 손목을 가슴위치位置로 들어 올리며, 오른쪽 겨드랑이는 60도度 완녕의자세腕擰衣姿勢의 팔꿈치는 90도度 굴곡屈曲시키며 손목을 허리에 위치位置시킨다.

2

① 오른발에 좌우축左右軸과 전후축前後軸을 두고 상하축上下軸을 되도록 높게 유지維持하면서 왼발등左足背을 굴곡屈曲으로 뒤로 한 걸음 선장지보법先將指步法으로 디딘다.
② 동시同時에 두 검날을 전완내측前腕內側에 올리고, 완녕의자세腕擰衣姿勢의 오른쪽 팔꿈치는 90도度 굴곡屈曲시키며 겨드랑이는 붙여서 손목을 가슴위치位置로 들어 올리며, 왼쪽 겨드랑이는 60도度 완녕의자세腕擰衣姿勢의 팔꿈치는 90도度 굴곡屈曲시키며 손목을 허리에 위치位置시킨다.

3

① 왼발에 좌우축左右軸과 전후축前後軸을 두고 상하축上下軸을 되도록 높게 유지維持하면서 오른발등右足背을 굴곡屈曲으로 뒤로 한 걸음 선장지보법先將指步法으로 디딘다.
② 동시同時에 두 검날은 전완내측前腕內側에 올리고, 완녕의자세腕擰衣姿勢의 왼쪽 팔꿈치는 90도度 굴곡屈曲시키며 겨드랑이는 붙여서 손목을 가슴위치位置로 들어 올리며, 오른쪽 겨드랑이는 60도度 완녕의자세腕擰衣姿勢의 팔꿈치는 90도度 굴곡屈曲시키며 손목을 허리에 위치位置시킨다.

4

① 오른발에 좌우축左右軸과 전후축前後軸을 두고 상하축上下軸을 되도록 높게 유지維持하면서 왼발등左足背을 굴곡屈曲으로 뒤로 한 걸음 선장지보법先將指步法으로 디딘다.
② 동시同時에 두 검날을 전완내측前腕內側에 올리고, 완녕의자세腕擰衣姿勢의 오른쪽 팔꿈치는 90도度 굴곡屈曲시키며 겨드랑이는 붙여서 손목을 가슴위치位置로 들어 올리며, 왼쪽 겨드랑이는 60도度 완녕의자세腕擰衣姿勢의 팔꿈치는 90도度 굴곡屈曲시키며 손목을 허리에 위치位置시킨다.

104 장단 오 뒤사선 겨드랑이 추임새 사위

장단 : 당악 장단

공연

연습

박자	1	2	3	4
정간보	⊖	ǀ	⊖	ǀ	ー
구음	덩	따	덩	따	ー

1

① 시선視線은 정면중간사선正面中間斜線을 보면서 두 검劍이 요동搖動치지 않도록 두 손목과 팔꿈치로 조정調整한다.

② 호흡呼吸은 응지세호흡법凝止細呼吸法을 준수한다. 좌향좌자세左向左姿勢로 바꾸고, 왼발에 좌우축左右軸과 전후축前後軸을 두고 상하축上下軸을 되도록 높게 유지維持하면서 오른발등右足背을 굴곡屈曲으로 뒤로 한 걸음 선장지보법先將指步法으로 디딘다.

③ 동시同時에 두 검날을 전완내측前腕內側에 올리고, 완녕의자세腕擰衣姿勢의 왼쪽 팔꿈치는 90도度 굴곡屈曲시키며 겨드랑이는 붙여서 손목을 가슴위치位置로 들어 올리며, 오른쪽 겨드랑이는 60도度 완녕의자세腕擰衣姿勢의 팔꿈치는 90도度 굴곡屈曲시키며 손목을 허리에 위치位置시킨다.

2

① 오른발에 좌우축左右軸과 전후축前後軸을 두고 상하축上下軸을 되도록 높게 유지維持하면서 왼발등左足背을 굴곡屈曲으로 뒤로 한 걸음 선장지보법先將指步法으로 디딘다.
② 동시同時에 두 검날을 전완내측前腕內側에 올리고, 완녕의자세腕擰衣姿勢의 오른쪽 팔꿈치는 90도度 굴곡屈曲시키며 겨드랑이는 붙여서 손목을 가슴위치位置로 들어 올리며, 왼쪽 겨드랑이는 60도度 완녕의자세腕擰衣姿勢의 팔꿈치는 90도度 굴곡屈曲시키며 손목을 허리에 위치位置시킨다.

3

① 왼발에 좌우축左右軸과 전후축前後軸을 두고 상하축上下軸을 되도록 높게 유지維持하면서 오른발등右足背을 굴곡屈曲으로 뒤로 한 걸음 선장지보법先將指步法으로 디딘다.
② 동시同時에 두 검날은 전완내측前腕內側에 올리고, 완녕의자세腕擰衣姿勢의 왼쪽 팔꿈치는 90도度 굴곡屈曲시키며 겨드랑이는 붙여서 손목을 가슴위치位置로 들어 올리며, 오른쪽 겨드랑이는 60도度 완녕의자세腕擰衣姿勢의 팔꿈치는 90도度 굴곡屈曲시키며 손목을 허리에 위치位置시킨다.

4

① 오른발에 좌우축左右軸과 전후축前後軸을 두고 상하축上下軸을 되도록 높게 유지維持하면서 왼발등左足背을 굴곡屈曲으로 뒤로 한 걸음 선장지보법先將指步法으로 겹디딤새 한다.
② 동시同時에 두 검날을 전완내측前腕內側에 올리고, 완녕의자세腕擰衣姿勢의 오른쪽 팔꿈치는 90도度 굴곡屈曲시키며 겨드랑이는 붙여서 손목을 가슴위치位置로 들어 올리며, 왼쪽 겨드랑이는 60도度 완녕의자세腕擰衣姿勢의 팔꿈치는 90도度 굴곡屈曲시키며 손목을 허리에 위치位置시킨다.

三. 경기검무 京畿劍舞 전승내용 傳承內容

105 장단   왼 해달 사위

장단: 당악 장단

박자	1	2	3	4
정간보	⊖	ǀ	⊖	ǀ	―
구음	덩	따	덩	따	―

1

① 시선視線은 중간정면사선中間正面斜線을 보면서 두 검劍이 요동搖動치지 않도록 두 손목과 팔꿈치로 조정調整한다.

② 호흡呼吸은 응지세호흡법凝止細呼吸法을 준수한다. 시선視線은 오른사선으로 하고, 왼발에 좌우축左右軸과 전후축前後軸을 두고 상하축上下軸을 되도록 높게 유지維持하며 오른발등右足背을 굴곡屈曲으로 좌축左軸으로 1/2회전回轉하면서 두 무릎이 교차交叉하도록

365

오른발을 든다.

③ 동시同時에 오른쪽 검劍은 겨드랑이 175도度 외전外轉시키고 완녕의자세腕擰衣姿勢의 팔꿈치 180도度 펴서 머리 위로 들고 검劍을 뒤에서 앞으로 측면 1회전回轉시키고,[275] 왼쪽 검劍은 손등과 전완내측前腕內側에 올려놓은 상태狀態를 유지維持한다.

2

① 시선視線은 중간정면사선中間正面斜線을 보며, 왼발에 좌우축左右軸과 전후축前後軸을 두고 상하축上下軸을 되도록 높게 유지維持하고 오른발등右足背을 굴곡屈曲으로 좌축左軸으로 1/2회전回轉하면서 두 무릎이 교차交叉하도록 한 걸음 앞으로 선종보법先踵步法으로 걷는다.

② 동시同時에 왼쪽 검劍은 겨드랑이 175도度 외전外轉시키고 완녕의자세腕擰衣姿勢의 팔꿈치 180도度 펴서 머리 위로 들고 검劍을 뒤에서 앞으로 측면 1회전回轉시키고 손목과 전완외측前腕外側에 회수回收시키고, 오른쪽 검劍은 손등과 전완前腕 내측內側에 올려놓은 상태狀態를 유지維持한다.

3

① 오른발에 좌우축左右軸과 전후축前後軸을 두고 상하축上下軸을 되도록 높게 유지維持하고 왼발등左足背을 굴곡屈曲으로 우축右軸으로 1/2회전回轉하면서 족녕의자세足擰衣姿勢의 두 무릎이 교차交叉하도록 왼발을 든다.

② 동시同時에 두 검劍은 겨드랑이 90도度 외전外轉시키고 완녕의자세腕擰衣姿勢의 팔꿈치 180도度 펴서 평면平面 1회전回轉시킨다.

4

① 오른발에 좌우축左右軸과 전후축前後軸을 두고 상하축上下軸을 되도록 높게 유지維持하고 왼발등左足背을 굴곡屈曲으로 우축右軸으로 1/2회전回轉하면서 족녕의자세足擰衣姿勢로 두 무릎이 교차交叉하도록 한 걸음 앞으로 선종보법先踵步法으로 디딤새 한다.

② 동시同時에 두 검劍을 손등과 전완외측前腕外側에 올려놓는 상태狀態로 회수回收한다.

---

[275] 무용수舞踊手를 입체적立體的 측면側面에서 볼 때 회전원回轉圓을 형성形性하는 검劍 회전 방법回轉方法.

三. 경기검무京畿劍舞 전승내용傳承內容

| 106 장단 | 왼 해달 사위 |

🎵 장단: 당악 장단

박자	1	2	3	4
정간보	⊖	l	⊖	l	—
구음	덩	따	덩	따	—

1

① 시선視線은 중간정면사선中間正面斜線을 보면서 두 검劍이 요동搖動치지 않도록 두 손목과 팔꿈치로 조정調整한다.

② 호흡呼吸은 응지세호흡법凝止細呼吸法을 준수한다. 시선視線은 오른사선으로 하고, 왼발에 좌우축左右軸과 전후축前後軸을 두고 상하축上下軸을 되도록 높게 유지維持하며 오른발등右足背을 굴곡屈曲으로 좌축左軸으로 1/2회전回轉하면서 족녕의자세足擰衣姿勢의 두

367

무릎이 교차交叉하도록 오른발을 든다.
③ 동시同時에 오른쪽 검劍은 겨드랑이 175도度 외전外轉시키고 완녕의자세腕擰衣姿勢의 팔꿈치 180도度 펴서 머리 위로 들고 검劍을 뒤에서 앞으로 측면 1회전回轉시키고, 왼쪽 검劍은 손등과 전완내측前腕內側에 올려놓은 상태狀態를 유지維持한다.

2

① 시선視線은 중간정면사선中間正面斜線을 보며, 왼발에 좌우축左右軸과 전후축前後軸을 두고 상하축上下軸을 되도록 높게 유지維持하고 오른발등右足背을 굴곡屈曲으로 좌축左軸으로 1/2회전回轉하면서 족녕의자세足擰衣姿勢의 두 무릎이 교차交叉하도록 한 걸음 앞으로 선종보법先踵步法으로 디딤새 한다.
② 동시同時에 왼쪽 검劍은 겨드랑이 175도度 외전外轉시키고 완녕의자세腕擰衣姿勢의 팔꿈치 180도度 펴서 머리 위로 들고 검劍을 뒤에서 앞으로 측면 1회전回轉시키고 손목과 전완외측前腕外側에 회수回收시키고, 오른쪽 검劍은 손등과 전완내측前腕內側에 올려놓은 상태狀態를 유지維持한다.

3

① 오른발에 좌우축左右軸과 전후축前後軸을 두고 상하축上下軸을 되도록 높게 유지維持하고 왼발등左足背을 굴곡屈曲으로 우축右軸으로 1/2회전回轉하면서 족녕의자세足擰衣姿勢의 두 무릎이 교차交叉하도록 왼발을 든다.
② 동시同時에 두 검劍은 겨드랑이 90도度 외전外轉시키고 완녕의자세腕擰衣姿勢의 팔꿈치 180도度 펴서 평면平面 1회전回轉시킨다.

4

① 오른발에 좌우축左右軸과 전후축前後軸을 두고 상하축上下軸을 되도록 높게 유지維持하고 왼발등左足背을 굴곡屈曲으로 우축右軸으로 1/2회전回轉하면서 족녕의자세足擰衣姿勢의 두 무릎이 교차交叉하도록 한 걸음 앞으로 선종보법先踵步法으로 디딤새 한다.
② 동시同時에 두 검劍을 손등과 전완외측前腕外側에 올려놓는 상태狀態로 회수回收한다.

107 장단　왼 뒤사선 고살 사위

🥁 장단 : 당악 장단

박자	1	2	3	4
정간보	⊖	ǀ	⊖	ǀ	—
구음	덩	따	덩	따	—

1

① 두 검劍이 요동搖動치지 않도록 두 손목과 팔꿈치로 조정調整한다.

② 호흡呼吸은 응지세호흡법凝止細呼吸法을 준수한다. 시선視線은 오른사선右斜線을 보면서 반좌향좌자세左向左姿勢로[276] 바꾸고, 왼발에 좌우축左右軸과 전후축前後軸을 두고 상하축上下軸을 되도록 높게 유지維持하고 우족녕의자세右足擰衣姿勢로 오른무릎右膝을 신전伸展

---

276) 정면正面을 바라보고 반좌향좌半左向左하여 뒤사선後斜線으로 이동移動한다.

하여 앞으로 뻗었다가 뒤로 발바닥굴곡足底屈曲으로 한 걸음 선장지보법先將指步法으로 걷는다.
③ 동시同時에 두 검劍은 겨드랑이는 90도度, 완녕의자세腕擰衣姿勢의 팔꿈치는 180도度 전방前方으로 뻗으면서 두 검劍을 왼쪽에서 오른쪽으로 1회전回轉시킨다.

2

① 오른발에 좌우축左右軸과 전후축前後軸을 두고 상하축上下軸을 되도록 높게 유지維持하고 좌족녕의자세左足擰衣姿勢로 왼무릎左膝을 신전伸展하여 앞으로 뻗었다가 뒤로 발바닥굴곡足底屈曲으로 한 걸음 선장지보법先將指步法으로 디딤새 한다.
② 동시同時에 두 겨드랑이를 붙이고, 완녕의자세腕擰衣姿勢의 팔꿈치를 90도度 굴곡屈曲시키며 두 검劍을 전완내외측前腕內外側에[277] 위치位置시키고 요동搖動치지 않도록 조정調整한다.

3

① 오른발에 좌우축左右軸과 전후축前後軸을 두고 상하축上下軸을 되도록 높게 유지維持하고 우족녕의자세右足擰衣姿勢로 왼무릎左膝을 신전伸展하여 앞으로 뻗었다가 뒤로 발바닥굴곡足底屈曲으로 한 걸음 선장지보법先將指步法으로 디딤새 한다.
② 동시同時에 두 검劍은 겨드랑이는 90도度 완녕의자세腕擰衣姿勢의 팔꿈치는 180도度 전방前方으로 뻗으면서 두 검劍을 왼쪽에서 오른쪽으로 1회전回轉시킨다.

4

① 오른발에 좌우축左右軸과 전후축前後軸을 두고 상하축上下軸을 되도록 높게 유지維持하고 좌족녕의자세左足擰衣姿勢로 왼무릎左膝을 신전伸展하여 앞으로 뻗었다가 뒤로 선장지보법先將指步法으로 한 걸음 디딤새 한다.
② 동시同時에 두 겨드랑이를 붙이고, 완녕의자세腕擰衣姿勢의 팔꿈치를 90도度 펴서 두 검劍을 전완내외측前腕內外側에 위치位置시키고 요동搖動치지 않도록 조정調整한다.

---

277) 오른쪽 검劍은 전완내측前腕內側에 위치位置시키고, 왼쪽 검劍은 전완외측前腕外側에 위치位置시킨다.

三. 경기검무京畿劍舞 전승내용傳承內容

108 장단 | 왼 뒤사선 고살 사위

🎵 장단: 당악 장단

공연

연습

박자	1	2	3	4
정간보	⊖	l	⊖	l	—
구음	덩	따	덩	따	—

1

① 두 검劍이 요동搖動치지 않도록 두 손목과 팔꿈치로 조정調整한다.
② 호흡呼吸은 응지세호흡법凝止細呼吸法을 준수한다. 시선視線은 오른사선右斜線을 보면서 왼발에 좌우축左右軸과 전후축前後軸을 두고 상하축上下軸을 되도록 높게 유지維持하고 우족녕의자세右足擰衣姿勢로 오른무릎右膝을 신전伸展하여 발바닥굴곡足底屈曲으로 한 걸음 선장지보법先將指步法으로 디딤새 한다.

③ 동시同時에 두 검劍은 겨드랑이는 90도度, 완녕의자세腕擰衣姿勢의 팔꿈치는 180도度 전방前方으로 뻗으면서 두 검劍을 왼쪽에서 오른쪽으로 1회전回轉시킨다.

2

① 오른발에 좌우축左右軸과 전후축前後軸을 두고 상하축上下軸을 되도록 높게 유지維持하고 좌족녕의자세左足擰衣姿勢로 왼무릎左膝을 신전伸展하여 발바닥굴곡足底屈曲으로 한 걸음 선장지보법先將指步法으로 디딤새 한다.

② 동시同時에 두 검劍은 겨드랑이는 90도度, 완녕의자세腕擰衣姿勢의 팔꿈치는 180도度 전방前方으로 뻗으면서 두 검劍을 오른쪽에서 왼쪽으로 1회전回轉시킨다.

3

① 오른발에 좌우축左右軸과 전후축前後軸을 두고 상하축上下軸을 되도록 높게 유지維持하고 우족녕의자세右足擰衣姿勢로 왼무릎左膝을 신전伸展하여 발바닥굴곡足底屈曲으로 한 걸음 선장지보법先將指步法으로 디딤새 한다.

② 동시同時에 두 검劍은 겨드랑이는 90도度, 완녕의자세腕擰衣姿勢의 팔꿈치는 180도度 전방前方으로 뻗으면서 두 검劍을 왼쪽에서 오른쪽으로 1회전回轉시킨다.

4

① 오른발에 좌우축左右軸과 전후축前後軸前後軸을 두고 상하축上下軸을 되도록 높게 유지維持하고 좌족녕의자세左足擰衣姿勢로 왼무릎左膝을 신전伸展하여 발바닥굴곡足底屈曲으로 한 걸음 선장지보법先將指步法으로 디딤새 한다.

② 동시同時에 두 검劍은 겨드랑이는 90도度, 완녕의자세腕擰衣姿勢의 팔꿈치는 180도度 전방前方으로 뻗으면서 두 검劍을 오른쪽에서 왼쪽으로 1회전回轉시킨다.

三. 경기검무京畿劍舞 전승내용傳承內容

109 장단   앞으로 고살 사위

장단 : 당악 장단

공연

연습

박자	1	2	3	4
정간보	⊖	l	⊖	l	ㅡ
구음	덩	따	덩	따	ㅡ

1

① 두 검劍이 요동搖動치지 않도록 두 손목과 팔꿈치로 조정調整한다.

② 호흡呼吸은 응지세호흡법凝止細呼吸法을 준수한다. 시선視線은 왼사선左斜線을 보면서 반우향우자세半右向右姿勢로[278] 바꾸고, 왼발에 좌우축左右軸과 전후축前後軸을 두고 상하

---

278) 정면正面을 바라보고 반좌향좌半左向左하여 뒤사선斜線으로 이동移動하다가 반우향우半右向右로 방향方向을 바꾼다.

축上下軸을 되도록 높게 유지維持하고 우족녕의자세右足擰衣姿勢로 오른무릎右膝을 신전伸展하여 앞으로 뻗었다가 발바닥굴곡足底屈曲으로 한 걸음 선장지보법先將指步法으로 디딤새 한다.

③ 동시同時에 두 검劍은 겨드랑이는 90도度, 완녕의자세腕擰衣姿勢의 팔꿈치는 180도度 전방前方으로 뻗으면서 두 검劍을 왼쪽에서 오른쪽으로 1회전回轉시킨다.

2

① 오른발에 좌우축左右軸과 전후축前後軸을 두고 상하축上下軸을 되도록 높게 유지維持하고 좌족녕의자세左足擰衣姿勢로 왼무릎左膝을 신전伸展하여 앞으로 뻗었다가 뒤로 발바닥굴곡足底屈曲으로 한 걸음 선장지보법先將指步法으로 디딤새 한다.

② 동시同時에 두 겨드랑이를 붙이고, 완녕의자세腕擰衣姿勢의 팔꿈치를 90도度 굴곡屈曲시키며 두 검劍을 전완내외측前腕內外側에 위치位置시키고 요동搖動치지 않도록 조정調整한다.

3

① 오른발에 좌우축左右軸과 전후축前後軸을 두고 상하축上下軸을 되도록 높게 유지維持하고 우족녕의자세右足擰衣姿勢로 왼무릎左膝을 신전伸展하여 앞으로 뻗었다가 뒤로 발바닥굴곡足底屈曲으로 한 걸음 선장지보법先將指步法으로 디딤새 한다.

② 동시同時에 두 검劍은 겨드랑이는 90도度, 완녕의자세腕擰衣姿勢의 팔꿈치는 180도度 전방前方으로 뻗으면서 두 검劍을 오른쪽에서 왼쪽으로 1회전回轉시킨다.

4

① 오른발에 좌우축左右軸과 전후축前後軸을 두고 상하축上下軸을 되도록 높게 유지維持하고 좌족녕의자세左足擰衣姿勢로 왼무릎左膝을 신전伸展하여 앞으로 뻗었다가 뒤로 선장지보법先將指步法으로 한 걸음 선장지보법先將指步法으로 디딤새 한다.

② 동시同時에 두 겨드랑이를 붙이고, 완녕의자세腕擰衣姿勢의 팔꿈치를 90도度 펴서 두 검劍을 전완내외측前腕內外側에 위치位置시키고 요동搖動치지 않도록 조정調整한다.

110 장단   앞으로 고살 사위

🎵 장단: 당악 장단

박자	1	2	3	4
정간보	⊖	I	⊖	I	—
구음	덩	따	덩	따	—

1

① 두 검劍이 요동搖動치지 않도록 두 손목과 팔꿈치로 조정調整한다.

② 호흡呼吸은 응지세호흡법凝止細呼吸法을 준수한다. 시선視線은 왼사선左斜線을 보면서 왼발에 좌우축左右軸과 전후축前後軸을 두고 상하축上下軸을 되도록 높게 유지維持하고 우족녕의자세右足擰衣姿勢로 오른무릎右膝을 신전伸展하여 발바닥굴곡足底屈曲으로 한 걸음 선장지보법先將指步法으로 디딤새 한다.

③ 동시同時에 두 검劍은 겨드랑이는 90도度, 완녕의자세腕擰衣姿勢의 팔꿈치는 180도度 전방前方으로 뻗으면서 두 검劍을 왼쪽에서 오른쪽으로 1회전回轉시킨다.

2

① 오른발에 좌우축左右軸과 전후축前後軸을 두고 상하축上下軸을 되도록 높게 유지維持하고 좌족녕의자세左足擰衣姿勢로 왼무릎左膝을 신전伸展하여 발바닥굴곡足底屈曲으로 한 걸음 선장지보법先將指步法으로 디딤새 한다.
② 동시同時에 두 검劍은 겨드랑이는 90도度, 완녕의자세腕擰衣姿勢의 팔꿈치는 180도度 전방前方으로 뻗으면서 두 검劍을 오른쪽에서 왼쪽으로 1회전回轉시킨다.

3

① 왼발에 좌우축左右軸과 전후축前後軸을 두고 상하축上下軸을 되도록 높게 유지維持하고 우족녕의자세右足擰衣姿勢로 오른무릎右膝을 신전伸展하여 발바닥굴곡足底屈曲으로 한 걸음 선장지보법先將指步法으로 디딤새 한다.
② 동시同時에 두 검劍은 겨드랑이는 90도度, 완녕의자세腕擰衣姿勢의 팔꿈치는 180도度 전방前方으로 뻗으면서 두 검劍을 왼쪽에서 오른쪽으로 1회전回轉시킨다.

4

① 오른발에 좌우축左右軸과 전후축前後軸을 두고 상하축上下軸을 되도록 높게 유지維持하고 좌족녕의자세左足擰衣姿勢로 왼무릎左膝을 신전伸展하여 발바닥굴곡足底屈曲으로 한 걸음 선장지보법先將指步法으로 디딤새 한다.
② 동시同時에 두 검劍은 겨드랑이는 90도度 완녕의자세腕擰衣姿勢의 팔꿈치는 180도度 전방前方으로 뻗으면서 두 검劍을 오른쪽에서 왼쪽으로 1회전回轉시킨다.

三. 경기검무京畿劍舞 전승내용傳承內容

111 장단   오 고살 사위

🔶 장단: 허튼타령

공연

연습

박자	1	2	3	4
정간보	⊖	ǀ	⊖	ǀ	─
구음	덩	따	덩	따	─

1

① 시선視線은 정면중간사선正面中間斜線을 보면서 두 검劍이 요동搖動치지 않도록 두 손등과 전완외측前腕外側에 올려놓은 완녕의자세腕擰衣姿勢의 두 팔꿈치를 전면前面 가슴에 모은다.

② 호흡呼吸은 응지세호흡법凝止細呼吸法을 준수한다. 왼발에 좌우축左右軸과 전후축前後軸을 두고 상하축上下軸을 되도록 높게 유지維持하고 시선視線은 왼사선左斜線을 보면서 우족녕의자세右足擰衣姿勢의 오른무릎右膝을 신전伸展시키고 오른발등右足背을 굴곡屈曲시켜 한 걸음 앞으로 선종보법先踵步法으로 내디딘다.

③ 동시同時에 가슴위치位置에 유지維持하고 있던 오른 검劍은 겨드랑이를 180도度 팔꿈치를 180도度 신전伸展시키면서 손목으로 검劍을 1회전回轉시키면서 들었다가 겨드랑이가 75도度, 팔꿈치는 180도度 신전伸展시키면서 아래로 내린다.

④ 또한 손등과 전완외측前腕外側에 올려놓은 왼손 검劍은 팔꿈치를 위로 들고 손목을 아래로 낮추어서 오른손의 율동律動을 맞춘다.

2

① 오른발에 좌우축左右軸과 전후축前後軸을 두고 상하축上下軸을 되도록 높게 유지維持하고 시선視線은 왼사선左斜線을 보면서 두 무릎의 오금膝膕을 굴곡屈曲하면서 율동감律動感을 나타낸다.

② 동시同時에 오른 검劍은 겨드랑이를 180도度 완녕의자세腕擰衣姿勢의 팔꿈치를 180도度 신전伸展시키면서 손목으로 검劍을 1회전回轉시키면서 든다.

③ 또한 손등과 전완외측前腕外側에 올려놓은 왼손 검劍은 팔꿈치를 내리고 손목을 들고 검劍을 아래로 돌린다.

3

① 두 발에 좌우축左右軸과 전후축前後軸을 두고 상하축上下軸을 되도록 높게 유지維持하고 시선視線은 왼사선左斜線을 보면서 두 무릎을 신전伸展시키고 뒤꿈치도 살짝 들어서 율동감律動感을 나타낸다.

② 동시同時에 오른 검劍은 겨드랑이를 75도度, 완녕의자세腕擰衣姿勢의 팔꿈치를 90도度 펴면서 손목으로 검劍을 돌려 앞으로 회전回轉시키면서 내린다.

③ 또한 손등과 전완외측前腕外側에 올려놓은 왼손 검劍을 위로 들고 손목을 아래로 낮추어서 오른손의 율동律動을 맞춘다.

4

① 좌우 발에 좌우축左右軸과 전후축前後軸을 두고 상하축上下軸을 되도록 높게 유지維持하고 시선視線은 왼사선左斜線을 보면서 두 무릎을 굴곡屈曲하면서 율동감律動感을 나타낸다.

② 동시同時에 오른 검劍은 겨드랑이를 75도度, 완녕의자세腕擰衣姿勢의 팔꿈치를 90도度 펴면서 손목으로 검劍을 1회전回轉 시키면서 든다.

③ 또한 손등과 전완외측前腕外側에 올려놓은 왼손 검劍은 팔꿈치를 내리고 손목을 들고 검劍을 아래로 돌린다.

三. 경기검무京畿劍舞 전승내용傳承內容

112 장단　왼 고살 사위

🥁 장단: 허튼타령

공연

연습

박자	1	2	3	4
정간보	⊖	I	⊖	I	ー
구음	덩	따	덩	따	ー

1

① 시선視線은 정면중간사선正面中間斜線을 보고, 호흡呼吸은 응지세호흡법凝止細呼吸法을 준수한다. 오른발에 좌우축左右軸과 전후축前後軸을 두고 상하축上下軸을 되도록 높게 유지維持하고 좌족녕의자세左足擰衣姿勢의 왼무릎左膝을 굴곡屈曲시키고 왼발등左足背을 굴곡屈曲시켜 뒤꿈치로 한 걸음 앞으로 선종보법先踵步法으로 왼쪽으로 내디딘다.

③ 동시同時에 가슴위치位置에 유지維持하고 있던 왼손 검劍은 겨드랑이를 180도度, 완녕의

자세腕撐衣姿勢의 팔꿈치를 180도度 신전伸展시키면서 손목으로 검劍을 손등 쪽으로 넘겼다가 겨드랑이가 90도度 팔꿈치는 90도度 자세姿勢에서 손목을 손바닥 쪽으로 굴곡屈曲시키며 회수回收시키면서 내린다.

④ 또한 손등과 전완외측前腕外側에 올려놓은 오른손 검劍은 팔꿈치를 180도度 신전伸展시키면서 손등 쪽으로 검劍을 돌려서 오른 검劍을 내리는 것과 교차交叉시킨다.

2

① 두 발에 좌우축左右軸과 전후축前後軸을 두고 상하축上下軸을 되도록 높게 유지維持하고 족녕의자세足撐衣姿勢의 두 무릎을 신전伸展하면서 율동감律動感을 나타낸다.

② 동시同時에 왼손 검劍은 겨드랑이를 180도度, 완녕의자세腕撐衣姿勢의 팔꿈치를 180도度 펴면서 검劍을 손등 쪽으로 넘긴다.

③ 또한 오른손 검劍은 팔꿈치를 들면서 손바닥 쪽으로 검劍을 돌려 내린다.

3

① 두 발에 좌우축左右軸과 전후축前後軸을 두고 상하축上下軸을 되도록 높게 유지維持하고 족녕의자세足撐衣姿勢의 두 무릎을 굴곡屈曲시키고 뒤꿈치도 살짝 들어서 율동감律動感을 나타낸다.

② 동시同時에 왼손 검劍은 겨드랑이를 75도度, 완녕의자세腕撐衣姿勢의 팔꿈치를 90도度 펴면서 손목으로 검劍을 손바닥 쪽으로 돌린다.

③ 또한 오른손 검劍은 팔꿈치를 내리면서 손등 쪽으로 검劍을 돌려 올려서 왼손의 율동律動을 맞춘다.

4

① 두 발에 좌우축左右軸과 전후축前後軸을 두고 상하축上下軸을 되도록 높게 유지維持하고 족녕의자세足撐衣姿勢의 두 무릎을 신전伸展시키면서 율동감律動感을 나타낸다.

② 동시同時에 왼손 검劍은 겨드랑이를 75도度, 완녕의자세腕撐衣姿勢의 팔꿈치를 90도度 펴면서 손목으로 검劍을 손등 쪽으로 넘긴다.

③ 또한 오른손 검劍은 팔꿈치를 들면서 손바닥 쪽으로 검劍을 돌려 내린다.

三. 경기검무京畿劍舞 전승내용傳承內容

113 장단　오/왼 잦은 고살 사위

장단 : 허튼타령

공연

연습

박자	1	2	3	4
정간보	⊖	ǀ	⊖	ǀ	—
구음	덩	따	덩	따	—

1

① 두 검劍이 요동搖動치지 않도록 두 손목과 팔꿈치로 조정調整한다.

② 호흡呼吸은 응지세호흡법凝止細呼吸法을 준수한다. 시선視線은 왼사선左斜線을 보면서 우향우하여 왼발에 좌우축左右軸과 전후축前後軸을 두고 상하축上下軸을 되도록 높게 유지維持하고, 족녕의자세足擰衣姿勢의 두 무릎을 굴신屈伸하면서 율동律動을 맞춘다.

③ 동시同時에 두 검劍은 겨드랑이는 90도度, 완녕의자세腕擰衣姿勢의 팔꿈치는 180도度 전

381

방前方으로 뻗으면서 두 검劍을 오른쪽에서 왼쪽으로 1회전回轉시킨다.

2

① 1박拍 자세姿勢에서 족녕의자세足擰衣姿勢의 두 무릎을 굴곡屈曲하면서 율동감律動感을 나타낸다.
② 동시同時에 1박拍과 동일同一한 자세姿勢에서 두 검劍을 왼쪽에서 오른쪽으로 1회전回轉시킨다.

3

① 시선視線은 왼사선左斜線을 보면서 좌향좌하여 왼발에 좌우축左右軸과 전후축前後軸을 두고 상하축上下軸을 되도록 높게 유지維持하고, 족녕의자세足擰衣姿勢의 두 무릎을 굴신屈伸하면서 율동律動을 맞춘다.
② 동시同時에 두 검劍은 겨드랑이는 90도度, 완녕의자세腕擰衣姿勢의 팔꿈치는 180도度 전방前方으로 뻗으면서 두 검劍을 오른쪽에서 왼쪽으로 1회전回轉시킨다.

4

① 1박拍 자세姿勢에서 족녕의자세足擰衣姿勢의 두 무릎을 굴곡屈曲하면서 율동감律動感을 나타낸다.
② 동시同時에 3박과 동일同一한 자세姿勢에서 두 검劍을 왼쪽에서 오른쪽으로 1회전回轉시킨다.

三. 경기검무京畿劍舞 전승내용傳承內容

| 114 장단 | 오/왼 잦은 고살 사위 |

🎵 장단 : 허튼타령

박자	1	2	3	4
정간보	⊖	l	⊖	l	—
구음	덩	따	덩	따	—

1

① 두 검劍이 요동搖動치지 않도록 두 손목과 팔꿈치로 조정調整한다.

② 호흡呼吸은 응지세호흡법凝止細呼吸法을 준수한다. 시선視線은 왼사선左斜線을 보면서 우향우右向右하여 왼발에 좌우축左右軸과 전후축前後軸을 두고 상하축上下軸을 되도록 높게 유지維持하고, 족녕의자세足獰衣姿勢의 두 무릎을 굴신屈伸하면서 율동律動을 맞춘다.

③ 동시同時에 두 검劍은 겨드랑이는 90도度, 완녕의자세腕獰衣姿勢의 팔꿈치는 180도度 전

방前方으로 뻗으면서 두 검劍을 오른쪽에서 왼쪽으로 1회전回轉시킨다.

2

① 1박拍 자세姿勢에서 족녕의자세足擰衣姿勢의 두 무릎을 굴곡屈曲하면서 율동감律動感을 나타낸다.
② 동시同時에 1박拍과 동일同一한 자세姿勢에서 두 검劍을 왼쪽에서 오른쪽으로 1회전回轉시킨다.

3

① 시선視線은 왼사선左斜線을 보면서 좌향좌하여 왼발에 좌우축左右軸과 전후축前後軸을 두고 상하축上下軸을 되도록 높게 유지維持하고, 족녕의자세足擰衣姿勢의 두 무릎을 굴신屈伸하면서 율동律動을 맞춘다.
② 동시同時에 두 검劍은 겨드랑이는 90도度, 완녕의자세腕擰衣姿勢의 팔꿈치는 180도度 전방前方으로 뻗으면서 두 검劍을 오른쪽에서 왼쪽으로 1회전回轉시킨다.

4

① 1박拍 자세姿勢에서 족녕의자세足擰衣姿勢의 두 무릎을 굴곡屈曲하면서 율동감律動感을 나타낸다.
② 동시同時에 3박과 동일同一한 자세姿勢에서 두 검劍을 왼쪽에서 오른쪽으로 1회전回轉시킨다.

三. 경기검무京畿劍舞 전승내용傳承内容

| 115 장단 | 앞 잦은 고살 사위 |

🎵 장단: 당악 장단

공연

연습

박자	1	2	3	4
정간보	⊖	∣	⊖	∣	━
구음	덩	따	덩	따	━

1

① 두 검劍이 요동搖動치지 않도록 두 손목과 팔꿈치로 조정調整한다.

② 호흡呼吸은 응지세호흡법凝止細呼吸法을 준수한다. 시선視線은 정면중간사선正面中間斜線을 보면서 왼발족궁左足弓에 오른발 뒤꿈치를 대고, 왼발에 좌우축左右軸과 전후축前後軸을 두고 상하축上下軸을 되도록 높게 유지維持하고, 족녕의자세足擰衣姿勢의 두 무릎을 굴신屈伸하면서 율동律動을 맞춘다.

③ 동시同時에 두 검劍은 겨드랑이는 90도度, 완녕의자세腕擰衣姿勢의 팔꿈치는 180도度 전방前方으로 뻗으면서 두 검劍을 왼쪽에서 오른쪽으로 1회전回轉시킨다.

2

① 1박拍 자세姿勢에서 족녕의자세足擰衣姿勢의 두 무릎을 굴신屈伸하면서 율동律動을 맞춘다.
② 동시同時에 두 검劍은 겨드랑이는 90도度, 완녕의자세腕擰衣姿勢의 팔꿈치는 180도度 전방前方으로 뻗으면서 두 검劍을 오른쪽에서 왼쪽으로 1회전回轉시킨다.

3

① 1박拍 자세姿勢에서 족녕의자세足擰衣姿勢의 두 무릎을 굴신屈伸하면서 율동律動을 맞춘다.
② 동시同時에 두 검劍은 겨드랑이는 90도度, 완녕의자세腕擰衣姿勢의 팔꿈치는 180도度 전방前方으로 뻗으면서 두 검劍을 왼쪽에서 오른쪽으로 1회전回轉시킨다.

4

① 1박拍 자세姿勢에서 족녕의자세足擰衣姿勢의 두 무릎을 굴신屈伸하면서 율동律動을 맞춘다.
② 동시同時에 두 검劍은 겨드랑이 90도度 외전外轉시키고 완녕의자세腕擰衣姿勢의 팔꿈치 180도度 전방前方으로 뻗으면서 두 검劍을 오른쪽에서 왼쪽으로 1회전回轉시킨다.

三. 경기검무京畿劍舞 전승내용傳承內容

| 116 장단 | 앞 잦은 고살 사위 |

🎵 장단: 당악 장단

공연

연습

박자	1	2	3	4
정간보	⊖	l	⊖	l	─
구음	덩	따	덩	따	─

1

① 두 검劍이 요동搖動치지 않도록 두 손목과 팔꿈치로 조정調整한다.

② 호흡呼吸은 응지세호흡법凝止細呼吸法을 준수한다. 시선視線은 정면중간사선正面中間斜線을 보면서 왼발족궁左足弓에 오른발 뒤꿈치를 대고, 왼발에 좌우축左右軸과 전후축前後軸을 두고 상하축上下軸을 되도록 높게 유지維持하고, 족녕의자세足擰衣姿勢의 두 무릎을 굴신屈伸하면서 율동律動을 맞춘다.

③ 동시同時에 두 검劍은 겨드랑이는 90도度, 완녕의자세腕擰衣姿勢의 팔꿈치는 180도度 전방前方으로 뻗으면서 두 검劍을 오른쪽에서 왼쪽으로 1회전回轉시킨다.

2

① 1박拍 자세姿勢에서 족녕의자세足擰衣姿勢의 두 무릎을 굴신屈伸하면서 율동律動을 맞춘다.
② 동시同時에 두 검劍은 겨드랑이는 90도度, 완녕의자세腕擰衣姿勢의 팔꿈치는 180도度 전방前方으로 뻗으면서 두 검劍을 왼쪽에서 오른쪽으로 1회전回轉시킨다.

3

① 1박拍 자세姿勢에서 족녕의자세足擰衣姿勢의 두 무릎을 굴신屈伸하면서 율동律動을 맞춘다.
② 동시同時에 두 검劍은 겨드랑이는 90도度, 완녕의자세腕擰衣姿勢의 팔꿈치는 180도度 뻗으면서 좌우로 외측外側 1회전回轉시킨다.

4

① 1박拍 자세姿勢에서 족녕의자세足擰衣姿勢의 두 무릎을 굴신屈伸하면서 율동律動을 맞춘다.
② 동시同時에 겨드랑이를 붙이고 완녕의자세腕擰衣姿勢의 팔꿈치 90도度 굴곡屈曲시키며 두 검劍을 손목과 전완외측前腕外側에 올려놓는다.

三. 경기검무 京畿劍舞 전승내용 傳承內容

117 장단 　　인사 사위

장단: 염불 장단

1

① 두 검劍이 요동搖動치지 않도록 두 손목과 팔꿈치로 조정調整한다.
② 호흡呼吸은 응지세호흡법凝止細呼吸法을 준수한다. 시선視線은 왼사선左斜線을 보면서 왼발족궁左足弓에 오른발 뒤꿈치를 대고, 왼발에 좌우축左右軸과 전후축前後軸을 두고 상하축上下軸을 되도록 높게 유지維持하고, 족녕의자세足擰衣姿勢의 두 무릎을 굴신屈伸하면서 율동律動을 맞춘다.

③ 동시同時에 두 검劍은 겨드랑이는 90도度, 완녕의자세腕擰衣姿勢의 팔꿈치는 180도度 좌우측左右側으로 뻗으면서 외측外側 1회전回轉시켜 손목과 전완외측前腕外側에 올려놓는다.

2

① 오른발에 좌우축左右軸과 전후축前後軸을 두고 상하축上下軸을 되도록 높게 유지維持하고, 우족녕의자세右足擰衣姿勢의 왼발을 앞으로 들어 올린다.
② 동시同時에 손목과 전완외측前腕外側에 올려놓은 두 검劍은 겨드랑이 45도度 외전外轉시키고 완녕의자세腕擰衣姿勢의 팔꿈치 150도度 굴곡屈曲시키며 두 팔꿈치로 조정調整한다.

3

① 왼발을 마루에 딛으면서 우축右軸 내측원회전內側圓回轉하여 전신全身을 1회전回轉한다.[279)]
② 동시同時에 손목과 전완외측前腕外側에 올려놓은 두 검劍은 겨드랑이 90도度[280)] 외전外轉시키고 완녕의자세腕擰衣姿勢의 팔꿈치 150도度 굴곡屈曲시키며 유지維持한다.

4

① 족녕의자세足擰衣姿勢의 두 무릎을 굴신屈伸하면서 왼발족궁左足弓에 오른발 뒤꿈치를 대고 선다.
② 동시同時에 두 검劍은 겨드랑이를 붙이고, 완녕의자세腕擰衣姿勢의 팔꿈치를 90도度로 굽혀서 옆구리에 위치位置시킨다.

---

279) 전신全身 1회전 시回轉時 두 발의 뒤꿈치를 축軸으로 돌아야 왼발족궁左足弓에 오른발 뒤꿈치를 대는 마무리 동작動作이 쉽다.
280) 겨드랑이를 들어 올리는 동작動作이 율동적律動的이어야 한다.

三. 경기검무京畿劍舞 전승내용傳承內容

118 장단　　인사 사위

장단: 염불 장단

박자	1	2	3	4
정간보	ㅇ　ㅣ	·	ㅇ　↑	—
구음	덩　따	떠	덩　기덕	—

1

① 시선視線은 정면중간사선正面中間斜線을 보면서 두 검劍이 요동搖動치지 않도록 두 손목과 팔꿈치로 조정調整한다.

② 호흡呼吸은 응지세호흡법凝止細呼吸法을 준수한다. 왼발에 좌우축左右軸과 전후축前後軸을 두고 상하축上下軸을 되도록 높게 유지維持하고 왼발족궁左足弓에 오른발 뒤꿈치를 대고 선다.

③ 동시同時에 두 검劍은 겨드랑이를 180도度 외전外轉시키고, 완녕의자세腕擰衣姿勢의 팔꿈치 180도度로 신전伸展시킨다.

2

① 왼발에 좌우축左右軸과 전후축前後軸을 두고 상하축上下軸을 되도록 높게 유지維持하고, 우족녕의자세右足擰衣姿勢의 오른발을 앞으로 들어 올린다.

3

① 동시同時에 두 검劍은 겨드랑이를 180도度 외전外轉시키고, 머리 위로 뻗어 올린다.

4

① 두 무릎을 굴곡屈曲하면서 우족녕의자세右足擰衣姿勢로 오른무릎右膝은 90도度 굽히고, 좌족녕의자세左足擰衣姿勢로 왼무릎左膝은 마루에 대고 엄지발가락을 마루에 대고 뒤꿈치를 90도度로 세운다.
② 동시同時에 두 검첨劍尖이 마루에 닿을 때까지[281] 두 팔을 내려서 위치位置시킨다.

---

281) 두 검劍이 눌려서 휘어지거나 마루에 닿지 않아서 흔들지 않게 조정調整한다.

이 책을 경기검무 보존회에서 열어 보입니다

　이 책은 경기검무 보존회에서 전수자와 이수자 교육을 위한 참고 서적 편찬 작업의 일환으로 기획되었습니다. 고로 현재 경기도 무형문화재 제53호 경기검무 보유자 운정雲頂 김근희金槿姬의 감수를 받고 출판합니다.

　원고 작성 시 경기검무의 역사와 전승계보의 탐구방식은 도서관 연구기법으로 학위논문과 학술지 게재 논문만을 참고하였고, 전승자료를 집대성하는 데 목적을 두었기 때문에 학위논문 심사교수와 학술지 게재 심사위원의 의견을 존중하여 사실 검증과 비평은 배제하였고 각각의 결론을 모두 수용하였습니다. 또한 경기검무의 인간문화재의 이력과 국내외 공연역사 및 보존회의 활동 등을 책에 포함한 이유는 사료의 집대성 개념으로 기록하였으며, 후일에도 연장 기록될 것입니다.

　저자의 창의적 시도는 경기검무의 전승내용에서 예술혼, 춤사위의 의미와 시공간적 개념을 천문학적 공간특성과 지리적 절기 특성으로 문화적 기술을 시도한 점과 특히 무보작성에서는 무용수의 자세와 동작과정을 무용해부학적 용어, 무용역학적 용어, 무용학습적 용어, 창작된 무용용어, 한자 병용 등으로 기술한 것은 다양성과 뜻의 섬세함을 꾀한 것입니다.

　무용은 신체의 움직임을 통하여 관념을 아름답게 소통하려는 끊임없는 창의적 행위입니다.

2021년 11월 5일
제1저자 후기

　동양東洋은 2,500년 전前에 인간의 독립적獨立的 사고思考와 토론討論으로 상제上帝에서 벗어나 세상世上과 관계關係를 형성形成하고 적응適應하려는 도덕道德의 역사歷史를 써 왔습니다. 그러한 동양문화東洋文化의 예술활동藝術活動 기록記錄을 보면, 먼저 만법일여萬法一如를 강講으로 공부工夫하고, 다음은 몸소 덕성실천德性實踐 후後에 마지막으로 시운서화무극일여詩韻書畵舞劇一如를 권고勸告한 것으로 보아 교육측면敎育側面에서 최상最上의 자리매김을 자속持續하여왔음을 알 수 있습니다.

　본本 경기검무무문경京畿劍舞舞文經은 강자지왈무문보경強字之曰舞文譜經이라 할 수도 있습니다. 그러나 동양철학東洋哲學에서 원상圓相이나 태극太極의 절대적絶對的 종지宗旨를 깨닫도록 상대적相對的 역학논리易學論理을 사용使用하여 설명說明합니다. 고로 무형문화재無形文化財 경기검무京畿劍舞의 본체本體를 체득體得하는 데에는 교육과정敎育課程에 준準한 교과서敎科書를 사용使用할 수밖에 없습니다.

　보존회保存會 춤舞자이들 모두 어깨에 장고신杖鼓神이 붙는 그날까지 절심주공부切心做工夫할 것을 기원祈願합니다.

2021년 11월 5일
제2저자 후기

참고문헌 參考文獻

〈단행본〉

강선영, 『중요무형문화재 제92호 태평무 교육방법론: 한국 전통무용 교육방법론』, 한국예술종합학교 한국예술연구소, 2012.

具熙書, 『韓國의 名舞』, 한국일보社, 1985.

고미숙, 『고미숙의 몸과 인문학』, 북드라망, 2013.

국립문화재연구소, 『太平舞』, 국립문화재연구소, 1997.

국립문화재연구소, 『한국의 중요무형문화재 제5집: 태평무』, 1997.

김천홍, 『정재무도홀기 창사보Ⅱ』, 도서출판 민속원, 2003.

김헌선, 『경기도 산이제 인천 동막도당굿 연구』, 보고사, 2019.

김명숙, 『한국춤의 역사』, 이화여자대학교출판문화원, 2019.

김선욱, 『(여성국회의원 70년) 한국의 여성정치를 보다: 1948-2017』, 여성의정, 2018.

박현일 외, 『색채학 사전』, 국제, 2006.

박현일, 『족집게 컬러리스트』, 교우사, 2008.

서한범, 「긴염불과 반염불의 비교 연구」, 『한국전통음악학』 1, 한국전통음악학회, 2000.

성기숙, 『강선영: 태평무 인간문화재』, 연낙재, 2008.

성기숙, 『한국전통춤연구』, 서울: 현대미학사, 1999.

성무경·이의강, 『완역집성 정재무도홀기; 세계민속무용연구소 학술총서』 1, 도서출판 보고사, 2005.

송수남, 『한국근대춤 인물사(I)』, 현대미학사, 1999.

오화진, 『전통무용』, 서울; 전통문화사, 1988.

이보형, 「삼현육각소고三絃六角小考」, 『문화재』 15, 월간문화재사, 1972.

이보형, 『무형문화재음악조사보고서4-삼현육각』, 문화공보부 문화재관리국, 1984.

이세기, 『(명무 강선영 평전) 여유와 금도의 춤』, 푸른사상, 2003.

이영란, 『(인물로 본) 한국무용사』, 혜민북스, 2018.

이정노, 『근대 조선춤의 지속과 변용』, 소명출판, 2019.

임순자, 『호남검무』, 광주: 태학사, 1989.

정노식, 『조선창극사』, 태학사, 2020.

참고문헌

정범태, 『姜善泳-太平舞』, 열화당, 1992.

정병호, 『한국의 전통춤』, 서울: 집문당. 2004.

정은혜, 『한국 학춤의 역사적 생성과 미』, 보고사, 2018.

정승희, 『한성준-한영숙류 전통 춤 태평무』, 민속원, 2010.

정승희, 『한성준-한영숙류 전통 춤: 살풀이 춤』, 민속원, 2007.

정범태, 『한국춤 백년: 한국춤의 전통을 이어온 20세기의 예인들』. 1-2. 눈빛, 2006.

조원경, 『무용예술』, 서울: 해문사, 1967.

최진석, 『생각하는 힘, 노자 인문학』, 위즈덤하우스, 2015.

한국전통춤협회, 『전통춤 4대 명무: 한영숙·강선영·김숙자·이매방』, 민속원, 2019.

J. 크리슈나무르티, 캐서린 한 역, 『크리슈나무르티, 교육을 말하다』, 한국NVC센터, 2016.

程莘農, 陰陽脈診出版社 編輯部 飜譯, 『中國針灸學』, 陰陽脈診出版社, 2004.

何志浩, 『中國舞蹈史』, 中華民國: 中華民國編印會. 1970.

시노다 고이치, 신동기 역, 『무기와 방어구(중국편)』, 2009.

〈학위논문 및 학술지〉

강기화, 「공자(孔子)의 미학사상을 통해서 본 한국춤의 심미성(審美性) 연구 - 〈문묘일무〉·〈강선영류태평무〉·〈동래학춤〉을 중심으로」, 『무용역사기록학』, Vol.45, 2017.

강미선, 『검무의 정체성 연구: 경기검무의 정체성 분석을 중심으로』, 경희대학교 대학원 박사학위논문, 2018.

강미선, 「경기검무를 활용한 글로컬문화콘텐츠 개발 연구」, 대한무용학회, 2017, 『대한무용학회논문집』 Vol. 75 No.5.

강성범·김현주, 「LMA 분석을 통한 강선영류 태평무의 움직임 특성 연구」, 『무용역사기록학』, Vol.12, 2007.

강연진, 「경기도 무형문화재 제53호 경기검무의 고유성: 검무의 구성과 역사적 전개를 중심으로」, 한국엔터테인먼트산업학회, 2019, 『한국엔터테인먼트산업학회논문지』 Vol.13 No.8.

강은숙, 『동양의 자연관과 관물론을 기반으로 한 모방과 창조로서의 학춤의 예술적 함의』, 忠南大學校 大學院 박사학위논문, 2020.

권오경, 「태평무 계승발전에 관한 연구: 한성준류를 중심으로」, 숙명여자대학교 전통문화예술대학원 석사학위논문, 2000.

권효진·전은자, 「한성준의 춤 수련 과정과 수련관에 대한 고찰」, 무용역사기록학회, 2019, 『무용역사기록학』 Vol.54.

권효진, 『이애주 춤의 '생명몸짓'에 관한 연구: 승무 염불과장을 중심으로』, 성균관대학교 일반대학원 박사학위논문, 2020.

김가온, 「경기도무형문화재 제53호 경기검무 실체 분석과 미의식에 관한 연구」, 세종대학교대학원 박사학위논문, 2016.

김가온·최현주, 「운정 김근희의 생애를 통해본 예술세계」, 한국체육과학회, 2019, 『한국체육과학회지』 Vol.28 No.1.

김경숙, 「김천흥 승무의 특징 연구: 춤사위를 중심으로」, 무용역사기록학회, 2019, 『무용역사기록학』 Vol.53.

김경인, 「한성준류 태평무의 태극사상 연구」, 성균관대학교 대학원 석사학위논문, 2006.

김근혜, 「신무용의 문화원형 연구: 김백봉의 부채춤을 중심으로」, 고려대학교 대학원 박사학위논문, 2020.

金美英, 「韓國 近代舞踊의 展開에 있어서 韓成俊翁이 미친 影響에 關한 硏究」, 淸州大學校 대학원 석사학위논문, 1996.

김연정, 「한성준춤 다시보기: 시대인식과 춤인식을 바탕으로」, 『무용역사기록학』, Vol.44, 2017.

김연정, 「한성준 춤의 전통성 모색」, 영남춤학회, 2018, 『영남춤학회지』 Vol.6 No.1.

김연정, 「한성준 춤의 전통성에 관한 연구」, 성균관대학교 대학원 박사학위논문, 2016.

김영희, 「신무용 시기의 한성준과 그의 조선음악무용연구회 활동」, 『춤과 지성』, Vol.1, 2000.

김영희, 「20세기 초 승무의 전개와 구성: 1920~1945년을 중심으로」, 국립국악원, 2020, 『국악원논문집』 Vol.42.

김유, 「우리 근대 학춤의 이론정립과 춤전문어의 개념정리」, 현대미학사, 2018, 『공연과 리뷰』 Vol.24 No.2.

김유석, 「한성준의 음악활동 연구」, 서울대학교 대학원 박사학위논문, 2016.

김정녀, 「권번춤에 대한 연구」, 『한국무용연구』 제7집, 서울:한국무용연구회, 1989.

김정임, 「한량무 형성 및 춤사위에 관한 연구: 강선영류를 중심으로」, 용인대학교 대학원 석사학위논문, 2002.

김호연, 「한량무의 전승 양상과 그 서사구조 연구-한성준 계열 강선영류를 중심으로」, 『무용역사기록학』, Vol.49, 2018.

김형신·윤수미, 「강선영류 태평무의 발 놀음 특징 연구」, 『한국무용연구』, Vol.35 No.4, 2017.

김회숙, 「한영숙류 태평무와 강선영류 태평무의 비교분석」, 조선대학교 교육대학원 석사학위논문, 2001.

남선희, 「춘당 김수악 춤의 전승 양상」, 영남춤학회, 2019, 『영남춤학회지』 Vol.7 No.2.

녕효신, 「한·중 신무용의 예술미적 구조와 전승체계에 관한 비교연구: 화관무와 연꽃춤을 중심으로」, 단국대학교 대학원 박사학위논문, 2020.

동경원, 「임소향의 전통예술 활동 연구-1930~40년대를 중심으로」, 국립국악원, 2018, 『국악원논문집』 Vol.38.

류수민, 「한성준제 태평무의 계승·발전에 관한 연구: 한영숙류를 중심으로」, 청주대학교 대학원 석사학위논문, 2017.

박건희, 「(重要 無形 文化財 第九十二號) 姜善永 춤藝術의 主要作品 分析과 影響에 關한 硏究」, 世宗大學校 大學院 석사학위논문, 1999.

박미정, 「지역별 검무의 칼 형태에 따른 춤 양식 연구」, 국민대학교 일반대학원 공연영상학과 무용학전공 석사학위논문, 2018.

참고문헌

박민지, 「김해선의 음악 활동과 가야금음악 연구」, 한국예술종합학교 석사학위논문, 2019.

박순영, 「한성준 학춤의 창작과 전승 양상 연구」, 한국예술종합학교 석사학위논문, 2018.

박수현, 「한성준 춤의 무대화 과정을 통한 현대적 계승에 관한 연구」, 용인대학교 석사학위논문, 2005.

박정선, 「씻김굿과 살풀이춤의 연관성 고찰: 한성준류 살풀이춤을 중심으로」, 숙명여자대학교 전통문화예술대학원 석사학위논문, 2003.

박진희, 「무형문화재 태평무 최초 보유자 강선영 생애담을 통한 유, 아동기 삶의 이해」, 『대한무용학회논문집』, Vol.75 No.1, 2017.

박현일, 『한국 색채문화의 사회미학적 연구』, 원광대학교 대학원 박사학위논문, 2004.

박혜리나·김민지, 「지영희 무용음악 연구 – 창작음악을 중심으로–」, 한양대학교 우리춤연구소, 2019, 『우리춤과 과학기술』 Vol.15 No.2.

배라영, 「한량무의 지역별 비교 연구: –부산·서울 경기지역 무형문화재를 중심으로–」, 부산대학교 대학원 석사학위논문, 2018.

백봉선, 「궁중검무와 진주검무 비교분석」, 진주교육대학교 교육대학원 석사학위논문, 2019.

백설, 「한성준 장고춤의 전승 고찰」, 한국예술종합학교 석사학위논문, 2019.

백현순·이예순·강미선·김현남·이현진, 「한성준의 한국 전통춤 사장: 승무를 중심으로」, 『한국무용연구』, Vol.25 No.1, 2007.

백현순, 「장홍심 바라승무의 춤사위 분석」, 한국무용연구학회, 2020, 『한국무용연구』 Vol.38 No.4.

성기숙, 「미국 현지조사를 통해 본심상건–심태진·태임의 삶과 예술」, 한국음악사학회, 2020, 『韓國音樂史學報』 Vol.64.

성기숙, 「조선음악무용연구회의 설립배경과 공연활동 연구」, 『한국무용연구』, Vol.32 No.3, 2014.

성기숙, 「한성준류 태평무의 생성배경과 전승맥락 연구」, 『무용예술학연구』, Vol.8, 2001.

성기숙, 「강선영론: 한국 전통춤계의 '살아있는 신화'」, 『공연과 리뷰』, Vol.49, 2005.

손선숙, 「韓成俊作品世界가 韓國新舞踊에 미친 影響에 관한 硏究」, 朝鮮大學校 大學院 碩士學位論文, 1985.

송문숙, 「강선영류 태평무 춤사위 구조 분석을 통한 세부 기법 연구」, 『한국여성체육학회지』, Vol.17 No.2, 2003.

송문숙, 「한성준류 전통 춤에 관한 연구: 승무, 살풀이, 태평무」, 『대한무용학회논문집』, Vol.18, 1995.

송미숙, 「장홍심류 전통춤 전승현황에 관한 연구」, 사단법인 아시아문화학술원, 2020, 『인문사회 21』 Vol.11 No.5.

宋永歡, 「한성준 승무 춤사위에 대한 고찰: 강선영·한영숙·이주환 승무 춤사위 비교를 중심으로」, 한국예술종합학교 전통예술원 석사학위논문, 2004.

송정은, 「강선영 예술이 한국무용계에 미친 영향」, 『경남 체육연구』, Vol.4 No.1, 1999.

신미향, 「강선영류 태평무의 무형문화재적 가치 연구」, 한국예술종합학교 전통예술원 석사학위논문, 2010.

신혜정, 「경기검무 기본 춤사위 무보 및 용어정리」, 대진대학교 대학원 석사학위논문, 2009.

심영석, 「역사재현형 축제 관점에서 본 홍성역사인물축제의 개선방안에 관한 연구」, 배재대학교 관광축제호텔대학원 석사학위논문, 2020.

오덕자·심경은, 「무형문화재 태평무 명예 보유자 강선영 생애담을 통한 성인기 삶의 의미」, 『한국여성체육학회지』, Vol.31 No.1, 2017.

오승지, 「태평무의 변형적 수용과 미적 가치」, 『움직임의 철학: 한국체육철학회지』, Vol.10 No.1, 2002.

위송이, 「한성준 승무 연구: 김천흥본과 이주환본을 중심으로」, 단국대학교 대학원 박사학위논문, 2019.

유병욱, 「한영숙류·강선영류 태평무 장단 비교 분석 연구: 장구 장단을 중심으로」, 중앙대학교 대학원 석사학위논문, 2017.

유정희, 「한영숙류 태평무와 강선영류 태평무에 관한 비교연구」, 원광대학교 대학원 석사학위논문, 2003.

유준, 「근·현대 한국무용 발전에 영향을 끼친 남성무용가에 관한 연구: 한성준, 김천흥, 이매방을 중심으로」, 경성대학교 교육대학원 석사학위논문, 2003.

윤세희, 『태평무의 무도 공간 분석을 통한 동양적 미의식 연구』, 상명대학교 일반대학원 박사학위논문, 2018.

이경진, 「조선시대 정치 사회상에 나타난 궁중검무의 변화에 관한 연구」, 수원대학교 대학원 석사학위논문, 2002.

이병옥, "한성준의 가락과 춤 인생". 계명대학교 예술문화연구소 학술 심포지엄, 1995.

이성숙, 「강선영류 태평무의 형태분석」, 용인대학교 대학원 석사학위논문, 1998.

이송, 「한성준 춤의 창작정신과 역사적 의의」, 『한국무용연구』, Vol.24 No.1, 2006.

이신애, 「백낙준 거문고시나위 [『합주신방곡신와위下』〈느진살푸리〉] 선율 연구」, 이화여자대학교 대학원 석사학위논문, 2019.

이영미, 「傳承학춤의 比較舞踊學的 接近: 궁중학춤·韓成俊 학춤·東萊학춤을 中心으로」, 이화여자대학교 교육대학원 석사학위논문, 1989.

이영희, 「한국 신무용 예술사상에 관한 연구」, 경상대학교 석사학위논문, 1997.

이은진, 「한국 전통춤의 수건사위에 관한 연구: 한영숙 살풀이춤과 백년욱 수건춤을 중심으로」, 숙명여자대학교 대학원 석사학위논문, 2021.

이정노, 「한성준의 조선춤 작품에 나타난 탈지역성과 탈맥락화 양상 연구」, 순천향대학교 인문학연구소, 2018, 『순천향 인문과학논총』 Vol.37 No.1.

이주희, 「경기검무 춤사위구조 연구」, 중앙대학교 대학원 석사학위논문, 2007.

이효선, 「무복(舞服)에 나타난 지역별 검무연구」, 한양대학교 대학원 석사학위논문, 2018.

이효수, 「이매방 강선영 류파별 춤을 통해 본 한국 전통춤의 발전적 보존 방안」, 상명대학교 예술디자인대학원 석사학위논문, 2014.

임건백, 「한국무용 발전에 영향을 미친 남성무용가 연구: 한성준, 조택원, 송범, 조흥동을 중심으로」, 수원대학교 대학원 석사학위논문, 2006.

임수정, 『한국 여기검무(女妓劍舞)의 예술적 형식과 지역적 특성 연구』, 용인대학교대학원, 박사학위논문, 2006.

참고문헌

임은희, 「학춤 동작에 나타나는 미학적 특성에 관한 연구: 궁중학춤, 한성준학춤, 동래학춤중심으로」, 한국예술종합학교 무용원 석사학위논문, 2002.

임진하, 「태평무 춤사위 분석에 관한 연구」, 숙명여자대학교 석사학위논문, 1993.

임학선, 「한국춤 동작의 기본구조와 원리: 한성준류 춤에 근거한 태극구조의 기본춤 고안」, 『한국무용연구』, Vol.16, 1998.

임학선, 『名舞 韓成俊의 춤 構造研究』, 漢陽大學校 大學院 博士學位論文, 1998.

임현선, 「호흡구조 분석을 통한 태평무 호흡표기법 연구: 한성준 류 강선영의 태평무를 중심으로」, 한양대학교 대학원 박사학위논문, 2006.

장윤창·정지현, 「민속무용을 예술적으로 승화시킨 한성준의 재조명」, 『한국엔터테인먼트산업학회논문지』, Vol.6 No.3, 2012.

전은경, 「한성준춤이 한국무용사에 끼친 영향」, 숙명여자대학교 석사학위논문, 2001.

정경화, 「강선영류 태평무 도살풀이 과장의 호흡유형에 따른 춤구조 분석」, 한국무용연구학회, 『한국무용연구』 Vol.38 No.4, 2020.

정경화, 「한성준류 태평무 터벌림 과장의 호흡유형과 특성 연구」, 『한국무용연구』, Vol.25 No.2, 2007.

정성숙, 「한성준을 통해 본 재인 계통춤의 무용사적 가치 연구」, 『공연문화연구』, Vol.19, 2009.

정성숙, 『재인계통 춤의 특징과 무용사적 가치연구: 한성준·이동안·김숙자 중심으로』, 성균관대학교 대학원 박사학위논문, 2008.

정혜란, 「韓成俊에 관한 연구」, 梨花女子大學校 大學院 석사학위논문, 1986.

조혁상, 『朝鮮後期 刀劒의 文學的 形象化 研究』, 성균관대학교 일반대학원 박사학위논문, 2011.

진영란, 「강선영류 태평무 장단의 분석: 터벌림 장단과 도살풀이 장단을 중심으로」, 중앙대학교 대학원 석사학위논문, 2009.

진윤경, 「20세기 서울지역 거상악의 음악적 특성 및 전승 연구」, 한국무속학회, 2020, 『한국무속학』 Vol.0 No.41.

채부연, 「태평무에 나타난 발디딤사위의 비교 연구—한영숙, 강선영, 정재만류를 중심으로」, 숙명여자대학교 전통문화예술대학원 석사학위논문, 2001.

채지희, 「해방 이후 무용 비평을 통해 살펴 본 무용 음악: 조동화, 박용구, 김상화, 김경옥의 1945~1989년의 비평활동을 중심으로」, 한국예술종합학교 석사학위논문, 2018.

최순희·강외숙, 「종합토론: 한성준의 예능적(藝能的) 성장배경 고찰」, 『한국무용연구회 국제학술발표논문집』, Vol.2014, 2014.

최태선, 「한성준 살풀이춤의 형성과 전승: 한영숙·강선영의 춤을 중심으로」, 한국예술종합학교 전통예술원 석사학위논문, 2006.

최혜진, 「충청지역 판소리 문화 유적 현황 연구」, 한국구비문학회, 2018, 『口碑文學研究』 No.48.

최혜진, 「홍성 지역의 명인 명창과 중고제 판소리의 변모」, 동아시아고대학회, 2020, 『동아시아고대학』 Vol.0 No.57.

한광수, 「한성준의 예술세계」, 세종대학교 대학원 석사학위논문, 1987.

한동엽, 『이은주 살풀이춤 연구: 살(煞)에 대한 사유를 중심으로』, 상명대학교 일반대학원 박사학위논문, 2020.

한소정·윤수미, 「한영숙 학무와 학연화대합설무의 비교분석 연구」, 한국무용연구학회, 2019, 『한국무용연구』 Vol.37 No.3.

한윤창, 「학춤에 관한 연구-학연화대합설무와 한성준 학춤을 중심으로」, 숙명여자대학교 일반대학원 석사학위논문, 1998.

홍정아, 「한성준 예술세계의 무용사적 가치 연구」, 숙명여자대학교 전통문화예술대학원 석사학위논문, 2013.

황규선, 「한량무의 춤사위와 서사구조 연구-한성준 계열 강선영류를 중심으로-」, 무용역사기록학회, 『무용역사기록학』 Vol.50, 2018.

황정숙, 「한성준의 예술정신에 나타난 민족적 성향에 관한 연구」, 이화여자대학교 대학원 석사학위논문, 1999.

〈인터넷 사이트〉

교수신문, 2015년 6월 17일, '본다는 것'에서 시작되는 미학.

박정자, 인터스텔라와 숭고의 미학, 동아일보, 2015년 2월 5일.

이코노믹리뷰, 2015년 2월 20일.

두산백과 http://www.doopedia.co.kr

문화관광부(1998. 9), 문화인물; http://person.mct.go.kr

진중권, 탈근대의 관점으로 다시 읽는 미학사, 채널예스, 2013년 8월 22일.

한국민족문화대백과 http://encykorea.aks.ac.kr/

ArtKorea.com 인터뷰에서

김근희, 2016년 3월15일, 구리시 자택에서 증언자료.